国家出版基金资助项目
现代数学中的著名定理纵横谈丛书
丛书主编　王梓坤

WEIERSTRASS THEOREM OF APPROXIMATION THEORY

逼近论中的 Weierstrass 定理

刘培杰数学工作室　编著

哈尔滨工业大学出版社
HARBIN INSTITUTE OF TECHNOLOGY PRESS

内容简介

本书分为十八章,详细介绍了逼近论中的 Weierstrass 定理的相关基础理论,同时还介绍了 Weierstrass 定理的证明及实数域与复数域上的逼近问题.

本书适合高等数学研究人员、高等院校数学专业教师及学生参考阅读.

图书在版编目(CIP)数据

逼近论中的 Weierstrass 定理/刘培杰数学工作室编著. —哈尔滨:哈尔滨工业大学出版社,2018.2
(现代数学中的著名定理纵横谈丛书)
ISBN 978-7-5603-6847-4

Ⅰ.①逼… Ⅱ.①刘… Ⅲ.①魏尔斯特拉斯点 Ⅳ.①O187

中国版本图书馆 CIP 数据核字(2017)第 191438 号

策划编辑	刘培杰 张永芹
责任编辑	刘春雷
封面设计	孙茵艾
出版发行	哈尔滨工业大学出版社
社　　址	哈尔滨市南岗区复华四道街 10 号　邮编 150006
传　　真	0451-86414749
网　　址	http://hitpress.hit.edu.cn
印　　刷	哈尔滨市石桥印务有限公司
开　　本	787mm×960mm　1/16　印张 37.5　字数 386 千字
版　　次	2018 年 2 月第 1 版　2018 年 2 月第 1 次印刷
书　　号	ISBN 978-7-5603-6847-4
定　　价	158.00 元

(如因印装质量问题影响阅读,我社负责调换)

◎ 代 序

读书的乐趣

你最喜爱什么——书籍.
你经常去哪里——书店.
你最大的乐趣是什么——读书.

这是友人提出的问题和我的回答.真的,我这一辈子算是和书籍,特别是好书结下了不解之缘.有人说,读书要费那么大的劲,又发不了财,读它做什么?我却至今不悔,不仅不悔,反而情趣越来越浓.想当年,我也曾爱打球,也曾爱下棋,对操琴也有兴趣,还登台伴奏过.但后来却都一一断交,"终身不复鼓琴".那原因便是怕花费时间,玩物丧志,误了我的大事——求学.这当然过激了一些.剩下来唯有读书一事,自幼至今,无日少废,谓之书痴也可,谓之书橱也可,管它呢,人各有志,不可相强.我的一生大志,便是教书,而当教师,不多读书是不行的.

读好书是一种乐趣,一种情操;一种向全世界古往今来的伟人和名人求教的方法,一种和他们展开讨论的方式;一封出席各种活动、体验各种生活、结识各种人物的邀请信;一张迈进科学宫殿和未知世界的入场券;一股改造自己、丰富自己的强大力量.书籍是全人类有史以来共同创造的财富,是永不枯竭的智慧的源泉.失意时读书,可以使人重整旗鼓;得意时读书,可以使人头脑清醒;疑难时读书,可以得到解答或启示;年轻人读书,可明奋进之道;年老人读书,能知健神之理.浩浩乎!洋洋乎!如临大海,或波涛汹涌,或清风微拂,取之不尽,用之不竭.吾于读书,无疑义矣,三日不读,则头脑麻木,心摇摇无主.

潜能需要激发

我和书籍结缘,开始于一次非常偶然的机会.大概是八九岁吧,家里穷得揭不开锅,我每天从早到晚都要去田园里帮工.一天,偶然从旧木柜阴湿的角落里,找到一本蜡光纸的小书,自然很破了.屋内光线暗淡,又是黄昏时分,只好拿到大门外去看.封面已经脱落,扉页上写的是《薛仁贵征东》.管它呢,且往下看.第一回的标题已忘记,只是那首开卷诗不知为什么至今仍记忆犹新:

日出遥遥一点红,飘飘四海影无踪.

三岁孩童千两价,保主跨海去征东.

第一句指山东,二、三两句分别点出薛仁贵(雪、人贵).那时识字很少,半看半猜,居然引起了我极大的兴趣,同时也教我认识了许多生字.这是我有生以来独立看的第一本书.尝到甜头以后,我便千方百计去找书,向小朋友借,到亲友家找,居然断断续续看了《薛丁山征西》《彭公案》《二度梅》等,樊梨花便成了我心中的女英雄.我真入迷了.从此,放牛也罢,车水也罢,我总要带一本书,还练出了边走田间小路边读书的本领,读得津津有味,不知人间别有他事.

当我们安静下来回想往事时,往往会发现一些偶然的小事却影响了自己的一生.如果不是找到那本《薛仁贵征东》,我的好学心也许激发不起来.我这一生,也许会走另一条路.人的潜能,好比一座汽油库,星星之火,可以使它雷声隆隆、光照天地;但若少了这粒火星,它便会成为一潭死水,永归沉寂.

抄,总抄得起

好不容易上了中学,做完功课还有点时间,便常光顾图书馆.好书借了实在舍不得还,但买不到也买不起,便下决心动手抄书.抄,总抄得起.我抄过林语堂写的《高级英文法》,抄过英文的《英文典大全》,还抄过《孙子兵法》,这本书实在爱得很了,竟一口气抄了两份.人们虽知抄书之苦,未知抄书之益,抄完毫末俱见,一览无余,胜读十遍.

始于精于一,返于精于博

关于康有为的教学法,他的弟子梁启超说:"康先生之教,专标专精、涉猎二条,无专精则不能成,无涉猎则不能通也."可见康有为强烈要求学生把专精和广博(即"涉猎")相结合.

在先后次序上,我认为要从精于一开始.首先应集中精力学好专业,并在专业的科研中做出成绩,然后逐步扩大领域,力求多方面的精.年轻时,我曾精读杜布(J. L. Doob)的《随机过程论》,哈尔莫斯(P. R. Halmos)的《测度论》等世界数学名著,使我终身受益.简言之,即"始于精于一,返于精于博".正如中国革命一样,必须先有一块根据地,站稳后再开创几块,最后连成一片.

丰富我文采,澡雪我精神

辛苦了一周,人相当疲劳了,每到星期六,我便到旧书店走走,这已成为生活中的一部分,多年如此.一次,偶然看到一套《纲鉴易知录》,编者之一便是选编《古文观止》的吴楚材.这部书提纲挈领地讲中国历史,上自盘古氏,直到明末,记事简明,文字古雅,又富于故事性,便把这部书从头到尾读了一遍.从此启发了我读史书的兴趣.

我爱读中国的古典小说,例如《三国演义》和《东周列国志》.我常对人说,这两部书简直是世界上政治阴谋诡计大全.即以近年来极时髦的人质问题(伊朗人质、劫机人质等),这些书中早就有了,秦始皇的父亲便是受害者,堪称"人质之父".

《庄子》超尘绝俗,不屑于名利.其中"秋水""解牛"诸篇,诚绝唱也.《论语》束身严谨,勇于面世,"己所不欲,勿施于人",有长者之风.司马迁的《报任少卿书》,读之我心两伤,既伤少卿,又伤司马;我不知道少卿是否收到这封信,希望有人做点研究.我也爱读鲁迅的杂文,果戈理、梅里美的小说.我非常敬重文天祥、秋瑾的人品,常记他们的诗句:"人生自古谁无死,留取丹心照汗青""休言女子非英物,夜夜龙泉壁上鸣".唐诗、宋词、《西厢记》《牡丹亭》,丰富我文采,澡雪我精神,其中精粹,实是人间神品.

读了邓拓的《燕山夜话》,既叹服其广博,也使我动了写《科学发现纵横谈》的心.不料这本小册子竟给我招来了上千封鼓励信.以后人们便写出了许许多多的"纵横谈".

从学生时代起,我就喜读方法论方面的论著.我想,做什么事情都要讲究方法,追求效率、效果和效益,方法好能事半而功倍.我很留心一些著名科学家、文学家写的心得体会和经验.我曾惊讶为什么巴尔扎克在51年短短的一生中能写出上百本书,并从他的传记中去寻找答案.文史哲和科学的海洋无边无际,先哲们的明智之光沐浴着人们的心灵,我衷心感谢他们的恩惠.

读书的另一面

以上我谈了读书的好处,现在要回过头来说说事情的另一面.

读书要选择.世上有各种各样的书:有的不值一看,有的只值看20分钟,有的可看5年,有的可保存一辈子,有的将永远不朽.即使是不朽的超级名著,由于我们的精力与时间有限,也必须加以选择.决不要看坏书,对一般书,要学会速读.

读书要多思考.应该想想,作者说得对吗?完全吗?适合今天的情况吗?从书本中迅速获得效果的好办法是有的放矢地读书,带着问题去读,或偏重某一方面去读.这时我们的思维处于主动寻找的地位,就像猎人追找猎物一样主动,很快就能找到答案,或者发现书中的问题.

有的书浏览即止,有的要读出声来,有的要心头记住,有的要笔头记录.对重要的专业书或名著,要勤做笔记,"不动笔墨不读书".动脑加动手,手脑并用,既可加深理解,又可避忘备查,特别是自己的灵感,更要及时抓住.清代章学诚在《文史通义》中说:"札记之功必不可少,如不札记,则无穷妙绪如雨珠落大海矣."

许多大事业、大作品,都是长期积累和短期突击相结合的产物.涓涓不息,将成江河;无此涓涓,何来江河?

爱好读书是许多伟人的共同特性,不仅学者专家如此,一些大政治家、大军事家也如此.曹操、康熙、拿破仑、毛泽东都是手不释卷,嗜书如命的人.他们的巨大成就与毕生刻苦自学密切相关.

王梓坤

目录

第一编　一道联赛试题的背景

第1章　从一道全国高中数学联赛试题的解法谈起　//3

第2章　斯通和魏尔斯特拉斯逼近定理　//13

第3章　魏尔斯特拉斯和斯通小传　//26

第4章　魏尔斯特拉斯定理的两种形式　//31

§1　魏尔斯特拉斯定理的叙述　//31

§2　勒贝格方法　//36

§3　朗道方法　//42

§4　伯恩斯坦方法　//46

§5　伯恩斯坦多项式的一些性质　//53

§6　定理4.2的证明及定理4.1与4.2之间的关系　//61

§7　关于内插结点的法贝尔定理　//68

§8　费耶尔的收敛内插过程　//79

第5章　魏尔斯特拉斯逼近定理的两个简明证法　//83

第6章　大师和学生——贝尔论　//89

第7章　胡作玄论魏尔斯特拉斯和他的解析函数论　//126

　§1　魏尔斯特拉斯小传　//126

　§2　魏尔斯特拉斯的解析函数论　//131

第二编　从一道 Putnam 试题谈起

第8章　引言　//137

第9章　平均乘方逼近与一致(最佳)逼近　//138

　§1　平均值理论　//138

　§2　用给定次数的多项式的平均乘方逼近与最佳逼近　//152

　§3　由切比雪夫指出的最佳逼近条件　//164

　§4　计算最佳逼近的例　//173

　§5　连续与可微函数的最佳逼近　//186

　§6　关于多项式的导数的最大模的伯恩斯坦定理　//196

　§7　伯恩斯坦定理,杰克逊定理的逆定理　//206

　§8　函数的最佳逼近按序列导数的最大模的估值　//210

　§9　解析函数的最佳逼近　//214

　§10　所得结果在研究傅里叶与拉格朗日级数,内插方法以及机械求积公式等的收敛性上的应用　//224

第10章　复数域上的内插与逼近　//232

　§1　一般评述　//232

　§2　在复数域内的有限内插法　//235

§3 拉格朗日内插余项的复积分形式 //238

§4 在复数域上内插过程的收敛性 //241

§5 内插法的校正因子 //252

§6 用逐次导数作内插时误差的估值 //256

§7 相应于魏尔斯特拉斯定理的定理 //264

§8 复数域上的平方逼近、舍格多项式与卡勒曼多项式 //273

§9 复数域上平方逼近的收敛性 //293

§10 复数域上内插的一般概型 //298

§11 复数域上的最佳逼近 //305

第三编 上升到泛函分析的高度去认识

第11章 线性赋范空间中的逼近问题 //315

§1 逼近论基本问题的提出 //315

§2 度量空间 //316

§3 线性赋范空间 //317

§4 线性赋范空间的例 //318

§5 赫尔德与闵可夫斯基不等式 //320

§6 线性赋范空间进一步的例子 //324

§7 希尔伯特空间 //325

§8 线性赋范空间中逼近的基本定理 //327

§9 严格赋范空间 //329

§10 空间 L^p 中的例 //331

§11 几何解释 //332

§12 关于可分空间及完备空间的概念 //333

§13 在空间 H 中的逼近定理 //335

§14 再论空间 H 中的逼近问题 //344

§15 H 中的正交就范向量组 //347

§16 向量组的正交化 //348

§17 无穷正交就范组 //351

§18 不可分空间的例 //355

§19 魏尔斯特拉斯第一定理 //356

§20 魏尔斯特拉斯第二定理 //359

§21 空间 C 的可分性 //361

§22 空间 L^p 的可分性 //362

§23 魏尔斯特拉斯定理在空间 L^p 上的推广 //366

§24 空间 L^p 的完备性 //367

§25 在 L^2 中完全正交就范组的例 //369

§26 Müntz 定理 //374

§27 线性泛函数 //377

§28 黎斯定理 //379

§29 在任意线性赋范空间中向量集合封闭性的判别法 //382

第 12 章 切比雪夫的理论 //385

§1 问题的提出 //385

§2 推广的瓦赖-泊松定理 //387

§3 存在定理 //388

§4 切比雪夫定理 //390

§5 特殊情形 //394

§6 与零最小偏差的切比雪夫多项式 //395

§7 切比雪夫定理的进一步的例子 //396

§8 应用瓦赖-泊松定理的例 //398

§9 应用一般切比雪夫定理的例 //401

§10 转到周期函数 //405

§11 例子 //406

§12 魏尔斯特拉斯函数 //407

§13 哈尔问题 //409

§14 哈尔条件必要性的证明 //410

§15 哈尔条件充分性的证明 //411

§16 又一个例 //416

§17 切比雪夫函数组 //418

§18 切比雪夫定理的推广 //420

§19 关于一个在度量空间 L 中逼近连续函数的问题 //423

§20 马尔可夫定理 //429

§21 特殊情形 //433

第四编 各种补充与问题

第 13 章 极值的简单问题与封闭性的某些判别法 //441

第 14 章 舍格的一个定理和它的应用 //460

第 15 章 封闭函数序列的又一些例子 //473

第 16 章 卡拉皆乌独利-费耶尔问题及其联系的问题 //478

第 17 章 左洛塔留夫的问题及其有关问题 //494

第 18 章 最简单的解析函数的最佳调和逼近 //507

附录 1　Müntz 定理及推广　//516

§0　引言　//516

§1　函数系 $\{x^n\}$ 的最佳逼近　//517

§2　$\{x^{\lambda_n}\}$ 的完备性问题,其中 λ_n 为实数　//518

§3　$\{x^{\lambda_n}\}$ 的完备性问题,其中 λ_n 为复数　//520

§4　$\{x^{\lambda_n}\}$ 的进一步研究　//521

§5　$\{z^{\lambda_n}\}$ 在复平面上的完备性问题　//522

§6　函数系 $\{z^{\lambda_n}\}$ 在无界曲线或无界区域上加权后的完备性问题　//525

§7　函数系 $\{x^{\lambda_n}\}$ 的其他推广　//528

§8　函数系 $\{x^{\lambda_n}\}$ 在区间上的最佳逼近问题　//529

附录 2　机械工程中的函数逼近问题　//541

§1　有界限的一致逼近　//541

§2　用圆弧样条函数逼近连续函数　//545

§3　用奇次幂多项式的复合多项式逼近连续函数　//550

附录 3　线性赋范空间内的最佳逼近　//556

编辑手记　//572

第一编
一道联赛试题的背景

从一道全国高中数学联赛试题的解法谈起

第 1 章

　　什么样的试题才能算得上是一道好的试题呢?

　　有些题目很好,但它出现得太早,没能赶上潮流.

　　1983 年,日本人上田宏发明了最早的自拍杆并申报了专利,该专利于 2003 年到期,上田宏没有赶上这波自拍杆热潮,他自嘲说:"我们将它称作凌晨 3 点的发明,它来得太早了."

　　而有些试题并没有那么好,但它恰恰赶上了潮流.

　　20 世纪 80 年代初正是中国百废俱兴、朝气蓬勃的年代,也是中国教育的黄金岁月.那时的中学师生对数学知识的渴望恰似饥饿的人扑到面包上,于是每一道有背景的数学竞赛试题都得到了充分挖掘.下面的这道试题就是 1983 年全国高中数学联赛试题.

逼近论中的 Weierstrass 定理

试题 1.1 函数 $F(x) = |\cos^2 x + 2\sin x \cos x - \sin^2 x + Ax + B|$ 在区间 $\left[0, \frac{3}{2}\pi\right]$ 上的最大值 M 与参数 A, B 有关. 问 A, B 取什么值时, M 为最小? 证明你的结论.

解法一 (1) 由题意得

$$F(x) = \left|\sqrt{2}\sin\left(2x + \frac{\pi}{4}\right) + Ax + B\right|$$

当 $A = B = 0$ 时, $F(x)$ 成为

$$f(x) = \sqrt{2}\left|\sin\left(2x + \frac{\pi}{4}\right)\right|$$

在区间 $\left[0, \frac{3\pi}{2}\right]$ 上, 有三点

$$x_1 = \frac{\pi}{8}, x_2 = \frac{5\pi}{8}, x_3 = \frac{9\pi}{8}$$

使 $f(x)$ 取得最大值 $M_f = \sqrt{2}$, 它就是要求的最小的 M 的值.

(2) 下面证明, 对任何 A, B 不同时为 0 时, 有

$$\max_{0 \leqslant x \leqslant \frac{3}{2}\pi} F(x) > \max_{0 \leqslant x \leqslant \frac{3}{2}\pi} f(x) = M_f = \sqrt{2} \quad (1.1)$$

(注: $\max F(x)$ 是 $F(x)$ 的最大值的记号).

分几种情形讨论:

(i) 当 $A = 0, B \neq 0$ 时, 显然

$$\max_{0 \leqslant x \leqslant \frac{3}{2}\pi} F(x) = \max_{0 \leqslant x \leqslant \frac{3}{2}\pi}\left|\sqrt{2}\sin\left(2x + \frac{\pi}{4}\right) + B\right|$$

$$= \sqrt{2} + |B| > \sqrt{2} \quad (1.2)$$

所以式 (1.1) 成立.

(ii) 当 $A > 0, B \geqslant 0$ 时, 因为

第1章 从一道全国高中数学联赛试题的解法谈起

$$F\left(\frac{\pi}{8}\right) = \sqrt{2} + \frac{\pi}{8}A + B > \sqrt{2}$$

所以式(1.1)成立.

(iii) 当 $A>0, B<0$ 时,应再分两种情形:

情形 1. 若

$$|B| < \frac{9\pi}{8}A$$

则

$$\frac{9\pi}{8}A + B > 0$$

于是

$$F\left(\frac{9\pi}{8}\right) = \left|\sqrt{2} + \frac{9\pi}{8}A + B\right| > \sqrt{2}$$

所以式(1.1)成立.

情形 2. 若

$$|B| \geqslant \frac{9\pi}{8}A$$

则

$$|B| > \frac{5\pi}{8}A, \frac{5\pi}{8}A + B < 0$$

于是

$$F\left(\frac{5\pi}{8}\right) = \left|-\sqrt{2} + \frac{5\pi}{8}A + B\right| > \sqrt{2}$$

所以式(1.1)成立.

(iv) 当 $A<0, B \leqslant 0$ 时,因为

$$F\left(\frac{5\pi}{8}\right) = \left|-\sqrt{2} + \frac{5\pi}{8}A + B\right| > \sqrt{2}$$

所以式(1.1)成立.

(v) 当 $A<0, B>0$ 时,也应再分两种情形:

情形 1. 若

$$B < -\frac{5\pi}{8}A$$

则

$$\frac{5\pi}{8}A + B < 0$$

于是

$$F\left(\frac{5\pi}{8}\right) = \left| -\sqrt{2} + \frac{5\pi}{8}A + B \right| > \sqrt{2}$$

所以式(1.1)成立.

情形 2. 若

$$B \geqslant -\frac{5\pi}{8}A$$

则

$$B > -\frac{\pi}{8}A$$

即

$$\frac{\pi}{8}A + B > 0$$

于是

$$F\left(\frac{\pi}{8}\right) = \left| \sqrt{2} + \frac{\pi}{8}A + B \right| > \sqrt{2}$$

所以式(1.1)成立.

综合上述五种情形,式(1.1)都成立.

解法二 (1)同解法一.

(2)下面证明,对任何 A,B 不同时为 0 时有

第1章 从一道全国高中数学联赛试题的解法谈起

$$\max_{0 \leqslant x \leqslant \frac{3}{2}\pi} F(x) > \max_{0 \leqslant x \leqslant \frac{3}{2}\pi} f(x) = M_f = \sqrt{2}$$

用反证法证明:若设

$$\max_{0 \leqslant x \leqslant \frac{3}{2}\pi} F(x) \leqslant \sqrt{2} \tag{1.3}$$

则应有

$$F\left(\frac{\pi}{8}\right) \leqslant \sqrt{2}, F\left(\frac{5\pi}{8}\right) \leqslant \sqrt{2}, F\left(\frac{9\pi}{8}\right) \leqslant \sqrt{2}$$

即

$$\begin{cases} \left|\sqrt{2} + \frac{\pi}{8}A + B\right| \leqslant \sqrt{2} \\ \left|-\sqrt{2} + \frac{5\pi}{8}A + B\right| \leqslant \sqrt{2} \\ \left|\sqrt{2} + \frac{9\pi}{8}A + B\right| \leqslant \sqrt{2} \end{cases}$$

即

$$\begin{cases} -\sqrt{2} \leqslant \sqrt{2} + \frac{\pi}{8}A + B \leqslant \sqrt{2} \\ -\sqrt{2} \leqslant -\sqrt{2} + \frac{5\pi}{8}A + B \leqslant \sqrt{2} \\ -\sqrt{2} \leqslant \sqrt{2} + \frac{9\pi}{8}A + B \leqslant \sqrt{2} \end{cases}$$

也就是

$$\begin{cases} -2\sqrt{2} \leqslant \frac{\pi}{8}A + B \leqslant 0 \\ 2\sqrt{2} \geqslant \frac{5\pi}{8}A + B \geqslant 0 \\ -2\sqrt{2} \leqslant \frac{9\pi}{8}A + B \leqslant 0 \end{cases}$$

7

逼近论中的 Weierstrass 定理

由

$$\begin{cases} \dfrac{\pi}{8}A + B \leqslant 0 \\ \dfrac{5\pi}{8}A + B \geqslant 0 \end{cases}$$

所以

$$\dfrac{4\pi}{8}A \geqslant 0$$

因此

$$A \geqslant 0$$

而由

$$\begin{cases} \dfrac{5\pi}{8}A + B \geqslant 0 \\ \dfrac{9\pi}{8}A + B \leqslant 0 \end{cases}$$

所以

$$\dfrac{4\pi}{8}A \leqslant 0$$

则

$$A \leqslant 0$$

因而

$$A = 0$$

但当 $A = 0, B \neq 0$ 时有

$$\max_{0 \leqslant x \leqslant \frac{3}{2}\pi} F(x) = \max_{0 \leqslant x \leqslant \frac{3}{2}\pi} \left| \sqrt{2}\sin\left(2x + \dfrac{\pi}{4}\right) + B \right|$$
$$= \sqrt{2} + |B| > \sqrt{2}$$

与式(1.3)矛盾,所以式(1.1)成立.

其实许多数学工作者都从中看到了魏尔斯特拉

第1章 从一道全国高中数学联赛试题的解法谈起

斯(Weierstrass)定理的背景.

随后的几年里,复旦大学黄宣国教授又给出一道逼近论的好题:

试题 1.2 对给定的实数 a_1,a_2,a_3,a_4,a_5,记
$$F = \max_{x \in [-1,1]} |x^5 - a_1 x^4 - a_2 x^3 - a_3 x^2 - a_4 x - a_5|$$
当实数 a_1,a_2,a_3,a_4,a_5 变化时,求 F 的最小值.

解 令
$$f(x) = x^5 - a_1 x^4 - a_2 x^3 - a_3 x^2 - a_4 x - a_5 \quad (1.4)$$

利用上式,可以看到
$$f(1) - f(-1) = 2 - 2(a_2 + a_4) \quad (1.5)$$

$$f\left(\cos\frac{2\pi}{5}\right) - f\left(-\cos\frac{2\pi}{5}\right)$$
$$= 2\cos^5\frac{2\pi}{5} - 2a_2\cos^3\frac{2\pi}{5} - 2a_4\cos\frac{2\pi}{5} \quad (1.6)$$

$$f\left(\cos\frac{4\pi}{5}\right) - f\left(-\cos\frac{4\pi}{5}\right)$$
$$= 2\cos^5\frac{4\pi}{5} - 2a_2\cos^3\frac{4\pi}{5} - 2a_4\cos\frac{4\pi}{5} \quad (1.7)$$

利用
$$\cos^3\theta = \frac{1}{4}(\cos 3\theta + 3\cos\theta) \quad (1.8)$$

有
$$\cos^3\frac{2\pi}{5} = \frac{1}{4}\left(-\cos\frac{\pi}{5} + 3\cos\frac{2\pi}{5}\right) \quad (1.9)$$

$$\cos^3\frac{4\pi}{5} = \frac{1}{4}\left(\cos\frac{2\pi}{5} - 3\cos\frac{\pi}{5}\right) \quad (1.10)$$

把式(1.9)代入式(1.6),有

逼近论中的 Weierstrass 定理

$$f\left(\cos\frac{2\pi}{5}\right) - f\left(-\cos\frac{2\pi}{5}\right)$$
$$= 2\cos^5\frac{2\pi}{5} - \frac{1}{2}a_2\left(3\cos\frac{2\pi}{5} - \cos\frac{\pi}{5}\right) - 2a_4\cos\frac{2\pi}{5}$$
(1.11)

把式(1.10)代入式(1.7),有
$$f\left(\cos\frac{4\pi}{5}\right) - f\left(-\cos\frac{4\pi}{5}\right)$$
$$= -2\cos^5\frac{\pi}{5} - \frac{1}{2}a_2\left(\cos\frac{2\pi}{5} - 3\cos\frac{\pi}{5}\right) + 2a_4\cos\frac{\pi}{5}$$
(1.12)

考虑
$$S = f(1) - f(-1) + A\left(f\left(\cos\frac{2\pi}{5}\right) - f\left(-\cos\frac{2\pi}{5}\right)\right) +$$
$$B\left(f\left(\cos\frac{4\pi}{5}\right) - f\left(-\cos\frac{4\pi}{5}\right)\right) \qquad (1.13)$$

这里 A,B 是待定实数,利用(1.11)和(1.12)两式,使得公式(1.13)的右端的 a_2, a_4 的系数都为 0,兼顾公式(1.5),有
$$\begin{cases} -2 - \frac{A}{2}\left(3\cos\frac{2\pi}{5} - \cos\frac{\pi}{5}\right) - \frac{B}{2}\left(\cos\frac{2\pi}{5} - 3\cos\frac{\pi}{5}\right) = 0 \\ -2 - 2A\cos\frac{2\pi}{5} + 2B\cos\frac{\pi}{5} = 0 \end{cases}$$
(1.14)

解上述关于 A,B 的二元一次方程组,有
$$A = 2, B = 2 \qquad (1.15)$$

注 有兴趣的读者可以自己解这个方程组.

利用公式(1.5)(1.13)和(1.15),这时,有

第1章 从一道全国高中数学联赛试题的解法谈起

$$S = 2\left(1 + 2\cos^5\frac{2\pi}{5} - 2\cos^5\frac{\pi}{5}\right) \quad (1.16)$$

由于

$$\frac{1}{16}\cos 5\theta = \cos^5\theta - \frac{5}{4}\cos^3\theta + \frac{5}{16}\cos\theta \quad (1.17)$$

利用公式(1.8)和(1.17),可以看到

$$\cos 5\theta = 16\cos^5\theta - 5\cos 3\theta - 10\cos\theta \quad (1.18)$$

从上式,有

$$\cos^5\theta = \frac{1}{16}(\cos 5\theta + 5\cos 3\theta + 10\cos\theta) \quad (1.19)$$

利用上式,有

$$\cos^5\frac{2\pi}{5} = \frac{1}{16}\left(1 + 10\cos\frac{2\pi}{5} - 5\cos\frac{\pi}{5}\right) \quad (1.20)$$

$$\cos^5\frac{\pi}{5} = \frac{1}{16}\left(-1 + 5\cos\frac{3\pi}{5} + 10\cos\frac{\pi}{5}\right) \quad (1.21)$$

把上两式代入公式(1.16),有

$$S = \frac{5}{2} + \frac{15}{4}\left(\cos\frac{2\pi}{5} - \cos\frac{\pi}{5}\right) \quad (1.22)$$

由于

$$2\left(\cos\frac{\pi}{5} - \cos\frac{2\pi}{5}\right) = 4\sin\frac{3\pi}{10}\sin\frac{\pi}{10}$$

$$= \frac{1}{\cos\frac{\pi}{10}}2\sin\frac{3\pi}{10}\sin\frac{2\pi}{10} = \frac{1}{\cos\frac{\pi}{10}}2\sin\frac{2\pi}{10}\cos\frac{2\pi}{10}$$

$$= \frac{\sin\frac{4\pi}{10}}{\cos\frac{\pi}{10}} = 1 \quad (1.23)$$

利用上两式,有

逼近论中的 Weierstrass 定理

$$S = \frac{5}{8} \tag{1.24}$$

利用题目条件及公式(1.14),有

$$10F \geq |f(1)| + |f(-1)| + 2\left|f\left(\cos\frac{2\pi}{5}\right)\right| +$$
$$2\left|f\left(-\cos\frac{2\pi}{5}\right)\right| + 2\left|f\left(\cos\frac{4\pi}{5}\right)\right| +$$
$$2\left|f\left(-\cos\frac{4\pi}{5}\right)\right|$$
$$\geq S(\text{利用公式}(1.13)\text{和}(1.15))$$
$$= \frac{5}{8}(\text{利用公式}1.24) \tag{1.25}$$

从上式,有

$$F \geq \frac{1}{16} \tag{1.26}$$

取

$$a_1 = 0, a_2 = \frac{5}{4}, a_3 = 0, a_4 = -\frac{5}{16}, a_5 = 0 \tag{1.27}$$

$$F = \max_{x \in [-1,1]} \left| x^5 - \frac{5}{4}x^3 + \frac{5}{16}x \right| \tag{1.28}$$

令

$$x = \cos\theta \quad (\theta \in [0, \pi]) \tag{1.29}$$

利用公式(1.17)(1.28)和(1.29),有

$$F = \max_{\theta \in [0,\pi]} \frac{1}{16} |\cos 5\theta| = \frac{1}{16}$$

因此,所求的最小值是 $\frac{1}{16}$.

斯通和魏尔斯特拉斯逼近定理

第 1 章中两道试题的背景为逼近论中的斯通(Stone)和魏尔斯特拉斯的逼近定理. 在此我们先来介绍伯恩斯坦(Bernstein)多项式.

定义 2.1 设 f 是定义在区间 $[0,1]$ 上的实值函数. 由

$$B_n(f;x) = \sum_{p=0}^{n} \binom{n}{p} f\left(\frac{p}{n}\right) x^p (1-x)^{n-p}$$

$$(x \in [0,1])$$

定义的函数 $B_n(f)$ 叫作函数 f 的 n 阶伯恩斯坦多项式. $B_n(f)$ 是次数不大于 n 的多项式.

伯恩斯坦多项式关于函数 f 是线性的, 即, 若 a_1, a_2 是常数, $f = a_1 f_1 + a_2 f_2$, 则

$$B_n(f) = a_1 B_n(f_1) + a_2 B_n(f_2)$$

由于在 $[0,1]$ 上

$$\binom{n}{p} x^p (1-x)^{n-p} \geqslant 0$$

并且

$$\sum_{p=0}^{n} \binom{n}{p} x^p (1-x)^{n-p} = [x + (1-x)]^n = 1$$

(2.1)

逼近论中的 Weierstrass 定理

故在 $[0,1]$ 上 $m \leq f(x) \leq M$ 时,有
$$m \leq B_n(f;x) \leq M$$

考虑二项式
$$(x+y)^n = \sum_{p=0}^{n} \binom{n}{p} x^p y^{n-p}$$

关于 x 微分,再乘以 x,得
$$nx(x+y)^{n-1} = \sum_{p=0}^{n} p \binom{n}{p} x^p y^{n-p}$$

类似地,把这个二项式关于 x 微分两次再乘以 x^2,得
$$n(n-1)x^2(x+y)^{n-2} = \sum_{p=0}^{n} p(p-1) \binom{n}{p} x^p y^{n-p}$$

于是,若令
$$r_p(x) = \binom{n}{p} x^p (1-x)^{n-p}$$

则有
$$\sum_{p=0}^{n} r_p(x) = 1, \quad \sum_{p=0}^{n} p r_p(x) = nx$$
$$\sum_{p=0}^{n} p(p-1) r_p(x) = n(n-1)x^2$$

因而
$$\sum_{p=0}^{n} (p-nx)^2 r_p(x)$$
$$= n^2 x^2 \sum_{p=0}^{n} r_p(x) - 2nx \sum_{p=0}^{n} p r_p(x) + \sum_{p=0}^{n} p^2 r_p(x)$$
$$= n^2 x^2 - 2nx[nx] + [nx + n(n-1)x^2]$$
$$= nx(1-x)$$

但 $4x^2 - 4x + 1 = (2x-1)^2 \geq 0$,故 $x(1-x) \leq \dfrac{1}{4}$,从而

第 2 章 斯通和魏尔斯特拉斯逼近定理

证得了下列结果：

引理2.1 对所有实数 x，有

$$\sum_{p=0}^{n}(p-nx)^2\binom{n}{p}x^p(1-x)^{n-p}\leqslant\frac{n}{4} \quad (2.2)$$

命题2.1（伯恩斯坦定理） 对 $[0,1]$ 上的任意连续函数 f，在 $[0,1]$ 上 $B_n(f)$ 一致逼近于 f.

证 设在 $[0,1]$ 上 $|f(x)|\leqslant M<\infty$. 由 f 的一致连续性，对任意 $\varepsilon>0$，存在某个 $\delta>0$，使

$$|x-x'|<\delta \text{ 时}, |f(x)-f(x')|<\varepsilon$$

任取 $x\in[0,1]$，由式(2.1)有

$$f(x)=\sum_{p=0}^{n}f(x)\binom{n}{p}x^p(1-x)^{n-p}$$

因此

$$|B_n(f;x)-f(x)|\leqslant\sum_{p=0}^{n}\left|f\left(\frac{p}{n}\right)-f(x)\right|\binom{n}{p}x^p(1-x)^{n-p}$$

(2.3)

把数 $p=0,1,2,\cdots$ 如下地分成 A 与 B 两类：

$$\text{当}\left|\frac{p}{n}-x\right|<\delta \text{ 时}, p\in A$$

$$\text{当}\left|\frac{p}{n}-x\right|\geqslant\delta \text{ 时}, p\in B$$

当 $p\in A$ 时，有

$$\left|f\left(\frac{p}{n}\right)-f(x)\right|<\varepsilon$$

因而由式(2.1)得

$$\sum_{p\in A}\left|f\left(\frac{p}{n}\right)-f(x)\right|\binom{n}{p}x^p(1-x)^{n-p}$$

逼近论中的 Weierstrass 定理

$$< \varepsilon \sum_{p \in A} \binom{n}{p} x^p (1-x)^{n-p}$$

$$\leq \varepsilon \sum_{p=0}^{n} \binom{n}{p} x^p (1-x)^{n-p} = \varepsilon \qquad (2.4)$$

当 $p \in B$ 时,有

$$\frac{(p-nx)^2}{n^2 \delta^2} \geq 1$$

因而由引理 2.1 得

$$\sum_{p \in B} \left| f\left(\frac{p}{n}\right) - f(x) \right| \binom{n}{p} x^p (1-x)^{n-p}$$

$$\leq \frac{2M}{n^2 \delta^2} \sum_{p \in B} (p-nx)^2 \binom{n}{p} x^p (1-x)^{n-p}$$

$$\leq \frac{2M}{n^2 \delta^2} \sum_{p=0}^{n} (p-nx)^2 \binom{n}{p} x^p (1-x)^{n-p}$$

$$\leq \frac{M}{2n\delta^2} \qquad (2.5)$$

结合(2.3)(2.4)(2.5)三式,我们看到:对任一 $x \in [0,1]$,有

$$|B_n(f;n) - f(x)| < \varepsilon + \frac{M}{2n\delta^2}$$

而这就是说,只要

$$n > \frac{M}{2\varepsilon \delta^2}$$

便有 $|B_n(f;x) - f(x)| < 2\varepsilon$.

命题 2.2(魏尔斯特拉斯逼近定理) 设 $[a,b]$ 是有界闭区间,f 在 $[a,b]$ 上连续,则对任意 $\varepsilon > 0$,存在多项式 P 使对所有 $x \in [a,b]$,有

$$|f(x) - P(x)| < \varepsilon \qquad (2.6)$$

第 2 章　斯通和魏尔斯特拉斯逼近定理

这时,我们说 f 容许由多项式 P 一致逼近.

证 若 $[a,b] = [0,1]$,则本命题是命题 2.1 的直接结果. 设 $[a,b] \neq [0,1]$. 考虑 y 的函数
$$f(a + y(b - a))$$
这个函数在 $[0,1]$ 上有定义、连续,因此存在多项式 $Q(y)$ 使对所有 $y \in [0,1]$ 有
$$|f(a + y(b - a)) - Q(y)| < \varepsilon$$
当 $x \in [a,b]$ 时
$$\frac{x - a}{b - a} \in [0,1]$$
于是
$$\left| f(x) - Q\left(\frac{x - a}{b - a}\right) \right| < \varepsilon$$
因而多项式
$$P(x) = Q\left(\frac{x - a}{b - a}\right)$$
即为所求.

注 当 $0 < a < b < 1$ 时命题 2.2 也成立,而且式 (2.6) 里的多项式 $P(x)$ 是整系数的. 因为,多项式
$$P(x) = \sum_{p=1}^{n-1} \left[\binom{n}{p} f\left(\frac{p}{n}\right) \right] x^p (1 - x)^{n-p}$$
(这里 $[c]$ 表示不大于 c 的最大整数)是整系数的,它与 $B_n(f;x)$ 的差小于
$$M(x^n + (1 - x)^n) + \sum_{p=1}^{n-1} x^p (1 - x)^{n-p} \quad (2.7)$$
后一个和数不超过
$$\frac{1}{n} \sum_{p=1}^{n-1} r_p(x) \leq \frac{1}{n}$$

因而在区间$[a,b]$上式(2.7)一致收敛于0.

现在我们要概要地讲一下命题2.2的另一种证明. 这种有价值的证法是由勒贝格(H. Lebesgue)给出的,它建立在对特殊的函数$f(x)=|x|$的逼近的基础上.

引理2.2 对任意实数$\varepsilon>0$及有界闭区间I,存在没有常数项的多项式$p(t)$,使对所有$t\in I$,有
$$||p(t)-|t||<\varepsilon$$

注 当然,要证明这个引理,只要对形如$I=[-a,a]$的区间证明就够了;用at代替t,就只要对区间$I=[-1,1]$证明. 因为
$$|t|=\sqrt{t^2}$$
所以引理2.2是下列结果的推论.

引理2.3 设$(p_n)_{n=0}^{\infty}$是由
$$p_0(t)=0, p_{n+1}(t)=p_n(t)+\frac{1}{2}(t-p_n^2(t)) \quad (n\geqslant 0)$$
(2.8)
定义的没有常数项的多项式列,则在区间$[0,1]$上$(p_n)_{n=0}^{\infty}$单调增加,且一致收敛于$\sqrt{t}$.

证 为证引理2.3,只要证明对所有$t\in[0,1]$,有
$$0\leqslant\sqrt{t}-p_n(t)\leqslant\frac{2\sqrt{t}}{2+n\sqrt{t}} \quad (2.9)$$

因为式(2.9)蕴含$0\leqslant\sqrt{t}-p_n(t)\leqslant\frac{2}{n}$.

我们用对n的数学归纳法证明式(2.9). 当$n=0$时它是成立的. 若$n\geqslant 0$,则从对式(2.9)所做的归纳假

第 2 章 斯通和魏尔斯特拉斯逼近定理

设可得
$$0 \leqslant \sqrt{t} - p_n(t) \leqslant \sqrt{t}$$

因此 $0 \leqslant p_n(t) \leqslant \sqrt{t}$. 从式(2.8)有
$$\sqrt{t} - p_{n+1}(t) = (\sqrt{t} - p_n(t))\left(1 - \frac{1}{2}(\sqrt{t} + p_n(t))\right)$$

于是 $\sqrt{t} - p_{n+1}(t) \geqslant 0$，并且从式(2.9)得
$$\sqrt{t} - p_{n+1}(t) \leqslant \frac{2\sqrt{t}}{2 + n\sqrt{t}}\left(1 - \frac{\sqrt{t}}{2}\right)$$
$$\leqslant \frac{2\sqrt{t}}{2 + n\sqrt{t}}\left(1 - \frac{\sqrt{t}}{2 + (n+1)\sqrt{t}}\right)$$
$$= \frac{2\sqrt{t}}{2 + (n+1)\sqrt{t}}$$

证毕.

现在回到论证的主要路线上来，我们注意 $|x|$ 的图像是有一个角的折线. 我们想要证明：任何折线函数容许由多项式一致逼近. 首先，对区间 $[-k, k]$ 上的函数 $|x|$ 这是正确的，因为 $|x| = k\left|\dfrac{x}{k}\right|$，并且在 $[-k, k]$ 上 $\left|\dfrac{x}{k}\right| \leqslant 1$. 每个区间 $[a, b]$ 上的函数
$$L_c(x) = \begin{cases} 0, & x \leqslant c \text{ 时} \\ x - c, & x \geqslant c \text{ 时} \end{cases}$$

仍可以由多项式逼近，因为
$$L_c(x) = \frac{1}{2}((x - c) + |x - c|)$$

现在设 g 是 $[a, b]$ 上的任一折线函数，它的图像在基

点 $a = a_0 < a_1 < \cdots < a_n = b$ 处有角. 我们将会看到 g 是 $L_c(x)$ 的线性组合. 令

$$g_0(x) = g(a) + c_0 L_{a_0}(x) + c_1 L_{a_1}(x) + \cdots + c_{n-1} L_{a_{n-1}}(x)$$

并由方程

$$g_0(a_j) = g(a_j) \quad (j=0,1,\cdots,n)$$

定义常数 c_j. 这些方程里第一个是恒等式, 第二个是

$$g(a) + c_0 L_{a_0}(a_1) = g_0(a_1)$$

它确定了 c_0, 第三个方程确定 c_1, 等等. 两个折线函数 g 和 g_0 在所有的基点处重合, 因而它们是恒等的. 这表明 g 容许由多项式逼近.

最后, 若 f 在有界闭区间 $[a,b]$ 上连续, 则它一致连续, 因此可以由与它误差任意小的折线函数一致逼近. 事实上, f 在有界闭区间上一致连续当且仅当 f 容许由这个区间上的折线函数一致逼近. 这就完成了著名的魏尔斯特拉斯定理的勒贝格证明.

下面的三个命题属于斯通, 它们是对魏尔斯特拉斯逼近定理的有意义的推广.

定义 2.2 设 f, g 是 $[a,b]$ 上的实值函数. 所谓 $\max\{f,g\}$ 是指在 $x \in [a,b]$ 处取值 $\max\{f(x), g(x)\}$ 的函数; $\min\{f,g\}$ 是指在 x 处取值 $\min\{f(x), g(x)\}$ 的函数.

命题 2.3 设 $\mathscr{S}$ 是有界闭区间 $[a,b]$ 上的连续函数族, 它有这样的性质: 若 s_1, s_2 属于 $\mathscr{S}$, 则 $\max\{s_1, s_2\}$ 及 $\min\{s_1, s_2\}$ 也属于 $\mathscr{S}$. 那么, $[a,b]$ 上的连续函数 f 容许由函数 $s \in \mathscr{S}$ 一致逼近, 当且仅当对 $[a,b]$ 上的任两点 y, z 及任意 $\varepsilon > 0$, 存在函数 s 使对 $x = y$ 和 $x = z$ 有

第 2 章 斯通和魏尔斯特拉斯逼近定理

$$|f(x) - s(x)| < \varepsilon \qquad (2.10)$$

证 条件的必要性是显然的. 为证条件是充分的, 任取 $\varepsilon > 0$, 并以 s_{yz} 表示满足式(2.10)的某个 $s \in \mathscr{S}$, 对固定的 $y \in [a,b]$ 有

$$s_{yz}(z) < f(z) + \varepsilon$$

于是, 由连续性, 在 z 的某个邻域 $(z-\delta, z+\delta)$ 内有

$$s_{yz}(x) < f(x) + \varepsilon$$

对 $[a,b]$ 上的全部可能的 z, 这些邻域覆盖 $[a,b]$; 由 Heine-Borel 定理, 存在有限个点 $z_1, \cdots, z_n$, 它们的邻域覆盖 $[a,b]$. 令

$$s_y(x) = \min\{s_{yz_1}(x), \cdots, s_{yz_n}(x)\}$$

由假设, $s_y \in \mathscr{S}$. 又, 对 $a \leq x \leq b$ 有

$$s_y(x) < f(x) + \varepsilon \qquad (2.11)$$

$$s_y(y) > f(y) - \varepsilon \qquad (2.12)$$

因而对每个 $y \in [a,b]$ 存在 y 的邻域 $(y-\gamma, y+\gamma)$ 使 $s_y(x) > f(x) - \varepsilon$. 再用 Heine-Borel 定理, 我们能取得有限个点 $y_1, \cdots, y_m$, 使对每个 x, 有

$$s_{y_k}(x) > f(x) - \varepsilon$$

至少对一个 k 成立. 令

$$s(x) = \max\{s_{y_1}(x), \cdots, s_{y_m}(x)\}$$

则对 $x \in [a,b]$ 有

$$s(x) > f(x) - \varepsilon$$

另外, 由式(2.11), 得

$$s(x) < f(x) + \varepsilon$$

因此对 $x \in [a,b]$ 有

$$|f(x) - s(x)| < \varepsilon$$

由于 $s \in \mathscr{S}$,这就证明了本命题.

注 注意狄尼(Dini)定理是命题 2.3 的推论. 事实上,设 $(s_n)_{n=1}^{\infty}$ 是 $[a,b]$ 上连续函数的单调增加列,它逐点收敛于 $[a,b]$ 上的连续函数 f,则族 $\mathscr{S} = \{s_n : n \in \mathbf{N}\}$ 满足命题 2.3 的全部条件;因此,对每个 $\varepsilon > 0$,存在下标 n_0 使 $|f(x) - s_{n_0}(x)| < \varepsilon$. 于是对 $n \geq n_0$ 及 $a \leq x \leq b$ 也有 $|f(x) - s_n(x)| < \varepsilon$.

若对 $[a,b]$ 上的各对不同的点 y,z,存在 $s \in \mathscr{S}$ 使 $s(y) \neq s(z)$,则说函数族 $\mathscr{S}$ 分离 $[a,b]$ 上的点.

命题 2.4 设函数族 $\mathscr{S}$ 有下列性质:

(1) 函数族 $\mathscr{S}$ 分离 $[a,b]$ 上的点;

(2) $\mathscr{S}$ 含有 $\mathscr{S}$ 中函数的各个有限线性组合及各个常值函数;

(3) 对任一 $s \in \mathscr{S}$,$|s|$ 也属于 $\mathscr{S}$.

则 $[a,b]$ 上的连续函数都可以由 $\mathscr{S}$ 中的函数 s 一致逼近.

证 我们证明命题 2.3 的假设是满足的. 首先,若 $s_1, s_2 \in \mathscr{S}$,则

$$\max(s_1, s_2) = \frac{1}{2}(s_1 + s_2 + |s_1 + s_2|)$$

$$\min(s_1, s_2) = \frac{1}{2}(s_1 + s_2 - |s_1 + s_2|)$$

也属于 $\mathscr{S}$. 其次,若 y,z 是 $[a,b]$ 上的两个不同的点,则存在 $s \in \mathscr{S}$ 使 $s(y) \neq s(z)$;令

$$\bar{s}(x) = f(y) + \frac{f(z) - f(y)}{s(z) - s(y)}(s(x) - s(y))$$

它属于 $\mathscr{S}$,并且以更直接的形式:$\bar{s}(y) = f(y)$,

第2章 斯通和魏尔斯特拉斯逼近定理

$\bar{s}(z) = f(z)$ 满足式(2.10).

定义2.3 所谓关于函数 $s \in \mathscr{S}$ 的多项式,是指形如 $p(x) = P(s_1(x), \cdots, s_n(x))$ 的函数,其中 $s_k \in \mathscr{S}$, $P(s_1, \cdots, s_n)$ 是变元 $s_1, \cdots, s_n$ 的实系数多项式.

命题2.5 设 $\mathscr{S}$ 是 $[a, b]$ 上的某连续函数族.为使 $[a, b]$ 上的连续函数都容许由关于函数 $s \in \mathscr{S}$ 的多项式一致逼近,其充分必要条件是:函数族 $\mathscr{S}$ 分离 $[a, b]$ 上的点.

证 条件是必要的,因为,若存在 $[a, b]$ 上的点 y, $z, y \neq z$ 且函数族 $\mathscr{S}$ 不能分离 y 与 z,则关于 $\mathscr{S}$ 的函数的多项式 $p(x)$ 也不能分离 y 与 z,而这与这样的事实矛盾:充分接近函数 $f(x) = x$ 的任一 $p(x)$ 分离 y 与 z.

为证条件是充分的,我们以 $\mathscr{S}_0$ 表示容许由多项式 $p(x)$ 逼近的所有连续函数之族.要证明 $\mathscr{S}_0$ 含有 $[a, b]$ 上的所有连续函数,只要证明这样的函数能由 $\mathscr{S}_0$ 的函数逼近. $\mathscr{S}_0$ 显然满足命题2.4的条件(1)(2).若 $s \in \mathscr{S}_0$,则存在多项式

$$p(x) = P(s_1(x), \cdots, s_n(x)), s_k \in \mathscr{S}$$

在 $[a, b]$ 上逼近 $s(x)$,误差小于 $\dfrac{\varepsilon}{2}$. 于是 $|p(x)|$ 以小于 $\dfrac{\varepsilon}{2}$ 的误差逼近 $|s(x)|$. 若对 $x \in [a, b]$, $m \leqslant p(x) \leqslant M$, 则可找到普通的多项式 $p_1(t)$,使在 $m \leqslant t \leqslant M$ 上有

$$||t| - p_1(t)| < \dfrac{\varepsilon}{2}$$

(见命题2.2后面的引理2.2). 于是

逼近论中的 Weierstrass 定理

$$||s(x)|-\overline{P}(s_1(x),\cdots,s_n(x))|<\varepsilon$$

其中多项式 $\overline{P}(s_1,\cdots,s_n)=p_1(P(s_1,\cdots,s_n))$. 这说明 $\mathscr{S}_0$ 满足命题 2.4 的条件(3),因而由命题 2.4,条件是充分的.

注 注意到由一个函数 $s(x)=x$ 组成的函数族分离任何区间的点,便可从命题 2.5 得到命题 2.2. 如果把区间 $[a,b]$ 换成 n 维欧几里得(Euclid)空间的有界闭子集 A,甚至换成紧度量空间或紧拓扑空间,命题 2.3 到 2.5 及其证明仍然不变(对于紧拓扑空间 A,命题 2.5 的必要性部分要求增加假设:A 的点由所有连续函数之集分离). 例如,设 A 是平面上的单位圆,A 的点由其圆心角 x 确定. 函数 $\sin x, \cos x$ 分离 A 的点,而关于 $\sin x, \cos x$ 的多项式是三角多项式

$$T_n(x)=a_0+\sum_{k=1}^{n}(a_k\cos kx+b_k\sin kx)$$

因而,$\mathbf{R}^1$ 上的周期为 2π 的任意连续函数 f 可以由三角多项式一致逼近,这也是魏尔斯特拉斯得到的一个结果. 我们在本章中将作为费耶尔(Fejér)定理的推论而得到这个结果.

我们以命题 2.2 的一个应用结束本节.

命题 2.6 设 f 是有界闭区间 $[a,b]$ 上的连续函数,对 $n=0,1,2,\cdots$,有

$$\int_a^b x^n f(x)\,\mathrm{d}x=0$$

则在 $[a,b]$ 上 $f\equiv 0$.

证 由命题 2.2,f 容许由多项式 P 一致逼近;因

第 2 章 斯通和魏尔斯特拉斯逼近定理

此对所有 $x \in [a,b]$，有
$$f(x) = P(x) + \varepsilon h(x)$$
其中 ε 是任意正实数，$|h(x)|$ 在 $[a,b]$ 上小于 1，因而
$$\int_a^b f^2(x)\,\mathrm{d}x = \int_a^b f(x)(P(x) + \varepsilon h(x))\,\mathrm{d}x$$
但由假设知
$$\int_a^b f(x)P(x)\,\mathrm{d}x = 0$$
因而
$$\int_a^b f^2(x)\,\mathrm{d}x < \varepsilon \int_a^b |f(x)|\,\mathrm{d}x$$
若 $f \not\equiv 0$，则
$$\frac{\int_a^b f^2(x)\,\mathrm{d}x}{\int_a^b |f(x)|\,\mathrm{d}x}$$
将是 ε 的下界，故得矛盾.

魏尔斯特拉斯和斯通小传

1. 魏尔斯特拉斯(1815—1897)

魏尔斯特拉斯,德国人. 1815 年 10 月 31 日出生于亚伐利亚的一个小职员家庭,从小喜欢数学,但父亲偏偏希望把他培养成为一个文官. 19 岁进入波恩大学学法律和商业,但兴趣的中心点仍然是数学. 他常常独自钻研拉普拉斯(Laplace)的《天体力学》、雅可比(Jacobi)的《椭圆函数论初步》等著作. 为了当好一名中学教师,大学毕业后他又到明斯特市的神学与哲学院进修. 他参加了这个学院主办的数学讨论班,受到了良好的数学训练. 古德曼(Goodman)还指导他做出了一项关于椭圆函数表示成幂级数的商的成果,这是椭圆函数理论的一个重要发现. 他在 1841 年毕业后当了一名中学教师,一直工作到 1856 年. 在中学里,他先后教过数学、物理、德语、写作和体育. 由于当中学教师期间,他继续攻读数学著作,做出了一些重要的研

第3章 魏尔斯特拉斯和斯通小传

究成果,先后发表了几篇重要论文.经数学家库麦尔(Kummer)举荐,他于1856年取得了在柏林工业大学讲授技术课的资格,同时被柏林大学聘为副教授,1864年成为教授.1868年被选为法国巴黎科学院院士.1897年2月19日在柏林去世,终年82岁.

魏尔斯特拉斯在数学的许多领域都做出了重大贡献.

首先,他用幂级数来定义解析函数,并建立了一整套解析函数理论,与柯西(Cauchy)、黎曼(Riemann)一起被称为函论的奠基人.由已知的一个在限定区域内定义的函数出发,可以导出这个函数在其他区域内的另一个幂级数,这是他的一项重要发现.同时他还弄清了这两个幂级数之间的联系.他把整函数定义为在全平面上都能表示为收敛的幂级数的和的函数;还断定,若整函数不是多项式,则在无穷远点有一个本性奇点.他还给出了一个幂级数,其收敛圆的边界全部由奇点组成;又给出了一个解析表达式,它在平面上的不同区域上代表不同的解析函数.魏尔斯特拉斯关于解析函数的研究成果,组成了现今大学数学专业中复变函数论的主要内容.

其次,1860年左右,魏尔斯特拉斯的主要兴趣集中于对椭圆函数的研究.1882年他将椭圆函数分别化成含有一个三次多项式的平方根的3个不同形式.把通过"反演"的第一个积分所得的椭圆函数作为基本的椭圆函数,还证明了这是最简单的双周期函数.他证明了每个椭圆函数均可用这个基本椭圆函数和它的导函数简单地表示出来. 总之,魏尔斯特拉斯把对椭圆函数论的研究推到了一个新的水平,进一步完备了其理论体系.

第三,魏尔斯特拉斯在代数领域内也做出了许多重要贡献. 1858 年他对同时化两个二次型成平方和给出了一个一般的方法,并证明了若二次型之一是正定的,即使某些特征值相等,这个化简也是可能的. 1868 年他已完成二次型的理论体系,并将这些结果推广到了双线性型. 1861 年他得到了如下结果:有有限个原始单元的实或复系数的线性结合代数,如果服从乘积定律和乘法交换律,就是实的代数和复的代数.

第四,魏尔斯特拉斯在变分学中做出了一系列贡献. 1879 年他证明了弱变分的 3 个条件,即曲线是极值曲线(欧拉(Euler)方程的解),沿着极值曲线 $f_{y'y'} > 0$,任何与点 A 共轭的点必定位于点 B 之外,这是极小值的充分条件. 此后,他转向了强变分问题,并得到了强变分的极大值的充分条件. 在变分学方面还得到了不少的其他成果.

第五,魏尔斯特拉斯是数学分析基础的主要奠基者之一. 他改进了波尔查诺(Bolzano)、柯西、阿贝尔(Abel)的方法. 早在 1841 年至 1856 年,做中学教师的魏尔斯特拉斯,就给出了今天大学数学分析教科书中一直沿用的连续函数的定义,即:任意给定一个正数 ε,都存在一个正数 δ,使得对于在区间 $|x - x_0| < \delta$ 内的所有 x 都有 $|f(x) - f(x_0)| < \varepsilon$,则说 $f(x)$ 在 $x = x_0$ 处连续,以及完整的一套类似的表示法,使数学分析

第3章 魏尔斯特拉斯和斯通小传

的叙述精确化.他证明了(1860):任何有界无穷点集,一定存在一个极限点.他对实数基础进行了深入的研究,并给出了系统的理论.早在1860年的一次演讲中,他从自然数导出了有理数.例如,他把正有理数作为一对自然数偶而引入,……他的理论是以承认自然数为前提的.最后他用递增有界数列的极限来定义无理数.从而得到了整个实数系.这是一种成功地为微分、积分奠定理论基础的理论.

还需特别指出魏尔斯特拉斯的如下贡献:1872年7月18日在柏林科学院的一次讲演中,他构造了一个函数

$$f(x) = \sum_{n=0}^{\infty} b^n \cos(a^n \pi x)$$

这里 a 是一个奇整数,b 是一个小于1的正常数,且 $ab > 1 + \frac{3\pi}{2}$.这个级数是一致收敛的,从而定义了一个连续函数,但它却是处处不可微的.这使当时的数学界大为震惊.这个例子推动了人们去构造更多的函数,这样的函数在一个区间上连续或处处连续,但在一个稠密集或在任何点上都不可微.从而推动了函数论的发展.

早在1842年,魏尔斯特拉斯就有了一致收敛的概念,并利用这一概念给出了级数逐项积分和在积分号下微分的条件.早在他当中学教师期间,就发现了在实轴的一个闭区间上连续的任何函数可以表示为这个区间上的绝对一致收敛的多项式级数.这个结果可以推广到多变量函数或复变量函数.

魏尔斯特拉斯帮助和指导柯瓦列夫斯卡娅(Kovalevskaja)克服重重困难,登上数学高峰,成为人类历史上第一位女数学博士的事迹,受到后人的赞誉.

2. 斯通(1903—1989)

斯通,美国人.1903年4月8日生于纽约.毕业于哈佛大学.1946～1967年任芝加哥大学教授.1967年后任印度的马杜赖大学教授.他是美国科学院院士、美国哲学学会会员,还是巴西、秘鲁等国科学院院士.斯通主要研究拓扑学与泛函分析.在一般拓扑学方面,他提出了斯通－塞希紧扩张.在希尔伯特(Hilbert)空间算子理论方面,他提出了变换半群的表示法.

魏尔斯特拉斯定理的两种形式

§1 魏尔斯特拉斯定理的叙述

依照思维的自然发展,为了在给定的区间上把所给连续函数以多项式的形式近似地表示出来,我们曾选择内插的方法,即提出了以下的问题:求多项式,使它在区间上的一些预先指定的点处,具有与所给函数相同的值.同时,由于想使问题具有完全确定的性质,我们曾要求多项式的次数比内插点数小1?似乎是,如果在这些条件下内插多项式的存在性与唯一性都得到了保证,便不能来谈逼近的好坏了;而相反地,视内插点的个数与分布以及求插函数的性质如何,在诸结点之间内插多项式与所给函数有或大或小的偏差.甚至可以看到这种现象,在有些情形中,当结点增多时,内插多项式不趋于所给的连续函数而是在结点之间无限振动.

逼近论中的 Weierstrass 定理

因此如果我们提出在给定的区间上一致逼近任意连续函数的问题,用内插方法来解决是不完全适当的,用其他的方法会有大得多的成效.这一章便要讲述这个问题.

首先,本章将阐明在有限闭区间上用次数充分高的多项式来逼近任意连续函数在原则上的可能性问题,并且还要考虑这种逼近的各种方法.

其次,我们将证实用拉格朗日(Lagrange)的内插法不能得出这种类型的逼近,即不论内插结点组如何,都不能保证收敛于任意的连续函数.

最后,我们将指出修正拉格朗日内插法的可能方法之一,使得对所给的结点组——靠内插多项式次数的增大——无限地一致逼近任意的连续函数是可能的(费耶尔方法——也是魏尔斯特拉斯定理的一个证明方法).

定理 4.1 设实变函数 $f(x)$ 在有限的闭区间 $[a,b]$ 上是连续的,则不论预先指定的正数 ε 如何小,都能够求得这样的多项式 $P(x)$,使得对于变量 x 在所述区间上的所有值,不等式

$$|P(x) - f(x)| < \varepsilon \tag{4.1}$$

都成立.

定理 4.2 设实变函数 $f(x)$ 具有周期 2π 并且在基本区间 $[-\pi,\pi]$ 上是连续的,则不论预先指定的正数 ε 如何小,都能求得这样一个三角多项式 $T(x)$,使得不等式

$$|T(x) - f(x)| < \varepsilon \tag{4.2}$$

第4章 魏尔斯特拉斯定理的两种形式

对于变量在所述区间上的所有值都成立.

这两个定理都可以用其他的方式叙述如下:

定理 4.1′ 在有限闭区间 $[a,b]$ 上连续的每一个实函数 $f(x)$,都可以展开成在这个区间上一致收敛的多项式级数.

定理 4.2′ 以 2π 为周期并在基本区间 $[-\pi,\pi]$ 上连续的每一个实函数 $f(x)$,都可以展开成在这个区间上一致收敛的三角多项式级数.

事实上,设 $\varepsilon_1,\varepsilon_2,\cdots,\varepsilon_n,\cdots$ 是以 0 为极限的正数序列

$$\lim_{n\to\infty}\varepsilon_n=0$$

据定理 4.1 可以选出这样的多项式 $P_n(x)$,使得对于 $a\leqslant x\leqslant b$,不等式

$$|P_n(x)-f(x)|<\varepsilon_n \quad (n=1,2,3,\cdots)$$

成立.

从而,对所述区间的所有 x 值,一致有

$$\lim_{n\to\infty}P_n(x)=f(x)$$

换句话说,多项式级数

$$P_1(x)+(P_2(x)-P_1(x))+$$
$$(P_3(x)-P_2(x))+\cdots+(P_n(x)-P_{n-1}(x))+\cdots$$

在区间 $[a,b]$ 上一致收敛并表示函数 $f(x)$.因此由定理 4.1 便推得定理 4.1′.

反过来,假定函数 $f(x)$ 在区间 $[a,b]$ 上可以展开成一致收敛的多项式级数

$$f(x)=Q_1(x)+Q_2(x)+\cdots+Q_n(x)+\cdots$$

这就表示,不论 $\varepsilon(>0)$ 如何小,都能求得如此大

的数 n(正整数),使得对于 x 在所给区间上的所有值,都有不等式
$$|f(x) - (Q_1(x) + Q_2(x) + \cdots + Q_n(x))| < \varepsilon$$
从而,若令
$$Q(x) = Q_1(x) + Q_2(x) + \cdots + Q_n(x)$$
便可推出定理 4.1.

用完全相同的方法可以证明定理 4.2 与 4.2′的等价性.

魏尔斯特拉斯定理有明晰的几何意义. 函数 $y = f(x)$(在定理 4.1 中的)可以表示成曲线的形式,每一条平行于 OY 轴的直线 $x = x_0 (a \leqslant x_0 \leqslant b)$ 和它恰好相交于一点. 将这条曲线沿 OY 轴上下移动所得的曲线带(图 4.1),无论它怎样"狭",定理 4.1 肯定了总可以求得这样一个多项式 $y = P(x)$,其图形整个位于这个带形的内部. 定理 4.2 也肯定了类似的情形.

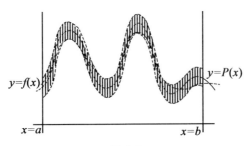

图 4.1

注 1 众所周知,一致收敛的连续函数项级数的和也是连续函数. 所以,魏尔斯特拉斯定理中所述的连续函数的性质也可以作为连续函数的定义:定义在区间 $[a,b]$ 上的函数 $f(x)$,如果在这个区间上可以展

第 4 章 魏尔斯特拉斯定理的两种形式

开成一致收敛的多项式级数,便称之为连续的.

注 2 只需对某一个确定的区间($[\alpha,\beta]$)证明定理 4.1 就可以立刻把它推广到任意的有限区间 $[a,b]$ 上. 实际上,若函数 $f(x)$ 在区间 $[a,b]$ 上是连续的,则函数

$$f_1(x) \equiv f\left(\frac{b(x-\alpha)-a(x-\beta)}{\beta-\alpha}\right)$$

在 $[\alpha,\beta]$ 上也是连续的. 因此便可以选取多项式 $P_1(x)$ 使得

$$|P_1(x) - f_1(x)| < \varepsilon \quad (\alpha < x \leq \beta)$$

而这时引出新多项式

$$P(x) \equiv P_1\left(\frac{\beta(x-a)-\alpha(x-b)}{b-a}\right)$$

我们便得

$$|P(x) - f(x)| < \varepsilon \quad (a \leq x \leq b)$$

仿此,定理 4.2 也同样可以应用到具任意周期 Ω 的函数.

注 3 定理 4.1 中关于区间的封闭性与有界性的假设是很重要的. 因为,定理不能够扩张到(如果不加适当的修正),例如说,区间 $[a,+\infty)$ 上,由于当变量无限增大时,每一个多项式的绝对值都增至无穷,从而就已经可以看出在这区间上的连续函数不能随意来选取. 也不可能把闭区间 $[a,b]$ 换成不封闭的区间 $(a,b]$,因为每一个多项式在点 a 都是连续的,因而,若 $f(x)$ 只在区间 $(a,b]$ 上连续而在点 $x=a$ 处是间断的,那么便不可能用多项式来逼近它. 定义在区间 $(0,$

$\frac{2}{\pi}$] 上的函数 $f(x) = \sin\frac{1}{x}$ 便是一例.

由于魏尔斯特拉斯定理对于以后的极端重要性,将给出三种不同的证明,然后再证明定理 4.2,并将证明由定理 4.1′与 4.2′之一可以推出另一个来.

此外,在以下的叙述中还介绍了定理 4.2 的两种观点不同的证明:一个出自费耶尔,另一个则出自伯恩斯坦.

与用多项式逼近所给连续函数的可能性问题紧密相连的另外一个问题,便是逼近的好坏问题;换句话说,就是逼近多项式的次数 n 与逼近程度 ε 之间有什么关系. 关于这种理论的基本结果将在以后叙述.

§2 勒贝格方法

这个证法可以分成几个部分.

1° 由等式

$$y = \begin{cases} x, & \text{当 } x \geq 0 \text{ 时} \\ -x, & \text{当 } x < 0 \text{ 时} \end{cases}$$

所定义的函数 $y = |x|$(图 4.2),在区间 $[-1,1]$ 上可以展开成一致收敛的多项式级数.

由泰勒(Taylor)级数的一般理论可知函数 $\sqrt{1-t}$ 在 $|t| < 1$ 时,不论 ε 怎样小,在区间 $[-1,1]$ 上都可以展开成一致收敛的级数

第4章 魏尔斯特拉斯定理的两种形式

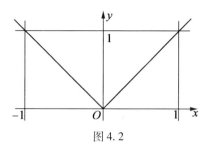

图 4.2

$$\sqrt{1-t} = 1 - \frac{1}{2}t - \frac{1}{2\cdot4}t^2 - \frac{1\cdot3}{2\cdot4\cdot6}t^3 - \cdots - \frac{1\cdot3\cdot\cdots\cdot(2n-3)}{2\cdot4\cdot6\cdot\cdots\cdot2n}t^n - \cdots$$

容易证实,在这种情况下,这个级数在闭区间 $|t|\leqslant 1$ 上是一致收敛的.

实际上,泰勒展开式

$$f(t) = f(0) + \frac{f'(0)}{1}t + \frac{f''(0)}{2!}t^2 + \cdots + \frac{f^{(n)}(0)}{n!}t^n + R_n$$

的余项可以写成积分的形式

$$R_n = \frac{t^{n+1}}{n!}\int_0^1 f^{(n+1)}(tu)(1-u)^n \mathrm{d}u$$

对于所讨论的情形便有

$$R_n = (-1)^n \frac{1\cdot1\cdot3\cdot\cdots\cdot(2n-1)}{2\cdot2\cdot4\cdot\cdots\cdot2n}t^{n+1}\int_0^1 \left(\frac{1-u}{1-tu}\right)^n \frac{\mathrm{d}u}{\sqrt{1-tu}}$$

从而,注意到 $\dfrac{1-u}{1-tu}$ 当 $0\leqslant u\leqslant 1$ 时是 u 的非负的不增函数且 $\dfrac{1-u}{1-tu}\leqslant 1$,便得

$$|R_n| < \frac{1}{2}\cdot\frac{1\cdot3\cdot\cdots\cdot(2n-1)}{2\cdot4\cdot\cdots\cdot2n}\int_0^1 \frac{\mathrm{d}u}{\sqrt{1-u}}$$

不等式的右端不依赖于 t,当 n 无限增大时它趋于 0;

逼近论中的 Weierstrass 定理

因此
$$\lim_{n\to\infty}|R_n|=0$$
(对于区间$|t|\leq 1$ 中的 t 是一致的).

令 $t=1-x^2$,我们便得到展开式
$$|x|=\sqrt{x^2}=\sqrt{1-(1-x^2)}$$
$$=1-\frac{1}{2}(1-x^2)-\frac{1}{2\cdot 4}(1-x^2)^2-\cdots-$$
$$\frac{1\cdot 3\cdot\cdots\cdot(2n-3)}{2\cdot 4\cdot\cdots\cdot 2n}(1-x^2)^n-\cdots \quad (4.3)$$

它对于满足不等式
$$|1-x^2|\leq 1$$
或
$$|x|\leq\sqrt{2}$$
的 x 值是一致收敛的.

在级数(4.3)中取足够多的项,于是便可以得到一个多项式,它在区间 $|x|\leq 1$ 内与 $|x|$ 的偏差可随意小.

2° 由等式
$$\lambda(x)=\begin{cases}x,\text{当 }x\geq 0\text{ 时}\\0,\text{当 }x\leq 0\text{ 时}\end{cases}$$
所定义的函数 $y=\lambda(x)$(图4.3),在区间$[-1,1]$上可以展开成一致收敛的多项式级数.

这可以根据等式
$$\lambda(x)=\frac{|x|+x}{2}$$
推出来.

第4章 魏尔斯特拉斯定理的两种形式

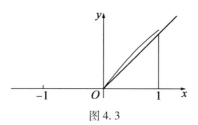

图4.3

注意,函数 $\lambda(x)$ 无论对于 $x>0$ 或 $x<0$ 都是线性的.

3° 设 $y=\tau(x)$ 为定义在区间 $[0,1]$ 上的函数,它满足下列条件

$$\tau(x_i)=y_i \quad (i=0,1,2,\cdots,n)$$
$$0=x_0<x_1<x_2<\cdots<x_{n-1}<x_n=1$$

且在每一个区间 $x_{i-1}\leqslant x\leqslant x_i(i=1,2,\cdots,n)$ 上 $\tau(x)$ 都是连续的与线性的,即

$$\tau(x)=y_{i-1}+(y_i-y_{i-1})\frac{x-x_{i-1}}{x_i-x_{i-1}} \quad (x_{i-1}\leqslant x\leqslant x_i)$$

则 $y=\tau(x)$ 在区间 $[-1,1]$ 上可以展开成一致收敛的多项式级数.

在几何上,函数 $\tau(x)$ 可以表示成顶点为 $M_i(x_i, y_i)(i=0,1,2,\cdots,n)$ 的折线(图4.4).

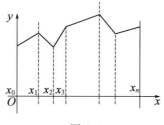

图4.4

逼近论中的 Weierstrass 定理

这个命题的正确性,乃是由于函数 $\tau(x)$ 可以表示成下述形式的有限和

$$\tau(x) = y_0 + \sum_{i=0}^{n-1} c_i \lambda(x - x_i) \qquad (4.4)$$

其中的系数 c_i 由等式

$$\tau(x_k) = y_0 + \sum_{j=0}^{k-1} c_i(x_k - x_i) = y_k \quad (k = 1,2,\cdots,n)$$

所确定,这个方程组显然可解.

于是,等式(4.4)对诸点 x_i 是成立的,但是它在诸区间内也一定成立,因为它的左端与右端在每一个区间内都是变量 x 的线性函数.

置

$$K = \sum_{i=0}^{n-1} |c_i|$$

设 $P(x)$ 是在区间 $|x|\leqslant 1$ 上满足不等式

$$|\lambda(x) - P(x)| < \frac{\varepsilon}{K}$$

的多项式. 这时我们便有不等式

$$\begin{aligned}
&|\tau(x) - (y_0 + \sum_{i=0}^{n-1} c_i P(x - x_i))| \\
&\leqslant \sum_{i=0}^{n-1} |c_i| |\lambda(x - x_i) - P(x - x_i)| \\
&< \frac{\varepsilon}{K} \sum_{i=0}^{n-1} |c_i| = \varepsilon
\end{aligned}$$

所以

$$y_0 + \sum_{i=0}^{n-1} c_i P(x - x_i)$$

便是逼近函数 $\tau(x)$ 所需的多项式.

第4章 魏尔斯特拉斯定理的两种形式

4° 现在我们便可以就一般情形来证明定理 4.1 了. 设 $[0,1]$ 为连续函数 $f(x)$ 的定义区间. 不论 $\dfrac{\varepsilon}{3}$ 如何小,总能取 $\delta(>0)$ 如此之小,使得在不等式

$$|x' - x''| < \delta \quad (0 \leqslant x', x'' \leqslant 1)$$

成立时不等式

$$|f(x') - f(x'')| < \frac{\varepsilon}{3}$$

也成立.

将区间 $[0,1]$ 分成这样的一些子区间 $[x_{i-1}, x_i]$,使得每一个区间的长度 $x_i - x_{i-1}$ 都小于 δ. 设 $x_{i-1} \leqslant x \leqslant x_i$,则 $|x - x_i| < \delta$,因此

$$|f(x) - f(x_i)| < \frac{\varepsilon}{3}$$

对应于以 $(x_i, f(x_i))$ 为顶点的折线作函数 $y = \tau(x)$. 若 $x_{i-1} \leqslant x \leqslant x_i$,则 $\tau(x)$ 显然介于 $\tau(x_{i-1})$ 与 $\tau(x_i)$ 两数之间,亦即 $f(x_{i-1})$ 与 $f(x_i)$ 之间,而由 $|f(x_{i-1}) - f(x_i)| < \dfrac{\varepsilon}{3}$ 便知 $|\tau(x) - f(x_i)| < \dfrac{\varepsilon}{3}$. 最后,设 $P(x)$ 是这样的多项式,对于 $0 \leqslant x \leqslant 1$ 有

$$|\tau(x) - P(x)| < \frac{\varepsilon}{3}$$

这时,假定 x 属于区间 $[x_{i-1}, x_i]$,我们便得

$$|f(x) - P(x)| \leqslant |f(x) - f(x_i)| + |f(x_i) - \tau(x)| + |\tau(x) - P(x)|$$

$$< \frac{\varepsilon}{3} + \frac{\varepsilon}{3} + \frac{\varepsilon}{3}$$

所以多项式 $P(x)$ 便满足定理 4.1 中的要求.

§3 朗道方法

以上所讲的魏尔斯特拉斯定理的勒贝格证明方法,如果说是根据用多边折线来代替连续函数的话,那么朗道(Landau)的方法乃是根据完全不同的概念而建立,这个方法近似于提出这个定理的魏尔斯特拉斯本人所使用的方法.

设 $\Omega_n(x,t)$ 为两变量 x 与 t 定义在域 $0 \le x \le 1$, $0 \le t \le 1$ 上的函数,它与正整数 n 有关,此外并设 $\Omega_n(x,t)$ 还满足下列诸条件:

(1) $\Omega_n(x,t)$ 是非负的并对变量 t 可积;

(2) 不论正数 δ 怎样小,关系式

$$\lim_{n \to \infty} \int_{|x-t|>\delta} \Omega_n(x,t) \mathrm{d}t = 0 \quad (4.5)$$

都成立,并且对所有 x 值是一致的,而这积分是在满足不等式

$$|x-t| > \delta$$

的 t 值构成的域上来取的;

(3) $$\lim_{n \to \infty} \int_{|x-t|<\delta} \Omega_n(x,t) \mathrm{d}t = 1 \quad (4.6)$$

对区间

$$\eta \le x \le 1-\eta \quad \left(0 < \eta < \frac{1}{2}\right)$$

上的所有 x 值一致成立.

设 $f(x)$ 是定义在区间 $[0,1]$ 上的一个任意的连续

第4章 魏尔斯特拉斯定理的两种形式

函数. 引出函数

$$f_n(x) = \int_0^1 \Omega_n(x,t) f(t) \mathrm{d}t \quad (n = 1,2,3,\cdots)$$

容易证明关系

$$\lim_{n\to\infty} f_n(x) = f(x) \tag{4.7}$$

对于区间$[\eta, 1-\eta]$上的所有x值一致成立. 实际上,可以写成

$$f_n(x) = \int_{\mathrm{I}} \Omega_n(x,t) f(t) \mathrm{d}t + \int_{\mathrm{II}} \Omega_n(x,t) f(t) \mathrm{d}t \tag{4.8}$$

其中的第一个积分的积分域是区间$[0,1]$中满足不等式$|t-x|<\delta$的t值构成的,而第二个积分的积分域是区间的剩余部分. 我们这样来选取δ使得当不等式$|x'-x''|<\delta$成立时,就会有$|f(x')-f(x'')|<\dfrac{\varepsilon}{4}$. 由公式(4.8)显然可知

$$\begin{aligned}f_n(x) - f(x) =& \int_{\mathrm{I}} \Omega_n(x,t)(f(t)-f(x)) \mathrm{d}t + \\ & \int_{\mathrm{II}} \Omega_n(x,t)(f(t)-f(x)) \mathrm{d}t + \\ & f(x)\left[\int_0^1 \Omega_n(x,t) \mathrm{d}t - 1\right]\end{aligned}$$

所以

$$\begin{aligned}|f_n(x) - f(x)| \leqslant& \int_{\mathrm{I}} \Omega_n(x,t) |f(t)-f(x)| \mathrm{d}t + \\ & \int_{\mathrm{II}} \Omega_n(x,t) |f(t)-f(x)| \mathrm{d}t + \\ & |f(x)| \cdot \left|\int_0^1 \Omega_n(x,t) \mathrm{d}t - 1\right|\end{aligned} \tag{4.9}$$

逼近论中的 Weierstrass 定理

设 M 是 $|f(x)|$ 在所考虑的区间上的最大值. 若 n 如此之大使得不等式

$$\int_{\mathrm{II}} \Omega_n(x,t)\,\mathrm{d}t < \frac{\varepsilon}{6M} \quad (\eta \leqslant x \leqslant 1-\eta)$$

与

$$\left|\int_0^1 \Omega_n(x,t)\,\mathrm{d}t - 1\right| < \frac{\varepsilon}{3M}$$

都成立(对于区间 $(0,1)$ 内的所有 x),则当注意到在积分号 $\int_{\mathrm{I}}$ 下有

$$|f(t) - f(x)| < \frac{\varepsilon}{4}$$

而在积分号 $\int_{\mathrm{II}}$ 下有

$$|f(t) - f(x)| \leqslant |f(t)| + |f(x)| \leqslant 2M$$

时,由不等式(4.9)(假定 $\varepsilon < M$)便得到

$$|f_n(x) - f(x)| < \frac{\varepsilon}{4} \cdot \int_{\mathrm{I}} \Omega_n(x,t)\,\mathrm{d}t + 2M\int_{\mathrm{II}} \Omega_n(x,t)\,\mathrm{d}t +$$

$$M\left|\int_0^1 \Omega_n(x,t)\,\mathrm{d}t - 1\right|$$

$$< \frac{\varepsilon}{4}\left(1 + \frac{\varepsilon}{3M}\right) + 2M \cdot \frac{\varepsilon}{6M} + M \cdot \frac{\varepsilon}{3M}$$

$$< \frac{\varepsilon}{3} + \frac{\varepsilon}{3} + \frac{\varepsilon}{3} = \varepsilon$$

于是便建立了关系(4.7).

为了证明魏尔斯特拉斯定理 4.1,现在我们只需证明可以求得具有性质(1)-(3)的函数 $\Omega_n(x,t)$ 序列,而它们都是变量 x 的多项式就行了:这时函数 $f_n(x)$ 便也是关于 x 的多项式.

第 4 章 魏尔斯特拉斯定理的两种形式

由朗道所求出的函数 $\Omega_n(x,t)$,其形式如下

$$\Omega_n(x,t) = \frac{1}{2} \cdot \frac{1 \cdot 3 \cdot 5 \cdot \cdots \cdot (2n+1)}{2 \cdot 4 \cdot 6 \cdot \cdots \cdot 2n}(1-(x-t)^2)^n$$

$$= \frac{(1-(x-t)^2)^n}{\int_{-1}^{1}(1-t^2)^n \mathrm{d}t}$$

一方面,显然 $\Omega_n(x,t)$ 是关于 x 的多项式并且不能取负值. 另一方面,若 $|x-t| \geqslant \delta$,则

$$\Omega_n(x,t) < \frac{(1-\delta^2)^n}{\int_{-\frac{\delta}{2}}^{\frac{\delta}{2}}(1-t^2)^n \mathrm{d}t} < \frac{1}{\delta}\left(\frac{1-\delta^2}{1-\frac{\delta^2}{4}}\right)^n$$

且右端随 $\frac{1}{n}$ 趋于 0.

最后,设 $\eta \leqslant x \leqslant 1-\eta, 0 < \eta < \frac{1}{2}$;则有

$$\int_0^1 \Omega_n(x,t)\mathrm{d}t = \frac{\int_0^1(1-(t-x)^2)^n \mathrm{d}t}{\int_{-1}^1(1-t^2)^n \mathrm{d}t} = \frac{\int_{-x}^{1-x}(1-t^2)^n \mathrm{d}t}{\int_{-1}^1(1-t^2)^n \mathrm{d}t}$$

$$= 1 - \frac{\int_{-1}^{-x}(1-t^2)^n \mathrm{d}t + \int_{1-x}^{1}(1-t^2)^n \mathrm{d}t}{\int_{-1}^1(1-t^2)^n \mathrm{d}t}$$

所以

$$\left|\int_0^1 \Omega_n(x,t)\mathrm{d}t - 1\right| \leqslant \frac{\int_{-1}^{-\eta}(1-t^2)^n \mathrm{d}t + \int_{\eta}^{1}(1-t^2)^n \mathrm{d}t}{\int_{-1}^1(1-t^2)^n \mathrm{d}t}$$

$$= \frac{\int_{\eta}^{1}(1-t^2)^n \mathrm{d}t}{\int_0^1(1-t^2)^n \mathrm{d}t} < \frac{\int_{\eta}^{1}(1-t^2)^n \mathrm{d}t}{\int_{\frac{\eta}{2}}^{1}(1-t^2)^n \mathrm{d}t}$$

逼近论中的 Weierstrass 定理

$$< \frac{2}{\eta}\left(\frac{1-\eta^2}{1-\frac{\eta^2}{4}}\right)^n$$

最后一个不等式的右端随 $\frac{1}{n}$ 趋于 0. 于是

$$f(x) = \lim_{n\to\infty} \frac{1}{2} \cdot \frac{1\cdot 3\cdot 5\cdot\cdots\cdot(2n+1)}{2\cdot 4\cdot\cdots\cdot 2n} \int_0^1 f(t)(1-(x-t)^2)^n \mathrm{d}t$$

$\left(\text{对 } \eta \leqslant x \leqslant 1-\eta, 0 < \eta < \frac{1}{2} \text{ 是一致的}\right)$.

这样一来,魏尔斯特拉斯定理对于区间 $[\eta, 1-\eta]$ 便证明了,因而对于任何区间也都同样成立.

§4 伯恩斯坦方法

伯恩斯坦的方法使得避免了所有的计算,因为讨论的基础是二项展开式

$$(p+q)^n = \sum_{m=0}^n C_n^m p^m q^{n-m} \qquad (4.10)$$

的一般熟知的性质. 我们简略地提一下叫作"大数定律"的伯努利(Bernoulli)定理的内容;顺便指出在切比雪夫(Chebyshev)所给的这个定理证明中为我们所必需的一些细节.

设 E 为某一试验结果可能发生或不发生的事件;设 x 是试验结果发生事件 E 的概率 $(0 \leqslant x \leqslant 1)$. 我们假定做了 n 次试验. 用 m 表示这 n 次试验中事件 E 出现的次数,伯努利定理断言,不论 η 与 $\delta(\eta, \delta > 0)$ 如何小,当 n 的值充分大时 $(n > n_0 = n_0(\eta, \delta))$,不等式

$$\mathbf{Bep} \cdot \left\{ \left| \frac{m}{n} - x \right| > \delta \right\} < \eta$$

第4章 魏尔斯特拉斯定理的两种形式

总成立(在这里 **Bep**·{ } 表示括号中关系成立的概率). 换句话说,事件 E 发生的次数和试验次数的比与在个别试验中该事件发生的概率的偏差超过所给的任意小的数的概率,当试验次数充分大时,可变得任意小.

切比雪夫所给的简单而优美的证明,其基础是应用数学期望的方法. 作为根据的引理是:设 U 是在试验结果中能取某些非负值的量,A 是它的数学期望,则

$$\mathbf{Bep}\cdot\{U>At^2\}<\frac{1}{t^2} \qquad (4.11)$$

其中的 t 是任意的正数.

若令

$$U=\left(\frac{m}{n}-x\right)^2$$

就可以推出伯努利定理.

这时,如所知

$$A=\text{м. о.}\left(\frac{m}{n}-x\right)^2=\frac{x(1-x)}{n}\leqslant\frac{1}{4n}$$

而由不等式(4.11)便推得

$$\mathbf{Bep}\cdot\left\{\left|\frac{m}{n}-x\right|>\frac{t}{2\sqrt{n}}\right\}<\frac{1}{t^2}$$

为了证明伯努利定理,只需取 $t=\frac{1}{\sqrt{\eta}}$,$n_0=\frac{1}{4\eta\delta^2}$.

重要的是 n_0 这个数像前面推得的那样,可以当作是与 x 无关的.

另外,又注意到 n 次试验中事件 E 发生 m 次的概率等于

$$C_n^m x^m (1-x)^{n-m}$$

逼近论中的 Weierstrass 定理

显然
$$\sum_{m=0}^{n} C_n^m x^m (1-x)^{n-m} = 1 \qquad (4.12)$$

我们约定使用记号
$$\sum_{m=0}^{n} = \sum_{\mathrm{I}} + \sum_{\mathrm{II}}$$

其中 $\sum_{\mathrm{I}}$ 是对满足不等式 $\left|\dfrac{m}{n} - x\right| \leq \delta$ 的那些 m 求和,而 $\sum_{\mathrm{II}}$ 则是对满足不等式 $\left|\dfrac{m}{n} - x\right| > \delta$ 的 m 求和.

显然
$$\mathbf{Bep} \cdot \left\{ \left|\frac{m}{n} - x\right| > \delta \right\} = \sum_{\mathrm{II}} C_n^m x^m (1-x)^{n-m}$$

根据伯努利定理,只要 $n > n_0$,有
$$\sum_{\mathrm{II}} C_n^m x^m (1-x)^{n-m} < \eta \qquad (4.13)$$

至于和 $\sum_{\mathrm{I}}$,则由公式(4.12)得
$$\sum_{\mathrm{I}} C_n^m x^m (1-x)^{n-m} \leq 1 \qquad (4.14)$$

有了这些预备知识以后,我们就可以转到伯恩斯坦多项式上来. 设 $f(x)$ 是在区间 $[0,1]$ 上定义的任意连续函数. 设 M 为其最大模,令 δ 如此之小,使得当 $|x'-x''|<\delta$ 时,便有 $|f(x')-f(x'')|<\dfrac{\varepsilon}{2}$. 最后设 $\eta=\dfrac{\varepsilon}{4M}$. 伯恩斯坦多项式的形式为
$$B_n(x) = \sum_{m=0}^{n} f\left(\frac{m}{n}\right) C_n^m x^m (1-x)^{n-m} \qquad (4.15)$$

我们证明对于区间 $[0,1]$ 上的所有 x 值一致有

第4章 魏尔斯特拉斯定理的两种形式

$$\lim_{n\to\infty} B_n(x) = f(x) \qquad (4.16)$$

实际上,设 $n > n_0$,借助于不等式(4.13)与(4.14)便得

$$|B_n(x) - f(x)|$$

$$= \left| \sum_{m=0}^{n} f\left(\frac{m}{n}\right) C_n^m x^m (1-x)^{n-m} - f(x) \sum_{m=0}^{n} C_n^m x^m (1-x)^{n-m} \right|$$

$$= \left| \sum_{m=0}^{n} \left(f\left(\frac{m}{n}\right) - f(x) \right) C_n^m x^m (1-x)^{n-m} \right|$$

$$\leq \sum_{\mathrm{I}} \left| f\left(\frac{m}{n}\right) - f(x) \right| C_n^m x^m (1-x)^{n-m} +$$

$$\sum_{\mathrm{II}} \left(\left| f\left(\frac{m}{n}\right) \right| + |f(x)| \right) C_n^m x^m (1-x)^{n-m}$$

$$< \frac{\varepsilon}{2} \sum_{\mathrm{I}} C_n^m x^m (1-x)^{n-m} + 2M \sum_{\mathrm{II}} C_n^m x^m (1-x)^{n-m}$$

$$< \frac{\varepsilon}{2} \cdot 1 + 2M \cdot \eta = \frac{\varepsilon}{2} + \frac{\varepsilon}{2} = \varepsilon$$

注1 实际上,所述证明并不依赖于概率论和它的原则:所应用的一定的数学上的结果,乃在于,当 n 的值充分大时($n > n_0, n_0 = n_0(\eta, \delta)$),不等式(4.13)成立;概率论上的术语可以完全避免.要证实这一点,宜于直接证明不等式(4.13)(而这等同于伯努利定理的证明).

一方面,因为在和

$$\sum_{\mathrm{II}} C_n^m x^m (1-x)^{n-m}$$

中 m 的值满足不等式 $\left|\dfrac{m}{n} - x\right| > \delta$,所以

$$\sum_{\mathrm{II}} C_n^m x^m (1-x)^{n-m}$$

逼近论中的 Weierstrass 定理

$$< \frac{1}{\delta^2} \sum_{\mathrm{II}} \left(\frac{m}{n} - x\right)^2 C_n^m x^m (1-x)^{n-m}$$

$$\leqslant \frac{1}{\delta^2 n^2} \sum_{m=0}^{n} (m - nx)^2 C_n^m x^m (1-x)^{n-m} \quad (4.17)$$

另一方面,对 p 微分恒等式

$$\sum_{m=0}^{n} C_n^m p^m q^{n-m} = (p+q)^n \quad (4.18)$$

并用 p 乘之即得

$$\sum_{m=0}^{n} m C_n^m p^m q^{n-m} = np(p+q)^{n-1} \quad (4.19)$$

再重复这种运算一次

$$\sum_{m=0}^{n} m^2 C_n^m p^m q^{n-m} = np(np+q)(p+q)^{n-2} \quad (4.20)$$

在恒等式(4.18)(4.19)与(4.20)中令 $p = x$, $q = 1-x$,然后分别用 $n^2 x^2$, $-2nx$ 与 1 乘它们并相加,计算式(4.17)右端的和

$$\sum_{m=0}^{n} (m - nx)^2 C_n^m x^m (1-x)^{n-m} = nx(1-x) \leqslant \frac{1}{4}n$$

于是,由不等式(4.19)就得

$$\sum_{\mathrm{II}} C_n^m x^m (1-x)^{n-m} < \frac{1}{4\delta^2 \eta}$$

显然,只需取 n 大于 $\frac{1}{4\delta^2 \eta}$,不等式(4.13)就成立了,而这就是所需要证明的.

注 2 不难理解朗道与伯恩斯坦两种方法都是基于同样的观点,不同的是,用依赖于整指数 n 的函数

$$\Omega_n\left(x, \frac{m}{n}\right) = C_n^m x^m (1-x)^{n-m}$$

第4章 魏尔斯特拉斯定理的两种形式

来代替依赖于连续变量 t 的函数 $\Omega_n(x,t)$,并相应地用和

$$\sum \Omega_n\left(x,\frac{m}{n}\right)f\left(\frac{m}{n}\right)$$

来代替积分

$$\int \Omega_n(x,t)f(t)\,\mathrm{d}t$$

函数 $\Omega_n\left(x;\dfrac{m}{n}\right)$ 的性质完全与 $\Omega_n(x,t)$ 的性质相似. 使用斯笛尔几斯(Stieltjes)积分

$$\int f(t)\,\mathrm{d}_t \Psi_n(x,t)$$

并要求函数 $\Psi_n(x,t)$ 满足条件:(1) $\Psi_n(x,t)$ 是连续变量 t 的不减函数;(2) $\Psi_n(x,t)$ 在不等式 $|t-x|<\delta$(这里的 δ 是任意小的正数)所确定的区间内的总变分,当 n 无限增大时对于 x 一致地趋于 0;(3) $\Psi_n(x,t)$ 在整个区间 $[0,1]$ 上的总变分,当 n 无限增大时对于 x 一致地趋于 1,如此就可以把二者联系起来.

例 4.1 试作出多项式 $B_{10}(x)$ 使之逼近由图 4.5 上的经验曲线所表示的函数 $f(x)$. 多项式 $B_{10}(x)$ 的形式为

$$\begin{aligned}B_{10}(x) = & \,0.25(1-x)^{10} + 0.47\cdot 10x(1-x)^9 + \\ & 0.65\cdot 45x^2(1-x)^8 + 0.72\cdot 120x^3(1-x)^7 + \\ & 0.65\cdot 210x^4(1-x)^6 + 0.20\cdot 252x^5(1-x)^5 + \\ & 0.08\cdot 210x^6(1-x)^4 + 0.23\cdot 120x^7(1-x)^3 + \\ & 0.69\cdot 45x^8(1-x)^2 + 0.83\cdot 10x^9(1-x) + \\ & 0.86\cdot x^{10}\end{aligned}$$

逼近论中的 Weierstrass 定理

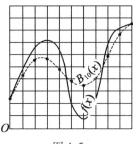

图 4.5

表 4.1 列出了所给函数与逼近多项式在形式为 $\dfrac{m}{10}$ 的诸点处的值.

表 4.1

x	0.0	0.1	0.2	0.3	0.4	0.5	0.6	0.7	0.8	0.9	1.0
$B_{10}(x)$	0.25	0.43	0.56	0.57	0.48	0.38	0.35	0.41	0.58	0.77	0.86
$f(x)$	0.25	0.47	0.65	0.72	0.65	0.20	0.08	0.23	0.69	0.83	0.86

例 4.2 作在一般区间 (a,b) 上的伯恩斯坦多项式.

令 $b-a=L, F(t)\equiv f(a+tL)$,写出函数 $F(t)$ 的近似等式

$$F(t)\approx \sum_{m=0}^{n} F\left(\frac{m}{n}\right) \mathrm{C}_n^m t^m (1-t)^{n-m}$$

再引进函数 $f(x)$ 并作代换 $t=\dfrac{x-a}{L}$,即得

$$f(x)\approx \sum_{m=0}^{n} f\left(a+\frac{m}{n}L\right) \mathrm{C}_n^m \frac{(x-a)^m (b-x)^{n-m}}{L^n}$$

例 4.3 在区间 $(-1,1)$ 上用伯恩斯坦多项式逼近函数 $f(x)=|x|$. 用公式

第4章 魏尔斯特拉斯定理的两种形式

$$B_{2n}(x) = \sum_{m=0}^{2n}\left|-1+\frac{m}{n}\right|C_{2n}^{m}\frac{(1+x)^{m}(1-x)^{2n-m}}{2^{2n}}$$

$$= \frac{1}{n}\left(\frac{1-x^2}{4}\right)^n \sum_{v=1}^{n} v C_{2n}^{n-v}\left(\left(\frac{1+x}{1-x}\right)^v + \left(\frac{1-x}{1+x}\right)^v\right)$$

就可以给出 $B_{2n}(x)$.

例 4.4 在区间 (a,b) 上对函数 $f(x) = \mathrm{e}^{kx}$ 算出 $B_n(x)$.

答案

$$B_n(x) = \mathrm{e}^{ka}\left(\left(\frac{b-x}{L}\right) + \left(\frac{x-a}{L}\right)\mathrm{e}^{k\frac{L}{n}}\right)$$

$$= \mathrm{e}^{ka}\left(1 + (\mathrm{e}^{k\frac{L}{n}} - 1)\frac{x-a}{L}\right)^n \quad (L = b-a)$$

例 4.5 试对函数 $f(x) = \cos x$ 在区间 $\left(-\frac{\pi}{2}, \frac{\pi}{2}\right)$ 上算出 $B_n(x)$.

答案

$$B_n(x) = \frac{1}{2}\left(\left(\cos\frac{\pi}{2n} + \mathrm{i}\frac{2x}{\pi}\sin\frac{\pi}{2n}\right)^n + \left(\cos\frac{\pi}{2n} - \mathrm{i}\frac{2x}{\pi}\sin\frac{\pi}{2n}\right)^n\right)$$

§5 伯恩斯坦多项式的一些性质

我们来估计用伯恩斯坦多项式 $B_n(x)$ 代替所给函数 $f(x)$ 时所发生误差的阶. 这时,我们对 $f(x)$ 做更多一些的假定:当做函数 $f(x)$ 在区间 $(0,1)$ 上有二阶导数 $f''(x)$,它是连续的,并满足利普希茨(Lipschitz)条件

$$\omega_2(\delta) \leq K\delta \quad (4.21)$$

逼近论中的 Weierstrass 定理

(这里的 $\omega_2(\delta)$ 是 $f''(x)$ 的连续性模).

预先我们指出,把恒等式(4.18)对变量 p 逐次进行微分并用 p 来乘即得出新的恒等式

$$np(p+q)^{n-1} = \sum_{m=0}^{n} m C_n^m p^m q^{n-m}$$

$$n(n-1)p^2(p+q)^{n-2} + np(p+q)^{n-1}$$
$$= \sum_{m=0}^{n} m^2 C_n^m p^m q^{n-m}$$

$$n(n-1)(n-2)p^3(p+q)^{n-3} +$$
$$3n(n-1)p^2(p+q)^{n-2} + np(p+q)^{n-1}$$
$$= \sum_{m=0}^{n} m^3 C_n^m p^m q^{n-m}$$

$$n(n-1)(n-2)(n-3)p^4(p+q)^{n-4} +$$
$$6n(n-1)(n-2)p^3(p+q)^{n-3} +$$
$$7n(n-1)p^2(p+q)^{n-2} + np(p+q)^{n-1}$$
$$= \sum_{m=0}^{n} m^4 C_n^m p^m q^{n-m}$$

等等. 在令 $p = x, q = 1 - x$ 时它们就呈下形

$$\begin{cases} \sum_{m=0}^{n} C_n^m x^m (1-x)^{n-m} = 1 \\ \sum_{m=0}^{n} m C_n^m x^m (1-x)^{n-m} = nx \\ \sum_{m=0}^{n} m^2 C_n^m x^m (1-x)^{n-m} = n(n-1)x^2 + nx \\ \sum_{m=0}^{n} m^3 C_n^m x^m (1-x)^{n-m} = n(n-1)(n-2)x^3 + \\ \quad 3n(n-1)x^2 + nx \\ \sum_{m=0}^{n} m^4 C_n^m x^m (1-x)^{n-m} = n(n-1)(n-2) \cdot \\ \quad (n-3)x^4 + 6n(n-1)(n-2)x^3 + 7n(n-1)x^2 + nx \end{cases} \quad (4.22)$$

第4章 魏尔斯特拉斯定理的两种形式

等等.

从而,应用二项公式就得到

$$\sum_{m=0}^{n}(m-nx)^4 C_n^m x^m (1-x)^{n-m}$$
$$= 3n^2 x^2 (1-x)^2 + nx(1-x)(1-6x+6x^2) < An^2$$
$$(4.23)$$

这里的 A 为一常数,它不依赖于 x 也不依赖于 n.

要估计逼近的程度,我们可以写成

$$B_n(x) - f(x) = \sum_{m=0}^{n}\left(f\left(\frac{m}{n}\right) - f(x)\right) C_n^m x^m (1-x)^{n-m}$$

而据泰勒公式有

$$f\left(\frac{m}{n}\right) - f(x) = \left(\frac{m}{n} - x\right) f'(x) + \frac{1}{2}\left(\frac{m}{n} - x\right)^2 f''(\xi_n^{(m)})$$
$$= \left(\frac{m}{n} - x\right) f'(x) + \frac{1}{2}\left(\frac{m}{n} - x\right)^2 f''(x) +$$
$$\frac{1}{2}\left(\frac{m}{n} - x\right)^2 (f''(\xi_n^{(m)}) - f''(x))$$

而 $\xi_n^{(m)}$ 介于 $\frac{m}{n}$ 与 x 之间,故得

$$B_n(x) - f(x) = f'(x) \sum_{m=0}^{n}\left(\frac{m}{n} - x\right) C_n^m x^m (1-x)^{n-m} +$$
$$\frac{1}{2} f''(x) \sum_{m=0}^{n}\left(\frac{m}{n} - x\right)^2 C_n^m x^m (1-x)^{n-m} +$$
$$\frac{1}{2} \sum_{m=0}^{n}\left(\frac{m}{n} - x\right)^2 (f''(\xi_n^{(m)}) - f''(x)) C_n^m x^m (1-x)^{n-m}$$

由于等式右端三项和中的第一个等于0,而第二个可以化为 $\frac{x(1-x)}{n}$,所以最后一等式就给出

逼近论中的 Weierstrass 定理

$$\left| B_n(x) - f(x) - \frac{1}{2} f''(x) \frac{x(1-x)}{n} \right|$$

$$\leq \frac{1}{2} \sum_{m=0}^{n} \left(\frac{m}{n} - x \right)^2 | f''(\xi_n^{(m)}) - f''(x) | \cdot$$

$$C_n^m x^m (1-x)^{n-m} \qquad (4.24)$$

把最后一个和分成两部分：$\sum_{\mathrm{I}}$ 与 $\sum_{\mathrm{II}}$. 和 $\sum_{\mathrm{I}}$ 中包含满足不等式 $\left|\frac{m}{n} - x\right| \leq n^{-\frac{5}{12}}$ 的那些项，而和 $\sum_{\mathrm{II}}$ 中则包含不满足这个不等式的项.

在第一个和中，据不等式(4.21)我们有

$$| f''(\xi_n^{(m)}) - f''(x) | \leq \omega_2 (| \xi_n^{(m)} - x |)$$
$$\leq \omega_2 (n^{-\frac{5}{12}}) \leq K n^{-\frac{5}{12}}$$

因而

$$\sum_{\mathrm{I}} \leq K n^{-\frac{5}{12}} \sum_{\mathrm{I}} \left(\frac{m}{n} - x \right)^2 C_n^m x^m (1-x)^{n-m}$$

$$< K n^{-\frac{5}{12}} \sum_{\mathrm{I}} n^{-\frac{5}{6}} C_n^m x^m (1-x)^{n-m} \leq K n^{-\frac{5}{4}} \quad (4.25)$$

在第二个和中

$$| f''(\xi_n^{(m)}) - f''(x) | \leq 2 M_2$$

其中 M_2 为 $f''(x)$ 的最大模，所以

$$\sum_{\mathrm{II}} \leq 2 M_2 \sum_{\mathrm{II}} \left(\frac{m}{n} - x \right)^2 C_n^m x^m (1-x)^{n-m}$$

$$< 2 M_2 \sum_{\mathrm{II}} n^{\frac{5}{6}} \left(\frac{m}{n} - x \right)^4 C_n^m x^m (1-x)^{n-m}$$

$$< 2 M_2 n^{\frac{5}{6}} \sum_{m=0}^{n} \left(\frac{m}{n} - x \right)^4 C_n^m x^m (1-x)^{n-m}$$

借助于不等式(4.22)便得

第4章 魏尔斯特拉斯定理的两种形式

$$\sum\nolimits_{\text{II}} \leqslant 2M_2 n^{\frac{5}{6}} \cdot \frac{1}{n^4} \cdot An^2 = 2AM_2 n^{-\frac{7}{6}} \quad (4.26)$$

比较不等式(4.24)(4.25)与(4.26)我们便确定

$$\left| B_n(x) - f(x) - \frac{1}{2} f''(x) \frac{x(1-x)}{n} \right| < \frac{1}{2} Kn^{-\frac{5}{4}} + AM_2 n^{-\frac{7}{6}}$$

于是,最后便得

$$\lim_{n \to \infty} n(B_n(x) - f(x)) = \frac{1}{2} x(1-x) f''(x) \quad (4.27)$$

或者写成渐进等式的形式便是

$$B_n(x) - f(x) \sim \frac{1}{2n} x(1-x) f''(x) \quad (4.28)$$

由此看来,用伯恩斯坦多项式来逼近函数 $f(x)$,在区间内部二阶导数 $f''(x)$ 异于 0 的点处,其阶至少为 $\frac{1}{n}$;若 $f''(x) = 0$,则逼近的阶更高. 值得注意的是逼近的阶与函数的性质无关.

现在就要提出,伯恩斯坦多项式的另一个重要且有价值的性质,便是:设被逼近的函数 $f(x)$ 具有连续的导数 $f'(x)$,则逼近多项式 $B_n(x)$ 的导数便以这个导数为极限,即

$$\lim_{n \to \infty} B'_n(x) = f'(x) \quad (4.29)$$

首先,我们把多项式 $B_n(x)$ 的导数作出来

$$B'_{n+1}(x) = \sum_{m=0}^{n+1} f\left(\frac{m}{n+1}\right) C_{n+1}^m (mx^{m-1}(1-x)^{n-m+1} -$$

$$(n+1-m) x^m (1-x)^{n-m})$$

$$= (n+1) \sum_{m=0}^{n} \left(f\left(\frac{m+1}{n+1}\right) - f\left(\frac{m}{n+1}\right) \right) \cdot$$

逼近论中的 Weierstrass 定理

$$C_n^m x^m (1-x)^{n-m}$$

其次,据拉格朗日定理,从而便得

$$B'_{n+1}(x) = \sum_{m=0}^{n} f'(\xi_n^{(m)}) C_n^m x^m (1-x)^{n-m}$$

$$= \sum_{m=0}^{n} f'\left(\frac{m}{n}\right) C_n^m x^m (1-x)^{n-m} +$$

$$\sum_{m=0}^{n} \left(f'(\xi_n^{(m)}) - f'\left(\frac{m}{n}\right) \right) C_n^m x^m (1-x)^{n-m}$$

$$\left(\frac{m}{n+1} < \xi_n^{(m)} < \frac{m+1}{n+1} \right) \quad (4.30)$$

因为据假设,导数 $f'(x)$ 是连续的,等式(4.30)右端第一个和趋于极限 $f'(x)$. 可以证实第二个和趋于 0. 用 $\omega_1(\delta)$ 表示函数 $f'(x)$ 的连续性模,我们便得

$$\sum_{m=0}^{n} \left(f'(\xi_n^{(m)}) - f'\left(\frac{m}{n}\right) \right) C_n^m x^m (1-x)^{n-m}$$

$$\leqslant \omega_1\left(\frac{1}{n}\right) \sum_{m=0}^{n} C_n^m x^m (1-x)^{n-m} = \omega_1\left(\frac{1}{n}\right)$$

从而就推出了所需的结论.

一般说来,也可以证明,若 $f(x)$ 有 k 阶的连续导数 $f^{(k)}(x)$,则导数 $B_n^{(k)}(x)$ 以 $f^{(k)}(x)$ 为极限

$$\lim_{n \to \infty} B_n^{(k)}(x) = f^{(k)}(x) \quad (k=1,2,\cdots) \quad (4.31)$$

实际上

$$B_{n+k}^{(k)}(x) = \sum_{m=0}^{n+k} f\left(\frac{m}{n+k}\right) C_{n+k}^m \frac{d^k}{dx^k}(x^m (1-x)^{n+k-m})$$

$$= \sum_{m=0}^{n+k} f\left(\frac{m}{n+k}\right) C_{n+k}^m \sum_{h=0}^{k} (-1)^{k-h} C_k^h ((m-h+1)\cdots m) \cdot$$

$$((n+h-m+1)\cdots(n+k-m)) x^{m-h} (1-x)^{n+h-m}$$

第4章 魏尔斯特拉斯定理的两种形式

$$= \sum_{h=0}^{k}(-1)^{k-h}C_k^h\sum_{m=h}^{n+h}f\left(\frac{m}{n+k}\right)C_{n+k}^m\frac{m!}{(m-k)!}\cdot$$

$$\frac{(n+k-m)!}{(n+h-m)!}x^{m-h}(1-x)^{n+h-m}$$

$$= \sum_{h=0}^{k}(-1)^{k-h}C_k^h\sum_{m=h}^{n}f\left(\frac{m+h}{n+k}\right)C_{n+h}^{m+h}\frac{(m+h)!}{m!}\cdot$$

$$\frac{(n+k-m-h)!}{(n-m)!}x^m(1-x)^{n-m}$$

$$= \frac{(n+k)!}{n!}\sum_{m=0}^{n}\left(\sum_{h=0}^{k}(-1)^{k-h}C_k^h + \left(\frac{m+h}{n+k}\right)\right)\cdot$$

$$C_n^m x^m (1-x)^{n-m}$$

对 h 求和的结果,不是别的,正好是函数 $f(x)$ 在点 $x=\dfrac{m}{n+k}$ 处的 k 阶有限差,差距是 $\dfrac{1}{n+k}$;用 $\Delta_k f\left(\dfrac{m}{n+k}\right)$ 来表示它,将有

$$B_{n+h}^{(k)}(x) = \Delta_k f\left(\frac{m}{n+k}\right)C_n^m x^m (1-x)^{n-m}$$

我们便得

$$\Delta_k f\left(\frac{m}{n+k}\right) = \left(\frac{1}{n+k}\right)^k f^{(k)}(\xi_n^{(m)})$$

其中

$$\frac{m}{n+k} < \xi_n^{(m)} < \frac{m+k}{n+k}$$

因而可以写成

$$B_{n+k}^{(k)}(x) = \left(1-\frac{1}{n+k}\right)\left(1-\frac{2}{n+k}\right)\cdots\left(1-\frac{k-1}{n+k}\right)\cdot$$

$$\sum_{m=0}^{n}f^{(k)}(\xi_n^{(m)})C_n^m x^m (1-x)^{n-m}$$

或者另外写成

逼近论中的 Weierstrass 定理

$$B_{n+k}^{(k)}(x) = \sum_{m=0}^{n} f^{(k)}(x) C_n^m x^m (1-x)^{n-m} +$$

$$\sum_{m=0}^{n} \left(f^{(k)}(\xi_n^{(m)}) - f^{(k)}(x)\right) C_n^m x^m (1-x)^{n-m} -$$

$$\left(1 - \left(1 - \frac{1}{n+1}\right) \cdots \left(1 - \frac{k-1}{n+1}\right)\right) \cdot$$

$$\sum_{m=0}^{n} f^{(k)}(\xi_n^{(m)}) C_n^m x^m (1-x)^{n-m} \quad (4.32)$$

式(4.32)右端三个和中的第一个等于$f^{(k)}(x)$，第二个趋于0(其证明与$k=1$时相同)；第三个也趋于0，因为它前面的因子无限减小，而那个和显然又不超过$f^{(k)}(x)$的连续性模M_k。于是便证明了等式(4.31)。

由证明的命题，顺便就得出这样一个推论：设函数$f(x)$在区间$(0,1)$内无限可微，则对任意整数k ($k \geqslant 0$)，多项式$B_n^{(k)}(x)$一致趋于$f^{(h)}(x)$。换句话说，级数

$$f(x) = B_1(x) + \sum_{n=1}^{\infty} (B_{n+1}(x) - B_n(x))$$

可以逐项微分任意多次。

如果假定函数$f(x)$在闭区间$[0,1]$上或它的一个部分闭区间$[\alpha,\beta]$ ($0 \leqslant \alpha < \beta \leqslant 1$)上是正则的，还可以得出更多的结论，那就是，多项式$B_n(x)$不仅在这个闭区间上一致趋于$f(x)$，而且在一个包含这闭区间的某一个复数域内也一致趋于$f(x)$；从而可知，极限关系$B_n(x) \to f(x)$自然是无限可微的。多项式$B_n(x)$在复数域上的广泛性质的研究是在1931年由康托罗维奇(Kantorovič)开始的，最完备的成就是由伯恩斯坦所得

第4章 魏尔斯特拉斯定理的两种形式

到的(1943).

§6 定理4.2的证明及定理4.1与4.2之间的关系

假定函数 $f(x)$ 是连续的并以 2π 为周期. 要证明定理4.2, 只需证明可以选取三角(关于变量 x 的)多项式序列

$$\Omega_n(x,t) \quad (n=0,1,2,\cdots)$$

它们都具有周期 2π, 并且在域 $0 \leqslant x \leqslant 2\pi, 0 \leqslant t \leqslant 2\pi$ 内还满足下列要求:

(1) 多项式 $\Omega_n(x,t)$ 是非负的并对变量 t 可积;

(2) 不论数 $\delta(\delta>0)$ 如何小, 关系式

$$\lim_{n\to\infty}\int_{x+\delta}^{x+2\pi-\delta}\Omega_n(x,t)\,\mathrm{d}t = 0$$

对基本区间上的所有 x 值一致成立;

(3) 关系式

$$\lim_{n\to\infty}\int_{x-\delta}^{x+\delta}\Omega_n(x,t)\,\mathrm{d}t = 1$$

对基本区间上的所有 x 值一致成立. 由§3的一般推理, 这是显而易见的.

看来, 例如, 可以令①

$$\Omega_n(x,t) = \frac{1}{2\pi} \cdot \frac{2\cdot 4\cdots 2n}{1\cdot 3\cdots (2n-1)}\cos^{2n}\frac{x-t}{2}$$

---

① 瓦勒·布然的结果(1908).

逼近论中的 Weierstrass 定理

$$= \frac{\cos^{2n}\frac{x-t}{2}}{\int_0^{2\pi}\cos^{2n}\frac{t}{2}dt}$$

实际上,首先 $\Omega_n(x,t)$ 是一个以 2π 为周期的实三角多项式. 这由公式

$$\cos^2\frac{x-t}{2} = \frac{1}{2}(1+\cos(x-t))$$

$$= \frac{1}{2}(1+\cos x\cos t+\sin x\sin t)$$

以及 $\cos x$ 与 $\sin x$ 的正整数次方可以表示成倍角与正弦的线性组合(根据棣莫弗(De Moivre)公式). 性质(1)是明显的,性质(2)可以推出如下:当

$$x+\delta < t < x+2\pi-\delta$$

时,不等式

$$\cos^{2n}\frac{x-t}{2} < \cos^{2n}\frac{\delta}{2}$$

$$\int_0^{2\pi}\cos^{2n}\frac{t}{2}dt > \int_0^{\frac{\delta}{2}}\cos^{2n}\frac{t}{2}dt > \frac{\delta}{2}\cos^{2n}\frac{\delta}{4}$$

所以,在所述区间上

$$\Omega_n(x,t) < \frac{\delta}{2}\left(\frac{\cos\frac{\delta}{2}}{\cos\frac{\delta}{4}}\right)^{2n}$$

因此

$$\lim_{n\to\infty}\Omega_n(x,t) = 0$$

(一致地),从而便推得了性质(2). 最后,由性质(2)便推出性质(3),如果注意到

第4章 魏尔斯特拉斯定理的两种形式

$$\int_0^{2\pi} \Omega_n(x,t)\,dt = \frac{\int_0^{2\pi} \cos^{2n}\frac{x-t}{2}\,dt}{\int_0^{2\pi} \cos^{2n}\frac{t}{2}\,dt} = 1$$

的话. 这样一来, 便证明了

$$f(x) = \lim_{n\to\infty} \frac{1}{2\pi} \cdot \frac{2\cdot 4 \cdots 2n}{1\cdot 3 \cdots (2n-1)} \int_0^{2\pi} f(t) \cos^{2n}\frac{x-t}{2}\,dt$$

(对所有 x 值是一致的).

定理 4.2 可以作为一个推论由定理 4.1 推出来. 我们现在所要讲的证法出自瓦勒·布然.

我们假定所给的以 2π 为周期的连续函数 $f(x)$ 是偶函数. 函数 $f(\arccos t)$ 对于变量 t 在区间 $[-1,1]$ 内是连续的, 而 $\arccos t$ 的值是根据条件 $0 \leqslant \arccos t \leqslant \pi$ 来选取的. 根据定理 4.1 存在这样的多项式 $P(t)$, 对于它不等式

$$|f(\arccos t) - P(t)| < \varepsilon \quad (-1 \leqslant t \leqslant 1) \quad (4.33)$$

成立, 其中的 ε 为任意小的正数. 而这个不等式显然等价于不等式

$$|f(x) - P(\cos x)| < \varepsilon \quad (0 \leqslant x \leqslant \pi) \quad (4.34)$$

把 x 换成 $-x$ (这是可能的, 因为 $f(x)$ 与 $P(\cos x)$ 都是偶函数), 我们便看出不等式 (4.34) 对于整个基本区间 $-\pi \leqslant x \leqslant \pi$ 都成立, 因而对于所有 x 值都成立.

转到一般的情形上来, 现在我们假定 $f(x)$ 是任何一个周期为 2π 的连续函数. 这时, 函数

$$\varphi(x) \equiv f(x) + f(-x)$$
$$\psi(x) \equiv (f(x) - f(-x))\sin x$$

都具有同样的性质, 并且还都是偶性的. 根据所证, 不

逼近论中的 Weierstrass 定理

论正数 ε 如何小,都可以求得这样两个多项式 $P(t)$ 与 $Q(t)$,使得(对于所有 x 值)不等式

$$|\varphi(x) - P(\cos x)| < \frac{\varepsilon}{2}$$

$$|\psi(x) - Q(\cos x)| < \frac{\varepsilon}{2}$$

都成立.

从而便推得

$$|\varphi(x)\sin^2 x - P(\cos x)\sin^2 x| < \frac{\varepsilon}{2}$$

$$|\psi(x)\sin x - Q(\cos x)\sin x| < \frac{\varepsilon}{2}$$

而最后,利用加法

$$|(\varphi(x)\sin^2 x + \psi(x)\sin x) - (P(\cos x)\sin^2 x + Q(\cos x)\sin x)| < \varepsilon$$

即

$$|2f(x)\sin^2 x - T_1(x)| < \varepsilon \quad (4.35)$$

其中 $T_1(x)$ 表示三角多项式 $P(\cos x)\sin^2 x + Q(\cos x) \cdot \sin x$.

像应用于 $f(x)$ 那样,把同样推理应用于函数 $f\left(x + \frac{\pi}{2}\right)$,我们便可以求得这样的三角多项式 $T_2(x)$,它满足不等式

$$\left|2f\left(x + \frac{\pi}{2}\right)\sin^2 x - T_2(x)\right| < \varepsilon$$

把 x 换成 $x - \frac{\pi}{2}$,我们便得

$$|2f(x)\cos^2 x - T_3(x)| < \varepsilon \quad (4.36)$$

第 4 章　魏尔斯特拉斯定理的两种形式

这里的 $T_3(x)$ 仍然是一个三角多项式. 把不等式 (4.35) 与 (4.36) 相加并用 2 除之, 便有

$$|f(x) - T(x)| < \varepsilon \qquad (4.37)$$

其中 $T(x) \equiv \dfrac{T_1(x) + T_2(x)}{2}$ 是一个三角多项式.

反过来, 由定理 4.2 推出定理 4.1 也同样简单. 设 $f(x)$ 为所给的在区间 $[-1,1]$ 上的连续函数. 根据定理 4.2, 存在三角多项式 $T(x)$, 对于 x 的所有值满足不等式

$$|f(\cos x) - T(x)| < \varepsilon$$

从而, 把 x 换成 $-x$ 后便有 $|f(\cos x) - T(-x)| < \varepsilon$, 其次

$$\left| f(\cos x) - \frac{T(x) + T(-x)}{2} \right| < \varepsilon \qquad (4.38)$$

三角多项式 $T(x)$ 具有 $T(x) = C(x) + S(x)$ 的形式, 其中

$$C(x) = \sum_{k=0}^{n} a_k \cos kx,\ S(x) = \sum_{k=1}^{n} b_k \sin kx$$

因为显然有

$$\frac{T(x) + T(-x)}{2} = C(x)$$

故不等式 (4.38) 就变成

$$\left| f(\cos x) - \sum_{k=0}^{n} a_k \cos kx \right| < \varepsilon$$

把 x 换成 $\arccos x$, 我们便得到对于区间 $[-1,1]$ 上的所有 x 值都成立的不等式

$$\left| f(x) - \sum_{k=0}^{n} a_k T_k(x) \right| < \varepsilon$$

逼近论中的 Weierstrass 定理

其中
$$T_k(x) = \cos k \arccos x$$
是切比雪夫多项式. 因此定理 4.1 便证明了.

注 还可以用另外的方法由定理 4.2 推出定理 4.1. 设连续函数 $f(x)$ 是定义在, 例如, 区间 $[-1,1]$ 上, 它可以连续扩张到整个区间 $[-\pi,\pi]$ 上, 使得 $f(-\pi)=f(\pi)$, 然后借助于周期性条件 $f(x+2\pi)=f(x)$ 而扩张到所有的 x 值. 在不等式
$$|f(x) - T(x)| < \frac{\varepsilon}{2}$$
中, 这里 $T(x)$ 为一三角多项式, 可以根据泰勒展开式
$$\cos t = \sum \frac{(-1)^n t^{2n}}{(2n)!}, \sin t = \sum \frac{(-1)^n t^{2n+1}}{(2n+1)!}$$
$$(4.39)$$
把 $T(x)$ 中的每一项 $\cos kx$ 或 $\sin kx$ 换成展开式的部分和, 使所得误差不超过 $\frac{\varepsilon}{2}$; 这时便得到一个通常的多项式 $P(x)$, 满足不等式
$$|f(x) - P(x)| < \varepsilon$$

要以类似的方法由定理 4.1 推出定理 4.2, 可以利用泰勒展开式
$$\arcsin x = \sum_{n=1}^{\infty} c_n x^n \quad \left(|x| \leqslant 1, |\arcsin x| \leqslant \frac{\pi}{2}\right)$$
由此便得
$$x = \sum_{n=1}^{\infty} c_n \sin^n x \qquad (4.40)$$
并且在区间 $\left[-\frac{\pi}{2}, \frac{\pi}{2}\right]$ 上能保证一致收敛性. 把 x 换成

$\frac{\pi}{2} - x$,在重新组合级数的项后便得

$$x = \frac{\pi}{2} - \sum_{n=0}^{\infty} c_n \cos^n x \quad (4.41)$$

(在区间$[0,\pi]$上一致收敛).

令 $f(x) = \varphi(x) + \psi(x)$,其中

$$\varphi(x) = \frac{f(x) + f(2\pi - x)}{2}, \psi(x) = \frac{f(x) - f(2\pi - x)}{2}$$

显然满足恒等式

$$\varphi(2\pi - x) = \varphi(x), \psi(2\pi - x) = -\psi(x)$$

设求得了多项式 $P_1(x)$,使得对于 $0 \leq x \leq \pi$,有

$$|\varphi(x) - P_1(x)| < \frac{\varepsilon}{4}$$

在 $P_1(x)$ 中把 x 换成和

$$\frac{\pi}{2} - \sum_{n=0}^{N} c_n \cos^n x$$

其中的 N 足够大使得多项式 $P_1(x)$ 用多项式

$$T_1(x) = P_1\left(\frac{\pi}{2} - \sum_{n=0}^{N} c_n \cos^n x\right)$$

来代替时,误差不超过 $\frac{\varepsilon}{4}$,这时便得到不等式

$$|\varphi(x) - T_1(x)| < \frac{\varepsilon}{2} \quad \left(0 \leq x \leq \frac{\pi}{2}\right) \quad (4.42)$$

在另一方面,设求得了多项式 $P_2(x)$,使得 $|\psi(x) - P_2(x)| \leq \frac{\varepsilon}{4}$(对于 $-\frac{\pi}{2} \leq x \leq \frac{\pi}{2}$).利用公式(4.40),与前面一样,我们便得到三角多项式

$$T_2(x) = P_2\left(\sum_{n=0}^{N'} c'_n \sin^n x\right)$$

逼近论中的 Weierstrass 定理

它满足不等式

$$|\psi(x) - T_2(x)| < \frac{\varepsilon}{2} \quad \left(-\frac{\pi}{2} \leqslant x \leqslant \frac{\pi}{2}\right) \quad (4.43)$$

(4.42)与(4.43)这两个不等式对所有的 x 值都"自动"成立. 令 $T_1(x) + T_2(x) = T(x)$, 利用它们, 便得到

$$|f(x) - T(x)| \leqslant |\varphi(x) - T_1(x)| + |\psi(x) - T_2(x)| < \varepsilon$$
(4.44)

§7 关于内插结点的法贝尔定理

对于等距结点, 内插多项式并不一定收敛于连续的求插函数, 看到了这点以后, 我们便会提出这样的问题: 究竟能不能选出这样的内插结点, 使得内插过程对于每一个连续函数都收敛? 在这种意义下, 如此说, 切比雪夫结点是不是比较适当?

如果答案是肯定的, 我们就会得到证明魏尔斯特拉斯定理的新方法.

但是却必须给予否定的回答: 任何结点都不能保证内插过程对任意的连续函数都是收敛的.

要证明这一点, 必须从较远处来开始着手. 同时, 我们首先来考虑三角的情形.

我们要证实下述论断是正确的. 不论变量 θ 的值如何, 也不论正整数 n 如何, 三角多项式

$$\lambda(\theta) = \sum_{k=1}^{n} \frac{\sin(2k-1)\theta}{2k-1}$$

第4章 魏尔斯特拉斯定理的两种形式

与

$$\mu(\theta) = \sum_{k=1}^{n} \frac{\sin(2k-1)\theta}{k} \quad (4.45)$$

都是一致有界的,即,满足不等式

$$|\lambda(\theta)| < L, |\mu(\theta)| < M \quad (4.46)$$

其中的 L 与 M 是绝对常数.

求微分便得

$$\lambda'(\theta) = \sum_{k=1}^{n} \cos(2k-1)\theta = \frac{\sin 2n\theta}{2\sin\theta}$$

研究 $\lambda'(\theta)$ 的符号,我们便断定,在区间 $\left[0, \frac{\pi}{2}\right]$ 内,$\lambda(\theta)$ 在诸点

$$\theta_m = \frac{2m-1}{2n}\pi \quad \left(m = 1, 2, \cdots, \left[\frac{n+1}{2}\right]\right)$$

处有极大值,而在诸点

$$\theta'_m = \frac{m}{n}\pi \quad \left(m = 1, 2, \cdots, \left[\frac{n}{2}\right]\right)$$

处有极小值. 当 m 增大时,极大值 $\lambda(\theta_m)$ 减小. 事实上

$$\lambda(\theta_{m+1}) - \lambda(\theta_m) = \int_{\theta_m}^{\theta_{m+1}} \lambda'(\theta) \mathrm{d}\theta$$

$$= \frac{1}{2}\int_{\frac{2m-1}{2n}\pi}^{\frac{2m+1}{2n}\pi} \frac{\sin 2n\theta}{\sin\theta} \mathrm{d}\theta$$

$$= \frac{1}{2}\int_{\frac{2m-1}{2n}\pi}^{\frac{m}{n}\pi} \frac{\sin 2n\theta}{\sin\theta} \mathrm{d}\theta + \frac{1}{2}\int_{\frac{m}{n}\pi}^{\frac{2m+1}{2n}\pi} \frac{\sin 2n\theta}{\sin\theta} \mathrm{d}\theta$$

$$= \frac{1}{2}\int_{\frac{2m-1}{2n}\pi}^{\frac{m}{n}\pi} \sin 2n\theta \left(\frac{1}{\sin\theta} - \frac{1}{\sin\left(\theta + \frac{\pi}{2n}\right)}\right) \mathrm{d}\theta < 0$$

因为在积分区间内 $\sin 2n\theta$ 是负的,而括号内的式子是

逼近论中的 Weierstrass 定理

正的. 同样, 当 m 增大时极小值 $\lambda(\theta'_m)$ 增大. 最小的极小值等于

$$\lambda(\theta'_1) = \sum_{k=1}^{n} \frac{\sin(2k-1)\frac{\pi}{n}}{2k-1}$$

因为这个和中距开端与距末尾相等的各项,它们的分子的绝对值两两相等,所以这些项的和是正的,故 $\lambda(\theta'_1) > 0$,从而知,当 $0 < \theta < \frac{\pi}{2}$ 时,$\lambda(\theta) > 0$. 而在这同一区间内

$$\lambda(\theta) \leqslant \lambda(\theta_1) = \sum_{h=1}^{n} \frac{\sin(2k-1)\frac{\pi}{2n}}{2k-1}$$

当 n 无限增大时, 这个和显然有有限的极限

$$\lim_{n \to \infty} \sum_{k=1}^{n} \frac{\sin(2k-1)\frac{\pi}{2n}}{2k-1} = \frac{1}{2}\int_0^\pi \frac{\sin\theta}{\theta}d\theta > 0$$

从而便推出了不等式(4.46)中的第一个(暂时还是只对区间 $\left[0, \frac{\pi}{2}\right]$ 而言的). 要想把它扩张到所有的 θ 值, 只需指出

$$\lambda(\pi - \theta) = \lambda(\theta), \lambda(-\theta) = -\lambda(\theta)$$

就够了.

在转到不等式(4.46)中的第二个上来时, 我们考虑新的多项式

$$\lambda(\theta) - \frac{1}{2}\mu(\theta) = \sum_{k=1}^{n} \frac{\sin(2k-1)\theta}{2k(2k-1)}$$

因为

第4章 魏尔斯特拉斯定理的两种形式

$$\left|\lambda(\theta) - \frac{1}{2}\mu(\theta)\right| < \sum_{k=1}^{n} \frac{1}{2k(2k-1)}$$

$$< \sum_{k=1}^{\infty} \frac{1}{2k(2k-1)} = \lg 2$$

借助于式(4.46)中的第一个不等式便得

$$|\mu(\theta)| < 2(L + \lg 2) \equiv M$$

现在便可以来证明多项式

$$\nu(\theta) = \frac{\cos\theta}{n} + \frac{\cos 2\theta}{n-1} + \cdots + \frac{\cos n\theta}{1} -$$

$$\frac{\cos(n+1)\theta}{1} - \cdots -$$

$$\frac{\cos(2n-1)\theta}{n-1} - \frac{\cos 2n\theta}{n}$$

对于 θ 与 n 的任何值都满足不等式

$$|\nu(\theta)| < N \tag{4.47}$$

其中 N 是一个绝对常数. 实际上

$$|\nu(\theta)| = \left|\sum_{k=1}^{n} \frac{1}{k}(\cos(n-k+1)\theta - \cos(n+k)\theta)\right|$$

$$= \left|2\sin\frac{2n+1}{2}\theta \cdot \sum_{k=1}^{n} \frac{1}{k} \cdot \sin(2k-1)\frac{\theta}{2}\right|$$

$$\leq 2\left|\mu\left(\frac{\theta}{2}\right)\right| < 2M \equiv N$$

N 的值是多少,很容易根据前面的介绍算出来,但是对于以后来说,这是无关紧要的.

现在我们转到基本的引理上来,但这个引理却具有独立的意义,因为它指出了具有指定次数 n 的内插多项式与求插函数可以相差到怎样大的程度.

存在正数 τ(绝对常数),它具有这样的性质,使得

逼近论中的 Weierstrass 定理

不论区间 $[0,\pi]$ 中的 $n+1$ 个相异点 $\theta_i(i=0,1,\cdots,n)$ 如何,总能做出一个 n 次的偶(即只有余弦的)多项式 $T^*(\theta)$, (1) 在诸点 θ_i 处,它的绝对值不超过 1,即

$$|T^*(\theta_i)| \leqslant 1 \qquad (4.48)$$

(2) 在某一点 $\theta = \theta^*$ 处满足不等式

$$|T^*(\theta^*)| > \tau \lg n \qquad (4.49)$$

置

$$\psi(\theta) = \frac{1}{N}\left(\frac{\cos\theta}{n} + \frac{\cos 2\theta}{n-1} + \cdots + \frac{\cos n\theta}{1}\right)$$

$$\chi(\theta) = -\frac{1}{N}\left(\frac{\cos(n+1)\theta}{1} + \frac{\cos(n+2)\theta}{2} + \cdots + \frac{\cos 2n\theta}{n}\right)$$

我们便看出,对于任意的 n 与 θ,这两个多项式的和

$$\varphi(\theta) \equiv \psi(\theta) + \chi(\theta) \left(\equiv \frac{\nu(\theta)}{N}\right) \qquad (4.50)$$

其绝对值都不超过 1,即

$$|\varphi(\theta)| \leqslant 1 \qquad (4.51)$$

用 α 表示某一个实数,暂时还是不确定的,它将在以后来选择,并作 n 次的偶内插多项式 $T(\alpha,\theta)$,它在诸点 θ_i 处的值与 $2n$ 次的多项式

$$\Phi(\alpha,\theta) \equiv \frac{1}{2}(\varphi(\alpha-\theta) + \varphi(\alpha+\theta))$$

相同. 这个多项式的形式为

$$T(\alpha,\theta) = \sum_{k=0}^{n} \frac{1}{2}(\varphi(\alpha-\theta_k) + \varphi(\alpha+\theta_k))l_k(\theta)$$

(4.52)

其中的 $l_k(\theta)$ 为 n 次的偶三角多项式,它满足条件

$$l_i(\theta_k) = \begin{cases} 0, & \text{当 } i \neq k \text{ 时} \\ 1, & \text{当 } i = k \text{ 时} \end{cases} \quad (i,k=0,1,\cdots,n)$$

第 4 章 魏尔斯特拉斯定理的两种形式

注意到公式(4.50),便可以进一步写成

$$\begin{aligned}T(\alpha,\theta) &= \sum_{k=0}^{n} \frac{1}{2}(\psi(\alpha-\theta_k)+\psi(\alpha+\theta_k))l_k(\theta) + \\ &\quad \sum_{k=0}^{n} \frac{1}{2}(\chi(\alpha-\theta_k)+\chi(\alpha+\theta_k))l_k(\theta) \\ &= \frac{1}{2}(\psi(\alpha-\theta)+\psi(\alpha+\theta)) + \\ &\quad \sum_{k=0}^{n} \frac{1}{2}(\chi(\alpha-\theta_k)+\chi(\alpha+\theta_k))l_k(\theta)\end{aligned}$$

由于 $\psi(\theta)$ 的次数等于 n,而 $\chi(\theta)$ 的次数较高.

令 $\theta=\alpha$,便得到

$$\begin{aligned}T(\alpha,\alpha) &= \frac{1}{2}\psi(0) + \Big(\frac{1}{2}\psi(2\alpha) + \\ &\quad \sum_{k=0}^{n} \frac{1}{2}(\chi(\alpha-\theta_k)+\chi(\alpha+\theta_k))l_k(\alpha)\Big)\end{aligned}$$

在最外层括号内的式子是参数 α 的三角多项式,其中的常数项等于 $0$①. 由此便知,可以这样来选 $\alpha=\alpha^*$ 使得这个式子等于 $0$②. 于是便得

$$T(\alpha^*,\alpha^*) = \frac{1}{2}\psi(0) = \frac{1}{2N}\Big(\frac{1}{n}+\frac{1}{n-1}+\cdots+\frac{1}{1}\Big)$$
$$> \frac{1}{2N}\lg n \qquad (4.53)$$

---

① 实际上,$l_k(\alpha)$ 只包含依赖于 $\cos m\alpha$ 的项,其中 $m \leqslant n$,而 $\chi(\alpha-\theta_k)+\chi(\alpha+\theta_k)$ 只包含与 $\cos m\alpha$ 及 $\sin m\alpha$ 有关的项,其中 $m > n$,而在连乘时便不可能产生常数项.

② 若三角多项式 $T(\theta)$ 中没有常数项,则 $\int_0^{2\pi} T(\theta)\mathrm{d}\theta = 0$,而这就证明了 $T(\theta)$ 在整个周期间隔内不能保持定号.

逼近论中的 Weierstrass 定理

现在我们用等式
$$T^*(\theta) \equiv T^*(\alpha^*, \theta)$$
来定义多项式 $T^*(\theta)$. 这个多项式就满足提出来的要求:(1) 由关系 (4.52) 知 $T^*(\theta_i) = T^*(\alpha^*, \theta_i) = \Phi(\alpha^*, \theta_i)$,所以
$$|T^*(\theta_i)| = |\Phi(\alpha^*, \theta_i)|$$
$$\leqslant \frac{1}{2}(|\varphi(\alpha^* - \theta_i)| + |\varphi(\alpha^* + \theta_i)|) \leqslant 1$$
(2) 据不等式 (4.53),令 $\theta^* = \alpha^*$ 便得
$$T^*(\alpha^*) = T(\alpha^*, \alpha^*) > \tau \lg n \quad \left(这里 \tau = \frac{1}{2N}\right)$$
这就证明了所述引理①.

证明了的引理立刻就可以在基本区间 $(-1,1)$ 内运用到通常的多项式上来:存在这样的正数 τ,使得不论在区间 $[-1,1]$ 上的 $n+1$ 个相异点 $x_i(i=0,1,\cdots,n)$ 如何,都能够作一个 n 次的多项式 $P^*(x)$,它具有下述性质:

$1° |P^*(x_i)| \leqslant 1 \quad (i=0,1,\cdots,n)$

与

$2° |P^*(x^*)| > \tau \lg n \quad (-1 \leqslant x^* \leqslant 1)$②

(只需对应于 $\theta_i = \arccos x_i$ 作出多项式 $T^*(\theta)$,然后令 $\cos \theta = x$, $\cos \theta^* = x^*$ 以及 $P^*(x) = T^*(\arccos x)$ 就行了.)

---

① 所引证明出于费耶尔.

② 这个 x^* 是 $-1 \leqslant x \leqslant 1$ 上的某一点,而非任意的点.

第4章 魏尔斯特拉斯定理的两种形式

现在我们提出问题:设 $P(x)$ 为一 n 次多项式,如果知道它在诸点 $x_i(i=0,1,\cdots,n)$ 处的绝对值都不超过 1,则此多项式 $P(x)$ 在区间 $(-1,1)$ 内所能具有的最大的值 G 如何?

因为

$$P(x) \equiv \sum_{i=0}^{n} P(x_i) L_i(x)$$

其中

$$L_i(x) = \frac{A(x)}{A'(x_i)(x-x_i)}, A(x) = \prod_{i=0}^{n}(x-x_i)$$

所以

$$|P(x)| \leq \sum_{i=0}^{n} |P(x_i)| \cdot |L_i(x)| \leq \sum_{i=0}^{n} |L_i(x)|$$

$$\leq \max_{-1 \leq x \leq 1} \sum_{i=0}^{n} |L_i(x)| = G$$

设 x^* 是使

$$\sum_{i=0}^{n} |L_i(x^*)| = G$$

的点.

(求得的 G 值是精确的,因为由条件 $Q(x_i) = \text{sgn}\, L_i(x^*)$[①]所确定的 n 次多项式 $Q(x)$ 在点 x^* 处可以达到这个值.)

由前面所证,不论点 $x_i(i=0,1,\cdots,n)$ 如何,不等式

$$G > \tau \lg n \qquad (4.54)$$

---

① sgn X 视 X 为正,为负或者为 0 而为 1,-1 或 0.

逼近论中的 Weierstrass 定理

必然成立.

现在我们来设想由任意的结点系

$$x_m^{(n)} \quad (m=0,1,\cdots,n;n=1,2,\cdots)$$

所表示的内插过程. 设 G_n 为满足不等式

$$|P(x_m^{(n)})|\leq 1 \quad (m=0,1,\cdots,n)$$

的多项式 $P(x)$ 的最大绝对值; 令 $Q_n(x)$ 为所述类中的多项式, 它在某一点 x_n^* 处达到值 G_n, 即

$$|Q_n(x_n^*)|=G_n \qquad (4.55)$$

对于我们重要的是, 从不等式(4.54)推得

$$\lim_{n\to\infty} G_n = \infty \qquad (4.56)$$

数 G_n 具有这样的性质, 使得由不等式 $|f(x_m^{(n)})|\leq M$ 可以推出不等式

$$|P_n(f;x)|\leq MG_n \quad (-1\leq x\leq 1) \quad (4.57)$$

根据魏尔斯特拉斯定理, 我们可以证明, 不论 n 如何, 总能够作出多项式 $R_{n'}(x)$, 其次数为 $n'>n$, 使得

$1°|R_{n'}(x)|<2(-1\leq x\leq 1)$;

$2°|P_n(R_{n'},x_n^*)|>\dfrac{1}{2}G_n$.

实际上, 设 $F(x)$ 是任意的连续函数, 它满足条件 $F(x_m^{(n)})=Q_n(x_m^{(n)})$ 及 $|F(x)|<1$. 根据魏尔斯特拉斯定理, 存在多项式 $R_{n'}(x)$ 使得 $|R_{n'}(x)-F(x)|<\varepsilon$. 现在可以取数 ε 如此之小使得后一不等式可以保证不等式 $1°$ 与 $2°$ 成立, 这可根据 $P_q(R_{n'};x_m^*)$ 是 $R_{n'}(x_m^{(n)})$ 的连续函数, 它可以与 $F(x_m^{(n)})$ 即与 $Q_n(x_m^{(n)})$ 相差随意地小, 以及根据 $|P_n(Q_n;x_n^*)|=|Q_n(x_n^*)|=G_n$ 而推出.

第4章 魏尔斯特拉斯定理的两种形式

我们取整数序列
$$n_0 < n_1 < n_2 < \cdots < n_p < \cdots$$
及与其对应的多项式
$$Rn'_0(x), Rn'_1(x), Rn'_2(x), \cdots, Rn'_p(x), \cdots$$
使得不等式
$$n_p < n'_p < n_{p+1} \quad (p=0,1,2,\cdots) \quad (4.58)$$
与
$$Gn_{p+1} > G^2 n_p \quad (p=0,1,2,\cdots) \quad (4.59)$$
都成立;由公式(4.56)可知后者是可能的. 我们有
$$|Rn_{p'}(x)| < 2 \quad (-1 \leqslant x \leqslant 1) \quad (4.60)$$
$$|Pn_p(Rn'_p; x^* n_p)| > \frac{1}{2} Gn_p \quad (4.61)$$

现在便可以作出连续函数 $f(x)$,对于它,与所给结点相应的内插过程是发散的
$$f(x) = \sum_{p=1}^{\infty} \frac{1}{\sqrt{Gn_p}} \cdot Rn'_p(x) \quad (4.62)$$

函数 $f(x)$ 的连续性可以从不等式(4.60)以及级数 $\sum_{p=1}^{\infty} \dfrac{1}{\sqrt{Gn_p}}$ ① 的收敛性推出来. 现在我们来计算 $Pn_k(f;x)$,即

---

① 实际上,令 $a_p = \dfrac{1}{\sqrt{Gn_p}}$,借助于(4.59)与(4.60)我们便得
$$\frac{a_{p+1}}{a_p} = \sqrt{\frac{Gn_p}{Gn_{p+1}}} < \frac{1}{\sqrt{Gn_p}} \to 0$$

逼近论中的 Weierstrass 定理

$$Pn_k(f;x) = \sum_{p=1}^{k-1} \frac{1}{\sqrt{Gn_p}} \cdot Rn'_p(x) +$$

$$\frac{1}{\sqrt{Gn_p}} \cdot Pn_k(Rn'_k;x) + Pn_k(\rho_k;x) \quad (4.63)$$

其中,令

$$\rho_k(x) = \sum_{p=k+1}^{\infty} \frac{1}{\sqrt{Gn_p}} \cdot Rn'_p(x) \quad (4.64)$$

我们来考虑(4.63)右端两项中的每一个. 由不等式(4.60)以及级数 $\sum_{p=1}^{\infty} \frac{1}{\sqrt{Gn_p}}$ 的收敛性可知,当 k 增大时第一项保持小于某一个常数. 第三项也如此;实际上,由式(4.64)可以看出

$$|\rho_k(x)| < 2 \sum_{p=k+1}^{\infty} \frac{1}{\sqrt{Gn_p}} < \frac{1}{\sqrt{Gn_{k+1}} - 1}$$

借助于式(4.56)(4.57)与(4.59)便得

$$|Pn_k(\rho_k;x)| < \frac{2Gn_k}{\sqrt{Gn_{k+1}} - 1} < \frac{2\sqrt{Gn_{k+1}}}{\sqrt{Gn_{k+1}} + 1} \to 2$$

至于第二项,如不等式(4.61)所证,当 $x = x^*_{nk}$ 时,它大于 $\frac{1}{2}\sqrt{Gn_k}$,因而无限增大. 根据所有这些结果便得

$$\lim_{k \to \infty} Pn_k(f;x^*n_k) = \infty$$

因而 $P_n(f;x)$ 不一致趋于 $f(x)$.

前面法贝尔(Faber)反面的结果可以和厄尔多士与图兰(P. Erdös, N. P. Turán)所得的正面结果加以比较. 当用平方收敛性去代替一致收敛性以减弱收敛性概念时,存在"通用的"内插结点. 精确地说:

第4章 魏尔斯特拉斯定理的两种形式

设 $p(x)$ 为定义在区间 $[a,b]$ 上的某一个正的权；$\{\Phi_n(x)\}$ 为关于权 $p(x)$ 的直交多项式系；$x_m^{(n)}$ ($m=1,2,\cdots,n$) 为多项式 $\Phi(x)$ 的根，$\{P_n(f;x)\}$ 为对定义在所述区间上的函数 $f(x)$ 以 $x_m^{(n)}$ ($m=1,2,\cdots,n$) 为结点构成的拉格朗日内插多项式列. 在这种情形下，不论在区间 $[a,b]$ 上连续的函数 $f(x)$ 如何，平方收敛性

$$\lim_{n\to\infty}\int_a^b \{P_n(f;x)-f(x)\}^2 P(x)\mathrm{d}x = 0 \quad (4.65)$$

都成立.

由此，即立刻推出，只要权 $p(x)$ 在所述区间有正的下确界

$$p(x)\geqslant m>0$$

则关系式 (4.65) 可以换成下述关系式，其中并不明显地包含了权

$$\lim_{n\to\infty}\int_a^b \{P_n(f;x)-f(x)\}^2 \mathrm{d}x = 0 \quad (4.66)$$

例如，若以勒让德 (Legendre) 多项式的零点作为内插结点，就会有这种情形.

§8 费耶尔的收敛内插过程

我们将转到通常的拉格朗日内插法上来. 如我们曾看出的那样，虽然并不存在"通用的"拉格朗日内插结点，但是毕竟还可以在适当选择结点时来修改内插过程，使得它对于不论怎样的连续求插函数都是收敛的. 那就是，例如，作出 $2n-1$ 次的内插多项式

逼近论中的 Weierstrass 定理

$P_{2n-1}(x)$,使得在切比雪夫结点 $x_m^{(n)} = \cos\dfrac{2m-1}{2n}\pi$ 处,它们的值与所给函数的值相同

$$P_{2n-1}(f;x_m^{(n)}) = f(x_m^{(n)})$$

并且它们的导数在这些结点处等于 0,即

$$P'_{2n-1}(f;x_m^{(n)}) = 0 \quad (m=1,2,\cdots,n)$$

这时,可以证明过程是收敛的。

多项式 $P_{2n-1}(f;x)$ 的公式可以求出来,其中包含导数的项都消失了

$$P_{2n-1}(f;x) = \sum_{m=1}^{n} f(x_m^{(n)}) h_m^{(n)}(x) \quad (4.67)$$

在这里

$$h_m^{(n)}(x) = \dfrac{1}{n^2}(1 - x_m^{(n)})\left[\dfrac{T_n(x)}{x - x_m^{(n)}}\right]^2$$

$$T_n(x) = \cos n\arccos x \quad (4.68)$$

因为 $|x_m^{(n)}| < 1$ 并假定 $|x| \leqslant 1$,所以,由式(4.68)可见

$$h_m^{(n)}(x) \geqslant 0 \quad (4.69)$$

此外,在式(4.67)中置 $f(x) \equiv 1$,便可以证实

$$\sum_{m=1}^{n} h_m^{(n)}(x) \equiv 1 \quad (4.70)$$

注意到式(4.70),便可以写成

$$f(x) = \sum_{m=1}^{n} f(x) h_m^{(n)}(x) \quad (4.71)$$

而从式(4.67)中减去式(4.71),便有(借助于不等式(4.67))

$$|P_{2n-1}(f;x) - f(x)| = \left|\sum_{m=1}^{n}(f(x_m^{(n)}) - f(x))h_m^{(n)}(x)\right|$$

第 4 章 魏尔斯特拉斯定理的两种形式

$$\leqslant \sum_{m=1}^{n} |f(x_m^{(n)}) - f(x)| h_m^{(n)}(x)$$

(4.72)

把末一个和分成两个

$$\sum_{m=1}^{n} = \sum_{\mathrm{I}} + \sum_{\mathrm{II}}$$

和 $\sum_{\mathrm{I}}$ 中包含 $|x_m^{(n)} - x| < \delta$ 的那些项，和 $\sum_{\mathrm{II}}$ 中包含 $|x_m^{(n)} - x| \geqslant \delta$ 的那些项，这里的 δ 是适当选取的正数，它使得不等式 $|x' - x''| < \delta (-1 \leqslant x' \leqslant 1, -1 \leqslant x'' \leqslant 1)$ 成立时，有 $|f(x') - f(x'')| < \dfrac{\varepsilon}{2}$（这是可能的，因为 $f(x)$ 连续）. 这时，对于第一个和，根据不等式 (4.69) 与公式 (4.70) 便得

$$\sum_{\mathrm{I}} |f(x_m^{(n)}) - f(x)| h_m^{(n)}(x)$$

$$< \frac{\varepsilon}{2} \sum_{\mathrm{I}} h_m^{(n)}(x)$$

$$\leqslant \frac{\varepsilon}{2} \sum_{m=1}^{n} h_m^{(n)}(x) = \frac{\varepsilon}{2} \qquad (4.73)$$

至于第二个和，当用 M 表示 $f(x)$ 在区间 $(-1,1)$ 上的最大模时，便有

$$\sum_{\mathrm{II}} |f(x_m^{(n)}) - f(x)| h_m^{(n)}(x) \leqslant 2M \sum_{\mathrm{II}} h_m^{(n)}(x)$$

(4.74)

现在我们指出，当 $|x_m^{(n)} - x| \geqslant \delta$ 时，据式 (4.68) 得

$$h_m^{(n)}(x) \leqslant \frac{1}{n^2} \cdot 2 \cdot \left(\frac{1}{\delta}\right)^2 = \frac{2}{\delta^2 n^2}$$

因而不等式 (4.74) 就给出

逼近论中的 Weierstrass 定理

$$\sum_{\mathrm{II}} |f(x_m^{(n)}) - f(x)| \cdot h_m^{(n)}(x) \leqslant \frac{4M}{\delta^2 n}$$

于是,最后由式(4.72)便得

$$|P_{2n-1}(f;x) - f(x)| < \frac{\varepsilon}{2} + \frac{4M}{\delta^2 n}$$

取定任意小的数 ε 之后,取与其相关的 δ 然后再取 n 充分大,使得不等式

$$\frac{4M}{\delta^2 n} < \frac{\varepsilon}{2}$$

成立,我们便得到结论

$$|P_{2n-1}(f;x) - f(x)| < \varepsilon$$

容易理解,在费耶尔过程,增高内插多项式的次数两倍,能得到收敛性. 伯恩斯坦曾证明了,增高次数不大于 $1 + \varepsilon$ 倍便能得到同样的结果(在这里 ε 是任意小的数).

另外,费耶尔曾证明了,关于多项式 $P_{2n-1}(f;x)$ 的导数为 0 的条件可以大大的减弱:只要在内插结点处这个导数不过于增加得快就行了. 例如,在条件

$$|P'_{2n-1}(f;x_m^{(n)})| < \frac{\varepsilon_n}{\sqrt{1-x_m^{(n)2}}} \cdot \frac{n}{\lg n} \quad (\varepsilon_n \to 0)$$

之下,定理的结论仍然成立.

魏尔斯特拉斯逼近定理的两个简明证法

第 5 章

1964 年库恩(Qune)给出了魏尔斯特拉斯定理的一个既初等又简短的证明. 该定理是说：任何一个在闭区间 $[0,1]$ 上连续的函数 $f(x)$ 都可以用多项式一致逼近. 作为辅助工具，只要用到伯努利不等式
$(1+h)^n \geq 1+nh$ （$h > -1$，n 为自然数）
它容易用数学归纳法证得.

我们考察多项式
$$Q_n(x) = (1-x^n)^{2^n}$$
当 x 从 0 变到 1 时，$Q_n(x)$ 的值从 1 单调地变到 0.

在 $0 \leq x \leq q < \dfrac{1}{2}$ 中，当 $n \to \infty$ 时 $Q_n(x)$ 一致收敛于 1，因为
$$1 \geq Q_n(x) \geq Q_n(q) = (1-q^n)^{2^n}$$
$$\geq 1 - 2^n q^n = 1 - (2q)^n \to 1$$
而在 $\dfrac{1}{2} < q \leq x \leq 1$ 中，$Q_n(x)$ 一致收敛于 0，

逼近论中的 Weierstrass 定理

因为
$$0 \leqslant Q_n(x) \leqslant Q_n(q)$$
$$\frac{1}{Q_n(q)} = \left(\frac{1}{1-q^n}\right)^{2^n} = \left(1 + \frac{q^n}{1-q^n}\right)^{2^n}$$
$$\geqslant 1 + \frac{2^n q^n}{1-q^n} > (2q)^n \to \infty$$

通过线性变换，我们可以从 $Q_n(x)$ 得到多项式 $P_n(x) = Q_n\left(\frac{1-x}{2}\right)$，当 $|x| \leqslant 1$ 时，$P_n(x)$ 的值在 0 和 1 之间，同时，在 $0 < \delta \leqslant |x| \leqslant 1$ 中，$P_n(x)$ 一致收敛于阶梯函数

$$T(x) = \begin{cases} 0, & \text{当 } x < 0 \\ 1, & \text{当 } x \geqslant 0 \end{cases}$$

现在设 $f(x)$ 在 $[0,1]$ 上连续，$f(0) = 0$，并任给 $\varepsilon > 0$，由于 $f(x)$ 的一致连续性，就有阶梯函数

$$T^*(x) = \sum_{j=1}^{m} s_j T(x - x_j) \quad (0 < x_1 < x_2 < \cdots < x_m < 1)$$

存在，使得 $|f(x) - T^*(x)| < \varepsilon$ 在 $[0,1]$ 上成立，而且 $|s_j| < \varepsilon$。我们选取 $\delta > 0$ 适当小，使区间 $(x_j - \delta, x_j + \delta)$ $(j = 1, 2, \cdots, m)$ 互不相交；同时取 n 适当大，使得在 $0 < \delta \leqslant |x| \leqslant 1$ 中成立不等式

$$|P_n(x) - T(x)| < \frac{\varepsilon}{S}$$

其中
$$S = \sum |s_j|$$

第5章 魏尔斯特拉斯逼近定理的两个简明证法

令
$$P^*(x) = \sum_{j=1}^{m} s_j P_n(x - x_j)$$

于是对 $x \in (x_k - \delta, x_k + \delta)$（从而对所有的 $x \in [0,1]$[①]）有

$$|T^*(x) - P^*(x)| \leq \sum_{j \neq k} |s_j| |T(x - x_j) - P_n(x - x_j)| +$$
$$|s_k| |T(x - x_k) - P_n(x - x_k)|$$
$$< \frac{\varepsilon}{S} \cdot S + |s_k| \cdot 1 < 2\varepsilon$$

于是

$$|f(x) - P^*(x)| \leq |f(x) - T^*(x)| + |T^*(x) - P^*(x)|$$
$$< 3\varepsilon$$

定理证毕.

现在我们介绍魏尔斯特拉斯逼近定理的朗道证法.

不失一般性，可设 $[a,b] = [0,1]$. 我们也可设 $f(0) = f(1) = 0$. 因为，若定理对这种情形证明了，考虑

$$g(x) = f(x) - f(0) - x(f(1) - f(0)) \quad (0 \leq x \leq 1)$$

则 $g(0) = g(1) = 0$. 当 g 容许用多项式一致逼近时，f

---

① 对于不属于 $(x_k - \delta, x_k + \delta)$ $(k = 1, 2, \cdots, m)$ 的点 x, 显然有

$$|T^*(x) - P^*(x)| \leq \sum_k |s_k| |T(x - x_k) - P(x - x_k)|$$
$$< \frac{\varepsilon}{S} \cdot S = \varepsilon$$

逼近论中的 Weierstrass 定理

亦然,因为 $f-g$ 是多项式.

更进一步,我们假定 $x \notin [0,1]$ 时, $f(x) = 0$. 于是 f 在 $\mathbf{R}^1$ 上一致连续.

对 $n = 1, 2, \cdots$,令
$$Q_n(x) = c_n(1-x^2)^n$$

其中 c_n 选得使
$$\int_{-1}^{1} Q_n(x) \mathrm{d}x = 1 \quad (n = 1, 2, \cdots) \quad (5.1)$$

但 $Q_n(-x) = Q_n(x)$, $(1-x^2)^n \geqslant 1 - nx^2$(它可由下列事实得到:函数
$$(1-x^2)^n + nx^2 - 1$$

在 $x = 0$ 处为 0,在 $(0,1)$ 内有正的导数). 这样一来
$$\int_{-1}^{1}(1-x^2)^n \mathrm{d}x = 2\int_0^1 (1-x^2)^n \mathrm{d}x \geqslant 2\int_0^{\frac{1}{\sqrt{n}}}(1-x^2)^n \mathrm{d}x$$
$$\geqslant 2\int_0^{\frac{1}{\sqrt{n}}}(1-nx^2) \mathrm{d}x = \frac{4}{3\sqrt{n}} > \frac{1}{\sqrt{n}}$$

因此由式(5.1)得到 $c_n < \sqrt{n}$. 从而,对任意 $\delta > 0$,当 $\delta \leqslant |x| \leqslant 1$ 时
$$Q_n(x) \leqslant \sqrt{n}(1-\delta^2)^n \quad (5.2)$$

可知 $0 < \delta \leqslant 1$ 时 $\sum_{n=1}^{\infty}\sqrt{n}(1-\delta^2)^n$ 收敛,故 $\sqrt{n}(1-\delta^2)^n \to 0$. 因此,在 $\delta \leqslant |x| \leqslant 1$ 内 $Q_n \to 0$ 一致.

对 $x \in [0,1]$,令
$$P_n(x) = \int_{-1}^{1} f(x+t) Q_n(t) \mathrm{d}t$$

由关于 f 的假设条件及简单的变量代换

第5章 魏尔斯特拉斯逼近定理的两个简明证法

$$P_n(x) = \int_{-x}^{1-x} f(x+t) Q_n(t) \mathrm{d}t = \int_0^1 f(t) Q_n(t-x) \mathrm{d}t$$

后一个积分显然是 x 的多项式. 这样,$(P_n)_{n=1}^{\infty}$ 是多项式列.

因为 f 在 $\mathbf{R}^1$ 上一致连续. 给定 $\varepsilon > 0$, 可取 $\delta > 0$, 使 $|y - x| < \delta$ 时

$$|f(y) - f(x)| < \frac{\varepsilon}{2}$$

设

$$M = \sup\{|f(x)| : x \in \mathbf{R}^1\}$$

因为 $Q_n(x) \geq 0$,根据式(5.1)(5.2),对 $0 \leq x \leq 1$ 及所有充分大的 n,有

$$|P_n(x) - f(x)| = \left| \int_{-1}^{1} (f(x+t) - f(x)) Q_n(t) \mathrm{d}t \right|$$

$$\leq \int_{-1}^{1} |f(x+t) - f(x)| Q_n(t) \mathrm{d}t$$

$$\leq 2M \int_{-1}^{-\delta} Q_n(t) \mathrm{d}t + \frac{\varepsilon}{2} \int_{-\delta}^{\delta} Q_n(t) \mathrm{d}t + 2M \int_{\delta}^{1} Q_n(t) \mathrm{d}t$$

$$\leq 4M \sqrt{n} (1 - \delta^2)^n + \frac{\varepsilon}{2} < 0$$

注 建立不等式

$$\int_0^1 (1-x^2)^n \mathrm{d}x \geq \frac{2}{3\sqrt{n}} \quad (n = 1, 2, \cdots)$$

的另一种方法是利用

$$\int_0^1 (1-x^2)^{n+1} \mathrm{d}x$$

逼近论中的 Weierstrass 定理

$$= \int_0^1 (1-x^2)(1-x^2)^n \mathrm{d}x$$

$$= \frac{2n+2}{2n+3} \int_0^1 (1-x^2)^n \mathrm{d}x$$

$$= \int_0^1 (1-x^2)^n \mathrm{d}x - \int_0^1 x(x(1-x^2)^n) \mathrm{d}x$$

(它是用分部积分法得到的);我们把细节留作练习.

大师和学生——贝尔论

年轻的数学博士们在焦急地寻找能够发挥他们的才智和所受训练的职位时,常常会问,一个人是否可能长时间从事初等教学工作而仍然保持数学上的活力. 这是可能的. 布尔(Boole)的一生是不确定回答;分析学大师、"现代分析学之父"魏尔斯特拉斯的一生是确定的回答.

在详细论述魏尔斯特拉斯之前,我们按年代顺序把他同他的那些德国同代人列在一起,这些人当中的每一个都像他一样,在19世纪后半叶和20世纪的最初30年内,对于数学的至少一个广阔的领域提出了新的见解. 1855年可以作为一个合适的参考点. 这一年标志着高斯(Gauss)去世,以及与前一世纪杰出的数学家的最后联系的中断. 1855年,魏尔斯特拉斯(1815—1897)40岁;克罗内克(Kronecker, 1823—1891)32岁;黎曼(Riemann, 1826—1866)29岁;戴德金(Dedekind, 1831—1916)24岁;而康托(Cantor, 1845—1918)还是一个10岁的小孩子. 因此德国

逼近论中的 Weierstrass 定理

数学不缺乏新人来继续高斯的伟大传统. 这时魏尔斯特拉斯刚刚得到公认;克罗内克刚开了个好头;黎曼已经做出了一些最伟大的工作;戴德金正在进入将得到他最伟大的名声的领域(数论). 当然,康托还默默无闻.

我们把这些名字同日期并列在一起,因为所提到的人当中,有 4 个人虽然像他们大多数最好的工作那样各不相同而且完全没有关系,却在数学的一个中心问题,即无理数的问题上走到了一起:魏尔斯特拉斯和戴德金在欧多克斯(Eudoxus)公元前 4 世纪停下来的地方,重新开始对无理数和连续的讨论;克罗内克是芝诺(Zeno)的现代附和者,他怀疑并批评魏尔斯特拉斯对欧多克斯的修正,使魏尔斯特拉斯的晚年很不幸;而康托则闯出了一条他自己的新路,力图领悟隐含在连续这个概念——按照一些人的看法——中的实无穷本身. 从魏尔斯特拉斯和戴德金的工作中,开创了分析学的现代纪元,即分析学(微积分学、单复变函数理论和实变函数理论)的严格的逻辑精确性,这与一些较早的作者的不大严格的直观方法不同——这种直观方法作为对发现的启发式的指导是非常宝贵的,但是从毕达哥拉斯(Pythagoras)理想的数学证明的立场看,却全无价值. 正如已经指出的,高斯、阿贝尔和柯西开始了严格化的第一个阶段;由魏尔斯特拉斯和戴德金开始的运动是在更高的水平上,它可以适应在 19 世纪后半叶分析学的更严格的要求,早先的那种谨慎对它是不够的.

第6章 大师和学生——贝尔论

魏尔斯特拉斯的一项发现,特别使直观派的分析学家们感到震惊,使他们恰当地注意到应该慎重:他作出了一个在任何一点上都没有切线的连续曲线.高斯一度称数学为"眼睛的科学";要让鼓吹感觉上直观的人"看见"魏尔斯特拉斯的曲线,需要比一双好眼睛更多的东西.

由于对每一个作用都有一个大小相等、方向相反的反作用,因而这整个翻新的严格性会激起对它自身的反对就是很自然的了.克罗内克猛烈地、甚至刻毒地、相当令人恼怒地攻击过它.他否认它有什么意义.虽然他成功地伤害了可敬的、厚道的魏尔斯特拉斯,但是他几乎没有给他的守旧的同代人留下什么印象,并且实际上没有给数学分析留下丝毫影响.克罗内克走在他的时代前面一个世纪.直到20世纪的第二个10年,人们才认真考虑他对于目前所接受的连续和无理数的信念的责难.确实,今天并不是所有的数学家都把克罗内克的攻击仅仅看作是他对更著名的魏尔斯特拉斯的受压抑的妒忌的发泄(他的一些同代人认为是这样的),人们承认,在他的使人不安的反对中可能有些道理——也许有,但不多.不管是否有道理,克罗内克的攻击部分导致了现代数学推理中严格化的第三个阶段,即我们自己正试图享有的阶段.魏尔斯特拉斯并不是受克罗内克折磨的唯一的同代数学家;康托也在他视为有影响的同事的恶意迫害下深受痛苦.所有这些人在适当的地方都将为自己辩护;这里我们只是试图指出,他们的生活和工作至少在这个华

逼近论中的 Weierstrass 定理

丽的格局的一个角落,是密切地交织在一起的.

为了完成这幅图景,我们必须指出以魏尔斯特拉斯、克罗内克和黎曼为一方,以克罗内克和戴德金为另一方,这两方之间的另外一些联系. 我们记得阿贝尔死于1829年,伽罗瓦(Galois)死于1832年,雅可比死于1851年. 在我们所论及的时代,数学分析中的一个突出问题,是完成阿贝尔和雅可比关于多周期函数——椭圆函数、阿贝尔函数——的工作. 魏尔斯特拉斯和黎曼从完全不同的观点完成了应该做的事情——魏尔斯特拉斯确实认为他自己在某种程度上是阿贝尔的后继者;克罗内克在椭圆函数方面开辟了新的前景,但是他没有在阿贝尔函数领域与另外两个人竞争. 克罗内克主要是算术学家和代数学家;他的一部最优秀的著作,是对伽罗瓦在方程理论中的工作的详尽阐述和发展. 这样,伽罗瓦在他去世后不久就有了一个相称的后继者.

戴德金除了对连续和无理数领域的涉猎以外,他的最富于独创性的工作是在高等算术方面,他彻底改革和刷新了这一领域. 在这方面,克罗内克是他的能干和有远见的竞争者,但是他们的整个方法又是全然不同的,表现了两个人的特点:戴德金通过躲进无限中(在他的"理想"理论中,这将在适当的地方指出)克服了他在代数理论中碰到的困难;克罗内克则力图在有限中解决他的问题.

卡尔·威廉·特奥多尔·魏尔斯特拉斯(Karl Wilhelm Theodor Weierstrass)是威廉·魏尔斯特拉斯

第 6 章　大师和学生——贝尔论

（Wilhelm Weierstrass，1790—1869）和他的妻子特奥多拉·福斯特（Theodora Forst）的长子,他于 1815 年 10 月 31 日出生在德意志,明斯特区的奥斯滕费尔德.那时他父亲是个由法国支付薪金的海关官员.人们可以回想起来,1815 年是滑铁卢战役的那一年;法国仍然统治着欧洲.俾斯麦（Bismarck）也出生在那一年,注意到下面这一点是很有意思的:这位相当著名的政治家毕生的事业在世界大战中,如果不是更早的话,被打得粉碎;而他的不那么出名的同代人,对科学和文明的总体进步的贡献,在今天倒比在他活着的时候更受到尊重.

　　魏尔斯特拉斯一家毕生都是虔诚的罗马天主教徒;父亲是从新教改信天主教的,也许是在他结婚的时候.卡尔有一个弟弟彼得（Peter,死于 1904 年）和两个妹妹,克拉拉（Klara,1823—1896）和伊丽泽（Elise,1826—1898）,妹妹们终生照料他的生活.母亲在 1826 年生下伊丽泽以后不久就去世了,父亲第二年再次结婚.关于卡尔的母亲,我们知道得很少,只知道她似乎对丈夫有一种克制着的反感,并且相当讨厌她的婚姻.继母是个典型的德国家庭妇女;她对她丈夫前妻的子女的智力发展的影响也许是零.在另一方面,父亲是一个重实际的理想主义者,一个有文化的人,一度当过教师.他生命的最后 10 年是在柏林他儿子家里平静地度过的,两个女儿也住在那里.他的子女没有一个结过婚,虽然可怜的彼得一度表示过结婚的倾向,但是很快就被他的父亲和妹妹压下去了.

逼近论中的 Weierstrass 定理

在孩子们天生的亲切友爱中,唯一可能的不协调是父亲绝不妥协的正直,支配一切的权威以及普鲁士式的顽固.他差一点用他喋喋不休的教训毁了彼得的一生,又很危险地几乎对卡尔也这样做.他企图迫使卡尔从事对他不相宜的职业,而并没有弄清楚他那才气焕发的年轻儿子的能力在哪方面.老魏尔斯特拉斯蛮横无理地训诫他的小儿子,干涉他的事情,直到这"孩子"差不多 40 岁时才停止.幸而卡尔是由更富于反抗精神的材料构成的,正像我们将会看到的,他对他父亲的反抗——尽管他自己也许完全不清楚他是在反抗这个暴君——采取了一种并不少见的形式,就是把他父亲为他选择的生活弄得一团糟.这也许是他能够设想出来的最简单的防卫方式,它最好的地方就是他和他的父亲都从来没有梦想到在发生什么事情,虽然卡尔在 60 岁时写的一封信表明,他终于认识到了他早期的困难的原因.最后卡尔走上了能够自主行事的道路,但这是一条漫长、迂回的道路,经历了重重磨炼和错误.只有像他这样不修边幅、粗鲁质朴、身心都很强健的人,才能胜利地走到底.

卡尔出生后不久,全家迁居到威斯特伐利亚的韦斯特科滕,在那里父亲当了盐场的海关官员.韦斯特科滕就像魏尔斯特拉斯度过了他一生中最好岁月的其他狭小、阴暗、肮脏的地方一样,今天它在德国为人所知,只是因为魏尔斯特拉斯曾经被判罚在那里——只不过他没有发锈;他开展的第一项工作被确定为 1841 年(他那时 26 岁)写于韦斯特科滕.村子里没有

第6章 大师和学生——贝尔论

学校,因此卡尔被送到邻近的城镇明斯特,14 岁时,他从那里进入了在帕德博恩的天主教办的高级中学.与处于类似情况的笛卡儿(Descartes)一样,魏尔斯特拉斯非常喜欢他的学校,同他的有经验、有修养的教师们交了朋友.他用大大少于标准的时间学完了规定的课程,所有的功课都取得同样优异的成绩.他在 1834 年 19 岁时离开了学校.奖学金源源不断地落到他头上;有一年他获得七项奖;他通常是德文第一名,拉丁文、希腊文和数学这三门中两门的第一名.一种极具讽刺性的反常现象是他一次也没有获得书法奖,而他却注定了要给那些刚刚从母亲的围裙带下解放出来的小孩子们教书法.

数学家们往往喜欢音乐,像魏尔斯特拉斯这样豁达的一个人竟不能忍受任何形式的音乐,这也是很有趣的.音乐对他毫无意义,而他也从来不掩饰这一点.当他成为一个有成就的人时,关心他的妹妹们试着让他去上音乐课,以便使他在社交场合能比较顺应习俗.但是他敷衍塞责地上了一两次课后,就放弃了这个讨厌的计划.当她们设法把他拉到音乐厅或歌剧院去时,音乐会使他厌倦,听歌剧使他昏然入睡.

同他的父亲一样,卡尔不仅是个理想主义者,而且一度也是极实际的.除了在纯粹不实际的学科中获得大多数奖金之外,他在 15 岁时得到了一个有报酬的工作,给一个卖火腿和奶油的、生意兴隆的女商人当会计.

所有这些成功,对卡尔的未来产生了灾难性的影

逼近论中的 Weierstrass 定理

响.老魏尔斯特拉斯和许多家长一样,从他儿子的成功中得出了错误的结论.他的"推理"是这样的:由于这孩子已经赢得了一大堆奖,因此他一定有一个好脑子——这点倒是可以承认的;由于他有成效地给受人尊敬的奶油火腿女商人誊写账本而给自己挣来了零用钱,因此他将成为一个高明的簿记员.那么全部簿记的顶点是什么呢?显然是在普鲁士行政机构中得到一个行政职位——当然是在比较高层的部门.但是要为这个高贵的位置做准备,为了有效地挤上去,避免被拉下来,法律知识是合乎需要的.

这一切推理的总的结论,就是魏尔斯特拉斯家的一家之主,在他有天赋的儿子 19 岁时,就冒冒失失地把后者推进了波恩大学,去掌握商业的诈骗术和法律的诡辩.

卡尔很有见识,这两件事他哪一件也不会去干.他把他强大的体力,闪电般的灵巧和敏捷的头脑,几乎完全用在击剑,以及由于夜间沉溺于纯正的德国啤酒而带来的丰富的社交活动上.这对于焦虑不安的博士生是一个多么令人震惊的榜样啊,他们害怕去中小学教书,唯恐他们本来暗淡的智力会永远暗淡下去!但是要做到魏尔斯特拉斯所做的,而且做了还不被发觉,一个人必须至少有他十分之一的体质和不少于其千分之一的脑子.

波恩发现魏尔斯特拉斯是不可击败的.他目光敏锐,手伸得长,像魔鬼般准确,击剑时快得像闪电,这一切使他成为一个令人钦佩、但无法击中的对手.事

第6章 大师和学生——贝尔论

实上他从来没有被击中过:他面颊上没有留下过伤疤,在他所有的较量中,他从没有流过一滴血. 其后对他的无数次胜利的庆祝中,他是否曾经被灌醉过,不得而知. 他的谨慎的传记作者们在这重要的一点上多少有点保留,但是任何人只要仔细考虑过魏尔斯特拉斯的一篇数学杰作,就知道一个像他这样强健的头脑,竟然会由于半加仑的啤酒打盹,是令人难以置信的. 他在大学里虚度的四个年头,也许终究还是过得得当的.

魏尔斯特拉斯在波恩的经历,对他做了三件最重要的事:它们治愈了他对父亲的"固结",而没有在任何方面损害他对被蒙在鼓里的父母的爱;它们使他成为一个能够完全享有天资不如自己的人——他的学生——的那些可悲希望和抱负的人,因而直接对他成功地成为也许是有史以来最伟大的数学教师做出了贡献;最后,他童年时代富于幽默感的亲切和蔼. 成了他终生保持的一种习惯. 因此,当卡尔在波恩"白白"度过四年之后,没有得到学位,回到他悲叹的家人怀抱中时,他的"学生时代"并不是像他失望的父亲和焦急不安的妹妹——更不用说吓慌了的彼得——认为的那样,是一种损失.

毕业回家后发生了可怕的争吵. 他们训斥他——像他这样"身心不振",也许是法律不够、数学太少、啤酒太多的结果;他们坐在他周围,怒视着他,最糟糕的是他们开始讨论他,就像他已经死了,应该拿这具尸体怎么办呢?提到法律,魏尔斯特拉斯在波恩仅仅与

逼近论中的 Weierstrass 定理

它短短交手,但已经够了.他以作为一个法学博士报考者的尖锐"反驳",使院长和他的朋友们大为吃惊.至于数学,在波恩,那是不值得考虑的.唯一有才能的人,尤利乌斯·普拉克(Julius Plücker),本来可以对魏尔斯特拉斯有些好处,但是他忙于多方面的职责,没有时间去照顾个别的学生,所以魏尔斯特拉斯什么也没有从他那里学到.

但是,像阿贝尔和其他许多第一流的数学家一样,魏尔斯特拉斯在他击剑和饮酒之间的间歇时间去拜访大师们:他曾经醉心于拉普拉斯的《天体力学》,从而为他终生感兴趣的力学和联立微分方程组奠定了基础.他当然不能使这些东西进到他那有文化的、身为小官吏的父亲的头脑中去,他那顺从的弟弟和沮丧的妹妹们听不懂他在谈些什么.事实本身就足够了:卡尔老兄,这个怯生生的小家庭的天才,在他身上曾经寄予体面的资产阶级那样的崇高希望,在父亲方面四年的严格节俭之后,回到家了,没有得到学位.

最后——过了几个星期——这个家庭的一个明白事理的朋友(他在卡尔童年时代就对他怀着同情,并且对数学怀着一个聪明的业余爱好者所特有的兴趣)提出了一个解决办法,让卡尔准备参加在附近明斯特学院举行的国家教师考试.年轻的魏尔斯特拉斯不会从这次考试中得到博士学位,但是当教师的工作使他晚间有充裕的空闲时间,如果他有数学方面的素质的话,他就可以在数学上保持活力.魏尔斯特拉斯向当局直率地承认了他的"罪过",请求给他一个重新

第 6 章 大师和学生——贝尔论

开始的机会. 他的请求得到了允许, 魏尔斯特拉斯 1839 年 5 月 22 日在明斯特被录取, 准备从事中等学校教师的生涯. 这对他后来在数学上的卓越成就是一级最重要的阶梯, 虽然在当时看来像是一场彻底的失败.

对魏尔斯特拉斯影响最大的, 是克里斯托夫·古德曼 (1798—1852) 来到明斯特担任数学教授. 古德曼当时 (1839 年) 正热衷于椭圆函数. 我们记得雅可比在 1829 年发表了他《椭圆函数理论的新基础》. 虽然现在已没有什么人熟悉古德曼精心写出的研究论文 (他在克列尔的怂恿下, 在他的《杂志》上发表的一系列文章), 但不能仅仅因为他过时了, 就像有时流行的做法那样, 轻蔑地把他撇在一边. 古德曼在他那个时代, 有一种创新的思想. 椭圆函数理论可以有许多不同的方法去发展——多得令人不安. 在一个时期, 某种特别的方法似乎是最好的; 在另一个时期, 一种稍有不同的方法又被人们大肆宣传, 而且普遍认为是更时兴的.

古德曼的想法是一切都以函数的幂级数展开为基础 (暂时可以这样说, 当我们描述魏尔斯特拉斯的工作的一个主要动机时, 它的意义就清楚了). 这确实是一个很好的新主意. 古德曼以德意志式的彻底精神苦苦干了许多年, 也许并没有认识到在他的灵感后面到底是什么, 他本人也从来没有把它进行到底. 这里值得注意的重要事情是, 魏尔斯特拉斯使幂级数理论——古德曼的灵感——成为他在分析学方面的全部工作的核心. 他听过古德曼的演讲, 这个主意就来自古德曼. 魏尔斯特拉斯晚年仔细考虑了他在分析学中发展的那些方法的范围, 禁不住惊呼, "除了幂级数, 什么也没有!"

古德曼讲授椭圆函数(他用的是另一个名称, 但那无关紧要)课程的第一讲时, 只有 13 个人听. 因为深爱他的题目, 演讲人很快便离开地面, 实际上是独自在纯思想的太空中翱翔. 第二讲只来了一个听众, 古德曼很高兴. 这个唯一的学生就是魏尔斯特拉斯. 从此以后, 没有哪个鲁莽的第三者胆敢来亵渎这位演讲者与他唯一的弟子之间的神交. 古德曼和魏尔斯特拉斯都是天主教徒; 他们在一起相处得非常融洽.

魏尔斯特拉斯非常感激古德曼给予他的慷慨的关心, 他在成名之后, 抓住一切机会——越公开越好——表示他对于古德曼为他所做的一切的感谢. 他所受的恩惠并不是无足轻重的, 并不是每一个教授都能够给人以这样的启示——以函数的幂级数表示作为一个起始点, 这个启示鼓舞了魏尔斯特拉斯. 除了关于椭圆函数的演讲以外, 古德曼还给魏尔斯特拉斯个别讲授"解析球面"——不管那可能是什么.

1841 年, 魏尔斯特拉斯 26 岁时, 参加了教师证书考试. 考试分笔试和口试两部分. 笔试部分是允许他在 6 个月内就主考人合意的三个题目写出三篇论文. 第三个问题产生了一篇关于中等学校教学中使用苏格拉底问答法的优秀论文. 魏尔斯特拉斯遵循这个方法获得辉煌的成功, 他成为世界上培养高才生的第一流的数学教师.

一个教师——至少在高等数学方面——是由他的学生来判断的. 如果他的学生对他"非常清晰的讲课"很热心, 做了大量的笔记, 但是在取得高等学位以后, 他们本人从不做任何创造性的数学工作, 那么, 这位教师作为一个大学讲师是完全失败了; 他的适当的位置——如果说什么地方合适的话——是在中学里, 或者是在一所小小的学院里, 那里的目标是培养驯服的绅士, 而不是独立的思想家. 魏尔斯特拉斯的演讲是完美的典范. 但是如果它们仅仅是完美的讲解, 那么在教学法上是毫无价值的. 魏尔斯特拉斯给形式的完美增加了一种摸不着的东西, 叫作灵感. 他并不夸大数学的庄严崇高, 他从不夸夸其谈, 但是他不知怎么地, 在他多得不相称的一大部分学生中造就了富于创造力的数学家.

魏尔斯特拉斯参加的那次考试, 接受他在见习一年以后担任中学教师的职业, 那是记录在案的这类考试中最不寻常的之一. 他所呈交的论文中, 必定有一篇是教师考试中收到的最深奥的作品. 应报考者的请求, 古德曼给魏尔斯特拉斯出了一道真正的数学题: 找出椭圆函数的幂级数展开. 还不止这些, 但是提到的这部分也许是最有意思的.

古德曼关于这项工作的报告, 如果受到注意的话, 很可能改变魏尔斯特拉斯的人生道路, 尽管它本可以有用处, 却没有产生实际的印象. 古德曼在给官方的报告的附言中说, "这个问题, 一般说来, 对一个年轻的分析学者而言是过于困难了, 它是应报考者本

逼近论中的 Weierstrass 定理

人的请求,并经委员会同意才出的."在他笔试的论文被接受,口试取得成功的评语以后,魏尔斯特拉斯得到一张关于他对数学的独创性贡献的特别证书.古德曼在陈述了这位报考者所做的工作,并指出了他着手解决的问题的独创性和所得出的某些结论的新颖性之后,宣称这项工作显示了优秀的数学才能,"如果这个才能不被浪费掉,必然会对科学的发展做出贡献.为了作者的缘故,也为了科学的缘故,希望不要让他当中学教师,如条件许可,望其能在高等学府发挥作用……该报考者以此凭着与生俱来的权利,进入了著名发现者的行列."

这些评语,部分由古德曼在下面画线予以强调,在官方报告中却完全被勾掉了.魏尔斯特拉斯得到了他的证书,这就是一切.他 26 岁时开始了在中学教书的职业,这将吞没他一生中将近 15 年的时间,包括从 30 岁到 40 岁,这通常被认为是一个科学家一生中最富于创造力的 10 年.

他的工作过于繁重.只有具有钢铁般的决心和强健的体格的人,才能完成魏尔斯特拉斯所做的工作.晚上是他自己的,他过着双重生活,他并不是变成了一个迟钝的做苦工的人,远远不是.他也没有装出一副乡村学者的样子,陷入非凡人所能理解的神秘的沉思.他在晚年喜欢怀着平静的满意心情,详细讲述他怎样愚弄了所有的人;放荡的政府官员们和年轻的军官们,发现这个和气的中学教师是一个完完全全的好人,一个快活的酒肉朋友.

第6章 大师和学生——贝尔论

但是除了这些偶尔在一起夜间出游的酒友以外,魏尔斯特拉斯还有他的无忧无虑的同伴们所不知道的另一个朋友——阿贝尔,他常常同阿贝尔一起熬夜.他自己说阿贝尔的著作永远在他手边.当他成为世界上第一流的分析学家和欧洲最伟大的数学教师时,他对众多学生的第一个、也是最后一个忠告,就是"读阿贝尔!"对于这个伟大的挪威人,他怀着无限的钦佩,任何妒忌的阴影都不能使它暗淡."阿贝尔,这个幸运的家伙!"他会惊呼,"他做出了永恒、不朽的东西!他的思想将永远给我们的科学以使它丰饶的影响."

对魏尔斯特拉斯也同样可以这样说,他用以丰富数学的创造性的思想,绝大部分是他在凄凉的乡村里担任一名默默无闻的中学教师时构思出来的,那里得不到先进的书籍,当时他经济拮据,写一封信的邮资就要占掉这位教师每周微薄的工资的一大部分.由于付不起邮费,魏尔斯特拉斯不能进行科学通信.或许这对他倒是一件好事:他的独创性可以不受当时流行的思想的影响而自由发展,这样得来的独立的观点,成为他后期工作的特点.他在演讲中,总想从头开始按照他自己的特点去发展一切,几乎从不提到别人的工作.这有时使他的听众感到迷惑,不知道什么是这位大师的,什么是另一个人的.

谈谈魏尔斯特拉斯科学生涯中的一两个阶段,对学数学的读者会是有趣的.在明斯特的高级中学担任一年见习教师以后,魏尔斯特拉斯写了一篇关于分析

逼近论中的 Weierstrass 定理

函数的论文.他在这篇论文中,除了其他东西以外,独立地得出了柯西的积分理论——所谓的分析学基本定理.1842 年他听说了柯西的工作,但是没有提优先权的要求(事实上,高斯早在 1811 年就领先了他们两人,但是他一贯是把他的工作放在一边,等它成熟,而没有发表).1842 年,魏尔斯特拉斯 27 岁时,把他所发展的方法应用到微分方程组——例如,像在牛顿三体问题中发生的情形一样;论述是成熟的、有力的.他做这些工作,没有想到发表,仅仅是为他毕生的事业(论阿贝尔函数)打基础.

1842 年,魏尔斯特拉斯是西普鲁士的德意志克罗内的高级中学的数学和物理助理教师.不久他就升任为受尊敬的普通教师.除了提到的学科以外,这位欧洲第一流的分析学家还给他管辖下的孩子们教授德语、地理和书法,1845 年又增加了体操.

1848 年,33 岁时,魏尔斯特拉斯被转到布劳恩斯贝格的高级中学任普通教师.这算是晋升,但升得不多.这所学校的校长是一个杰出的人,他尽一切力量使事情合乎魏尔斯特拉斯的心意,尽管他对于这位同事的卓越才智只有一点模糊的概念.这所学校以有一所小小的图书馆,拥有关于数学和科学方面的经过仔细挑选的书籍而自豪.

正是在这一年,魏尔斯特拉斯有几个星期离开了他那引人入胜的数学,沉溺在一场小小的有趣的恶作剧中.当时政治上出了点乱子;自由的病毒已经侵袭了患病的德意志人民,至少有一些勇敢分子已踏上了

第6章 大师和学生——贝尔论

争取民主的征途.掌权的保皇派对一切不是充分赞扬他们政权的言论和出版物,采取了严格的检查.报纸上开始出现即兴的自由颂歌.当局自然不能容忍对法律和秩序的这种破坏,当布劳恩斯贝格突然间迸发出一大批民主诗人,在当时还未受到检查的地方报纸上高唱自由的颂歌时,惊慌失措的政府急急忙忙地任命了一位地方官员担任检查员,然后就高枕无忧,认为会万事大吉了.

不幸的是,新任命的检查员对一切形式的文学,特别是诗歌,抱着强烈的反感.他简直就无法阅读这些东西.他把自己的监督局限于用蓝色铅笔删改单调乏味的政治性文章,而把所有的文学作品都交给中学教师魏尔斯特拉斯去审查.魏尔斯特拉斯很高兴,他知道这位官方检查员对任何诗歌都决不会看上一眼,他一定要让最富煽动性的诗歌,就在检查员的面前完全正当地印出来.事情就这样有趣地进行下去,群众都十分高兴,直到一位高级官员介入进来,才结束了这场闹剧.因为官方检查员应对这次冒犯行为负责,魏尔斯特拉斯未受惩罚.

德意志克罗内这个无名的小村,有幸成为魏尔斯特拉斯在1842~1843年首次出版著作的地方.德国的中学不定期地出版"教学计划",其中也包括教职员的文章.魏尔斯特拉斯投了一篇《论分析阶乘》的文章.不需要解释这是些什么;这里值得注意的一点是,阶乘是曾经使得老分析学家们头痛得一筹莫展的课题,在魏尔斯特拉斯开始着手解决与阶乘有联系的一些

逼近论中的 Weierstrass 定理

问题之前,人们一直没有抓住这个问题的要点.

我们记得克列尔写了大量关于阶乘的文章,我们也知道当阿贝尔有点鲁莽地告诉他说,他的工作中包含着严重的失误时,他是多么感兴趣. 克列尔现在再次登场了,而且是抱着他对阿贝尔所展示的同样良好的精神.

魏尔斯特拉斯的著作,直到1856年,他写成14年之后才发表,克列尔把它刊登在他的《杂志》上. 魏尔斯特拉斯这时已经成名. 克列尔承认,魏尔斯特拉斯有力的论述清楚地揭露了他自己的工作中的错误. 他接着说了下面的话:"我在自己的工作中,从来没有带进个人的观点,我也没有沽名钓誉,只是尽我所能地促进真理的发展;不论是谁更接近于真理——不论是我还是其他的人,对我都一样,只要能更接近真理就行了." 关于克列尔,绝没有什么神经过敏. 关于魏尔斯特拉斯,也没有什么神经过敏.

德意志克罗内这个小小的村落,不管它在政治上和商业上是否重要,它在数学史上像一个王国的首都那样突出,因为正是在这里,魏尔斯特拉斯,连一个勉强可用的图书馆也没有,也没有任何科学上的联系,为他一生中最重要的工作——"完成阿贝尔的和源出阿贝尔定理的雅可比的毕生事业,以及雅可比对多变量的多周期函数的发现"——奠定了基础.

他注意到阿贝尔在他年轻力壮的时候就夭折了,没有机会去查明他的惊人发现的重大意义,而雅可比没有能清楚地看出,应该在阿贝尔定理中找出他自己

第6章 大师和学生——贝尔论

的工作的真正意义."这些成果的巩固和发展——真正展示其功能,找出它们特性的任务——是数学的主要问题之一."因此魏尔斯特拉斯宣称,一旦他深刻地了解了这个问题,并发展出必要的工具,他就将全力以赴从事这个问题.后来他谈到他进展得多么缓慢:"创造出方法和其他困难的问题占据了我的时间.因而几年过去了,找还没有能掌握主要的问题本身,因为不利的环境妨碍了我."

可以把魏尔斯特拉斯在分析方面的全部工作,看作是对他的主要问题的重大开始.孤立的结果,特殊的发展,甚至范围广泛的理论——比如由他发展的无理数的理论——全都在某一方面源出于这个中心问题.他早就确信,为了清楚地理解他想要做的是什么,必须对数学分析的基本观念进行彻底的修正;从这个信念出发,他又进到另一个信念,在今天看来也许比该中心问题本身更有意义:分析必须建立在普通整数 $1,2,3,\cdots\cdots$ 上.无理数给我们极限和连续的概念,从中产生分析,对无理数必须通过不可违反的推理回溯到整数去;似是而非的证明必须抛弃或重做,空白必须补上,模糊的"自明之理"必须拿出来经受严格的质询,直到一切都理解了,一切都按照整数用能够理解的语言陈述清楚了为止.这在某种意义上是毕达哥拉斯的理想:把全部数学建立在整数的基础上,但是魏尔斯特拉斯给了这个计划以建设性的、明确的定义,使它能够解决问题.

这样就产生了19世纪以分析的算术化著称的运

逼近论中的 Weierstrass 定理

动,它和克罗内克的算术方法完全不同,我们将在后面一章简略提到它;事实上这两种方法是互相对抗的.

这里可以顺便指出,魏尔斯特拉斯对他毕生事业的计划,以及他卓越地完成的、他年轻时给自己确定的工作,这一切都很好地说明了克莱因(Klein)有一次给予一个学生的忠告的价值.这个学生困惑地问他,什么是数学发现的秘密."你必须有一个问题,"克莱因答道,"选择一个明确的目标,一直朝它奔去.你可能永远达不到你的目的,但是你在前进途中会找到一些有兴趣的东西."

魏尔斯特拉斯从德意志克罗内迁到布劳恩斯贝格,从 1848 年开始,在那里的皇家天主教高级中学执教 6 年.该校 1848~1849 年的"教学计划"中有一篇魏尔斯特拉斯的文章,这篇文章必定使当地人大吃一惊:《献给阿贝尔积分的理论》.如果这篇著作会偶然落入德意志任何一个专业数学家的手里,魏尔斯特拉斯就会一举成功了.但是,正像他的传记作者瑞典人米塔-列夫勒冷冰冰地说的,人们不会在中学的"教学计划"中,去找关于纯数学的划时代的论文.魏尔斯特拉斯也很可能把他的文章拿来点烟斗了.

他的下一次努力比较顺利. 1853 年(魏尔斯特拉斯这时 38 岁)的暑假是在韦斯特科滕他父亲家里度过的.魏尔斯特拉斯利用这个假期写了一篇关于阿贝尔函数的论文.完成以后,他送给了克列尔的伟大的《杂志》.论文被采用了,刊登在第 47 卷上(1854).

这可能就是那篇魏尔斯特拉斯在布劳恩斯贝格

第6章 大师和学生——贝尔论

担任中学教师的经历中,引起一次有趣的事件的文章. 一天清晨,校长被魏尔斯特拉斯应该上课的那间教室里发出的可怕的喧闹惊动了. 他查看了一下,发现魏尔斯特拉斯不在那里. 他急忙赶往魏尔斯特拉斯的住处,敲门,应声走进去. 魏尔斯特拉斯正坐在微弱的灯光下沉思,房间里的窗帘还没有拉开. 他工作了一个通宵,没有注意到黎明的到来. 校长提醒他,已经是大白天了,并把教室里喧闹的情况告诉了他. 魏尔斯特拉斯回答说,他正找到一项重要发现的线索,这项发现将在科学界引起极大的兴趣,他无论如何不能中断他的工作.

关于阿贝尔函数的这篇论文,1854年发表在克列尔的《杂志》上,引起了轰动. 这是一篇出自一个无名的乡村里一位默默无闻的中学教师手笔的杰作,在柏林没有人听说过他. 这件事本身就够令人惊讶了. 但是使得那些能够欣赏这篇著作的重要性的人更惊奇的是,这位孤独的工作者没有不时发表初步的公告,宣告他的进展情况,而是以令人钦佩的克制,把一切都暂时保留着,直到这项工作完满了才发表,这几乎是件没有先例的事.

大约10年以后,魏尔斯特拉斯在给一位朋友写信时,对他在科学上的含蓄提出了他谦逊的看法:"……即使我在村社的容克[①]、律师和年轻军官圈子中的朋

---

① 容克,德文 junker 的音译. 源于 jungherr,意为"地主之子"或"小主人",泛指普鲁士的贵族地主阶级. ——译者

逼近论中的 Weierstrass 定理

友们,认为我是一个热诚而令人感到亲切的人,如果没有使我成为一个遁世者的艰苦的工作,那些年(作为一名中学教师)的无限空虚和烦闷也是会使人无法忍受的……眼前没有什么值得提的,我也不习惯于谈论将来."

公认是即时的. 在柯尼斯堡大学,雅可比曾经做出他的伟大发现,现在魏尔斯特拉斯以一篇更优秀的杰作,进入了同一个领域;该校数学教授里什洛(Richelot)本人是雅可比在多周期函数理论方面的一个值得尊敬的后继者. 他以专业的眼光立刻看出了魏尔斯特拉斯做出的是什么. 他即刻说服柯尼斯堡大学授予魏尔斯特拉斯名誉博士学位,而且亲自前往布劳恩斯贝格送交学位证书.

在高级中学校长为魏尔斯特拉斯举行的庆祝宴会上,里什洛宣称:"我们大家都在魏尔斯特拉斯先生身上找到了我们的老师."教育部当即提升他,并给他一年的假期去从事他的科学研究工作. 当时克列尔的《杂志》的编辑博尔夏特(Borchardt),匆忙赶到布劳恩斯贝格,去祝贺这位全世界最伟大的分析学家,从而开始了他们之间的亲切友谊,这种友谊一直保持到四分之一世纪后博尔夏特去世为止.

这一切都没有放在魏尔斯特拉斯心上. 虽然对于那么迅速地给予他的一切慷慨的重视,使他深受感动,并深深地感激,他禁不住对他过去的生涯投以一瞥. 许多年以后,想到那个重大时刻的幸福,以及在他40岁时,那个重大时刻为他启开的前景,他悲哀地说:

第6章 大师和学生——贝尔论

"生活中一切都来得太迟了."

魏尔斯特拉斯没有回布劳恩斯贝格.一时还没有可以给他的、真正适当的位置.德国第一流的数学家们尽了他们所能做的一切,渡过了这个紧急关头,使魏尔斯特拉斯被任命为柏林皇家综合工科学校的数学教授.这项任命的日期是从1856年7月1日开始;同年秋,他成为柏林大学的助理教授(除了另一个职务以外),并被选入柏林科学院.

新的工作环境的激励和讲课太多带来的紧张,不久就导致了精神崩溃.魏尔斯特拉斯在他的研究工作方面也干得过于劳累.1859年夏天,他不得不放弃他的课程去休息治疗.秋季他回校,继续工作,健康明显地恢复了.但是第二年3月突然发生一阵阵的头晕,他在一次讲课中倒下了.

他在以后的岁月里,常常为这同样的疾病所困扰,在恢复工作——担任工作大大减轻了的专职教授——以后,他从不让自己去亲自把公式写在黑板上.他的习惯是坐在可以看见全班学生和黑板的地方,把需要写的东西口授给从班里选出的学生代表.这位大师的"代言人"中,有一个人产生了一种冒失的倾向,试图把叫他写的东西改得更好些.这时魏尔斯特拉斯就会走上前去,把这位业余活动者的努力擦掉,让他按照吩咐的去写.有时这位教授与固执的学生之间的战斗会进行几个回合,但是最后总是魏尔斯特拉斯胜利.他以前就见过小孩子们行为不当的现象.

随着他的工作声望传遍欧洲(后来传到美洲),魏

逼近论中的 Weierstrass 定理

尔斯特拉斯所教的班开始庞大得难于控制了,他有时感到惋惜,他的听众的质量远远落后于他们迅速增长的数量.然而他在自己周围聚集了一群极其能干的青年数学家,他们对他绝对忠诚,做了许多工作去宣传他的思想.由于魏尔斯特拉斯对于发表他的著作一向不积极,如果不是他的弟子们主动传播他的演讲,他对 19 世纪数学思想的影响就会大大地受到阻碍了.

魏尔斯特拉斯一向很容易被他的学生们理解,也真诚地关心他们,不论是数学方面的还是人性方面的问题,他都很关心.他身上丝毫没有"大人物"的矜持,他很高兴同愿意和他在一起的学生一起步行回家(这样的学生很多),就像与他最著名的同事在一起一样,也许当这位同事碰巧是克罗内克时,他就更加高兴.他最快乐的不过是和几个忠实的弟子一起,坐在桌旁喝上一杯,这时他自己又变成了一个兴高采烈的学生,而且坚持要为大家会钞.

有一件轶事(关于米塔-列夫勒的),可以使人联想到,20 世纪的欧洲已经部分丧失了它在 19 世纪 70 年代曾经有过的东西.普法战争(1870~1871)使法国对德国相当怀恨.但是这并没有使数学家们的思想模糊不清,他们在对待彼此的成就上是不分国籍的.这种情况同样适用于拿破仑战争和法英两国数学家的相互尊重.1873 年米塔-列夫勒从斯德哥尔摩来到巴黎,满腔热情地准备在埃尔米特(Hermite)门下学习分析学."你错了,先生,"埃尔米特告诉他,"你应该在柏林听魏尔斯特拉斯的讲座.他是我们大家的老师."

第 6 章 大师和学生——贝尔论

米塔-列夫勒听从了这位气量大度的法国人的正确忠告,不久之后就做出了他自己的重大发现,这项发现在今天所有关于函数论的书籍中都能找到. 米塔-列夫勒说:"埃尔米特是一个法国人和一位爱国者,同时我也知道了他在何等程度上还是一个数学家."

魏尔斯特拉斯在柏林担任数学教授的年代(1864~1897),这位世界公认为第一流的分析学家的生涯中,充满了科学和人性方面的饶有兴味的事情. 这些趣事的一个方面,对于魏尔斯特拉斯的纯科学的传记来说,不是一笔带过所能满足的. 这就是他和他心爱的学生索尼娅(或索菲)·柯瓦列夫斯卡娅的友谊.

柯瓦列夫斯卡娅夫人婚前的名字是索尼娅·科尔温-克鲁科夫斯基(Sonja Corvin - Kroukowsky);她1850年1月15日生于俄国的莫斯科;在魏尔斯特拉斯去世前6年,于1891年2月10日死于瑞典的斯德哥尔摩.

索尼娅15岁开始研究数学. 到18岁时,她取得极快的进展,可以进行高级的工作,并且醉心于这门学科. 由于她出身于富裕的贵族家庭,她出国学习的抱负得以满足,被海德堡大学录取.

这位天资很高的姑娘,不仅成为近代第一流的女数学家,而且也作为一名妇女解放运动的领袖而闻名,特别是在打破长期以来认为她们没有能力进入高等教育领域的偏见方面,博得了声誉.

除了这些以外,她还是一位颇有才气的作家. 当

逼近论中的 Weierstrass 定理

她还是一个年轻姑娘的时候,她在从事数学与从事文学之间长时期犹豫不决. 在她写出她最重要的数学著作(后来以获奖论文著名)以后,她转而以文学作为消遣,以小说的形式写她在俄国的童年生活的回忆(最初以瑞典文和丹麦文出版). 关于这部作品, 据说"俄国和斯堪的纳维亚的文学评论家一致宣称,柯瓦列夫斯卡娅在风格和思想方面,堪与俄国文学中最优秀的作家媲美". 不幸这一很有前途的开端,因她的早逝中断了. 她的其他文学作品只有一些片断保留下来. 她唯一的一部小说被译成了许多种文字.

魏尔斯特拉斯虽然终身未婚,他并不是一个一看见漂亮女人就吓得逃之夭夭的单身汉. 索尼娅,按照认识她的、有资格做出评价的人的意见,是极其美貌的. 我们必须首先告诉读者她与魏尔斯特拉斯是怎样认识的.

魏尔斯特拉斯一向以完全富于人情味的方式度过他的暑假. 1870 年, 普法战争使他放弃了通常的暑期旅行, 他留在柏林, 讲授椭圆函数. 由于战争的缘故, 在他班上听课的学生由两年前的 50 人减少到 20 人. 索尼娅当时是一位光彩夺目的 19 岁的年轻女子, 从 1869 年秋季起, 她就在海德堡大学师从莱奥·柯尼希斯贝格尔(Leo Königsberger, 生于 1837 年)学习椭圆函数, 她在那里还听基尔霍夫(Kirchhoff)和亥姆霍兹的物理学讲座, 并在相当有趣的情况下认识了著名化学家本生(Bunsen)(后面再叙述). 柯尼希斯贝格尔是魏尔斯特拉斯最早的一个学生, 是他老师的第一流的

第 6 章 大师和学生——贝尔论

宣传员. 索尼娅被她的老师的热情打动, 决定直接去找这位大师本人, 以求得到灵感和启迪.

在 19 世纪 70 年代, 未婚女大学生的情况是有些特殊的. 为了防止流言蜚语, 索尼娅在 18 岁时就缔结了婚约, 名义上算是结了婚, 她离开了在俄国的丈夫, 启程去了德国. 在她与魏尔斯特拉斯的交往中, 她欠考虑的是没有在一开始就告诉魏尔斯特拉斯她是结了婚的.

既已决定向这位大师本人学习, 索尼娅便敢作敢为地去柏林拜访魏尔斯特拉斯. 她 20 岁, 非常热情, 非常诚挚而又非常坚决; 魏尔斯特拉斯 55 岁, 对于古德曼收他为学生, 在他成为一个数学家的道路上给予他的鼓舞, 他是十分感激的, 也满怀同情地理解年轻人的抱负. 索尼娅为了掩饰她的惊慌, 戴了一顶松软的大帽子, "因而魏尔斯特拉斯完全看不见她那双惊人的眼睛, 要是她愿意, 那富于表情的眼神是谁也不能抗拒的. "

大约两三年以后, 魏尔斯特拉斯在访问海德堡时, 从本生——一个刻薄乖张的老光棍——那里听说索尼娅是"一个危险的女人". 魏尔斯特拉斯对他的朋友的恐惧感到非常有趣, 因为本生当时还不知道, 索尼娅经常得到他的私人授课已经有两年多了.

可怜的本生是根据他痛苦的个人经历对索尼娅做出评价的. 他曾多年声明决不允许任何妇女, 特别是俄国妇女, 亵渎他实验室的男性尊严. 索尼娅的一个俄国女朋友渴望在本生的实验室里研究化学, 她本

逼近论中的 Weierstrass 定理

人被赶出来了,就劝说索尼娅在这个顽固的化学家身上试试她的说服力. 索尼娅把她的帽子留在家里, 前往会晤本生. 他确实被她迷住了, 同意接受她的朋友在他实验室里当学生. 等她离去以后, 他才醒悟过来, 明白了她对他做了些什么. 他对魏尔斯特拉斯悲叹道, "就这样, 那个女人使我自食其言了."

　　索尼娅第一次拜访时的明显的热情, 给魏尔斯特拉斯留下了良好的印象. 于是他写信给柯尼希斯贝格尔, 询问她的数学才能. 他还问到"这位小姐的品格是否能提供必要的担保". 在收到热情的答复以后, 魏尔斯特拉斯就试着请求大学评议会允许索尼娅听他的数学讲座. 请求被粗暴地拒绝了, 他便利用业余时间亲自照顾她. 每个星期日下午在他的住处给索尼娅讲课, 每星期魏尔斯特拉斯去回访她一次. 最初几次课以后, 索尼娅就脱下了她的帽子. 授课从 1870 年秋季开始, 一直持续到 1874 年秋季, 只是由于假期或生病才稍微中断一下. 当这两位朋友由于某种原因不能见面时, 他们就通信. 1891 年索尼娅去世后, 魏尔斯特拉斯把她写给他的信全部烧毁, 一起烧毁的还有他的许多其他信件和也许不止一篇数学论文.

　　魏尔斯特拉斯和他可爱的年轻朋友之间的通讯, 是极富于人情味的. 即使大部分通信是关于数学方面的也仍然如此. 毫无疑问, 大部分通信在科学上具有很大的重要性, 但不幸的是, 索尼娅在对待文件方面是个毫无条理的女人, 她留下的东西绝大部分是支离破碎或者杂乱无章的.

116

第6章 大师和学生——贝尔论

魏尔斯特拉斯本人在这方面也不是一个完人.他不做记录而把他尚未发表的手稿随便借给学生们,而他们并非每次都归还他们借去的东西.有些人甚至肆无忌惮地改写他们老师的部分著作,把它损坏了,然后把结果当作他们自己的东西发表.虽然魏尔斯特拉斯在写给索尼娅的信中,抱怨这种令人不能容忍的做法,但他懊恼的不是对他的思想的卑劣剽窃,而是他的想法在无能之辈的手上被粗制滥造,结果是给数学造成损害.索尼娅当然绝不会干出这种事来,但是在另一方面,她也不是完全没有过错.魏尔斯特拉斯把他非常重视的一篇尚未发表的著作寄给了索尼娅,从此以后就再也没有看见它了.显然是她弄丢了,因为每当他提起这件事时,她就小心地避而不谈——从他的信上判断.

为了弥补这个过失,索尼娅竭力让魏尔斯特拉斯对于他没有发表的其余著作稍微谨慎一些.他习惯于在经常性的外出旅行时,随身带一个白色的大木箱,里面放着他的全部工作笔记,和他尚未完成的论文的各式各样的文稿.他的习惯是把一个理论反复修改很多遍,一直到找出发展它的最好的"自然"方式为止.结果他的著作出版得很慢,只有在他从一个前后一致的观点,彻底研究透了一个题目时,他才署上自己的名字,发表一篇著作.据说他的几篇粗略地写出的计划就放在这个神秘的箱子里.1880年,魏尔斯特拉斯在一次度假旅行中,这个箱子在行李中丢失了.从此以后再没有听见它的消息.

逼近论中的 Weierstrass 定理

1874 年索尼娅缺席获得哥廷根大学授予的学位以后,回俄国休息,因为兴奋和工作过度,她筋疲力尽了.她的名声先期而至,她的"休息"就是一头扎进了圣彼得堡繁忙的社交季节狂热的轻浮活动之中,而魏尔斯特拉斯则回到柏林,在整个欧洲到处活动,想方设法要为他心爱的学生谋到一个与她的才能相称的位置.他白费力气的努力,使他厌恶正统学术思想的狭隘.

1875 年 10 月,魏尔斯特拉斯从索尼娅那里得到她父亲去世的消息,她显然没有答复他的亲切吊唁,将近 3 年的时间,她完全从他的生活中消失了.1878 年 8 月,他写信询问她是否曾经收到他很久以前写给她的一封信,日期他已忘记了."你没有收到我的信吗?或者有什么东西能够阻止你,像你惯常做的那样,自由地向我,你常常称为你最好的朋友,吐露你的秘密?这是一个谜,只有你能把谜底告诉我……"

在同一封信中,魏尔斯特拉斯相当可怜地请求她,否认说她放弃了数学的谣言:一位俄国数学家切比雪夫去拜访过魏尔斯特拉斯,但他外出了,不过这位数学家告诉了博尔夏特,索尼娅已经"去交际"了,因为事实上她确实如此,魏尔斯特拉斯在这封信的结尾写道,"把你的信寄到柏林的老地址,它一定会转给我."

男人对男人的忘恩负义,是一个人们很熟悉的话题,当索尼娅想这样做时,她证明了一个女人在这方面所能做到的.她整整两年没有答复她老朋友的信,

第6章 大师和学生——贝尔论

尽管她知道他不愉快,而且健康状况不佳.

当回信来到时,却是一件相当令人失望的事.索尼娅的性欲胜过了她的抱负,她和她的丈夫一直生活得很幸福.这时她的不幸就是成为一伙浅薄的艺术家.记者和半瓶子醋的文人奉承和愚蠢地故作惊奇的中心,他们对她无比的天才喋喋不休.肤浅的吹捧使她兴奋、激动.如果她同那些与她相当的知识分子经常交往,她原可以仍然过着正常的生活,保持她的热诚,她将不至于如她的所作所为那样,卑鄙地对待这个塑造了她的思想的人.

1878年10月,索尼娅的女儿"福菲"(Foufie)诞生了.

福菲出世后,她不得不安静下来,这再次唤起了这位母亲对数学的潜在的兴趣,她给魏尔斯特拉斯写信,要求给予技术上的忠告.他回信说,在提出意见之前,他必须查找有关的文献.虽然她曾经怠慢了他,他仍然准备给予她慷慨的鼓励.她唯一遗憾(1880年10月的一封信中)的是,她长时间的沉默剥夺了他帮助她的机会."但是我不喜欢过多地谈论往事——所以让我们展望未来."

物质方面的磨难唤起索尼娅认识了真理.她是一个天生的数学家,再不能离开数学,犹如鱼离不开水.所以1880年10月(她当时30岁)她再次写信请求魏尔斯特拉斯给她以忠告.不等他的答复,她就打点行装,离开莫斯科前往柏林.如果她收到了他的回信.可能会使她留在她所在的地方.然而,当心烦意乱的索尼娅出其不意地到达时,他花了一整天的时间,为她仔细检查了她的种种困难.他一定对她作了坦率的谈话;因为当她3个月后回到莫斯科时,她那样狂热地投身于她的数学,以致她那些放荡的朋友们和愚蠢的谄媚者,再也认不出她了.在魏尔斯特拉斯的建议下,她着手解决光在某种结晶介质中的传播问题.

1882年的通信有两个新的方面,一个是关于数学兴趣的.另一个是魏尔斯特拉斯坦率的意见,认为索尼娅和她的丈夫对彼此都不适合,特别是她的丈夫不能真正重视她才智上的成就.数学方面涉及庞加莱,他当时正处于事业上的开始阶段.魏尔斯特拉斯以他识别年轻天才的可靠本能,欢呼庞加莱是一个有前途的人,希望他戒除过分迅速地发表著作的癖好,让他的研究成熟,不要把它们分散在太宽的领域.谈到庞加莱如潮水般涌来的论文,他说:"每星期发表一篇真正有成就的文章——那是不可能的."

索尼娅的家庭难题,不久就由于她丈夫在1883年3月突然去世而自行解决了.当时她在巴黎,她丈夫在莫斯科.这个打击压倒了她.整整4天,她把自己独自关在房间里,拒绝饮食,第五天丧失了意识,第六天恢复了,要纸和笔,在纸上写满了数学公式.到秋天,她恢复原态,在敖德萨参加了一次科学大会.

由于米塔-列夫勒的努力,柯瓦列夫斯基夫人终于得到一个可以充分发挥自己才干的职位;1884年秋,她在斯德哥尔摩大学讲课,她将在那里被任命(1889)为终身教授.稍后不久,当意大利数学家沃尔

第6章 大师和学生——贝尔论

泰拉指出,她关于光在结晶介质中的折射这项工作中的一处严重错误时,她遭到一次令人相当难堪的挫折.魏尔斯特拉斯没有看出这一失误,他当时被公务淹没了,除了这些公务以外,他"只有吃、喝、睡觉的时间……总之,"他说,"我是医生们所说的脑子疲乏."他这时快70岁了,但是随着躯体疾病的增加,他的智力仍然像以往一样强健敏捷.

这位大师的70岁诞辰,成为一个向他公开表示敬意的日子,他的弟子和从前的学生从整个欧洲前来聚会.在这以后,他公开的讲演越来越少,有10年的时间在他自己家里接待少数学生.当他们看见他疲倦了,就避开数学而谈些别的东西,或者热心地听这位爱和人做伴的老人,回忆他学生时代的恶作剧,和他与科学界的朋友们隔绝的那些可怕的岁月.他80岁诞辰时,举行了比他的70岁诞辰更加令人难忘的庆祝,他在一定程度上成了德国人民的民族英雄.

魏尔斯特拉斯在他垂暮之年所经历的一次最大的快乐,就是他心爱的学生终于博得了公认.1888年圣诞节前夕,索尼娅由于她的论文《论一个固体绕一个定点旋转》而获得法兰西科学院的博尔丹奖.

按照这种大奖赛的规定,论文是不记名提交的(作者的名字放在一个密封的信封里,信封外面印有同印在论文上的相同的警句,只有当参加比赛的著作获奖时,才能把信封启开),所以心怀妒忌的对手们没有借口去暗示有什么不正当的影响.评委们认为这篇论文具有特殊的成就,他们把奖金从原来宣布的3 000

法郎提高到 5 000 法郎. 但是,金钱的价值只是这项大奖的最不足道的部分.

魏尔斯特拉斯欣喜若狂. 他写道:"我不需要告诉你,你的成就使我自己和我的妹妹们(也是你在这里的朋友)多么高兴. 我尤其感受到一种真正的满足;有资格的评委们现在已经做出了他们的裁决,那就是我'忠实的学生',我所'钟爱'的人,确实不是一个'轻佻的骗子'."

我们可以在这两个朋友胜利的时刻离开他们. 两年以后(1891 年 2 月 10 日),索尼娅 41 岁时,感染了当时盛行的流行性感冒,不久后便在斯德哥尔摩去世. 魏尔斯特拉斯在她死后又活了 6 年,于 1897 年 2 月 19 日,在长期患病又染上了流行性感冒之后,在他柏林的家中平静地去世,终年 82 岁. 他最后的愿望是神父不要在他的葬礼上说什么赞扬他的话,葬礼仪式只限于通常的祈祷.

索尼娅葬在斯德哥尔摩,魏尔斯特拉斯和他的两个妹妹葬在柏林的一个天主教墓地. 索尼娅也信仰天主教,属于希腊教会.

我们现在就魏尔斯特拉斯据以奠定他在分析学中的工作的两个基本概念给以提示. 详细或精确地说明,在这里是不可能的,但是可以在任何一本全面论述函数论的书的前几章中找到.

一个幂级数是形式为

$$a_0 + a_1 z + a_2 z^2 + \cdots + a_n z^n + \cdots$$

的表达式,其中系数 $a_0, a_1, a_2, \cdots a_n, \cdots$ 是常数,z 是一

个变量,所涉及的数可以是实数或复数.

级数的前 $1,2,3,\cdots$ 项的和,即 $a_0, a_0+a_1z, a_0+a_1z+a_2z^2\cdots$ 称为部分和.如果对于 z 的某个特殊值,这些部分和给出了一个收敛到某个确定极限的数列,那么就说该幂级数对于这一 z 值收敛到同一极限.

使幂级数收敛到某个极限的一切 z 值,构成了该级数的收敛域;对于在收敛域中的变量 z 的任何值,级数收敛;对 z 的其他值,级数发散.

如果级数对某个 z 值收敛,那么只要取充分大项数,就可以对该 z 值计算级数之值而达到任何所需的近似程度.

现在,在大多数对科学有用的数学问题中,人们指出"答案"是一个微分方程(或这样的方程组)的级数解,而这个解很少能由被制成表的数学函数(例如对数函数、三角函数、椭圆函数等)的有限表达式得到.那么,在这样的问题中就必须做两件事:证明级数收敛;如果它收敛的话,计算它的数值直到所要求的精度.

如果级数不收敛,它通常是个信号,说明问题要么是陈述不正确,要么是解错了.纯数学中出现的大量函数都用同样的方式处理,不管它们是否可能有科学应用,某种收敛的一般理论最终已被详细阐明,以适用于所有这一切的广阔范围,以至于对某个特定级数的单独检验,往往只需参阅业已完成的更为广泛的研究.

最后,所有这些(纯粹的和应用的两方面)被扩展到代替上面的单变量 z 的 $2,3,4,\cdots$ 个变量的幂级数;例如,两个变量

逼近论中的 Weierstrass 定理

$$a + b_0 z + b_1 w + c_0 z^2 + c_1 zw + c_2 w^2 + \cdots$$

可以说,要是没有幂级数理论,大多数我们所知的数理物理学(包括大部分天文学和天体物理学)就不会存在了.

与极限、连续和收敛的概念一起产生的种种困难,促使魏尔斯特拉斯去创造他的无理数理论.

假定我们像在学校做的那样求 2 的平方根,计算到很多位小数. 我们得到数字序列 1,1.4,1.41, 1.412,$\cdots$,作为对所求平方根的逐渐逼近. 根据通常的规则,按照明确的步骤继续下去,只要下足够的功夫,如果必要的话,我们能够给出构成的这个逼近序列的头一千个,或头一百万个有理数 1,1.4,$\cdots$. 检验这个序列,我们发现,当进行得足够远时,我们就完全决定了一个有理数,包含着我们想要多少位就有多少(比如说 1 000)位的小数,而且这个有理数与该序列中后续出现的任何有理数都不同,比如相差 0.000$\cdots$000$\cdots$, 其中在一个数字(1,2,$\cdots$,9)出现以前,要出现相当大量的 0.

这说明了数的收敛序列意味着什么:构成序列的有理数 1,1.4$\cdots$给我们提供了我们称为 2 的平方根的那个无理数得越来越逼近的近似值,我们设想这个无理数是由该收敛的有理数序列定义的,这个定义的意义在于:以有限步数计算该序列的任何特殊成员的方法已被指明(通常的学校中的方法).

虽然不可能实际展示出整个序列,因为它不会在任何有限项处终止,然而我们把构造该序列的任何成

第6章 大师和学生——贝尔论

员的过程,视为将整个序列当作我们能够讨论的单个确定的对象的十分清楚的概念.这样做,在数学分析中我们就有了一个使用2的平方根,以及类似地使用任何无理数的可操作的方法.

正如已经指出的那样,不可能在本书这样的叙述中把这个问题说得很精确,但即使很小心的陈述,也可能揭露出在上述说明中极为明显可见的逻辑缺陷——促使克罗内克和其他人攻击魏尔斯特拉斯的无理数的"序列"定义的那些缺陷.

然而,不管是对还是错,魏尔斯特拉斯和他的学派使这个理论有了作用,还没有哪一个神经正常的、有资格的评判者,怀疑过他们所得到的那些最有用的结果,至少没有怀疑这些结果对于数学分析及其应用的伟大效用.这并不意味着那些障碍没有被认真对待:它只是唤起对这样一些事实的注意,在数学上,就像在其他一切事情上一样,不能把这个世界与天国混同起来,完美是一种幻想,用克列尔的话说,我们只能希望越来越逼近数学真理,——不管它可能是什么,如果可能的话——恰如魏尔斯特拉斯用收敛的有理数序列定义无理数的理论一样.

说到底,数学家同我们其余的人一样都是人,为什么他们就总是如此学究式地精确和如此不近人情地完美呢?正如魏尔斯特拉斯所说,"确实,一个没有几分诗人气质的数学家,永远不会成为一个完美的数学家."答案就是:就诗一般完美这一事实而言,一个完美的数学家将会是某种数学上的不可能性.

胡作玄论魏尔斯特拉斯和他的解析函数论

第 7 章

§1 魏尔斯特拉斯小传

魏尔斯特拉斯,1815 年 10 月 31 日出生在德国威斯特发里亚州奥斯顿费尔特,家庭世代是小手工业者及小商贩.他的父亲受过一些教育,在财税机关做小职员.童年时他经常随父亲的工作调动而迁徙,小学也总在换,直到 1829 年才到帕得普恩上天主教中学.他在中学时表现不错,得过许多奖励.不过,他不像其他数学家那样有音乐才能,对戏剧、绘画和雕塑也没有兴趣,他对艺术的兴趣大概只局限于抒情诗.由于母亲去世,父亲再娶,他不得不干些零活贴补家用.他曾经做过书店售货员,在十几岁时就喜欢看当时最高级的数学杂志《纯粹数学与应用数学》,而且常给他的弟弟讲数学.

第7章　胡作玄论魏尔斯特拉斯和他的解析函数论

　　1834年中学毕业之后,魏尔斯特拉斯按照他父亲的意愿,进入波恩大学学习财政及行政管理,但是他的主要兴趣仍在数学方面.由于他无法克服兼顾两方面的矛盾,因此他逐步不去听课而自修数学.他读的第一本专著是拉普拉斯的《天体力学》,而且受到教授的亲自指点,不过他所学的数学都是老式的.

　　正好在这时,他看到发表在《克莱尔杂志》(1830)上的阿贝尔给勒让德的信,于是他给自己提出一个问题,这个问题很快就得到了解决,这使他产生信心,决心献身数学.这时他已经读过雅可比的《椭圆函数论新基础》(1829)和古德曼的讲稿,在椭圆函数论方面,他已经到达前沿阵地.

　　魏尔斯特拉斯在学了8个学期后决定改行,这使他的父亲很失望.在一位朋友的劝说下,他的父亲把他送到明斯特神学哲学院,以便取得教师资格.在这里,他是唯一听过古德曼的椭圆函数课的学生.1841年,他通过了考试,到明斯特中学做教师,试用一年.1842~1848年他到西普鲁士德意志克朗中学教书,1848~1855年到东普鲁士布劳恩斯堡的天主教中学教书.他除了教数学和物理之外,还要教德语、植物学、地理学、历史、体育甚至书法,在这些岁月里,他没有人可以交谈数学,没有数学图书馆可以利用,与数学家通信的邮费也是很大的负担.无穷的厌倦,无限的烦恼,实在让人难以忍受,他只有靠挤出每一点闲暇时间拼命工作,才得以度过他那充满不幸的青春时光.

逼近论中的 Weierstrass 定理

早在 1840~1842 年间,他已经写出四篇论文,奠定了他研究复解析函数论的基础.这些论文直到 1894 年才发表,而在当时自然无人注意.1844 年 8~10 月间,他为了晋升中学高级职称(被称为教授)到了柏林,其间拜访了当时的分析大师狄利克雷(Dirichlet)及几何权威史坦纳,并同他们建立了友好的私人关系.史坦纳对等周问题的研究是推动魏尔斯特拉斯研究变分法的动力,虽然在魏尔斯特拉斯的眼里,史坦纳的综合几何方法是不严格的.当然,在史坦纳去世后,魏尔斯特拉斯负责编辑史坦纳全集也与他们的这段交往有关.

1848 年秋,他到布劳恩斯堡中学教书,学校图书馆的条件很好,校长对他也很友善.这样,他的工作有了重大突破,他深入研究椭圆函数的推广——阿贝尔函数.最初,他的论文发表在中学年刊上,当然没有受到注意;接着,一篇题为《阿贝尔函数论》的论文发表在《克莱尔杂志》上,这引起数学界的巨大兴趣,成为他一生中具有决定性的转折点.1854 年 3 月 31 日,哥尼斯堡大学授予他荣誉博士称号,而且从 1855 年秋天起,学校准许他可以一年不教书而搞他的研究.不过他下决心不在这里干了,他申请接替库默尔在布雷斯劳大学的教授空缺,但没有成功.尽管他经常因头痛头晕而无法工作,但他仍然抓紧时间奋力拼搏.1856 年他在《克莱尔杂志》上发表了几百页的大文章《阿贝尔函数论》,完全解决了超椭圆函数的雅可比反演问题.希尔伯特说这是分析上最伟大的成就之一.1856

第7章 胡作玄论魏尔斯特拉斯和他的解析函数论

年,年过 40 岁的魏尔斯特拉斯接连收到许多大学的聘书,后来他接受了柏林工业学院的教授职位,同时兼任柏林大学的副教授. 同年 11 月他当选为柏林科学院院士. 1864 年在他年近半百时才成为柏林大学教授. 从这时起,到他 1892 年退休,是柏林数学的黄金时代,当时柏林不仅是德国数学的中心,而且是公认的世界数学中心. 柏林学派无非就是魏尔斯特拉斯学派,魏尔斯特拉斯是公认的最有权威的数学家. 例如,1882 年林德曼（Carl Louis Ferdinand Lindemann,1852—1939）证明 π 的超越性,只有在他拍板后才获得大家承认,从"魏尔斯特拉斯的严密性"一词也反映出他的标准就是数学的标准. 事实上,他的分析基础,如 ε-δ 论述法,一直是后来分析教科书的典型论述.

魏尔斯特拉斯的后半生并没有一篇接一篇地发表论文,他的大部分工作通过他的讲课传播到各地,在 19 世纪后半叶的欧洲乃至全世界产生深远的影响. 从 1857 年夏季学期到 1887 年夏季学期整整 30 年间,他反复讲一套分析教程:解析函数论、椭圆函数论、椭圆函数论在几何及力学上的应用、阿贝尔函数论. 这一套教程形成魏尔斯特拉斯函数论体系,从而函数论这一分支正式产生. 在研究及教学中,他建立了数学分析的严格基础,时至今日仍然是"标准分析". 他也是变分法严密理论的奠基者,现在许多有着深远影响的定理及技术也来自于他,如魏尔斯特拉斯预备定理以及线性代数的初等因子理论,这些都表明他的研究具有持久的生命力.

逼近论中的 Weierstrass 定理

但是,从历史上来看,他的影响在当时主要来自他培养了大批年轻人,其中不少人成为大数学家,他们都自豪地声称自己属于"柏林学派". 经他指导而获得博士学位的就有几十人,其中大部分又分别担任一些知名大学的教授. 其中突出的有施瓦兹(Schwarz)、富克斯(Lazarus Fuchs,1833—1902)、弗罗宾尼乌斯、肖特基、康托、亨塞尔(Kurt Hensel,1861—1941)、龙格(Runge,1856—1927)等,当然也不能忘记由他私人指点而获盛名的柯瓦列夫斯卡娅.

由于他对数学的巨大贡献,他理所当然地荣获许多荣誉,他除了是柏林科学院院士之外,还被选为哥廷根科学院院士(1856)、巴伐利亚科学院院士(1861)、巴黎科学院国外院士(1868)、伦敦皇家学会国外会员(1881). 他还是功勋奖章的获得者,在他之前,只有高斯、雅可比及狄利克雷获此殊荣. 他的七十大寿及八十大寿都被隆重地庆贺. 1897 年初,他染上流感,后转为肺炎,于 1897 年 2 月 19 日在柏林去世.

他在生前就已开始编辑整理自己的工作,他的《全集》(*Mathematische Werke*)原定 10 卷,至今尚未完全出齐,已出版的 7 卷中,前 3 卷主要是论文,后 4 卷是讲义,出版时期如下:

第Ⅰ卷(1894):包括 10 篇早期的论文;

第Ⅱ卷(1895);

第Ⅲ卷(1903);

第Ⅳ卷(1902):《阿贝尔函数论讲义》;

第Ⅴ卷(1915):《椭圆函数论讲义》;

第7章 胡作玄论魏尔斯特拉斯和他的解析函数论

第Ⅵ卷(1915):《椭圆函数在几何及力学上的应用讲义》;

第Ⅶ卷(1927):《变分法讲义》.

§2 魏尔斯特拉斯的解析函数论

魏尔斯特拉斯的解析函数论是建立在严格的、规范的幂级数展开的基础上的. 正如克莱因所说,它只是研究阿贝尔函数的一个副产品. 魏尔斯特拉斯正如他的许多同时代人一样,并不像现代数学家那样热衷于一般性及抽象性,他一生的主要目标是解决雅可比的超椭圆积分乃至阿贝尔积分的反演问题,而解析函数论,正如他多轮的讲课顺序,只是其后椭圆函数论、椭圆函数论的应用及阿贝尔函数论这些重头戏的小小的导引. 由于他在方法论上追求严密性,他的解析函数论成为后来的规范.

解析函数一词来源于拉格朗日,他的著作《解析函数论》(1797)就以解析函数命名,其中把函数展成幂级数是一种基本方法. 不过,拉格朗日的解析函数局限于实变元,而且他对收敛、发散问题并没有特殊关注,其后,拉普拉斯,泊松(Poisson)等人沿袭拉格朗日的传统,直到柯西,才明确讨论收敛及发散,并过渡到复变元,特别是指出无穷可微函数与解析函数的不同之处,从某种意义上讲,这是对拉格朗日传统的批判. 而在德国,这个传统以另一种批判的方式继承下

逼近论中的 Weierstrass 定理

来,首先是高斯等人在实际运算中引入幂级数,特别是超几何级数,其后,古德曼也运用幂级数研究椭圆函数,而把幂级数作为理论基础的则是魏尔斯特拉斯.

关于解析函数、解析开拓等概念,魏尔斯特拉斯早在 1840 年的论文中就已经提出来了,不过他的早期论文直到 1894 年他的《全集》第 I 卷出版时才公诸于世. 其后,他的体系是在他的讲义中讲到而由他的学生们传播的.

魏尔斯持拉斯的出发点是幂级数 $P(z-a)$ 或 $P\left(\dfrac{1}{z}\right)$,在它们的收敛圆 C 之内,表示一个"函数元素",在 1884～1885 年的讲课中称之为解析元素. 在边界圆上,这类幂级数有两种可能,一种是在所有边界点上,幂级数均发散,这时边界被称为自然边界. 魏尔斯特拉斯在 1880 年第一个举出以收敛圆的边界为自然边界的幂级数例子,即幂级数

$$\sum_{n \geq 0} b^n z^{a^n}$$

其中 $0 < b < 1$, a 为整数且 $a \geq 2$, $ab \geq 10$. 另一种可能性是,若存在边界点使该幂级数收敛,则可以进行解析开拓,他在 1874 年的讲课中证明了唯一性定理. 在圆内选一点 b,把原来幂级数展开成为 $z-b$ 的幂级数,其收敛圆 C' 覆盖 C 的边界上的正则点,在 C 与 C' 重叠的区域两幂级数的值相等,但 C' 涵盖 C 外的值,C' 被称为 C 的一个解析开拓. 所谓解析函数就是一个函数元素所有解析开拓的集合.

魏尔斯特拉斯知道在开拓过程中会遇到奇点,而

第7章　胡作玄论魏尔斯特拉斯和他的解析函数论

奇点必定位于幂级数的收敛圆的边界上. 他规定若奇点、极点及支点的阶是有限的，则这些奇点也包含在解析函数之内，因为在这些点上，可以展开成$(z-z_0)^{\frac{1}{n}}$的幂级数，并且只有限多负指数项. 顺便说一句，早在1841年，魏尔斯特拉斯已先于罗朗引进含负指数的幂级数. 解析函数连同极点及支点构成解析图像，实际上，这就是黎曼引进的黎曼曲面，不过他们的方法是完全不同的. 正如庞加莱(Poincare)所说，黎曼的方法首先是一种发现的方法，魏尔斯特拉斯的方法则首先是一种证明的方法. 尽管魏尔斯特拉斯以其严密性及算术性著称，仍然受到来自左右两方面的攻击. 克莱因十分钦佩黎曼的想象与直观，认为魏尔斯特拉斯的方法过于单一，对于数论等毫无裨益，而且失去了应用的源泉. 另外，克罗内克以他的"代数的代数"即有限的算术反对魏尔斯特拉斯的"无穷"算术方法.

尽管如此，魏尔斯特拉斯给复分析以及代数函数论奠定了可靠的基础，开创了函数论的新领域. 他的幂级数方法自然地对奇点进行分类，对于极点及支点进行统一处理，并严格定义另一种孤立奇点——本性奇点. 另外，魏尔斯特拉斯首先通过幂级数方法建立了多复变函数论，特别是证明了预备定理，其后半个多世纪，建立多复变情形的整函数及亚纯函数的基本定理一直是数学家们努力的方向.

第二编
从一道 Putnam 试题谈起

第 8 章

引 言

在 1946 年 6 月 1 日举行的第 6 届 Putnam 数学竞赛有如下试题:

设 a,b,c 为实常数,函数 $f(x) = ax^2 + bx + c$. 当 $|x| \leq 1$ 时满足条件 $|f(x)| \leq 1$,试证:当 $|x| \leq 1$ 时, $|f'(x)| \leq 1$.

这也是一道背景极为深刻的试题,它最早的提出和解决者是苏联彼得堡大学的著名化学家 Mendeleev.

平均乘方逼近与一致(最佳)逼近

第 9 章

§1 平均值理论

设 a,b 是两个正数,并且为了确定起见,假定

$$a \leqslant b \qquad (9.1)$$

下列诸值

$$\frac{a+b}{2},\ \sqrt{ab},\ \frac{2ab}{a+b}$$

分别称为 a 与 b 两数的算术平均值,几何平均值与调和平均值. 它们全都在 a 与 b 之间,并且只有在 $a=b$ 时才可以相等. 这个性质乃验明了平均值的名称是恰当的.

例 9.1 两个数的几何平均值不超过它们的算术平均值.

实际上,由 $(\sqrt{a}-\sqrt{b})^2 \geqslant 0$ 便推出 $a+b \geqslant 2\sqrt{ab}$ 因而 $\sqrt{ab} \leqslant \dfrac{a+b}{2}$,只有在 $a=b$ 时才可以取等号.

例 9.2 两个数的调和平均值不超过它们的几何平均值.

第9章 平均乘方逼近与一致(最佳)逼近

实际上,由$(a-b)^2 \geqslant 0$便推出$(a+b)^2 \geqslant 4ab$,进而$a+b \geqslant 2\sqrt{ab}$.因之,$\dfrac{2ab}{a+b} \leqslant \sqrt{ab}$.这时也只在$a=b$时才可以取等号.

一般我们约定把由等式

$$\Delta_s(a,b) = \left(\frac{a^s+b^s}{2}\right)^{\frac{1}{s}} \qquad (9.2)$$

所确定的数$\Delta_s(a,b)$称为a与b两数的$s(s \neq 0)$阶的平均值.

于特例,当$s=1$及$s=-1$时便得到了算术平均值与调和平均值

$$\Delta_1(a,b) = \frac{a+b}{2}, \Delta_{-1}(a,b) = \frac{2ab}{a+b}$$

当$s=0$时,表达式(9.2)没有意义.然而当s趋向于0时,$\Delta_s(a,b)$的极限是存在的,并且该极限等于几何平均值$\sqrt{ab}$.其实

$$\lg \Delta_s(a,b) = \frac{1}{s}\lg\left(1+\frac{a^s-1}{2}+\frac{b^s-1}{2}\right)$$

并且因为

$$\begin{aligned}
\lim_{s \to 0} \lg \Delta_s(a,b) &= \lim_{s \to 0} \frac{1}{s}\lg\left(1+\frac{a^s-1}{2}+\frac{b^s-1}{2}\right) \\
&= \lim_{s \to 0} \frac{1}{s}\left(\frac{a^s-1}{2}+\frac{b^s-1}{2}\right) \\
&= \frac{1}{2}(\lg a + \lg b)
\end{aligned}$$

从而得(如果令:$\Delta_0(a,b) = \lim\limits_{s \to 0}\Delta_s(a,b)$)

$$\Delta_0(a,b) = \sqrt{ab}$$

数
$$\Delta_2(a,b) = \sqrt{\frac{a^2+b^2}{2}}$$
我们称它为 a,b 两数的平方平均值.

例 9.3 两个数的算术平均值不超过它们的平方平均值.

实际上,由 $(a-b)^2 \geqslant 0$ 便知
$$\left(\frac{a+b}{2}\right)^2 \leqslant \frac{a^2+b^2}{2}$$
进而
$$\frac{a+b}{2} \leqslant \sqrt{\frac{a^2+b^2}{2}}$$

显然,任意 s 阶的平均值 $\Delta_s(a,b)$ 都是介于 a,b 之间的
$$a \leqslant \Delta_s(a,b) \leqslant b$$
我们已证明了
$$a \leqslant \Delta_{-1}(a,b) \leqslant \Delta_0(a,b) \leqslant \Delta_1(a,b) \leqslant \Delta_2(a,b) \leqslant b$$
其中任何一个不等式都是只在 $a=b$ 时才可以换成等式.

我们来证明:如果 $a<b$,那么平均值 $\Delta_s(a,b)$ 便是阶数 s 的递增函数,就是说,当 $s_1<s_2$ 时,不等式
$$\Delta s_1(a,b) < \Delta s_2(a,b)$$
成立.

我们只要验证(假定 $s \neq 0$)
$$\frac{\mathrm{d}}{\mathrm{d}s}\lg \Delta_s(a,b) > 0$$
便可以了.

第9章 平均乘方逼近与一致(最佳)逼近

但

$$\frac{d}{ds}\lg \Delta_s(a,b) = \frac{1}{s}\cdot\frac{a^s\lg a + b^s\lg b}{a^s + b^s} - \frac{1}{s^2}\lg\left(\frac{a^s+b^s}{2}\right)$$

从而便推出

$$s^2\frac{d}{ds}\lg \Delta_s(a,b) = \frac{A\lg A + B\lg B}{A+B} - \lg\frac{A+B}{2}$$

其中系令

$$A = a^s, B = b^t$$

或者,还可以写成

$$s^2\frac{d}{ds}\lg \Delta_s(a,b) = \frac{A\lg A - 2\cdot\frac{A+B}{2}\lg\frac{A+B}{2} + B\lg B}{A+B}$$

右端分式的分子是函数 $\varphi(t) = t\lg t$ 的 2 阶有限差,并且因为 $\varphi''(t) = \frac{1}{t} > 0$,所以这个差是正的,从而便推出所要的结论[①].

最后,我们来确立

$$\lim_{s\to+\infty} \Delta_s(a,b) = b \qquad (9.3)$$

$$\lim_{s\to-\infty} \Delta_s(a,b) = a \qquad (9.4)$$

如果注意到 $\frac{a}{b} \leqslant 1$,那么关系式(9.3)便可以直接由 $\Delta_s(a,b)$ 的表示式

---

① 为了还包括 $s=0$ 的情形,只需证明极限

$$\lim_{s\to 0}\frac{d}{ds}\lg \Delta_s(a,b)$$

存在并且是正的便可以了。

逼近论中的 Weierstrass 定理

$$\Delta_s(a,b) = \frac{b}{\sqrt[s]{2}}\sqrt[s]{1+\left(\frac{a}{b}\right)^s}$$

推出来,关系式(9.4)也可以同样来证明.

如果(取消限制(9.1))我们约定用$\overline{\Delta}(a,b)$与$\underline{\Delta}(a,b)$分别表示a与b两数中的最大数与最小数,那么将有下列关系式

$$\lim_{s\to+\infty}\Delta_s(a,b) = \overline{\Delta}(a,b) \qquad (9.5)$$

$$\lim_{s\to-\infty}\Delta_s(a,b) = \underline{\Delta}(a,b) \qquad (9.6)$$

平均值$\Delta_s(a,b)$,以及$\overline{\Delta}(a,b)$与$\underline{\Delta}(a,b)$显然都具有齐次性

$$\begin{cases}\Delta_s(\lambda a,\lambda b) = \lambda\Delta_s(a,b)\\ \overline{\Delta}(\lambda a,\lambda b) = \lambda\overline{\Delta}(a,b)\\ \underline{\Delta}(\lambda a,\lambda b) = \lambda\underline{\Delta}(a,b)\end{cases} \quad (\lambda>0) \quad (9.7)$$

如果除了正数a与b外,还给了正数a'与b',那么当$s\geq 1$时,便有不等式

$$\Delta_s(a+a',b+b') \leq \Delta_s(a,b) + \Delta_s(a',b') \quad (9.8)$$

为了证明起见,我们来考虑函数

$$\Phi(t) \equiv \varphi^{\frac{1}{s}}(t)$$

这里系令

$$\varphi(t) \equiv \frac{1}{2}((ta+(1-t)a')^s + (tb+(1-t)b')^s)$$

$$(0 \leq t \leq 1)$$

由实际计算证明

$$\Phi''(t) = \frac{1}{s^2}\varphi^{\frac{1}{s}-2}(t)(s\varphi(t)\varphi''(t) - (s-1)\varphi'^2(t))$$

第9章 平均乘方逼近与一致(最佳)逼近

但在另一方面,我们有

$$s\varphi(t)\varphi''(t) - (s-1)\varphi'^2(t)$$
$$= \frac{1}{4}s^2(s-1)(ta+(1-t)a')^{s-2} \cdot$$
$$(tb+(1-t)b')^{s-2}(ab'-a'b)^2$$

最后一个等式的右端当 $s > 1$ 时是正的,并且当 $s = 1$ 时恒等于 0,所以

$$\Phi''(t) \geq 0 \quad (0 \leq t \leq 1)$$

故有

$$\Phi\left(\frac{1}{2}\right) \leq \frac{\Phi(0) + \Phi(1)}{2}$$

因为

$$\Phi(0) = \Delta_s(a',b'), \Phi(1) = \Delta_s(a,b)$$
$$\Phi\left(\frac{1}{2}\right) = \frac{1}{2}\Delta_s(a+a',b+b')$$

所以,最后一不等式便变成不等式(9.8). 我们指出,只有在 $s = 1$ 时或者在 $\dfrac{a'}{a} = \dfrac{b'}{b}$ 时,关系式(9.8)中才可以取等号.

在不等式(9.8)中令 s 无限增大,在极限情形可得不等式

$$\overline{\Delta}(a+a',b+b') \leq \overline{\Delta}(a,b) + \overline{\Delta}(a',b') \quad (9.9)$$

可是,这一不等式是明显的且直接的.

由前所述,显然当 $s < 1$ 时不等式(9.8)并不成立. 可是这时却有不等式

$$\Delta_s^s(a+a^s,b+b^s) \leq \Delta_s^s(a,b) + \Delta_s^s(a',b') \quad (9.10)$$

这可以由下面的不等式推出:即当 $s \leq 1$ 时

逼近论中的 Weierstrass 定理

$$(x+y)^s \leqslant x^s + y^{s①} \quad (x,y \geqslant 0) \quad (9.11)$$

s 阶的平均值概念也可以推广到 n 个已知数 a_i ($i=1,2,\cdots,n$) 的情形,即:设

$$\Delta_s(a_i) = \left(\frac{a_1^s + a_2^s + \cdots + a_n^s}{n}\right)^{\frac{1}{s}} \quad (9.12)$$

于特例,下列诸公式

$$\Delta_1(a_i) = \frac{a_1 + a_2 + \cdots + a_n}{n}$$

$$\Delta_0(a_i) = \lim_{s \to 0} \Delta_s(a_i) = \sqrt[n]{a_1 a_2 \cdots a_n}$$

$$\Delta_2(a_i) = \sqrt{\frac{a_1^2 + a_2^2 + \cdots + a_n^2}{2}}$$

分别给出了算术平均值、几何平均值与平方平均值.

如同在两个数的情形一样,可以证明:

(1) 如果我们用 $\underline{\Delta}(a_i)$ 与 $\overline{\Delta}(a_i)$ 表示诸数 a_i 中的最小数与最大数

$$\underline{\Delta}(a_i) = \min(a_1, a_2, \cdots, a_n)$$

$$\overline{\Delta}(a_i) = \max(a_1, a_2, \cdots, a_n)$$

则

$$\underline{\Delta}(a_i) \leqslant \Delta_s(a_i) \leqslant \overline{\Delta}(a_i)$$

---

① 实际上,如果 $0 < s < 1$,那么函数 $\varphi(\mu) = \frac{(1+\mu)^s}{1+\mu^s}$ 当 $0 < \mu < 1$ 时是递减的;当 $\mu > 1$ 时,它是递增的;因为 $\varphi(0) = \lim_{\mu \to \infty} \varphi(\mu) = 1$,显然有 $\varphi(\mu) \leqslant 1$,从而,经过代换 $\mu = \frac{y}{x}$ 后,便得式 (9.11).

第9章 平均乘方逼近与一致(最佳)逼近

(2) $\Delta_s(a_i)$ 是阶数 s 的递增①函数,因之由不等式 $s_1 < s_2$ 可推出

$$\Delta_{s_1}(a_i) < \Delta_{s_2}(a_i)$$

(3) 下列关系式成立

$$\lim_{s \to -\infty} \Delta_s(a_i) = \underline{\Delta}(a_i), \lim_{s \to +\infty} \Delta_s(a_i) = \overline{\Delta}(a_i)$$

(4) 当 $\lambda > 0$ 时,$\Delta_s(\lambda a_i) = \lambda \Delta_s(a_i)$,以及 $\underline{\Delta}(\lambda a_i) = \lambda \underline{\Delta}(a_i), \overline{\Delta}(\lambda a_i) = \lambda \overline{\Delta}(a_i)$;

(5) 最后对于给定的数 a_i 与 $a'_i (i=1,2,\cdots,n)$,我们得

$$\Delta_s(a_i + a'_i) \leqslant \Delta_s(a_i) + \Delta_s(a'_i) \quad (s \geqslant 1)$$

$$\Delta_s^s(a_i + a'_i) \leqslant \Delta_s^s(a_i) + \Delta_s^s(a'_i) \quad (s \leqslant 1)$$

进一步的推广便导致 s 阶的带权平均值的概念

$$\Delta_s(a_i) = (p_1 a_1^s + p_2 a_2^s + \cdots + p_n a_n^s)^{\frac{1}{s}} \quad (9.13)$$

其中诸 $p_i (i=1,2,\cdots,n)$ 都是正数,并适合等式

$$p_1 + p_2 + \cdots + p_n = 1$$

诸性质(1)—(5)没有任何改变地都保持成立.

最后,我们可以转来讨论确定在一给定的区间上的函数 $f(x)$ 的 s 阶平均值的概念,而这函数在该区间上是不取负值的

$$\Delta_s(f) = \left(\int_a^b f^s(x) p(x) \mathrm{d}x \right)^{\frac{1}{s}} \quad (9.14)$$

其中 $p(x)$ 为微分权,它是确定在同一区间之上而且满足条件

---

① 当 $\underline{\Delta}(a_i) < \overline{\Delta}(a_i)$ 时.

逼近论中的 Weierstrass 定理

$$\int_a^b p(x)\,dx = 1 \qquad (9.15)$$

的非负函数.

微分权 $p(x)$ 还可以用积分权 $\psi(x)$ 来代替,而这时便产生斯笛尔几斯积分

$$\Delta_s(f) = \left(\int_a^b f^s(x)\,d\psi(x)\right)^{\frac{1}{s}} \qquad (9.16)$$

其中 $\psi(x)$ 是确定在区间 (a,b) 内且满足条件

$$\int_a^b d\psi(x) = 1 \qquad (9.17)$$

的不减函数.

当然,就上面所列举斯笛尔几斯积分(9.16)所表示的平均值表达式的全部平均值说来,是最一般的了. 特别,若函数 $\psi(x)$ 有导数 $\psi'(x)$,则积分(9.16)便具有(9.14)的形式,在这里应令 $p(x)=\psi'(x)$;另外,若 $\psi(x)$ 为一阶梯函数,即,若除去有限的[①] n 个点 x_i 外,它在基本区间的所有点处都为常数,而在诸点 x_i 处它有跃距

$$p_i = \psi(x_i+0) - \psi(x_i-0) \quad (i=1,2,\cdots,n)$$

则积分(9.16)就变成形如式(9.13)的和,在这里须令

$$a_i = f(x_i)$$

表达式(9.14)与(9.16)只有在 $s \neq 0$ 时才有意

---

① 当然,函数 $\psi(x)$ 在那里有跃距的点 x_i 也可以有无穷多个. 但是不论如何它们的总体都是可数的,即,可以把它们排成序列的形式

$$x_1, x_2, \cdots, x_n, \cdots$$

第9章　平均乘方逼近与一致(最佳)逼近

义,但是我们对应地可设

$$\Delta_0(f) = \lim_{s\to 0}\Delta_s(f) = e^{\int_a^b \lg f(x)p(x)dx} \quad (9.18)$$

或者

$$\Delta_0(f) = \lim_{s\to 0}\Delta_s(f) = e^{\int_a^b \lg f(x)d\psi(x)} \quad (9.19)$$

指数中的积分乃假定是收敛的,否则(如果 $f(x)$ 为 0 时,便发生这种情形)我们在形式上可以赋予积分的值为 $-\infty$,或者令 $\Delta_0(f)=0$.

完全同样地,如果当 $f(x)$ 为 0 时(当 $s<0$ 时),公式 (9.16) 右端的积分是发散的,形式上便令 $\Delta_s(f)=0$.

我们用 E 来表示基本区间上这样的点 x 的集合, 在那里函数 $\psi(x)$ 不是驻定的,也就是说,在那些点处, 函数或者是有跃距,或者是连续的,但是在包含 x 的随意小的区间上它都不是常数. 显然, E 是一闭集,就是说,它含有属于 E 的任何部分序列的极限点.

假定函数 $f(x)$ 在基本区间上是连续的,因比,它在闭集 E 上也是连续的,所以它在该集合上可达它的最小值 $\underline{\Delta}(f)$ 与最大值 $\overline{\Delta}(f)$

$$\underline{\Delta}(f) = \min_{(E)} f(x),\ \overline{\Delta}(f) = \max_{(E)} f(x)$$

我们来验证:对形如(9.16)的平均值来说与关于有限和所具有的性质(1)—(5)相类似的性质也保持成立.

由斯笛尔几斯积分的定义可直接推知

$$\underline{\Delta}(f) \leq \Delta_s(f) \leq \overline{\Delta}(f) \quad (9.20)$$

其实

逼近论中的 Weierstrass 定理

$$\int_a^b f^s(x)\mathrm{d}\psi(x) \leq \max_{(E)} f^s(x)$$

$$= \left[\max_{(E)} f(x)\right]^s = \left[\overline{\Delta}(f)\right]^s$$

从而便推出不等式(9.20)的第二部分；用同样的方式也可得出其第一部分.

我们来证明：$\Delta_s(f)$ 是变量 s 的递增函数①，即当 $s_1 < s_2$ 时

$$\Delta_{s_1}(f) < \Delta_{s_2}(f) \qquad (9.21)$$

实际上

$$\frac{\mathrm{d}}{\mathrm{d}s}\lg\Delta_s(f) = \frac{1}{s}\frac{\int_a^b f^s(x)\lg f(x)\mathrm{d}\psi(x)}{\int_a^b f^s(x)\mathrm{d}\psi(x)} -$$

$$\frac{1}{s^2}\lg\int_a^b f^s(x)\mathrm{d}\psi(x) \quad ②$$

---

① 在函数 $f(x)$ 于集合 E 中至少取两个相异值的条件下；还须讨论积分为发散的情形.

② 关于 $s = 0$ 的情形，则容易验证

$$\frac{\mathrm{d}}{\mathrm{d}s}\lg\Delta_0(f)$$

$$= \lim_{s\to 0}\frac{\mathrm{d}}{\mathrm{d}s}\lg\Delta_s(f)$$

$$= \frac{\int_a^b f(x)\mathrm{d}\psi(x) \cdot \int_a^b f(x)\lg^2 f(x)\mathrm{d}\psi(x) - \left(\int_a^b f(x)\lg f(x)\mathrm{d}\psi(x)\right)^2}{\left(\int_a^b f(x)\mathrm{d}\psi(x)\right)^2}$$

$$> 0$$

(分子系由函数 1 与 $\lg f(x)$ 对权 $f(x)\mathrm{d}\psi(x)$ 而言所构成的格拉姆行列式).

第 9 章　平均乘方逼近与一致(最佳)逼近

因之

$$s^2 \frac{\mathrm{d}}{\mathrm{d}s} \lg \Delta_s(f) = \frac{\int_a^b F(x) \lg F(x) \mathrm{d}\psi(x)}{\int_a^b F(x) \mathrm{d}\psi(x)} - \lg \int_a^b F(x) \mathrm{d}\psi(x) \quad (9.22)$$

在这里引入了记号

$$F(x) = f^s(x)$$

暂设

$$\int_a^b F(x) \mathrm{d}\psi(x) = F^* > 0 \quad (9.23)$$

因为函数 $\psi(t) = t \lg t$ 具有正的二阶导数(当 $t > 0$ 时),则

$$\varphi(t) \geqslant t^* \lg t^* + (t - t^*) \left(\frac{\mathrm{d}}{\mathrm{d}t}(t \lg t) \right)_{t=t^*} \quad (t, t^* > 0)$$

从而推出

$$F(x) \lg F(x) \geqslant F^* \lg F^* + (F(x) - F^*) \left(\frac{\mathrm{d}}{\mathrm{d}F}(F \lg F) \right)_{F=F^*}$$

其次,求积分并留意条件(9.23)与(9.17)

$$\int_a^b F(x) \lg F(x) \mathrm{d}\psi(x) \geqslant F^* \lg F^*$$

即

$$\int_a^b F(x) \lg F(x) \mathrm{d}\psi(x) \geqslant \int_a^b F(x) \mathrm{d}\psi(x) \cdot \lg \int_a^b F(x) \mathrm{d}\psi(x) \quad (9.24)$$

这样一来,回到等式(9.22)我们便看出

逼近论中的 Weierstrass 定理

$$s^2 \frac{\mathrm{d}}{\mathrm{d}x} \lg \Delta_s(f) \geqslant 0$$

因之 $\Delta_s(f)$ 是 s 的不减函数. 但驻点只有在关系式 (9.24) 中等号出现时才可以发生, 而后者便是假定了恒等式 $F(x) = F^*$ (在集合 E 中). 于是, 函数 $\Delta_s(f)$ 是递增的.

进而, 等式

$$\lim_{s \to \infty} \Delta_s(f) = \overline{\Delta}(f), \quad \lim_{s \to -\infty} \Delta_s(f) = \underline{\Delta}(f) \quad (9.25)$$

成立. 例如, 我们来证明前者. 为简便起见, 令 $M = \overline{\Delta}(f)$, 并设 ξ 是集合 E 中这样的一点, 在那里 $f(x)$ 取值 M. 因为函数 $f(x)$ 是连续的, 所以, 不论正数 ε 怎样小, 我们总可以指出这样的 δ, 使得当 $|x - \xi| < \delta$ 时, 有 $f(x) > M - \xi$; 函数 $\psi(x)$ 在点 ξ 的附近没有驻点, 故

$$\psi(\xi + \delta) - \psi(\xi - \delta) > 0$$

我们得到

$$\int_a^b f^s(x) \mathrm{d}\psi(x) \geqslant \int_{\xi-\delta}^{\xi+\delta} f^s(x) \mathrm{d}\psi(x)$$
$$> (M - \varepsilon)^s (\psi(\xi + \delta) - \psi(\xi - \delta))$$

因之

$$\Delta_s(f) > (M - \varepsilon)(\psi(\xi + \delta) - \psi(\xi - \delta))^{\frac{1}{s}}$$

由此推知

$$\lim_{s \to \infty} \Delta_s(f) \geqslant M - \varepsilon$$

且因 ε 可随意小, 故 $\lim_{s \to \infty} \Delta_s(f) \geqslant M$. 另外, 正如我们已经看到的 $\Delta_s(f) \leqslant M$, 于是

$$\lim_{s \to \infty} \Delta_s(f) = M$$

第9章 平均乘方逼近与一致(最佳)逼近

不来谈下列明显的等式了

$$\begin{cases} \Delta_s(\lambda f) = \lambda \Delta_s(f) \\ \underline{\Delta}(\lambda f) = \lambda \underline{\Delta}(f) \\ \overline{\Delta}(\lambda f) = \lambda \overline{\Delta}(f) \end{cases} \quad (\lambda > 0) \quad (9.26)$$

我们再来验证下列不等式的正确性

$$\Delta_s(f+g) \leqslant \Delta_s(f) + \Delta_s(g) \quad (s \geqslant 1)^{①} \quad (9.27)$$

$$\Delta_s^s(f+g) \leqslant \Delta_s^s(f) + \Delta_s^s(g) \quad (s \leqslant 1) \quad (9.28)$$

令

$$\varphi(t) = \int_a^b (tf(x) + (1-t)g(x))^s \mathrm{d}\psi(x)$$

$$\Phi(t) \equiv \varphi^{\frac{1}{s}}(t) \equiv \Delta_s(tf + (1-t)g)$$

便有

$$\Phi''(t) = \frac{1}{s^2} \varphi^{\frac{1}{s}-2}(t)(s\varphi(t)\varphi''(t) - (s-1)\varphi'^2(t))$$

而在另一方面

$$s\varphi(t)\varphi''(t) - (s-1)\varphi'^2(t) = s^2(s-1) \cdot$$

$$\left(\int_a^b F^2(x) \mathrm{d}\Psi(x) \cdot \int_a^b G^2(x) \mathrm{d}\Psi(x) - \left(\int_a^b F(x)G(x) \mathrm{d}\Psi(x) \right)^2 \right)$$

(9.29)

在这里引进了下列诸记号

$$F(x) \equiv tf(x) + (1-t)g(x), G(x) = f(x) - g(x)$$

$$\mathrm{d}\Psi(x) = F^{s-2}(x)\mathrm{d}\psi(x)$$

由于布尼亚柯夫斯基(Bunjakovski)不等式,公式(9.29)的右端当 $s \geqslant 1$ 时是非负的;所以 $\Phi''(t) \geqslant 0$,

---

① 所谓闵可夫斯基(Minkowski)不等式.

因此
$$\Phi\left(\frac{1}{2}\right) \leqslant \frac{\Phi(0)+\Phi(1)}{2}$$

因为
$$\Phi(0)=\Delta_s(g), \Phi(1)=\Delta_s(f), \Phi\left(\frac{1}{2}\right)=\frac{1}{2}\Delta_s(f+g)$$

所以我们得到关系式(9.27). 在这关系式中的等号只有在 $s=1$ 时才可以成立, 或者在 $G(x)$ 与 $F(x)$ 只差一个常数因子的条件下, 也就是说, 在 $g(x)$ 与 $f(x)$ 只差一个常数因子的条件下, 其中的等号才可以成立.

在不等式(9.27)中当 $s\to\infty$ 时取极限便给出
$$\overline{\Delta}(f+g)\leqslant\overline{\Delta}(f)+\overline{\Delta}(g)$$

然而, 这不等式也可由 $\overline{\Delta}$ 的定义直接推出.

至于不等式(9.28), 则它可由公式(9.11)直接推得.

§2 用给定次数的多项式的平均乘方逼近与最佳逼近

区间 (a,b) 中的函数 $f(x)$ 关于积分权 $\psi(x)$ 的平方逼近问题曾经是这样来提出的:即我们需要使积分
$$I_n^{(2)}=\int_a^b(P_n(x)-f(x))^2\mathrm{d}\psi(x)$$
之值为极小. 在这里用 $P_n(x)$ 表示广义多项式
$$P_n(x)=c_1\varphi_1(x)+c_2\varphi_2(x)+\cdots+c_n\varphi_n(x)$$

而诸函数 $\varphi_k(x)(k=1,2,\cdots,n)$ 在所考虑的区间中都是连续的并且构成一个线性独立系.

如果我们需要使积分

$$I_n^{(s)} = \int_a^b |P_n(x) - f(x)|^s \mathrm{d}\psi(x) \quad (9.30)$$

为极小,在这里 s 为随意的数,按问题的本义来说 s 是正的,那么便发生 s 次幂的逼近问题. 在 $s=2$ 时,便得到前面的平方逼近问题;在 $s=1$ 时,便得到一次逼近问题,一次逼近问题在 $\psi(x)\equiv x$ 的情形是与简单的几何表示相联系的:使夹在 $y=P_n(x)$ 与 $y=f(x)$ 二图形间的面积为尽可能地小.

利用§1的记号,赋予积分(9.30)以形式

$$I_n^{(s)} = \Delta_s^s(|P_n - f|)$$

或令

$$R_n(x) = P_n(x) - f(x)$$

便可以写成

$$I_n^{(s)} = \Delta_s^s(|R_n|) \quad (9.31)$$

转来解决所提的问题,首先必须特别来讨论函数系 $\varphi_1(x),\varphi_2(x),\cdots,\varphi_n(x)$ 与 $f(x)$ 不是线性独立的情形. 这时次之恒等式应成立

$$\lambda_1\varphi_1(x) + \cdots + \lambda_n\varphi_n(x) + \mu f(x) = 0$$

因为根据条件,函数系 $\varphi_1(x),\cdots,\varphi_n(x)$ 是线性独立的,所以 $\mu\neq 0$,因而最后的恒等式呈下形

$$f(x) = a_1\varphi_1(x) + \cdots + a_n\varphi_n(x)$$

$$\left(a_m = -\frac{\lambda_m}{\mu}; m=1,2,\cdots,n\right)$$

在这种情形下,积分 $I_n^{(s)}$ 有极小值0,该极小值只在

逼近论中的 Weierstrass 定理

$c_m = a_m (m=1,2,\cdots,n)$ 时才可取达.

如果由诸函数 $\varphi_k(x)$ $(k=1,2,\cdots,n)$ 与 $f(x)$,所组成的函数系是线性独立的,那么对于诸系数 c_k 为任何值时,差 $P_n(x) - f(x)$ 都不恒等(在集合 E 中)于 0,因之积分 $I_n^{(s)}$ 恒为正值的.

显然,积分 $I_n^{(s)}$ 是系数 c_i 的函数

$$I_n^{(s)} \equiv \delta_s(c_i)$$

因为我们刚才已经看到了

$$\delta_s(c_i) > 0 \qquad (9.32)$$

现在我们来证明 $\delta_s(c_i)$ 是系数 c_i 的连续函数.

用 L 来表示使

$$|\varphi_i(x)| \leq L \quad (i=1,2,\cdots,n)$$

的数并用 h_i 表示系数 c_i 的增量.

如果

$$|h_i| \leq \frac{\varepsilon}{nL}$$

其中 $i=1,2,\cdots,n$;ε 为随意的正数,则令

$$\omega(x) = \sum_{i=1}^{n} h_i \varphi_i(x)$$

将有

$$|\omega(x)| \leq n \cdot \frac{\varepsilon}{nL} \cdot L = \varepsilon$$

或者

$$\overline{\Delta}(|\omega|) \leq \varepsilon$$

从而对任何 $s > 0$,我们得到

$$\Delta_s(|\omega|) < \overline{\Delta}(|\omega|) \leq \varepsilon$$

第 9 章 平均乘方逼近与一致(最佳)逼近

并且特别当 $0 < s < 1$ 时
$$\Delta_s^s(|\omega|) < \varepsilon^s$$

现在,利用 §1 中的不等式(9.27),当 $s \geq 1$ 时我们断定

$$(\delta_s(c_i + h_i))^{\frac{1}{s}} = \Delta_s(|R + \omega|) \leq \Delta_s(|R|) + \Delta_s(|\omega|)$$
$$< (\delta_s(c_i))^{\frac{1}{s}} + \varepsilon$$
$$(\delta_s(c_i))^{\frac{1}{s}} = \Delta_s(|R + \omega - \omega|) \leq \Delta_s(|R + \omega|) + \Delta_s(|\omega|)$$
$$< (\delta_s(c_i + h_i))^{\frac{1}{s}} + \varepsilon$$

因之
$$|\delta_s^{\frac{1}{s}}(c_i + h_i) - \delta_s^{\frac{1}{s}}(c_i)| < \varepsilon$$

由此推知,$\delta_s^{\frac{1}{s}}(c_i)$ 是 c_i 的连续函数;而这时 $\delta_s(c_i)$ 也是 c_i 的连续函数,若 $s \leq 1$,则不等式(9.28)直接给出了

$$|\delta_s(c_i + h_i) - \delta_s(c_i)| < \varepsilon$$

现在我们可以来证明,$\delta_s(c_i)$ 对于某一组 c_i 的值可取到其下确界 μ. 如果 c_i 的变化域为封闭的话,这一点可以由 $\delta_s(c_i)$ 的连续性推出来(根据熟知的定理). 但是因为每一个数 c_i 都可以由 $-\infty$ 变至 $+\infty$,所以这里就有必要来加以补充论证.

首先,我们来考虑这样的一组数 c_i,使得

$$\sum_{i=1}^{n} c_i^2 = 1 \qquad (9.33)$$

如果仅限于考虑这样的数组,那么,如前所述,对它们而言,$\delta_s(c_i)$ 的极小值是存在的. 假定用 μ^* 来表示这个极小值. 我们指出,如果 $\mu^* = 0$,那么我们的定理显然得证,因之接下来只需讨论 $\mu^* > 0$ 的情形.

逼近论中的 Weierstrass 定理

于是,当

$$\sum_{i=1}^{n} c_i^2 = 1$$

时,有

$$\delta_s(c_i) \geqslant \mu^* > 0 \qquad (9.34)$$

现在假设数组 c_i 是任意的,并引入记号

$$K^2 = \sum_{i=1}^{n} c_i^2$$

便得(当 $s \geqslant 1$ 时)

$$\begin{aligned}
\delta_s^{\frac{1}{s}}(c_i) &= \Delta_s \Big(\Big| \sum_{i=1}^{n} c_i \varphi_i - f \Big| \Big) \\
&\geqslant \Delta_s \Big(\Big| \sum_{i=1}^{n} c_i \varphi_i \Big| \Big) - \Delta_s(|f|) \text{\textcircled{1}} \\
&= K \Delta_s \Big(\Big| \sum_{i=1}^{n} \frac{c_i}{K} \varphi_i \Big| \Big) - \Delta_s(|f|)
\end{aligned}$$

因为

$$\sum_{i=1}^{n} \left(\frac{c_i}{K} \right)^2 = 1$$

所以由不等式(9.34)便得

$$\Delta_s \Big(\Big| \sum_{i=1}^{n} \frac{c_i}{K} \varphi_i \Big| \Big) = \delta_s^{\frac{1}{s}} \Big(\frac{c_i}{K} \Big) \geqslant \mu^{*\frac{1}{s}}$$

因之

$$\delta_s^{\frac{1}{s}}(c_i) \geqslant K\mu^{*\frac{1}{s}} - \Delta_s(|f|) \qquad (9.35)$$

当 K 增大至无穷时,不等式(9.35)的右端便无限

---

① 我们利用不等式 $\Delta_s(f-g) \geqslant \Delta_s(f) - \Delta_s(g)$,它显然可由 $\Delta_s(f+g) \leqslant \Delta_s(f) + \Delta_s(g)$ 推出.

增大,因此其左端亦然. 由此推出,在求 μ 的极小值时,只需限于考虑那样的数组 c_i 便可,对于它们来说,K 是不超过某一个定数的 $\left(\text{例如},K\leqslant\dfrac{\mu^{\frac{1}{s}}+\Delta_s(|f|)}{\mu^{*\frac{1}{s}}}\right)$. 但 c_i 这样的变化域是封闭的;这便表示,在其中可取到极小值.

当 $0<s\leqslant 1$ 时,我们不去利用不等式(9.27)而应当利用不等式(9.28),便会得出结果

$$\delta_s(c_i)\geqslant K^s\mu^*-\Delta_s^s(|f|)$$

从而便推出了前面的结论.

现在来看一下可否断定,$\delta_s(c_i)$ 将只对一组系数的值取到其最小值 μ. 换句话说:可否断定,我们的极值问题有唯一的解呢? 假设我们讨论具有方次 $s>1$ 的乘方逼近. 如果存在两组数 c'_i 与 c''_i,对于它们有

$$\Delta_s\left(\left|\sum_{i=1}^n c'_i\varphi_i-f\right|\right)=\Delta_s\left(\left|\sum_{i=1}^n c''_i\varphi_i-f\right|\right)=\mu^{\frac{1}{s}}$$

并且对于所有别组的数值 c_i,下列不等式成立

$$\Delta_s\left(\left|\sum_{i=1}^n c_i\varphi_i-f\right|\right)\geqslant\mu^{\frac{1}{s}}$$

那么我们便会得到

$$\Delta_s\left(\left|\sum_{i=1}^n\dfrac{c'_i+c''_i}{2}\varphi_i-f\right|\right)$$

$$=\dfrac{1}{2}\Delta_s\left(\left|\left(\sum_{i=1}^n c'_i\varphi_i-f\right)+\left(\sum_{i=1}^n c''_i\varphi_i-f\right|\right)\right)$$

$$\leqslant\dfrac{1}{2}\left(\Delta_s\left(\left|\sum_{i=1}^n c'_i\varphi_i-f\right|\right)+\Delta_s\left(\left|\sum_{i=1}^n c''_i\varphi_i-f\right|\right)\right)=\mu^{\frac{1}{s}}$$

而这里的等式只有在下述条件下才可以实现

$$\sum_{i=1}^{n} c''_i \varphi_i - f \equiv C(\sum_{i=1}^{n} c'_i \varphi_i - f)$$

从而由系 $\varphi_i(i=1,2,\cdots,n)$ 与 f 的线性独立性便会推出：$C=1, c''_i = c'_i (i=1,2,\cdots,n)$，于是解便必定是唯一的.

但这对于 $s=1$ 便已经不正确了，正如下面的例子所表明的. 积分

$$\int_{-1}^{1} |x - cx^2| \, dx$$

当 $|c| \leq 1$ 时，其值为 1，而当 $|c| > 1$ 时，其值为 $\frac{2}{3}|c| + \frac{1}{3c^2}$ 乃大于 1. 因此，极小问题的解不是唯一的.

不去要求使积分 $I_n(s)$ 为极小，我们可以提出使

$$\overline{I}_n = \max_{(E)} |P_n(x) - f(x)| \qquad (9.36)$$

为极小的问题，其中 E 为闭点集（于特例，它可以与区间 (a,b) 一致），而 $P_n(x)$ 有以前的意义.

用 §1 中的记号，我们得

$$\overline{I}_n = \overline{\Delta}(|P_n - f|)$$

当然，所考虑的量是系数 c_i 的函数

$$\overline{\Delta}(|P_n - f|) = \overline{\delta}(c_i)$$

关于它，我们可以证明：它对于某一组数值 c_i 而言是连续的并取到其极小值. 证明完全与前面所引的类似；此乃以下述事实为先决条件：即用 $\overline{\Delta}_s(f) \, (s \geq 1)$ 与 $\overline{\Delta}(f)$ 所表示的诸表达式中的形式上的性质是相同

第9章 平均乘方逼近与一致(最佳)逼近

的,所以没有必要去重复论证了.

可是,我们要谈一下这一问题,即在怎样的程度上可以断言所提的极值问题的解是唯一的. 在一般情形下,这个断言是不正确的. 为要证明这一点,比如说,只需用这样的函数 $\varphi(x)$ 来逼近所给的函数 $f(x)$ 便可以了,这里 $\varphi(x)$ 在那些使 $|f(x)|$ 取到其最大值的诸点的邻域内是等于 0 的.

但如果 $P_n(x)$ 是一个给定为 n 次的通常的(或为三角的)多项式,那么解便必然是唯一的了.

注 这里所引进的乘方逼近的类型与前面各章中所考察的类型的逼近本质上是不同的. 前面类型的所有逼近全都带有线性特征,这一特征须做如下意义的了解,即若 $P(f,x)$ 与 $P(g,x)$ 是函数 $f(x)$ 与 $g(x)$ 的逼近,则 $P(f+g,x)$ 便是函数 $f(x)+g(x)$ 的逼近. 乘方逼近,一般说,便不具有这一性质. 精确些说, $s=2$ 阶的乘方逼近(即平方逼近)是一例外,在其上两种类型的逼近是相互交叉的,如果可以这样表示的话.

任意 s 阶的乘方逼近研究得较少,所得到的诸结果带有一些可有可无的性质. 无疑的,这是和乘方逼近($s=2$ 的情形除外)的计算要牵涉到较大的困难有关的,因而它的实用价值便也是有局限的. 我们认为在这里使读者熟悉它们还是有益的,因为它们容许用熟知的方法把各种逼近加以系统化而成广泛的一类,并且构成一连续串,其中一节乃是平方逼近,切比雪夫的一致(最佳)逼近乃是其末了的一节,这种逼近是本章的主要对象.

现在我们来看一下:可以讨论与乘方以及一致逼近相关联的无穷过程.

假设给定了无穷函数列
$$\varphi_1(x), \varphi_2(x), \cdots, \varphi_n(x), \cdots \quad (9.37)$$
而假定它们都是定义在 (a,b) 区间内的连续函数,并设不论数 n 怎样大,函数系 $\varphi_i(x)(i=1,2,\cdots,n)$ 在该区间内总是线性独立的. 另外,设 $f(x)$ 也是定义在基本区间内的连续函数. 对如下的可能情形,我们是不加以除外的:即对于某一附标 n 与某些系数 c_i $(i=1,2,\cdots,n)$,恒等式
$$f(x) \equiv c_1\varphi_1(x) + c_2\varphi_2(x) + \cdots + c_n\varphi_n(x)$$
是成立的. 而这却唯有在下列情形才可成立,即如果由函数 $\varphi_i(x)(i=1,2,\cdots,n)$ 与 $f(x)$ 所成之函数系不是线性独立的;这时,显然,同样的关系式对于所有大于 n 的附标全部成立.

且把刚才所述的情形丢开,对任意的 n $(n=1,2,\cdots)$ 我们提出使表达式
$$I^{(n)} \equiv \delta^{(n)}(c_i) \equiv \Delta^s\left(\left|\sum_{i=1}^n c_i\varphi_i - f\right|\right)$$
为极小的问题.

我们将这样来了解 $\Delta, \Delta_s(s>0), \overline{\Delta}$ 诸符号,使得它们同时指乘方逼近与一致逼近. 正如我们已经看到:在我们选取乘方偏差——$s>1$ 次乘方——时,诸系数 c_i 是可以被单值确定的. 用 μ_n 来表示函数 $f(x)$ 用函数系 $\varphi_i(x)(i=1,2,\cdots,n)$ 的最佳逼近,即 μ_n 为表达式 $\delta^{(n)}(c_i)$ 的极小值;这时对于任意的 c_i,得到不等式

第9章 平均乘方逼近与一致(最佳)逼近

$$\delta^{(n)}(c_i) \geqslant \mu_n$$

其中等号只是对于一组 c_i 的值可以取达

$$\delta^{(n)}(c_i^{(n)}) = \mu_n$$

容易看出. 诸数 $\mu_n(n=1,2,\cdots)$ 构成一不增序列

$$\mu_1 \geqslant \mu_2 \geqslant \cdots \geqslant \mu_n \geqslant \cdots \qquad (9.38)$$

其实,由 n 次多项式过渡到 $n+1$ 次多项式时,我们乃拓广了对它而言我们打算求表达式 $I^{(n)}$ 的极小值的函数类,因此,在这里,极小值本身是不会增大的.

我们这样来完成正式的证明. 按数 μ_{n+1} 的定义,对于 c_i 的随意值,下列不等式成立

$$\delta^{(n+1)}(c_1, c_2, \cdots, c_n, c_{n+1}) \geqslant \mu_{n+1}$$

所以,于特例

$$\delta^{(n+1)}(c_1^{(n)}, c_2^{(n)}, \cdots, c_n^{(n)}, 0) \geqslant \mu_{n+1}$$

但,显然有

$$\delta^{(n+1)}(c_1^{(n)}, c_2^{(n)}, \cdots, c_n^{(n)}, 0) = \delta^{(n)}(c_1^{(n)}, c_2^{(n)}, \cdots, c_n^{(n)}) = \mu_n$$

由此推知

$$\mu_n \geqslant \mu_{n+1} \qquad (9.38')$$

且把上面所考虑的这样一个情形丢开:即从某一附标 n 开始,函数系 $\varphi_i(x)(i=1,2,\cdots,n), f(x)$ 不是线性独立的,亦即,从某一数值 n 开始,所有的 μ_n 全为零,而我们假定,所有的 μ_n 全都是正的.

用 μ 表示它们的极限

$$\mu = \lim_{n \to \infty} \mu_n$$

显然

$$\mu \geqslant 0 \qquad (9.39)$$

我们将说:函数 $f(x)$ 在基本区间内可以或者不可

逼近论中的 Weierstrass 定理

以用函数列 $\varphi_i(x)$ 来逼近乃视 $\mu=0$ 或 $\mu>0$ 而定. 函数列 $\varphi_i(x)(i=1,2,\cdots)$ 称为在基本区间内是封闭的,如果任一连续函数在该区间内都可以用这序列来逼近的话.

当然,一般地说,函数逼近的可能性与函数列的封闭性依赖于逼近类型的选择. 此外,我们提出如下的一般情形.

(1) 对于用同一积分权 $\psi(x)$ 与相异的乘幂 s 与 s' (这里 $s<s'$) 所表征的偏差,如果在乘幂 s' 的情形,函数 $f(x)$ 是可以用所给的函数系来逼近的话,那么在乘幂 s 时亦然.

其实,设 $\delta_s^{(n)}(c_i)$ 与 $\delta_{s'}^{(n)}(c_i)$ 表示

$$\Delta_s^s\left(\left|\sum_{i=1}^n c_i\varphi_i-f\right|\right) \text{ 与 } \Delta_{s'}^{s'}\left(\left|\sum_{i=1}^n c_i\varphi_i-f\right|\right)$$

它们是被看作系数的函数的;设 $c_i^{(n)}$ 与 $c_{i'}^{(n)}$ ($i=1,2,\cdots,n$) 是与表 $\delta_s^{(n)}$ 与 $\delta_{s'}^{(n)}$ 的极小值相应的系数的值,而 μ_n 与 μ_n' 仅是相应的极小值本身. 这时我们得到

$$\delta_s^{(n)}(c_i^{(n)})=\mu_n, \delta_{s'}^{(n)}(c_{i'}^{(n)})=\mu_n'$$

另外,根据 §1 节的不等式 (9.21) 得

$$\Delta_s\left(\left|\sum_{i=1}^n c'^{(n)}_i\varphi_i-f\right|\right)\leq \Delta_{s'}\left(\left|\sum_{i=1}^n c'^{(n)}_i\varphi_i-f\right|\right)$$

即

$$(\delta_s^{(n)}(c'^{(n)}_i))^{\frac{1}{s}}\leq(\delta_{s'}^{(n)}(c'^{(n)}_i))^{\frac{1}{s}}$$

且因

$$\delta_s^{(n)}(c_i^{(n)})\leq\delta_s^{(n)}(c'^{(n)}_i)$$

第 9 章　平均乘方逼近与一致(最佳)逼近

故推得

$$\mu_n = \delta_s^{(n)}(c_i^{(n)}) \leqslant \delta_s^{(n)}(c_i'^{(n)}) \leqslant (\delta_{s'}^{(n)}(c_i'^{(n)}))^{\frac{s}{s'}} = \mu_n'^{\frac{s}{s'}}$$

如果 $\lim_{n\to\infty} \mu_n' = 0$，那么显然也有 $\lim_{n\to\infty} \mu_n = 0$.

(2) 如果函数可以用所给函数系来一致逼近,那么它也可以在具有任意次数的任何乘方偏差意义下来逼近.

设 $\overline{\delta}^{(n)}(c_i)$ 表示 c_i 的函数的

$$\Delta\left(\left|\sum_{i=1}^{n} c_i\varphi_i - f\right|\right)$$

而 $\delta_s^{(n)}(c_i)$ 类似地表示作为 c_i 的函数的

$$\Delta_s\left(\left|\sum_{i=1}^{n} c_i\varphi_i - f\right|\right)$$

$\overline{\mu}_n$ 与 μ_n 是相应的极小值,假定它们在数值 $\overline{c}_i^{(n)}$ 与 $c_i^{(n)}$ 处取到达.

这时,借助关系式(9.20),我们得

$$\delta_s^{(n)}(c_i^{(n)}) \leqslant \overline{\delta}^{(n)}(\overline{c}_i^{(n)})$$

以致

$$\mu_n \leqslant \overline{\mu}_n^s$$

从而推得结论:

作为推论,可推得如下的命题:

(1) 对同一的权,如果所给函数系 $\varphi_i(x)$ $(i=1,2,\cdots)$ 乘方次 s 而言是封闭的,那么对任何较低的方次而言也是封闭的.

(2) 如果函数系 $\varphi_i(x)(i=1,2,\cdots)$ 在一致逼近的意义下是封闭的,那么它在任何乘方逼近的意义下也

逼近论中的 Weierstrass 定理

是封闭的.

利用本节中所引用的术语,可以这样来拓广并改述魏尔斯特拉斯定理.

定理 9.1　由自变量的正整数次乘方的序列所构成的函数系

$$1, x, x^2, \cdots, x^n, \cdots$$

在任何有限区间 $[a, b]$ 上在一致(因此,也是在任何乘方)逼近的意义下都是封闭的.

定理 9.2　由函数

$$\begin{cases} 1, \cos x, \cos 2x, \cdots, \cos nx, \cdots \\ \sin x, \sin 2x, \cdots, \sin nx, \cdots \end{cases}$$

组成的函数系,(1)在长度小于 2π 的任一区间上在一致逼近(因此,任何乘方逼近)的意义下,(2)在任一长度等于 2π 的区间上在任何乘方逼近的意义下,都是封闭的. 我们无必要来讨论与最后的论断相关不大的证明了.

§3　由切比雪夫指出的最佳逼近条件

我们约定称这样形式的函数逼近为一致的或最佳的,即它可从使表达式

$$\overline{\Delta} = \max_{E} \left| \sum_{i=1}^{n} c_i \varphi_i(x) - f(x) \right| \quad (9.40)$$

为极小时而得出来(第 §2 节的记号). 已经证明了(第 §2 节):如果 $f(x)$ 是给定的连续函数,并且 $\varphi_i(x)$

第9章 平均乘方逼近与一致(最佳)逼近

$(i=1,2,\cdots,n)$ 是线性独立的连续函数系,那么,对应于所求极小值的诸系数 $c_i(i=1,2,\cdots,n)$ 的值是存在的,其解是唯一的这一点,正如我们已见到的,在一般情形下是不正确的.

不难验证,所举出的结果,在下列情形下是保持正确的,而如果引入更为一般形式的表达式

$$\overline{\Delta}_q = \max_E q(x) \left| \sum_{i=1}^{n} c_i \varphi_i(x) - f(x) \right| \quad (9.41)$$

来当作 Δ,在这里"数" $q(x)$ 在集合 E 上是正值连续函数,并且满足下列不等式

$$0 < m \leqslant q(x) \leqslant M \quad (9.42)$$

一致逼近的计算问题较之平方逼近的计算是富有更大的困难.

现在我们假定:函数系 $\varphi_i(x)$ 是由诸乘幂 $1, x, x^2, \cdots, x^n$ 所组成的,即所指的是用通常多项式的逼近. 与此同时讨论这样的情形:即当集合 E 变成闭区间的情形,并且不会失去一般性,而可以认定,这个区间就是 $[-1,1]$.

首先,提出"最佳"一致逼近问题的切比雪夫曾经指出如下的,使次数不高于 n 的多项式 $P(x)$ 给出所给函数 $f(x)$ 的最佳一致逼近的充要条件:

"带权"差

$$R(x) = q(x)(f(x) - P(x))$$

在区间 $[-1,1]$ 上应当取达其极大模

$$L \equiv \max_{-1 \leqslant x \leqslant 1} q(x) |f(x) - P(x)|$$

至少有 $n+2$ 次,且依次改变符号. 换句话说,应该存在

逼近论中的 Weierstrass 定理

$n+2$ 个点 x_i

$$-1 \leqslant x_1 < x_2 < \cdots < x_{n+1} < x_{n+2} \leqslant 1 \quad (9.43)$$

而具有如下的性质

$$R(x_i) = (-1)^i \varepsilon L \quad (\varepsilon = 1 \text{ 或 } -1; i = 1, 2, \cdots, n+2)$$
$$(9.44)$$

先证切比雪夫条件是必要的我们应该要找到满足条件(9.43)与(9.44)的诸点 x_i. 假定多项式 $P(x)$ 找到了. 用 $\overset{+}{E} \equiv E_1$ 表示可使 $R(x) = L$ 的诸点 x 的全体,而用 $\overline{E} \equiv E_2$ 表示那些使 $R(x) = -L$ 的诸点 x 的全体,显然,所有这些集合都是封闭的. 关于任一闭集,我们指出来,它含有第一个点与最末一个点(即进入其中的数中的最小者与最大者). 不会失去一般性可以假定:$\overline{E}$ 中的第一个点位于 $\overset{+}{E}$ 中的第一个点的左边. 设 x_1 是 $\overline{E}$ 中的第一个点,而 x_2 是 $\overset{+}{E}$ 中的第一个点,其中 $-1 \leqslant x_1 < x_2$. 设 E_3 是那些属于 $\overline{E}$ 且满足不等式 $x > x_2$ 的诸点 x 的全体. 因为 E_3 是一闭集,所以它有第一个点 x_3,且 $x_3 > x_2$. 设 E_4 是那些属于 $\overset{+}{E}$ 且满足不等式 $x > x_3$ 的诸点 x 的全体,因为 E_4 是闭集,所以它有第一个点 x_4,且 $x_4 > x_3$.

这样继续下去,将得出诸点 $x_i(i = 1, 2, \cdots)$ 它们满足条件

$$-1 \leqslant x_1 < x_2 < \cdots < 1, R(x_i) = (-1)^i L \quad (i = 1, 2, \cdots)$$

而且到集合 E_i 为空集时为止. 而后者一定会出现的:其实,如果诸集合 E_i 中没有一个是空集的话,那么满

第 9 章　平均乘方逼近与一致(最佳)逼近

足条件 (9.44) 的诸点 x_i 将有无穷多个；这时便会存在极限 $\xi = \lim\limits_{n \to \infty} x_n \leqslant 1$，因而在点 ξ 处函数 $R(x)$ 不可能是连续的了，这是因为在它的邻域内要取值 L 与 $-L$ 之故. 于是，设 x_m 是诸 x_i 中的最后一点

$$-1 \leqslant x_1 < x_2 < \cdots < x_m \leqslant 1$$

$$|R(x_i)| = (-1)^i L \quad (i = 1, 2, \cdots, m)$$

应当证明

$$m \geqslant n + 2 \qquad (9.45)$$

假设不然

$$m \leqslant n + 1 \qquad (9.46)$$

用 x'_1 表示那些属于 $\overline{E}$ 且满足不等式 $x < x_2$ 的诸点 x 所成之集合中的最后一点，用 x'_2 表示那些属于 $\overset{+}{E}$ 且满足不等式 $x < x_3$ 的诸点 x 所成之集合中的最后一点，如此等等. 容易看出

$$-1 \leqslant x_1 \leqslant x'_1 < x_2 \leqslant x'_2 < x_3 \leqslant x'_3 < \cdots < x_m \leqslant x'_m \leqslant 1$$

我们相应地用 $\overline{I}$ 表示闭区间

$$x_1 \leqslant x \leqslant x'_1, x_3 \leqslant x \leqslant x'_3$$

等的全体，用 $\overset{+}{I}$ 表示闭区间

$$x_2 \leqslant x \leqslant x'_2, x_4 \leqslant x \leqslant x'_4$$

等的全体，最后，用 I 表示基本区间 $[-1, 1]$ 上所有那些既不属于 $\overset{+}{I}$ 也不属于 $\overline{I}$ 的诸点的全体. 显然，在 $\overset{+}{I}$ 内 $R(x)$ 不会取达数值 $-L$，在 $\overline{I}$ 内 $R(x)$ 不会取达数值 L，在 I 内 $R(x)$ 既不会取达数值 L，也不会取达数值 $-L$.

令

逼近论中的 Weierstrass 定理

$$\alpha_i = \frac{x'_i + x_{i+1}}{2} \quad (i = 1, 2, \cdots, m-1)$$

其次

$$x_i^{*\,\prime} = \frac{x'_i + \alpha_i}{2}, x_{i+1}^{*} = \frac{\alpha_i + x_{i+1}}{2} \quad (i = 1, 2, \cdots, m-1)$$

$$x_1^{*} = -1, x_m^{*\,\prime} = +1$$

(图 9.1),用 $\overline{I}^{*}$ 表示区间

$$x_1^{*} \leq x \leq x_1^{*\,\prime}, x_3^{*\,\prime} \leq x \leq x_3^{*\,\prime}, \cdots$$

的全体,用 $\overset{+}{I}^{*}$ 表示区间

$$x_2^{*} \leq x \leq x_2^{*\,\prime}, x_4^{*} \leq x \leq x_4^{*\,\prime}, \cdots$$

的全体,最后,用 I^{*} 表示基本区间 $[-1,1]$ 上所有那些既不属于 $\overset{+}{I}^{*}$ 也不属于 $\overline{I}^{*}$ 的诸点的全体.

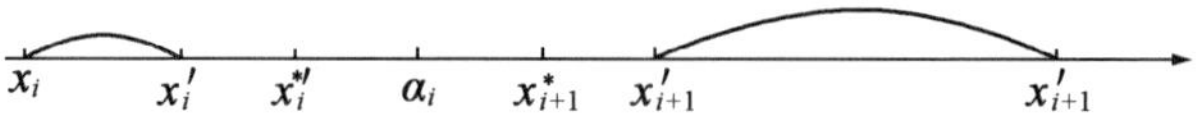

图 9.1

在 $\overline{I}^{*}$ 的区间内,$R(x)$ 不会取达数值 L,设 L_1 是 $R(x)$ 在 $\overline{I}^{*}$ 内的最大值($L_1 < L$). 在 $\overset{+}{I}^{*}$ 的区间内 $R(x)$ 不会取达数值 $-L$;设 $-L_2$ 是 $R(x)$ 在 $\overset{+}{I}^{*}$ 内的最小值($L_2 < L$). 最后,在 I^{*} 的区间内,$R(x)$ 既不取达数值 L,也不取达数值 $-L$;设 L_3 是 $|R(x)|$ 在 I^{*} 内的上确界($L_3 < L$).

我们用 L' 表示诸数 L_1, L_2, L_3 中的最大者($L' < L$),便得

$$\begin{cases} -L \leq R(x) \leq L' & (\text{对于 } \overline{I}^{*} \text{ 的区间}) \\ -L' \leq R(x) \leq L & (\text{对于 } \overset{+}{I}^{*} \text{ 的区间}) \\ -L' \leq R(x) \leq L' & (\text{对于 } I^{*} \text{ 的区间}) \end{cases} \quad (9.47)$$

第9章 平均乘方逼近与一致(最佳)逼近

现在我们来考察如下的 $m-1$ 次的多项式

$$S(x) = \lambda \prod_{i=1}^{m-1}(\alpha_i - x)$$

其中 λ 为一正的常数,下面我们将要来确定它.

不难看出,$S(x)$ 在 $\bar{I}^*$ 的区间上的数值是正的,而它在 $\overset{+}{I}{}^*$ 的区间上的数值是负的. 另外,用 μ 表 $\left|\prod_{i=1}^{m-1}(\alpha_i - x)\right|$ 在基本区间上的最大值,对于基本区间中的一切数值 x,我们得到

$$|S(x)| \leq \lambda\mu$$

从而根据不等式(9.42)推知

$$q(x)|S(x)| \leq \lambda\mu M$$

我们这样来选择 λ,使得

$$\lambda\mu M < L - L'$$

这时便得

$$\begin{cases} 0 < q(x)S(x) < L - L' & (对于 \bar{I}^* 中的区间) \\ -(L-L') < q(x)S(x) < 0 & (对于 \overset{+}{I}{}^* 中的区间) \\ -(L-L') < q(x)S(x) < L-L' & (对于 I^* 中的区间) \end{cases}$$

$$(9.48)$$

把不等式(9.47)与(9.48)相加,对于基本区间中无例外的全部值,我们得到

$$-L < R(x) + q(x)S(x) = q(x)(f(x) - P(x) + S(x)) < L$$

这样一来,按照式(9.46)其次数不超过 n 的多项式 $P(x) - S(x)$ 便给出要比 $P(x)$ 更佳的逼近了. 但这是与假设相矛盾的. 于是,不等式(9.46)是应当被抛

逼近论中的 Weierstrass 定理

弃的.

我们可以相当简单地来证明切比雪夫条件的充分性.

其实,设 $P(x)$ 是这样的 n 次多项式,使得
$$R(x) \equiv q(x)(f(x) - P(x))$$
满足条件(9.44),且式(9.43)也是成立的,并设 L 是 $|R(x)|$ 的极大值.

假定还存在其他这样的 n 次多项式 $Q(x)$ 使得
$$q(x)|f(x) - Q(x)| \leq L \qquad (9.49)$$
我们来考虑差
$$D(x) \equiv q(x)(f(x) - P(x)) - q(x)(f(x) - Q(x))$$
$$\equiv q(x)(Q(x) - P(x))$$
按公式(9.44)与(9.49)在诸点 x_i 处,下列不等式成立
$$(-1)^i \varepsilon D(x_i) \geq 0 \qquad (9.50)$$
但因 $q(x) > 0$,所以不等式(9.50)变成
$$(-1)^i \varepsilon (Q(x_i) - P(x_i)) \geq 0$$
令
$$S(x) \equiv \varepsilon (Q(x) - P(x))$$
我们看出,次数不高于 n 的多项式 $S(x)$ 适合下列条件
$$(-1)^i S(x_i) \geq 0 \quad (i = 1, 2, \cdots, n+2)$$
由此推出,$S(x)$ 至少有 $n+1$ 个零点,因此 $S(x) \equiv 0$,即 $Q(x) \equiv P(x)$,这就是所要证明的. 但因此也就揭露出,函数用所给次数的多项式的最佳一致逼近问题有唯一的解.

我们再来引入可以导致上面最后结论的其他的论证. 设 $P(x)$ 与 $Q(x)$ 是两个相异的逼近多项式,以使

第 9 章 平均乘方逼近与一致(最佳)逼近

$$|f(x) - P(x)| \leq L, |f(x) - Q(x)| \leq L \quad (9.51)$$

这时,显然也有

$$\left| f(x) - \frac{P(x) + Q(x)}{2} \right| \leq L \quad (9.52)$$

因之

$$R(x) \equiv \frac{P(x) + Q(x)}{2}$$

也是一个逼近多项式. 在不等式(9.52)中,等号应当至少在 $n+2$ 个点处取;但这只有在下述条件下才有可能,即在这些点处,在不等式(9.51)中同样也取等号,并且差 $f(x) - P(x)$ 与 $f(x) - Q(x)$ 在这些点处应当是同号的. 于是, 在所举出的 $n+2$ 个点处, 等式 $P(x) = Q(x)$ 应当成立,从而推出 $P(x) \equiv Q(x)$.

对于所给次数的三角多项式,也可以提出并解决最佳一致逼近的问题. 这里作为基本区间 E, 或者是取某一小于周期 2π 的区间, 或者是全周期 $-\pi \leq x \leq \pi$, 但是在最后的情形中将认定所给函数 $f(x)$ 是具有周期 2π 的周期函数,并且是处处连续的,对数 $q(x)$ 也作同样的假定,并且此处还假设它在基本区间上满足条件

$$0 < m \leq q(x) \leq M$$

根据 §2 节中的结果,关于基本区间上与所给函数 $f(x)$ 偏差为最小的 n 次三角多项式

$$T(x) = a_0 + \sum_{m=1}^{n}(a_m\cos mx + b_m\sin mx)$$

的存在问题,亦即,使表达式

$$L = \max q(x)|f(x) - T(x)|$$

逼近论中的 Weierstrass 定理

为极小的问题,在肯定的意义下必须认为是已解决的.

在三角多项式的情形,也可以推广切比雪夫充要条件,它可取作如下的形式:带权差
$$R(x) \equiv q(x)(f(x) - T(x))$$
在基本区间上应当至少有 $2n+2$ 次取达其极大模 L,并且依次变号.

证明和前面所引入的完全类似,只需指出若干论证的细节①. 要证明(由反面来证)"偏差点的个数 m 不能小于 $2n+2$"的必要性,相反地假定
$$m \leqslant 2n+1 \qquad (9.53)$$
在基本区间小于周期 2π 的情形下在偏差点间我们选取 $m-1(m-1 \leqslant 2n)$ 个点 $\alpha_i(i=1,2,\cdots,m-1)$ 并且(如果 $m-1$ 是奇数)再加上一个不属于基本区间的点 α_m;而在基本区间是全周期的情形,偏差点的个数 m 显然不能是奇数,因之不等式(9.53)可以变为下面的
$$m \leqslant 2n \qquad (9.54)$$
m 个偏差点在周期上决定了 $m(m \leqslant 2n)$ 个区间,在每一个区间内我们可以选取点 $\alpha_i(i=1,2,\cdots,m)$. 这样一来,在两种情形下,m 都是偶数. 随后,与以前一样,作次数不大于 n 且具有零点 α_i 的三角多项式
$$S(x) \equiv \varepsilon\lambda \sum_{i=1}^{m} \sin\frac{x-\alpha_i}{2} \quad (\varepsilon = \pm 1)$$

---

① 为了在这里和今后简便计,任何一个在那里 $R(x)$ 取值 $\varepsilon L(\varepsilon=1$ 或 $-1)$ 的点集,都认为只是一个点,如果在这些点间没有使 $R(x)$ 取值 $-\varepsilon L$ 的点的话.

第9章 平均乘方逼近与一致(最佳)逼近

要证明切比雪夫条件的充分性,我们需要引用"n 次三角多项式在周期界限内不可能有 $2n$ 个以上的根"一事.

§4 计算最佳逼近的例

上面所述的切比雪夫条件使我们可以把寻求与已知函数 $f(x)$ 有最小偏差的 n 次多项式 $P(x)$ 归结为解方程组. 事实上,假定函数 $f(x)P(x)$ 在所考虑的区间上都是可微的,并且像以前一样,用 x_i 表示使
$$R(x) \equiv q(x)(f(x) - P(x))$$
相继变号而达到其最大模 L 的那些点时,我们便看出,应当满足下面的含有 $2n+4$ 个未知数
$$L, x_i, c_i \quad (i = 1, 2, \cdots, n+2; j = 0, 1, \cdots, n)$$
由 $2n+4$ 个方程构成的方程组
$$R(x_i) = (-1)^i \varepsilon L, R'(x_i) = 0 \quad (i = 1, 2, \cdots, n+2) \tag{9.55}$$
在这里系令
$$P(x) = \sum_{j=0}^{n} c_j x^j \text{①}$$
根据 §2 节证明的定理,方程组(9.55)必有实解.

---

① 这些点中的一个或两个可以是基本区间的端点,那么未知数应减少一或两个. 但这时方程的个数也减少一个或两个,因为在区间的端点有极值时导数未必就等于 0.

逼近论中的 Weierstrass 定理

然而就在最简单的情形,直接求方程组(9.55)的解的问题都有极大的困难.

因之为了求已知函数的最佳逼近,通常要找巧妙的方法.

在这里我们考虑曾由切比雪夫所解决的与切比雪夫多项式相关的一些问题.

众所周知,对于所给初等函数能够"依有限形式"求得其最佳逼近多项式的例子并不多.

除了引进下列例题外,我们指出下列几点:

(1)切比雪夫在他自己的基本著作中求出了与0有最小偏差的形如

$$\frac{Ax^n + \cdots}{p_0 x^m + p_1 x^{m-1} + \cdots + p_m}$$

的函数,其中 A 为给定的或者是当分母中的那些系数已知时,去只确定分子中次数低于 n(分子中标以虚点的)的那些项(用虚点来表示的)的系数,或者也要确定分母中的诸系数.

(2)切比雪夫的学生 Е.И.查拉塔辽夫求出了当两个最高次项的系数已知时用椭圆函数(像切比雪夫用三角多项式一样)来表示与0有最小偏差的多项式.

(3)Н.И.阿赫兹在相近的方向上解决了许多类似问题,并且,除了椭圆函数以外他还用到保型函数.

当逼近多项式(同时也是最佳逼近)在次数无限增高可以用作近似计算的例是非常之多.在这里涉及的基本是全属于伯恩斯坦的一些十分完备的结果.

第 9 章 平均乘方逼近与一致(最佳)逼近

例 9.4 试在一切具有已知最高次项系数 A 的 n 次多项式

$$R(x) = Ax^n + \cdots$$

中,选择在区间 $[-1,1]$ 上与 0 有最小偏差的多项式.

换句话说,要使 $\max_{|x|\leq 1}|R(x)|$ 尽可能的小.

提出的问题显然等价于函数 $f(x) = Ax^n$ 用 $n-1$ 次多项式所得的最佳逼近的问题. 由一般理论可知偏差的最大模应当在 $n+1$ 个点处达到而相继地变号.

多项式

$$R(x) = \frac{A}{2^{n-1}} T_n(x) = \frac{A}{2^{n-1}} \cos n\arccos x \quad (9.56)$$

便满足这些条件. 事实上, 在诸点

$$x_i = \cos\frac{(n-i)\pi}{n} \quad (i=0,1,\cdots,n)$$

处,我们得到

$$R(x_i) = (-1)^{n+i} \frac{A}{2^{n-1}}$$

至于与 0 的最小偏差,则显然要等于

$$L = \frac{A}{2^{n-1}}$$

值得去注意切比雪夫所用的,导出公式(9.56)的那个巧妙的方法. 因为 $R'(x)$ 是 $n-1$ 次的多项式,所以方程 $R'(x) = 0$ 的根的个数等于 $n-1$,从而推得两个偏差点是区间的端点

$$x_0 = -1, x_n = 1$$

$2n$ 次多项式

$$L^2 - R^2(x)$$

逼近论中的 Weierstrass 定理

与
$$(1-x^2)R'^2(x)$$
有同样的根,就是:单根 1 与 -1 以及重根 $x_i(i=1,2,\cdots,n-1)$. 因之它们只相差一个常数因子,它是容易由比较最高项系数来确定的. 事实上
$$L^2 - R^2(x) = -A^2 x^{2n} + \cdots$$
$$(1-x^2)R'^2(x) = -n^2 A^2 x^{2n} + \cdots$$
所以
$$n^2(L^2 - R^2(x)) = (1-x^2)R'^2(x)$$
这是一个一阶微分方程,它的通解为
$$R(x) = L\cos(n\arccos x + C) \quad (9.57)$$
容易验证,只有当 $C=0$ 时 $R(x)$ 才是多项式. 然后,取 L 使最高次项系数等于 A 时,我们便得到公式 (9.56).

注 宜于注意怎样去构成由方程 (9.57) 所确定的函数 $R(x)$ 的图形. 要在长为 2π、高为 $2L$ 的矩形上画出振幅为 L,周期为 $\dfrac{2\pi}{n}$ 的正弦曲线;然后把矩形的对边黏结起来得到一个圆柱;最后把在圆柱上所画的空间曲线垂直投影到平行于圆柱的轴的平面上.

例 9.5 在点 $\xi(\xi>1$ 或 $\xi<-1)$ 取值 η 的所有 n 次多项式中,求出在区间 $[-1,1]$ 上与 0 有最小偏差者.

所求的多项式具有形式
$$R(x) = \eta + (x-\xi)Q(x)$$
其中 $Q(x)$ 为 $n-1$ 次多项式. 要使
$$\max_{-1\leqslant x\leqslant 1}|\eta+(x-\xi)Q(x)| = \max_{-1\leqslant x\leqslant 1}|x-\xi|\cdot\left|\dfrac{\eta}{x-\xi}+Q(x)\right|$$

为最小,我们看出,这问题包含在§3节的一般理论之中;事实上,我们要求出对于权 $q(x) = |x - \xi|$ 函数 $\dfrac{\eta}{x - \xi}$ 用 $n-1$ 多项式所得的最佳逼近. 从而推得,多项式 $R(x)$ 应当在 $n+1$ 个点处变号并达到极大,因此这个问题的解只与前一例题的解相差一个常数因子. 利用条件 $R(\xi) = \eta$,便得到

$$R(x) = \eta \frac{T_n(x)}{T_n(\xi)} = \eta \frac{\cos n\arccos x}{\cos n\arccos \xi} \quad (9.58)$$

所求的最大偏差等于

$$L = \frac{\eta}{|\cos n\arccos \xi|}$$

也可以直接证明,由关系式(9.58)所确定的多项式 $R(x)$ 就解决了这问题. 事实上,若有另一次数不大于 n 的多项式,例如 $R_1(x)$,也是在点 ξ 取值 η,在我们的区间上与 0 的偏差不超过 L,则多项式(n 次)

$$S(x) \equiv R(x) - R_1(x)$$

满足不等式

$$(-1)^{n+i} S(x_i) \geqslant 0 \quad (i = 0, 1, \cdots, n)$$

与等式

$$S(\xi) = 0$$

从而知

$$S(x) \equiv 0$$

亦即

$$R_1(x) \equiv R(x)$$

根据例9.5的解就得到:

推论9.1 若 n 次多项式 $P(x)$ 在区间 $[-1, 1]$ 上

逼近论中的Weierstrass定理

满足不等式

$$|P(x)| \leq L$$

则在位于这区间之外的实轴上一切点,它们满足不等式

$$|P(x)| \leq L|\cos n\arccos x|$$
$$= \frac{L}{2}|(x+\sqrt{x^2-1})^n + (x-\sqrt{x^2-1})^n|$$

根据例9.4的解(或由推论9.1)推出:

推论9.2 若n次多项式$P(x)$在区间$[-1,1]$上满足不等式

$$|P(x)| \leq L$$

则它的最高项系数A适合不等式

$$|A| = \lim_{x \to \infty}\left|\frac{P(x)}{x^n}\right| \leq 2^{n-1}L$$

例9.6 在一切形如

$$R(x) \equiv A\cos nx + B\sin nx + \cdots$$

的n次三角多项式中,其中A,B为已知的($A^2 + B^2 \neq 0$),试求出与0在周期间隔$-\pi < x \leq \pi$内有最小偏差者.

可知所有需要去确定的次数小于n的项的系数都应当为0,因此所求多项式就化为$A\cos nx + B\sin nx$.

事实上,我们需要用$n-1$次的三角多项式来逼近$A\cos nx + B\sin nx$. 根据切比雪夫条件应当有$2(n-1)+2 = 2n$个偏差点. 可是这些性质正是函数$A\cos nx + B\sin nx$所具有的. 因之逼近多项式就成为0.

例9.7 给定区间$E(-\alpha \leq x \leq \alpha, 0 < \alpha < \pi)$. 试

第9章 平均乘方逼近与一致(最佳)逼近

从一切次数不大于 n 且在点 $\xi(\alpha<|\xi|\leq\pi)$ 取 η 为值的三角多项式中,要去确定在区间 E 上与 0 有最小偏差者.

设 $T(x)$ 为所求的多项式, L 为它在区间 E 上的最大模. 只需取这样的 $T(x)$, 使得 $T(x)$ 在区间 E 上取值 L 与 $-L$(带有交错符号) $2n+1$ 次就行了, 当然, 应在补充条件 $T(\xi)=\eta$ 之下. 实际上, 若存在其他的次数不大于 n 的多项式 $T_1(x)$, 满足条件 $T_1(\xi)=\eta$ 并且在 E 上具有不超过 L 的最大模, 则多项式

$$U(x)\equiv T(x)-T_1(x)$$

在周期间隔上便有不少于 $2n+1$ 个零点, 亦即应当恒等于 0.

我们假定, 满足所提出的要求的多项式 $T(x)$ 是存在的. 我们断言有两个偏差点是区间 E 的端点: $x=\pm\alpha$. 事实上, 首先, 若所有的 $2n+1$ 个偏差点都是内点的话, 则多项式 $T'(x)$ (n 次)将有多于 $2n$ 个根, 这是不可能的. 其次, 若 $2n$ 个偏差点都位于内部且仅有一个位于边界上, 则在这种情况下导数的零点的个数不与其次数相符合, 因为在区间 E 外 $T'(x)$ 在点 β 处变成 0, 因之有 $2n-1$ 个偏差点在内部.

现在考虑 $2n+1$ 次多项式

$$(1-\cos(x-\beta))(L^2-T^2(x))$$

与

$$(\cos x-\cos\alpha)T'^2(x) \qquad (9.59)$$

它们在周期间隔上有同样的零点, 就是: $2n-1$ 个内偏差点(二重的), 其次有二重零点 β, 最后是单零点

逼近论中的 Weierstrass 定理

α 与 $-\alpha$；共有

$$2(2n-1)+2 \cdot 1+2=4n+2$$

个零点. 因之(9.59)中的两个多项式只相差一个常数因子. 比较 $\cos(2n+1)x$ 与 $\sin(2n+1)x$ 两项的系数，便确定了这个因子同时并断定 $\beta=\pi$. 于是

$$n^2(1+\cos x)(L^2-T^2(x))=(\cos x-\cos\alpha)T'^2(x)$$

分离变量并积分，我们得到

$$\frac{\mathrm{d}T}{\sqrt{L^2-T^2}}=n\sqrt{\frac{\cos x+1}{\cos x-\cos\alpha}}\mathrm{d}x$$

$$\arccos\frac{T}{L}=n\int\sqrt{\frac{\cos x+1}{\cos x-\cos\alpha}}\mathrm{d}x$$

$$=n\arccos\frac{\cos x-\cos^2\frac{\alpha}{2}}{\sin^2\frac{\alpha}{2}}+C$$

从而

$$T=L\cos\left(n\arccos\frac{\cos x-\cos^2\frac{\alpha}{2}}{\sin^2\frac{\alpha}{2}}+C\right)$$

所得函数仅当 $C=0$ 时才是三角多项式；因之

$$T(x)=L\cos n\arccos\frac{\cos x-\cos^2\frac{\alpha}{2}}{\sin^2\frac{\alpha}{2}}$$

不难验证，若 x 由 $-\alpha$ 增至 α 时，则在余弦号下的表达式由 $-n\pi$ 增至 $n\pi$，因而 $T(x)$ 达到其最大值 $2n+1$ 次而交错地变号. 于是，要问题最终地解决，接下来

第9章 平均乘方逼近与一致(最佳)逼近

只要按条件
$$T(\xi) = \eta$$
来选取 L,而这总是可能的(由于 $\alpha < |\xi| \leq \pi$).

推论9.3 若在区间 $2k\pi - \alpha \leq x \leq 2k\pi + \alpha (0 < \alpha < \pi)$ 上任意的 n 次三角多项式都满足不等式
$$|T(x)| \leq L$$
则在这些区间之外它满足不等式
$$|T(x)| \leq L \left| \cos n \arccos \frac{\cos x - \cos^2 \frac{\alpha}{2}}{\sin^2 \frac{\alpha}{2}} \right|$$

$$= \frac{L}{2\sin^{2n}\frac{\alpha}{2}} \left(\left(\cos x - \cos^2 \frac{\alpha}{2} + \sqrt{(\cos x - \cos \alpha)(\cos x - 1)} \right)^n + \right.$$

$$\left. \left(\cos x - \cos^2 \frac{\alpha}{2} - \sqrt{(\cos x - \cos \alpha)(\cos x - 1)} \right)^n \right)$$

在这些条件下 $|T(x)|$ 一般地可以取得的最大值,当 $x = (2k+1)\pi$ 得到;它等于
$$\frac{L}{2}\left(\tan^{2n}\frac{\alpha}{4} + \cot^{2n}\frac{\alpha}{4} \right)$$

例9.8 假定 α 是大于 1 的实数,试计算函数
$$f(x) = \frac{1}{x - \alpha}$$
在区间 $(-1,1)$ 上用 n 次多项式所得的最佳逼近.

我们应当选取这样的 n 次多项式 $P_n(x)$,使得差
$$R_n(x) \equiv \frac{1}{x - \alpha} - P_n(x)$$
在区间 $(-1,1)$ 上达到其最大模至少有 $n + 2$ 次并相

逼近论中的 Weierstrass 定理

继变号.

可以验证,$R_n(x)$ 由公式

$$R_n(x) = \frac{(x+\sqrt{x^2-1})^n(ax-1+\sqrt{(x^2-1)(a^2-1)})}{2(x-a)(a^2-1)(a+\sqrt{a^2-1})^n} +$$

$$\frac{(x-\sqrt{x^2-1})^n(ax-1-\sqrt{(x^2-1)(a^2-1)})}{2(x-a)(a^2-1)(a+\sqrt{a^2-1})^n}$$

所确定. 事实上, 分子是 $n+1$ 次多项式, 且因为

$$\lim_{x \to a}(x-a)R_n(x) = 1$$

从而便推出

$$\frac{1}{x-a} - R_n(x)$$

是 n 次的实多项式. 另外, 我们假设

$$x = \cos\theta, \sqrt{1-x^2} = \sin\theta$$

$$\frac{ax-1}{x-a} = \cos\psi, \frac{\sqrt{(1-x^2)(a^2-1)}}{x-a} = \sin\psi$$

则得

$$R_n(x) = L_n\cos(n\theta+\psi)$$

其中系假定

$$L_n = \frac{1}{(a^2-1)(a+\sqrt{a^2-1})^n}$$

当 x 由 -1 增至 1 时, θ 由 π 减至 0, ψ 由 0 减至 $-\pi$. 但在这种情形下, 显然 $R_n(x)$ 在基本区间上达到其最大模 $L_n(n+2$ 次), 并依次变号.

于是, 据切比雪夫定理, 我们的函数的所求的最佳逼近等于

第9章 平均乘方逼近与一致(最佳)逼近

$$L_n = \frac{1}{(a^2-1)(a+\sqrt{a^2-1})^n}$$

例 9.9 在形如

$$T(x) = a\cos x + b\sin x$$

的三角多项式中,选出在区间 $[\alpha, \beta]$(其中 $\beta - \alpha < \pi$)上与 1 有最小偏差者.

用字母 L 表示偏差,显然应当有

$$1 - T(\alpha) \equiv 1 - (a\cos\alpha + b\sin\alpha) = L$$

$$T\left(\frac{\alpha+\beta}{2}\right) - 1 \equiv a\cos\frac{\alpha+\beta}{2} + b\sin\frac{\alpha+\beta}{2} - 1 = L$$

$$1 - T(\beta) \equiv 1 - (a\cos\beta + b\sin\beta) = L$$

对于 a,b 与 L 解这三个方程就给出结果

$$L = \tan^2\frac{\beta-\alpha}{4}$$

$$a = \frac{\cos\dfrac{\alpha+\beta}{2}}{\cos^2\dfrac{\beta-\alpha}{4}}, \quad b = \frac{\sin\dfrac{\alpha+\beta}{2}}{\cos^2\dfrac{\beta-\alpha}{4}}$$

从而得到

$$T(x) = \frac{\cos\left(x - \dfrac{\alpha+\beta}{2}\right)}{\cos^2\dfrac{\beta-\alpha}{4}}$$

值得注意的是,切比雪夫没有放过机会,用他所引进的逼近方法给出实际应用.下面就是这样的应用的一个例子.

例 9.10 (1869 年教会历 128 页,科学院出版)近似确定地面上的距离的切比雪夫法则:

逼近论中的 Weierstrass 定理

（1）取两地的经度差与纬度差后,应当以分来表示之；

（2）把纬度差加倍；

（3）从两个数目——经度差与纬度差的两倍——中应当把小的乘上 3 而大的乘上 7 并把所得的积相加起来；

（4）于是,用 8 除便给出在俄里①表示下的所求距离".

用 Δu 与 Δv 分别表示纬度差与经度差(分)；如所看到的,这个法则就给出距离 Δs 的公式

$$\Delta s \approx \begin{cases} \dfrac{1}{8}(3 \cdot 2\Delta u + 7\Delta v), \text{当} 2\Delta u \leqslant \Delta v \text{时} \\ \dfrac{1}{8}(7 \cdot 2\Delta v + 3\Delta u), \text{当} 2\Delta u \geqslant \Delta v \text{时} \end{cases} \quad (9.61)$$

我们认为可以依下列的方式来猜这个数学之谜.

因为在法则中只是固定了纬度差与经度差,显然,所指的球面三角的解不是有限小,而是无穷小,亦即对于由半径为 R 的球上的弧素公式应用弧的近似公式

$$\Delta s \approx R\sqrt{\Delta u^2 + \cos^2 u \Delta v^2} \quad (9.62)$$

这样一来,法则只对不太大的距离才适用.

我们假定选择圣彼得堡的纬度：$u = 60°$；那么公式（9.62）取下列的形式

$$\Delta s \approx \frac{1}{2}R\sqrt{\Delta v^2 + (2\Delta u)^2} \quad (9.63)$$

---

① 俄里,俄制长度单位,1 俄里 $\approx 1.066\ 8$ km.

第9章 平均乘方逼近与一致(最佳)逼近

现在发生关于近似地表达函数 $\sqrt{X^2+Y^2}$ 的问题,切比雪夫取变元的线性组合使我们避免求平方根

$$\sqrt{X^2+Y^2} \approx aX + bY \quad (X,Y \geqslant 0) \quad (9.64)$$

换句话说,换成极坐标,需要用表达式 $\rho(a\cos\theta + b\sin\theta)$ 逼近 ρ 或用 $a\cos\theta + b\sin\theta$ 逼近 1(把 ρ 看成常数).在例9.8中我们曾研究过这种问题的解.

可是系数 a 与 b 可以有两种不同方法的选择(为了减小误差的目的),分别对区间 $\left(0,\dfrac{\pi}{4}\right)$ 与 $\left(\dfrac{\pi}{4},\dfrac{\pi}{2}\right)$,并且在第一情形下 $Y \leqslant X$,而在第二情形下 $Y \geqslant X$.

从例9.8对于区间 $\left(0,\dfrac{\pi}{4}\right)$ 我们得到(令 $\alpha = 0, \beta = \dfrac{\pi}{4}$)

$$a = \frac{\cos\dfrac{\pi}{8}}{\cos^2\dfrac{\pi}{16}} = 0.960\,46,\ b = \frac{\sin\dfrac{\pi}{8}}{\cos^2\dfrac{\pi}{16}} = 0.397\,84$$

$$L = \tan^2\frac{\pi}{16} = 0.039\,56$$

因之(在 $X \geqslant Y$ 时)

$$\sqrt{X^2+Y^2} \approx 0.960\,46X + 0.397\,84Y$$

其误差不超过 $0.039\,56$.

利用近似等式(9.63),我们便有(当 $2\Delta u \leqslant \Delta v$ 时)

$$\Delta s \approx \frac{1}{2}R(0.960\,46\Delta v + 0.397\,84 \cdot 2\Delta u)$$

$$(9.65)$$

把地球半径算作 $5\,971.4$ 俄里并经度差与纬度差换成

逼近论中的 Weierstrass 定理

分的表示

$$\Delta v = \frac{\Delta V}{3\,437.75},\ \Delta u = \frac{\Delta U}{3\,437.75}$$

关系(9.65)便具有下列形式

$$\Delta s \approx 0.834\,18\Delta V + 0.345\,52.2\Delta U$$

把系数换算

$$0.834\,18 \approx \frac{7}{8},\ 0.345\,52 \approx \frac{3}{8}$$

就导出公式(9.61)中的第一个. 第二个可以相仿地得到.

值得提出的是,对于我们这里所考虑的圣彼得堡的纬度相应于切比雪夫法则变换公式取近值

$$0.834\,18 \approx \frac{5}{6},\ 0.345\,52 \approx \frac{2}{6}$$

将是更恰当的. 法则本身所指的是在苏联地区内具有准确的形式,对于它 $\cos^2 u$ 大于 $\frac{1}{4}$ 并且在公式(9.64)中系数 a 与 b 也相应地增大.

§5 连续与可微函数的最佳逼近

杰克逊(Jackson)定理 设 $f(x)$ 为定义于区间 $(-1,1)$ 上的连续函数,$P_n(x)$ 为与 $f(x)$ 在所考虑区间上有最小偏差的 n 次多项式,$E_n(f)$ 为 $f(x)$ 用 n 次多项式的最佳逼近,则

$$E_n(f) = \max_{|x| \leq 1} |f(x) - P_n(x)|$$

第9章 平均乘方逼近与一致(最佳)逼近

显然(参阅§2节不等式(9.38′))

$$E_0(f) \geqslant E_1(f) \geqslant \cdots \geqslant E_n(f) \geqslant \cdots \quad (9.66)$$

按魏尔斯特拉斯定理,对于任意的连续函数我们有

$$\lim_{n\to\infty} E_n(f) = 0^{①} \quad (9.66')$$

所说的不仅是关于通常的多项式的,且也是对于三角多项式的.

现在来讨论关于依赖于被逼近函数的性质的逼近 $E_n(f)$ 的递减速度问题.

本节所引入的那些结果都是属于杰克逊的.

定理 9.3 若 $f(x)$ 为连续的周期函数,满足利普希茨条件

$$|f(x') - f(x'')| < K|x' - x''| \quad (x' \neq x'') \quad (9.67)$$

则

$$E_n(f) < \frac{CK}{n} \quad (9.68)$$

其中 $E_n(f)$ 表示用 n 次三角多项式所得的最佳逼近(带有常数权 $q(x) \equiv 1$),而 C 为绝对常数.

这定理不是别的,正是魏尔斯特拉斯定理的精确

---

① 除了不等式(9.66)与(9.66′)以外,数 $E_n(f)$ 并不受别的什么限制. 在1938年伯恩斯坦肯定地解决了他在哈尔科夫数学会上所提出的最佳逼近理论的下列的逆问题:对于任何适合要求

$$\alpha_0 \geqslant \alpha_1 \geqslant \alpha_2 \geqslant \cdots \geqslant \alpha_n \geqslant \cdots > 0, \alpha_n \to 0$$

的已知数列,可不可以求出这样的连续函数 $f(x)$,使得要满足关系式

$$E_n(f) = \alpha_n \quad (n = 0, 1, 2, \cdots)$$

逼近论中的 Weierstrass 定理

形式. 需要证明, 可以这样地选出 n 次三角多项式 $T_n(x)$, 使得

$$|f(x) - T_n(x)| < \frac{CK}{n} \qquad (9.69)$$

在证明魏尔斯特拉斯定理时, 我们曾取

$$T_n(x) = \frac{\int_{-\pi}^{\pi} F_n\left(\frac{t-x}{2}\right) f(t) \, dt}{\int_{-\pi}^{\pi} F_n\left(\frac{t-x}{2}\right) dt} \qquad (9.70)$$

其中

$$F_n(u) = \cos^{2n} u$$

现在我们假定

$$F_n(u) = \left(\frac{\sin nu}{n \sin u}\right)^4 \qquad (9.71)$$

并且注意, 公式 (9.70) 中的多项式 $T_n(x)$ 已经不再是 n 次而是 $2n - 2$ 次了. 在公式 (9.70) 中作代换 $t = x + 2u$ 得到

$$T_n(x) = \frac{\int_{-\pi+x}^{\pi+x} F_n\left(\frac{t-x}{2}\right) f(t) \, dt}{\int_{-\pi+x}^{\pi+x} F_n\left(\frac{t-x}{2}\right) dt} = \frac{\int_{-\frac{\pi}{2}}^{\frac{\pi}{2}} F_n(u) f(x + 2u) \, du}{\int_{-\frac{\pi}{2}}^{\frac{\pi}{2}} F_n(u) \, du}$$

从而推得 (借助于不等式 (9.67))

$$|f(x) - T_n(x)| = \left| \frac{\int_{-\frac{\pi}{2}}^{\frac{\pi}{2}} (f(x+2u) - f(x)) F_n(u) \, du}{\int_{-\frac{\pi}{2}}^{\frac{\pi}{2}} F_n(u) \, du} \right|$$

第9章 平均乘方逼近与一致(最佳)逼近

$$< 2K \frac{\int_{-\frac{\pi}{2}}^{\frac{\pi}{2}} |u| F_n(u) \mathrm{d}u}{\int_{-\frac{\pi}{2}}^{\frac{\pi}{2}} F_n(u) \mathrm{d}u} = 2K \frac{\int_0^{\frac{\pi}{2}} u F_n(u) \mathrm{d}u}{\int_0^{\frac{\pi}{2}} F_n(u) \mathrm{d}u} \quad (9.72)$$

注意到 $\sin u \leqslant u (0 \leqslant u)$ 时,借助于代换 $nu = v$ 我们便得到

$$\int_0^{\frac{\pi}{2}} F_n(u) \mathrm{d}u = \int_0^{\frac{\pi}{2}} \left(\frac{\sin nu}{n \sin u}\right)^4 \mathrm{d}u$$

$$> \int_0^{\frac{\pi}{2}} \left(\frac{\sin nu}{nu}\right)^4 \mathrm{d}u > \int_0^{\frac{\pi}{2n}} \left(\frac{\sin nu}{n \sin u}\right)^4 \mathrm{d}u$$

$$= \frac{1}{n} \int_0^{\frac{\pi}{2}} \left(\frac{\sin v}{v}\right)^4 \mathrm{d}v = \frac{C_1}{n}$$

另外,不等式 $\sin u \geqslant \frac{2u}{\pi} \left(0 \leqslant u \leqslant \frac{\pi}{2}\right)$ 给出

$$\int_0^{\frac{\pi}{2}} u F_n(u) \mathrm{d}u = \int_0^{\frac{\pi}{2}} u \left(\frac{\sin nu}{n \sin u}\right)^4 \mathrm{d}u < \frac{\pi^4}{16 n^4} \int_0^{\frac{\pi}{2}} \frac{\sin^4 nu}{u^3} \mathrm{d}u$$

但

$$\int_0^{\frac{\pi}{2}} \frac{\sin^4 nu}{u^3} \mathrm{d}u = \int_0^{\frac{\pi}{2n}} \frac{\sin^4 nu}{u^3} \mathrm{d}u + \int_{\frac{\pi}{2n}}^{\frac{\pi}{2}} \frac{\sin^4 nu}{u^3} \mathrm{d}u$$

其中

$$\int_0^{\frac{\pi}{2n}} \frac{\sin^4 nu}{u^4} \mathrm{d}u = n^2 \int_0^{\frac{\pi}{2}} \frac{\sin^4 v}{v^3} \mathrm{d}v = C_2 n^2$$

$$\int_{\frac{\pi}{2n}}^{\frac{\pi}{2}} \frac{\sin^4 nu}{u^3} \mathrm{d}u < \int_{\frac{\pi}{2n}}^{\frac{\pi}{2}} \frac{\mathrm{d}u}{u^3} < \int_{\frac{\pi}{2n}}^{\infty} \frac{\mathrm{d}u}{u^3} = \frac{2n^2}{\pi^2} = C_3 n^2$$

若假定 $\frac{\pi^4}{16}(C_2 + C_3) = C_4$,从而便得到

$$\int_0^{\frac{\pi}{2}} u F_n(u) \mathrm{d}u < \frac{C_4}{n^2}$$

逼近论中的 Weierstrass 定理

最后,回到式(9.72)并假定 $\dfrac{2C_4}{C_1} = \dfrac{1}{2}C$,便有

$$|f(x) - T_n(x)| < \dfrac{CK}{2n}$$

这样一来,记住 $T_n(x)$ 的次数等于 $2n-2$,得到

$$E_{2n-2}(f) < \dfrac{CK}{2n}$$

可是这时

$$E_{2n-1}(f) \leq E_{2n-2}(f) < \dfrac{CK}{2n} < \dfrac{CK}{2n-1}$$

$$E_{2n}(f) \leq E_{2n-2}(f) < \dfrac{CK}{n}$$

因之一般地

$$E_n(f) < \dfrac{CK}{n}$$

定理 9.4 若 $f(x)$ 为连续的周期函数,而 $E_n(f)$ 为其用 n 次三角多项式所得的最佳逼近,则

$$E_n(f) < C'\omega\left(\dfrac{2\pi}{n}\right) \qquad (9.73)$$

其中 $\omega(\delta)$ 为 $f(x)$ 的连续性模,而 C' 为绝对常数.

把周期 $-\pi \leq x \leq \pi$ 用诸点

$$x_m = -\pi + \dfrac{2m\pi}{n} \quad (m = 0,1,\cdots,n)$$

分成 n 等份. 然后考虑,折线 $y = \tau(x)$,它以曲线 $y = f(x)$ 上横标为 x_m 的点为顶点,显然,由于折线的每一段的斜率不可能超过 $\dfrac{n}{2\pi}\omega\left(\dfrac{2\pi}{n}\right)$,所以 $\tau(x)$ 满足利普希茨条件

第9章 平均乘方逼近与一致(最佳)逼近

$$|\tau(x') - \tau(x'')| \leqslant k|x' - x''|$$

其中 $k = \dfrac{n}{2\pi}\omega\left(\dfrac{2\pi}{n}\right)$. 因之从定理 9.3 推出存在这样的 n 次三角多项式 $T(x)$, 使得

$$|\tau(x) - T(x)| < \frac{C}{2\pi}\omega\left(\frac{2\pi}{n}\right) \qquad (9.74)$$

但另一方面,假设 $x_i \leqslant x \leqslant x_{i+1}$,便得到

$$|f(x) - \tau(x)| \leqslant |f(x) - f(x_i)| + |\tau(x) - \tau(x_i)|$$

$$\leqslant 2\omega\left(\frac{2\pi}{n}\right) \qquad (9.75)$$

从不等式(9.74)与(9.75)推得

$$|f(x) - T(x)| < \left(\frac{C}{2\pi} + 2\right)\omega\left(\frac{2\pi}{n}\right) = C'\omega\left(\frac{2\pi}{n}\right)$$

当然,对于用通常的多项式在区间 $[-1,1]$ 上来作逼近,也存在着类似的定理. 它们都容易从定理 9.3 与 9.4 作为推论而得出来.

定理 9.3′ 若 $f(x)$ 为定义于区间 $[-1,1]$ 上的连续函数且满足利普希茨条件

$$|f(x') - f(x'')| < K|x' - x''| \quad (x' \neq x''; |x'|, |x''| \leqslant 1) \qquad (9.76)$$

则

$$E_n(f) < \frac{CK}{n} \qquad (9.77)$$

其中 $E_n(f)$ 表示 $f(x)$ 用通常的 n 次多项式所得的最佳逼近,而 C 为绝对常数(它与在定理 9.3 中的一样).

从不等式(9.76)便得到(应用有限改变量定理)

$$|f(\cos x') - f(\cos x'')| < K|\cos x' - \cos x''|$$

逼近论中的 Weierstrass 定理

$$< K|x' - x''| \quad (x' \neq x'')$$

因之按定理 9.3 可以取这样的 n 次三角多项式 $T(x)$，使得

$$|f(\cos x) - T(x)| < \frac{CK}{n}$$

由于 $f(\cos x)$ 是周期函数且是偶函数，所以可以认为 $T(x)$ 不含正弦项. 因之，逆变换就导出不等式

$$|f(x) - T(\arccos x)| < \frac{CK}{n}$$

其中 $T(\arccos x)$ 是通常的 n 次多项式.

定理 9.4′ 若 $f(x)$ 的区间 $[-1,1]$ 上的连续函数，且 $E_n(f)$ 为其用 n 次多项式所得的最佳逼近，则

$$E_n(f) < C''\omega\left(\frac{2}{n}\right) \tag{9.78}$$

其中 $\omega(\delta)$ 为 $f(x)$ 的连续性模，而 C'' 为绝对常数.

证明完全类似于定理 9.4 的证明，常数 C'' 由等式

$$C'' = \frac{1}{2}C + 2$$

确定.

定理 9.5 若 $f(x)$ 是周期函数，具有满足利普希茨条件

$$|f^{(p)}(x') - f^{(p)}(x'')| < K|x' - x''| \tag{9.79}$$

的 p 阶导数 $f^{(p)}(x)$，则它的最佳逼近适合不等式

$$E_n(f) < \frac{C^{p+1}K}{n^{p+1}} \tag{9.80}$$

其中 C 正是在定理 9.3 中相同的常数.

根据定理 9.3，从不等式 (9.79) 推出

第9章 平均乘方逼近与一致(最佳)逼近

$$E_n(f^{(p)}) < \frac{CK}{n}$$

因之存在这样的 n 次多项式 $T_n^{(p)}(x)$,使得

$$|f^{(p)}(x) - T_n^{(p)}(x)| < \frac{CK}{n}$$

用 $U_n^{(p-1)}(x)$ 表示那样的 n 次三角多项式,它是 $T_n^{(p)}(x)$ 的积分并且不含常数项. 前面的不等式可以取下列形式

$$|(f^{(p-1)}(x) - U_n^{(p-1)}(x))'| < \frac{CK}{n}$$

从而推得,周期函数 $f^{(p-1)}(x) - U_n^{(p-1)}(x)$ 满足具有系数 $\dfrac{CK}{n}$ 的利普希茨条件[①]. 但在这种情形下按定理9.3我们应有不等式

$$E_n(f^{(p-1)} - U_n^{(p-1)}) < \frac{C^2 K}{n^2}$$

换句话说,存在这样的 n 次多项式 $V_n^{(p-1)}(x)$,使得

$$|f^{(p-1)}(x) - U_n^{(p-1)}(x) - V_n^{(p-1)}(x)| < \frac{C^2 K}{n^2}$$

假设

$$U_n^{(p-1)}(x) + V_n^{(p-1)}(x) = T_n^{(p-1)}(x)$$

我们便改写上面的不等式成下列形式

$$|f^{(p-1)}(x) - T_n^{(p-1)}(x)| < \frac{C^2 K}{n^2}$$

---

① 若 $|F'(x)| < K$,则 $|F(x') - F(x'')| < K|x' - x''|$,其实,按拉格朗日定理,我们得到

$$|F(x') - F(x'')| = |F'(\xi)(x' - x'')| < K|x' - x''|$$

逼近论中的 Weierstrass 定理

重复以上讨论,最后导出不等式

$$|f(x) - T_n(x)| < \frac{C^{p+1}K}{n^{p+1}}$$

而它与不等式(9.80)等价.

定理9.6 若 $f(x)$ 为周期函数,具有连续函数 $f^{(p)}(x)$,则其三角逼近满足不等式

$$E_n(f) < \frac{C^p C'}{n^p} \omega^p \left(\frac{2\pi}{n} \right) \qquad (9.81)$$

其中 $\omega^p(\delta)$ 表示 $f^{(p)}(x)$ 的连续性模,而 C 与 C' 为以前所引进的常数.

其实,按定理9.4我们得到

$$E_n(f^{(p)}) < C' \omega^p \left(\frac{2\pi}{n} \right)$$

像以前一样,由此可推得不等式(9.81).

定理9.5与9.6可以转换成函数 $f(x)$ 在已知区间上用通常的多项式作逼近的情形.

定理9.7 若函数 $f(x)$ 在区间 $[-1,1]$ 上有连续导数 $f^{(p)}(x)$,它满足利普希茨条件

$$|f^{(p)}(x') - f^{(p)}(x'')| < K|x' - x''|$$
$$(x' \neq x''; |x'|, |x''| \leq 1) \qquad (9.82)$$

则对于它用通常的多项式所得的最佳逼近,不等式

$$E_n(f) < \frac{C_p K}{n^{p+1}} \quad \left(C_p = \frac{C^{p+1}(p+1)^{p+1}}{(p+1)!}, n \geq p+1 \right)$$
$$(9.83)$$

成立.

事实上,由不等式(9.82)推出(根据定理9.3′)

第9章 平均乘方逼近与一致(最佳)逼近

$$E_{n-p}(f^{(p)}) < \frac{CK}{n-p}$$

亦即存在这样的 $n-p$ 次多项式 $P^{(p)}(x)$,使得

$$|f^{(p)}(x) - P^{(p)}(x)| < \frac{CK}{n-p}$$

或即

$$|(f^{(p-1)}(x) - P^{(p-1)}(x))'| < \frac{CK}{n-p}$$

但这表示函数 $f^{(p-1)}(x) - P^{(p-1)}(x)$ 满足具有系数 $\frac{CK}{n-p}$ 的利普希茨条件. 在这种情形下

$$E_{n-p+1}(f^{(p-1)} - P^{(p-1)}) < \frac{C^2 K}{(n-p)(n-p+1)}$$

于是

$$E_{n-p+1}(f^{(p-1)}) < \frac{C^2 K}{(n-p)(n-p+1)}$$

继续这样的讨论,最后导出不等式

$$E_n(f) < \frac{C^{p+1} K}{(n-p)(n-p+1)\cdots n} \qquad (9.84)$$

因为(在 $n \geqslant p+1$ 时)

$$n - k \geqslant \frac{p+1-k}{p+1} \cdot n$$

所以不等式(9.84)可以变成不等式(9.83).

定理 9.6′ 若函数 $f(x)$ 在区间 $[-1,1]$ 上有连续性模为 $\omega_p^{(\delta)}$ 的连续导数 $f^{(p)}(x)$,则其最佳逼近满足不等式

$$E_n(f) \leqslant \frac{C'_p}{n^p} \omega_p\left(\frac{2}{n-p}\right) \qquad (9.85)$$

其中
$$C'_p = C''C^p \frac{(p+1)^{p+1}}{(p+1)!}$$
其实,按定理 9.4′有
$$E_{n-p}(f^{(p)}) < C''\omega_p\left(\frac{2}{n-p}\right)$$
从而逐次推下去便得到了不等式(9.85).

要注意本节所证明的杰克逊的定理的下述特点：
(1)关于 $E_n(f)$ 的降阶的结论,是考虑非最佳逼近多项式(因而全然未接触到切比雪夫条件)而用间接方法得到的;(2)所引进的论断(除了定理 9.4′之外)不是关于一切连续函数的,而是关于它们的某些特殊类的.

在简单地叙述定理的证明时,是要能看到逼近所达到的阶,而无须准确地计算常数.

关于一些给定的函数类,用预先说明的一些逼近方法所得的逼近的上界的几近确定,同时也包括常数的精确的确定,在近代得到了很多的成果,C. M. 尼考里斯基就已给出它们的一些概念.

§6 关于多项式的导数的最大模的伯恩斯坦定理

定理 9.8 若通常的 n 次多项式在区间 $[-1,1]$ 上满足不等式
$$|P(x)| \leq L \tag{9.86}$$
则它的导数满足不等式

第9章 平均乘方逼近与一致(最佳)逼近

$$|P'(x)| \leq \frac{nL}{\sqrt{1-x^2}} \quad (-1 < x < 1) \quad (9.87)$$

定理9.9 若周期为2π的n次三角多项式$T(\theta)$在全轴上满足不等式

$$|T(\theta)| \leq L \quad (9.88)$$

则它的导数满足不等式

$$|T'(\theta)| \leq nL \quad (-\infty < \theta < +\infty) \quad (9.89)$$

这里我们引进黎斯(Riese)所给的定理9.9的证明,定理9.8便可由它作为推论而得出. 首先,我们引进一个能为任意次的三角多项式所满足的重要的恒等式.

考虑n次三角多项式

$$T_1(\theta) \equiv \frac{\cos n\theta}{2n} \sum_{m=1}^{2n} T(\theta_m)(-1)^m \cot \frac{\theta - \theta_m}{2}$$

其中为简单起见用θ_m表示$\cos n\theta$在周期$0 \leq \theta < 2\pi$上的零点

$$\theta_m = \frac{2m-1}{2n}\pi \quad (m = 1, 2, \cdots, 2n)$$

由于当$\theta = \theta_k (k \neq m)$时量

$$\frac{(-1)^m}{2n} \cos n\theta \cot \frac{\theta - \theta_m}{2}$$

为零,而当$\theta = \theta_m$时它取值1,所以由此显见,多项式$T(\theta)$与$T_1(\theta)$在$2n$个点θ_m处取相同的值. 这不表示它们恒等,因为对于这样的论断需要有$2n+1$个点才够. 但差$T(\theta) - T_1(\theta)$在$2n$个点θ_k处都成为0,因之可以断定它与$\cos n\theta$仅相差一个常因子

$$T(\theta) - T_1(\theta) \equiv C \cos n\theta$$

逼近论中的 Weierstrass 定理

这样一来,得到恒等式
$$T(\theta) \equiv C\cos n\theta + \frac{\cos n\theta}{2n}\sum_{m=1}^{2n} T(\theta_m) \cdot$$
$$(-1)^m \cot \frac{\theta - \theta_m}{2} \quad (9.90)$$

其中常数 C 是未知的. 若微分恒等式(9.90)之后,再令 $\theta = 0$,则有
$$T'(0) = \frac{1}{2n}\sum_{m=1}^{2n} T(\theta_m) \cdot (-1)^{m+1} \frac{1}{\sin^2 \frac{\theta_m}{2}} \quad (9.91)$$

在这里常数 C 消失了.

就证明看,等式(9.91)对于任何的 n 次多项式 $T(\theta)$ 都成立. 对于多项式 $T(\theta + \alpha)$ 应用等式(9.91),其中 α 为常数,然后再用 θ 代 α,那么就得到
$$T'(0) = \frac{1}{2n}\sum_{m=1}^{2n} T(\theta + \theta_m)(-1)^{m+1} \frac{1}{\sin^2 \frac{\theta_m}{2}}$$
$$(9.92)$$

这就是黎斯恒等式,它对于任意的 n 次三角多项式都满足.

在恒等式(9.92)中令 $T(\theta) \equiv \sin n\theta$ 然后再使 θ 等于 0. 结果便得
$$\frac{1}{2n}\sum_{m=1}^{2n} \frac{1}{\sin^2 \frac{\theta_m}{2}} = n \quad (9.93)$$

现在容易证明定理 9.9. 从恒等式(9.92)与不等式(9.88)得到

第9章 平均乘方逼近与一致(最佳)逼近

$$|T'(\theta)| \leq \frac{1}{2n}\sum_{m=1}^{2n} |T(\theta+\theta_m)| \cdot \frac{1}{\sin^2\frac{\theta_m}{2}}$$

$$\leq L\frac{1}{2n}\sum_{m=1}^{2n} \frac{1}{\sin^2\frac{\theta_m}{2}}$$

其次,根据公式(9.93)

$$|T'(\theta)| \leq nL$$

这就是定理9.9的论断.

回到定理9.8. 我们考虑 n 次三角多项式

$$T(\theta) \equiv P(\cos\theta)$$

从假设(9.86)推得

$$|T(\theta)| \leq L$$

因之根据定理9.9有

$$|T'(\theta)| \leq nL \qquad (9.94)$$

但

$$T'(\theta) = \frac{\mathrm{d}}{\mathrm{d}\theta}P(\cos\theta) = -P'(\cos\theta)\sin\theta$$

因之不等式(9.94)具有下列形式

$$|P'(\cos\theta)| \leq \frac{nL}{|\sin\theta|}$$

逆变换 $\cos\theta = x$ 就导出不等式(9.87).

注 在 $T(\theta) = \sin n(\theta - \theta_0)$ 时公式(9.89)中等号成立,而不等式(9.87)中等号成立则在 $P(x) = T_n(x)$ (切比雪夫多项式)时.

容易把定理9.9推广至 p 阶导数情形;若周期为 2π 的 n 次三角多项式 $T(\theta)$ 在全轴上满足不等式

逼近论中的 Weierstrass 定理

$|T(\theta)| \leq L$, 则对于它的 p 阶导数的上界我们有
$$|T^{(p)}(\theta)| \leq n^p L \qquad (9.95)$$

对定理 9.8 作一些补充. 首先在区间 $[a,b]$ 上推广它. 假设我们有不等式
$$|P(x)| \leq L \quad (a \leq x \leq b) \qquad (9.96)$$

令
$$X = \frac{2x-a-b}{b-a}, Q(X) \equiv P(x)$$

我们看到, 它相当于下面的
$$|Q(X)| \leq L \quad (-1 \leq X \leq 1)$$

但这时按定理 9.8 可得到
$$|Q'(X)| \leq \frac{nL}{\sqrt{1-X^2}}$$

亦即(回到变元 x)
$$|P'(x)| \leq \frac{nL}{\sqrt{(x-a)(b-x)}} \qquad (9.97)$$

现在假定诸数 $x_k (k=1,2,\cdots,p-1)$ 满足关系
$$0 < x_{p-1} < \cdots < x_2 < x_1 < 1$$

从不等式(9.86)推出不等式(9.87), 而于是更加有
$$|P'(x)| \leq \frac{nL}{\sqrt{1-x_1^2}} \quad (-x_1 \leq x \leq x_1)$$

但这时从不等式(9.97)推得
$$|P''(x)| \leq \frac{n(n-1)L}{\sqrt{1-x_1^2}\sqrt{x_1^2-x^2}} \quad (-x_1 < x < x_1)$$

特别地
$$|P''(x)| \leq \frac{n(n-1)L}{\sqrt{1-x_1^2}\sqrt{x_1^2-x^2}} \quad (-x_2 \leq x \leq x_2)$$

第9章 平均乘方逼近与一致(最佳)逼近

但其次这时又有

$$|P'''(x)| \leqslant \frac{n(n-1)(n-2)L}{\sqrt{1-x_1^2}\sqrt{x_1^2-x_2^2}\sqrt{x_2^2-x^2}} \quad (-x_2 \leqslant x \leqslant x_2)$$

这样继续下去,一般地得到

$$|P^{(p)}(x)| \leqslant \frac{n(n-1)\cdots(n-p+1)L}{\sqrt{1-x_1^2}\sqrt{x_1^2-x_2^2}\cdots\sqrt{x_{p-1}^2-x^2}}$$
$$(-x_{p-1} < x < x_{p-1}) \quad (9.98)$$

选取数 x_k 使得上面的不等式的右方尽可能的小,这时分母中的一切因子彼此应当相等

$$1 - x_1^2 = x_1^2 - x_2^2 = \cdots = x_{p-1}^2 - x^2$$

从而推得,这些因子中的任一个应当等于 $\dfrac{1-x^2}{p}$. 在这种情形下不等式(9.78)取下列形式

$$|P^{(p)}(x)| \leqslant \frac{n(n-1)\cdots(n-p+1)p^{\frac{p}{2}}L}{(1-x^2)^{\frac{p}{2}}}$$

或更粗略些

$$|P^{(p)}(x)| \leqslant \frac{n^p p^{\frac{p}{2}} L}{(1-x^2)^{\frac{p}{2}}} \quad (9.99)$$

注 不等式(9.87)是精确的,由于在 $P(x) \equiv T_n(x)$ 达到了等式. 而不等式(9.99)不是精确的(若 $P \geqslant 2$).

上面所引进的伯恩斯坦型的不等式,只是今后所要用到的那些. 不去讲它们的许多不同的推广(这些方面有很广泛的应用)而只讲一个简单的推广,这便是马尔可夫(Markov)不等式.

若 n 次多项式在区间 $[-1,1]$ 上满足不等式

逼近论中的 Weierstrass 定理

$$|P(x)| \leqslant L \qquad (9.100)$$

则它的导数将满足不等式

$$|P'(x)| \leqslant n^2 L \qquad (9.101)$$

这定理容易从本节定理 9.8 推出,由于从式(9.87)推出式(9.101). 兹引进下面的属于舒尔(Schur)的证明.

只需断定,若 $n-1$ 次多项式 $Q(x)$ 在区间 $[-1,1]$ 上满足不等式

$$|Q(x)| \leqslant \frac{1}{\sqrt{1-x^2}} \qquad (9.102)$$

则它也满足不等式

$$|Q(x)| \leqslant n \qquad (9.103)$$

然后可以应用这一论断到多项式 $Q(x) = \dfrac{P'(x)}{nL}$ 上去.

至于关于多项式 $Q(x)$ 的定理,则它对于 $|x| \leqslant \cos\dfrac{\pi}{2n}$ 的情形是显而易见的,因为在这种情形下

$$\sqrt{1-x^2} \geqslant \sin\frac{\pi}{2n}$$

并且 $\left(\text{由于当 } 0 \leqslant x \leqslant \dfrac{\pi}{2} \text{ 时}, \sin x \geqslant \dfrac{x}{\frac{\pi}{2}} x\right)$

$$\sin\frac{\pi}{2n} \geqslant \frac{1}{n}$$

接下来考虑下列情形

$$\cos\frac{\pi}{2n} < |x| \leqslant 1 \qquad (9.104)$$

利用 $Q(x)$ 的按具切比雪夫插点 $x_m = \cos\dfrac{(2m-1)\pi}{2n}$

第9章 平均乘方逼近与一致(最佳)逼近

$(m=1,2,\cdots,n)$的拉格朗日内插公式的展式

$$Q(x) = \sum_{m=1}^{n} Q(x_m) \frac{T_n(x)}{T'_n(x_m)(x-x_m)}$$

$$= \frac{1}{n}\sum_{m=1}^{n}(-1)^{m-1}\sqrt{1-x_m^2}Q(x_m)\frac{T_n(x)}{x-x_m}$$

当注意到所有的差 $x-x_m$ 同号时,利用不等式(9.102)便可以写出

$$|Q(x)| \leqslant \frac{|T_n(x)|}{n}\sum_{m=1}^{n}\left|\frac{1}{x-x_m}\right|$$

$$= \frac{|T_n(x)|}{n}\left|\sum_{m=1}^{n}\frac{1}{x-x_m}\right|$$

$$= \frac{|T_n(x)|}{T_n(x)}\left|\frac{T'_n(x)}{T_n(x)}\right| = \frac{1}{n}|T'_n(x)|$$

另外,我们有

$$|T'_n(x)| = \left|\frac{n\sin(n\arccos x)}{\sqrt{1-x^2}}\right| \leqslant n^2 \quad (9.105)$$

从而显然可见不等式(9.103)成立,于是不等式(9.101)得到证明.

我们指出,对于 $P(x) \equiv T_n(x)$,当 $x=1$ 时达到关系式(9.101)中的等号.

把不等式(9.101)中出现的因子 n^2 与不等式(9.89)中出现的因子 n 加以比较是很有趣的.

同时,那样的情况是值得注意的,即从上述观点来考虑,复平面上单位圆的情形类似于三角多项式的情形.

若具有复系数的 n 次多项式 $P(z)$ 在圆 $|z|\leqslant 1$ 上满足不等式

逼近论中的 Weierstrass 定理

$$|P(z)| \leqslant L \qquad (9.106)$$

则它的导数在同一圆上满足不等式

$$|P'(z)| \leqslant nL \qquad (9.107)$$

事实上,设不等式(9.106)满足并设导数 $P'(z)$ 的模在单位圆 $z = \mathrm{e}^{\mathrm{i}\alpha}$①上的某一点处达到它的最大值 M,并且

$$P'(\mathrm{e}^{\mathrm{i}\alpha}) = M\mathrm{e}^{\mathrm{i}\beta} \qquad (9.108)$$

引进新的多项式

$$P_1(z) \equiv \mathrm{e}^{-\mathrm{i}(\alpha+\beta)} P(\mathrm{e}^{\mathrm{i}\alpha} z) \equiv \sum_{m=0}^{n} c_m z^m \quad (c_m = a_m + \mathrm{i} b_m)$$

$$(9.109)$$

根据不等式(9.106),对于一切 θ 我们都有

$$|P_1(\mathrm{e}^{\mathrm{i}\theta})| \equiv \Big| \sum_{m=0}^{n} (a_m \cos m\theta - b_m \sin m\theta) + \mathrm{i} \sum_{m=0}^{n} (a_m \sin m\theta + b_m \cos m\theta) \Big| \leqslant L$$

于是更加有

$$\Big| \sum_{m=0}^{n} (a_m \sin m\theta + b_m \cos m\theta) \Big| \leqslant L$$

但这时按定理 9.9,对于一切 θ 同样有

$$\Big| \sum_{m=0}^{n} m(a_m \cos m\theta - b_m \sin m\theta) \Big| \leqslant nL$$

特别当 $\theta = 0$ 时

$$\Big| \sum_{m=0}^{n} m a_m \Big| \leqslant nL \qquad (9.110)$$

---

① 在某一区域内为正则的解析函数,不在别处而正在边界上达到其最大模.

另外,微分式(9.109),我们得到
$$P'_1(z) \equiv e^{-i\beta}P'(e^{i\alpha}z)$$
因之利用式(9.108)得
$$P'_1(1) \equiv e^{-i\beta}P(e^{i\alpha}z) = M$$
但也恰有
$$P'_1(z) \equiv \sum_{m=0}^{n} mc_m z^{m-1}, P'(1) = \sum_{m=0}^{n} mc_m$$
于是
$$\sum_{m=0}^{n} mc_m = M$$
因之
$$\sum_{m=0}^{n} ma_m = \Re \sum_{m=0}^{n} mc_m = \Re M = M$$
在这种情形下,不等式(9.110)可以写成下列形式
$$M \leqslant nL$$
(这就是所要证明的).

比较这里所提出的两个定理是特别有意义的. 从舍格(Szego)的工作之一中使我们能明了对于区间与圆的两种情形的结果的区别. 在那里,考虑以有限个数的解析弧段为界的闭域 Δ,舍格指出, $|P'_n(z_0)|$ 的上界,其中 z_0 属于 Δ,当界限 $\max_{\Delta}|P_n(z)| \leqslant 1$ 时它依赖于线路 Δ 与 z_0 的位置:对于属于 Δ 内部的 z_0,这个界不依赖于 n;若 z_0 位于线路上而不是解析弧的端点(因之线路在这点处有切线),则所说的界为 n 阶,最后,若 z_0 为两个解析弧段的连接点,并且两切线(在域 Δ 之外)的交角等于 $\alpha\pi$,则界是 n^α 阶. 对于区间 $(-1,1)$ 上的端点值 α 等于2,这

逼近论中的 Weierstrass 定理

也就说明了为什么在马尔可夫所考虑的情形下阶是提高了,若取正方形为 Δ,则在其顶点处阶是 $n^{\frac{3}{2}}$.

§7 伯恩斯坦定理,杰克逊定理的逆定理

若已经知道最佳逼近递减得足够快,则可从而做出被逼近函数的具有某种微分性质的肯定的结论.

下列伯恩斯坦诸定理,可以作为上述断言的例子,它们在某种意义上是杰克逊定理的逆定理.

定理 9.10 若用 $E_n(f)$ 表示周期函数 $f(x)$ 用 n 次三角多项式所得的最佳逼近,并且它满足不等式

$$E_n(f) < \frac{C}{n^{p+\varepsilon}} \quad (\varepsilon > 0) \qquad (9.111)$$

其中为整数 $(p \geqslant 1)$,则函数 $f(x)$ 有连续的 p 阶导数.

设 $T_n(x)$ 为由最佳逼近所确定的那个 n 次多项式,因之

$$|T_n(x) - f(x)| < \frac{C}{n^{p+\varepsilon}}$$

于是函数 $f(x)$ 可以展成一致收敛的多项式级数

$$f(x) = T_0(x) + \sum_{m=1}^{\infty} (T_m(x) - T_{m-1}(x)) \qquad (9.112)$$

显然,这个级数不丧失一致收敛性,如果我们按照下面的样子重新组合它的项数的话

$$f(x) = T_{n_0}(x) + \sum_{m=1}^{\infty} (T_{n_m}(x) - T_{n_{m-1}}(x))$$

$$(9.113)$$

第9章 平均乘方逼近与一致(最佳)逼近

其中

$$n_0 < n_1 < n_2 < \cdots < n_m < \cdots$$

为任意的递增数列. 级数(9.113)(正如级数(9.112)一样)不仅一致收敛而且是绝对收敛的,因为

$$|T_{n_m}(x) - T_{n_{m-1}}(x)|$$
$$= |(T_{n_m}(x) - f(x)) -$$
$$(T_{n_{m-1}}(x) - f(x))|$$
$$\leqslant |T_{n_m}(x) - f(x)| + |T_{n_{m-1}}(x) - f(x)|$$
$$< \frac{C}{n_m^{p+\varepsilon}} + \frac{C}{n_{m-1}^{p+\varepsilon}} < \frac{2C}{n_{m-1}^{p+\varepsilon}} \quad (9.114)$$

而级数 $\sum_m \dfrac{1}{n_{m-1}^{p+\varepsilon}}$ 无疑是收敛的. 我们指出,从上面的关系式根据§6节的不等式(9.89)得知

$$|T_{n_m}^{(p)}(x) - T_{n_{m-1}}^{(p)}(x)| < 2C \frac{n_m^p}{n_{m-1}^{p+\varepsilon}} \quad (9.115)$$

现在来选择数 n_m. 总可以这样的来选取使得级数

$$\sum_m \frac{n_m^p}{n_{m-1}^{p+\varepsilon}}$$

收敛. 例如,只须令 $n_m = 2^m$ 就行了. 其实,这时

$$\frac{n_m}{n_{m-1}^{p+\varepsilon}} = 2^{p+\varepsilon} \left(\frac{1}{2^\varepsilon}\right)^m$$

并且级数 $\sum_m \left(\dfrac{1}{2^\varepsilon}\right)^m$ 收敛,但既然不等式(9.115)的右方级数收敛,所以可以说把级数(9.113)逐项微分 p 次所得的级数

$$T_{n_0}^{(p)}(x) + \sum_{m=1}^{\infty}(T_{n_m}^{(p)}(x) - T_{n_{m-1}}^{(p)}(x)) \quad (9.116)$$

逼近论中的 Weierstrass 定理

也是收敛而且是一致的,于是,按熟知的定理,级数(9.113)的和 $f(x)$ 有连续的 p 阶导数.

注 代替不等式(9.117)可以要求下列级数收敛

$$\sum_n n^p E_n(f) \qquad (9.117)$$

事实上,设 $n^p E_n(f) = C_n$,这时我们已经有不等式

$$|T_{n_m}^{(p)}(x) - T_{n_{m-1}}^{(p)}(x)| < (C_{n_m} + C_{n_{m-1}}) \frac{n_m^p}{n_{m-1}^p}$$

从而,若假定 $n_m = 2^m$,便得

$$\frac{n_m^p}{n_{m-1}^p} = 2^p$$

并且由于从级数 $\sum_n C_n$ 的收敛性可推得级数 $\sum_m C_{n_m}$ 的收敛性,所以像以前一样,我们得出了关于级数(9.116)一致收敛的结论.

定理 9.11 若用 $E_n(f)$ 表示函数 $f(x)$ 用通常的 n 次多项式在区间 $[-1,1]$ 上所得的最佳逼近,并且满足不等式(9.111),其中 $p(p \geqslant 1)$ 为整数,则函数 $f(x)$ 在所考虑的区间的内部有连续的 p 阶导数.

这一定理的证明完全类似于前一证明. 我们只提出,利用不等式(9.87)以代替(9.89),我们得到在式(9.87)的右方的分母中的因子 $\sqrt{1-x^2}$,由于这一点可以断定级数只对于在某个(任意的)完全含于基本区间 $[-1,1]$ 的内部的区间上的一致收敛性. 因之在区间的端点上导数 $f^{(p)}(-1)$ 与 $f^{(p)}(1)$ 的存在便不能保证.

显然,关于定理 9.10 所做的注,对于定理 9.11 仍

然有效.

上面我们已经说过,伯恩斯坦定理在某种意义下是杰克逊定理的逆定理,在这里我们来说明它.

杰克逊的定理9.10说,从可以取

$$\left|\frac{f(x+h)-f(x)}{h}\right|<K \quad (h\neq 0) \quad (9.118)$$

的形式的利普希茨条件(9.67). 推出量 $nE_n(f)$ 的有界性,然而,有例足以断言,从量 $nE_n(f)$ 的有界性不能推出利普希茨型不等式(9.118)(虽然它可以从不论对于不论怎样小的正数 ε,量 $n^{1+\varepsilon}E_n(f)$ 的有界性推得,甚至从级数 $\sum nE_n(f)$ 的收敛性推得). 不久之前济格蒙德(Zygmund)才能阐明,从表达式 $nE_n(f)$ 的有界性不是推出(9.118)的不等式而正是另外类型的不等式

$$\left|\frac{f(x+h)-2f(x)+f(x-h)}{h}\right|<K \quad (h\neq 0)$$

$$(9.119)$$

(分数中的分子是以二阶有限差代替一阶的),并且相反地,不等式(9.119)的成立就引出表达式 $nE_n(f)$ 的有界性.

类似的,表达式 $n^{p+1}E_n(f)$ 的有界性,是 p 阶导数 $f^{(p)}(x)$ 满足不等式(9.119)的充分必要条件.

§8 函数的最佳逼近按序列导数的最大模的估值

伯恩斯坦定理[①] 若函数 $f(x)$ 与 $g(x)$ 在区间 $[-1,1]$ 有导数 $f^{(n+1)}(x)$ 与 $g^{(n+1)}(x)$，它们满足不等式

$$0 < f^{(n+1)}(x) < g^{(n+1)}(x) \qquad (9.120)$$

则

$$E_n(f) \leqslant E_n(g) \qquad (9.121)$$

设 $P(x)$ 与 $Q(x)$ 分别为对于函数 $f(x)$ 与 $g(x)$ 同用 $x_0, x_1, \cdots, x_n$ 作为插点组的拉格朗日内插多项式．令

$$f(x) - P_n(x) = R_n(x), g(x) - Q_n(x) = S_n(x)$$

考虑行列式

$$\Phi(z) \equiv \begin{vmatrix} R_n(x) & R_n(z) \\ S_n(x) & S_n(z) \end{vmatrix}$$

并且假定 x 具有已知区间中的某个固定值（异于诸插点的）．

显然，由于

$$R_n(x_i) = 0, S_n(x_i) = 0$$

所以

$$\Phi(x_i) = 0 \quad (i = 0, 1, \cdots, n)$$

此外，我们得到

---

① 下面所引的证明是属于 И. В. 察罗夫的．

第9章 平均乘方逼近与一致(最佳)逼近

$$\Phi(x) = 0$$

既然函数 $\Phi(z)$ 在我们的区间中的 $n+2$ 个点处成为零,它的导数 $\Phi^{(n+1)}(z)$ 就应当在区间上的一点 ξ 处成为 0;于是

$$\Phi^{(n+1)}(\xi) = 0 \quad (-1 < \xi < 1)$$

亦即

$$\begin{vmatrix} R_n(x) & R_n^{(n+1)}(\xi) \\ S_n(x) & S_n^{(n+1)}(\xi) \end{vmatrix} = 0$$

或

$$R_n(x) S_n^{(n+1)}(\xi) = S_n(x) R_n^{(n+1)}(\xi) \quad (9.122)$$

因为恒等式

$$R_n^{(n+1)}(x) = f^{(n+1)}(x), S_n^{(n+1)}(x) = g^{(n+1)}(x)$$

都成立,所以等式(9.122)也可以写成下列形式

$$R_n(x) g^{(n+1)}(\xi) = S_n(x) f^{(n+1)}(\xi)$$

从而推得

$$|R_n(x)| |g^{(n+1)}(\xi)| = |S_n(x)| |f^{(n+1)}(\xi)|$$

其次,注意到不等式(9.120)时便得到(不论对于所考虑区间中的那个 x)

$$|R_n(x)| < |S_n(x)|$$

亦即

$$|f(x) - P_n(x)| < |g(x) - Q_n(x)| \quad (9.123)$$

所得到的不等式(9.123)具有独立的意义. 现在我们就应用它如下,设 $\Pi_n(x)$ 为在所考虑的区间上与函数 $g(x)$ 有最小偏差的 n 次多项式. 根据切比雪夫条件(第 §3 节)差 $\Pi_n(x) - g(x)$ 取值 $\pm E_n(g)$ 不少于 $n+2$ 次,而且有依序的交错符号,于是使得等式

逼近论中的 Weierstrass 定理

$\Pi_n(x) - g(x) = 0$ 成立的点的个数不少于 $n+1$. 从其中任取 $n+1$ 个点作为插点,我们得到作为最小偏差多项式 $\Pi_n(x)$ 的内插多项式 $Q_n(x)$. 在这种情形下不等式(9.123)就引出下列的,对于区间中的一切 x 都成立的不等式

$$|f(x) - p_n(x)| = E_n(g) \qquad (9.124)$$

那么,也成立不等式

$$\max_{|x| \leq 1} |f(x) - p_n(x)| < E_n(g)$$

上面的不等式的左方对于一切可能的 n 次多项式 $P_n(x)$ 取到它的最小值 $E_n(f)$;于是

$$E_n(f) \leq \max_{|x| \leq 1} |f(x) - p_n(x)|$$

比较后面的两个不等式,我们得到所要求的不等式(9.121)[①].

注 定理可以推广到带权的最佳逼近的情形

$$E_n(f, g) = \min_{P_n} \max_{|x| \leq 1} q(x) |f(x) - p_n(x)|$$

其中予权 $q(x)$ 以最低限制:$q(x) \geq 0, q(x) \not\equiv 0$.

证明不同于前面的只是在于,$\Pi_n(x)$ 应该理解成当权为 $q(x)$ 时 $g(x)$ 的 n 次最小偏差多项式;此外,在把对应于式(9.123)的不等式的右方换成它的最小值之前,必须把两方同乘以 $q(x)$,代替式(9.124)而得下列结果

$$q(x)|f(x) - P_n(x)| < E_n(g, q)$$

其次,与前面的相仿,将有

[①] 如 И. В. 察罗夫所指出的,在这里所证得的定理,对于 $s \geq 1$ 时的乘方逼近的情形同样成立.

第9章 平均乘方逼近与一致（最佳）逼近

$$E_n(f,q) < E_n(g,q) \quad (9.124')$$

容易明了，最佳逼近 $E_n(f)$ 具有下列性质

$$E_n(f+g) \leqslant E_n(f) + E_n(g) \quad (9.125)$$

其实，若 $P_n(x)$ 与 $Q_n(x)$ 依次为 $f(x)$ 与 $g(x)$ 的最小偏差多项式，则 $P_n(x) + Q_n(x)$ 为 $f(x) + g(x)$ 的偏差，于是最小偏差将更加不超过 $E_n(f) + E_n(g)$.

推论9.1 若在区间$[-1,1]$上

$$|f^{(n+1)}(x)| < g^{(n+1)}(x)$$

则

$$E_n(f) \leqslant 2E_n(g) \quad (9.126)$$

事实上，据不等式(9.125)我们得到

$$E_n(f) = E_n\left(\frac{f+g}{2} + \frac{f-g}{2}\right) \leqslant E_n\left(\frac{f+g}{2}\right) + E_n\left(\frac{f-g}{2}\right)$$

又因为

$$0 < \frac{g^{(n+1)}(x) + f^{(n+1)}(x)}{2} < g^{(n+1)}(x)$$

与

$$0 < \frac{g^{(n+1)}(x) - f^{(n+1)}(x)}{2} < g^{(n+1)}(x)$$

所以按照已证明的定理

$$E_n\left(\frac{f+g}{2}\right) \leqslant E_n(g)$$

且

$$E_n\left(\frac{f+g}{2}\right) \leqslant E_n(g)$$

从而推得不等式(9.126).

推论9.2 关于常数权 $q(x) \equiv 1$，不等式

$$E_n(f) < \frac{1}{2^n - 1} \frac{M_{n+1}}{(n+1)!} \qquad (9.126')$$

成立,其中 M_k 表示两数 $f(x)$ 的 k 阶导数 ($k \geq 1$) 在所考虑的区间上的最大模.

为了证明只需在推论 9.1 中令

$$g(x) = \frac{M_{n+1}}{(n+1)!} x^{n+1}$$

事实上

$$E_n\left(\frac{M_{n+1}}{(n+1)!} x^{n+1}\right) = \frac{M_{n+1}}{(n+1)!} E_n(x^{n+1}) = \frac{M_{n+1}}{(n+1)!} \cdot \frac{1}{2^n}$$

例 9.11 假设 $f(x) = e^x, n = 10$,我们看到

$$E_{10}(f) < \frac{1}{11!} \cdot \frac{e}{2^9} < 0.000\,000\,000\,1 \quad (x \in (-1,1))$$

如果我们想估计那样的逼近,它由在点 $x = 0$ 近旁的泰勒展开式包括 10 次幂项所给出的部分和,那么发现误差的上界等于 $\frac{e}{11!}$,这样一来,存在 10 次多项式的逼近,对于它偏差的界,亦即误差,较泰勒逼近的误差的界小 500 多倍.

§9 解析函数的最佳逼近

当被逼近函数 $f(x)$ 在区间 $(-1,1)$ 上,从而在某个包含这个区间的域 D 上为解析的(正则的)时,这一情形具有很大的意义,在这种情形下可以断言,最佳逼近 $E_n(f)$ 较某一收敛的几何级数的一般项递减得还

第9章 平均乘方逼近与一致(最佳)逼近

要快.

在某些限制下这已经可以从第§8节推论9.2推出.其实,设 x 为区间 $(-1,1)$ 上任意的点,柯西积分

$$f(x) = \frac{1}{2\pi i}\int_{(c)} \frac{f(z)\,dz}{z-x}$$

给出

$$f^{(n)}x = \frac{n!}{2\pi i}\int_{(c)} \frac{f(z)\,dz}{(z-x)^{n+1}}$$

若用 M 表示函数 $f(x)$ 在路径 C 上的最大模,用 L 表示这个路径的长且用 δ 表示它到区间 $(-1,1)$ 上的距离(图9.2),从而推得

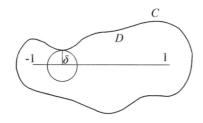

图9.2

$$|f^{(n)}(x)| \leqslant \frac{n!}{2\pi}\frac{LM}{\delta^{n+1}}$$

或,因为 x 是区间 $[-1,1]$ 上的任意数

$$M_n \leqslant \frac{n!}{2\pi}\cdot\frac{LM}{\delta^{n+1}}$$

那么从不等式(9.126′)推出

$$E_n(f) < \frac{K}{(2\delta)^n}$$

其中 K 为不依赖于 n 的常数,这就证明了定理,可是

逼近论中的 Weierstrass 定理

这须在条件 $\delta > \dfrac{1}{2}$ 下,亦即只对于这一情形,当函数 $f(z)$ 不仅在基本区间本身上为正则的,而且在某一个其线路与这区间的距离大于 $\dfrac{1}{2}$ 的域上为正则的时候.

伯恩斯坦很一般地证明了上述定理,此外,并就较重要的情形计算了 $E_n(f)$ 的近似值. 在这里我们依照伯恩斯坦的意念证明公式

$$\varlimsup_{n\to\infty} \sqrt[n]{E_n(f)} = \dfrac{1}{\rho_0} \qquad (9.127)$$

成立,其中 ρ_0 是焦点为 -1 与 1 的那样的椭圆的半轴之和,于其内函数 $f(z)$ 为正则的,且在椭圆之周界上它只有一个奇点. 若 $f(x)$ 是整函数,则

$$\lim_{n\to\infty} \sqrt[n]{E_n(f)} = 0 \qquad (9.128)$$

我们来建立关于给定幂的多项式的模的一些不等式.

1. 若 n 次多项式 $P_n(z)$ 在单位圆 $|z|\leqslant 1$ 上满足不等式

$$|p_n(z)| \leqslant L \qquad (9.129)$$

则在半径为任意的 $\rho(>1)$ 的同心圆圆周 C_ρ

$$|z| = \rho$$

(在其内部是不用说的)上,它满足不等式

$$|P^n(z)| \leqslant L\rho^n \qquad (9.130)$$

其实,考虑辅助函数

$$\varphi(z) \equiv \dfrac{P_n(z)}{z^n}$$

它在闭域 $|z|\geqslant 1$ 上是正则的;于是,按最大模原理,它

第9章 平均乘方逼近与一致(最佳)逼近

在路径 $|z|=1$ 上达到其最大值(模).据不等式(9.129)由于在这路径上

$$|\varphi(z)| \leqslant L$$

所以这个不等式在域 $|z| \geqslant \rho$ 上一切点均成立;从而推得在同样的域上

$$\left|\frac{P_n(z)}{n^n}\right| \leqslant L$$

亦即不等式(9.130).

2. 若 n 次多项式 $P_n(z)$ 在单位区间 $-1 \leqslant x \leqslant 1$ ($z=x+\mathrm{i}y$)上满足不等式

$$|P_n(z)| \leqslant L \qquad (9.131)$$

则,用 E_ρ 表示焦点为 ± 1 半轴和为 ρ 的椭圆,我们可以断定在这椭圆的内部及其上,不等式

$$|P_n(z)| \leqslant L\rho^n \qquad (9.132)$$

成立.

我们顺便作一个注.

我们已经看到,椭圆 E_ρ 上的任意点的坐标由公式

$$x=\frac{1}{2}\left(\rho+\frac{1}{\rho}\right)\cos\varphi, y=\frac{1}{2}\left(\rho-\frac{1}{\rho}\right)\sin\varphi$$

ρ 是表达式 $z+\sqrt{z^2-1}$[①]的模,其中 z 是 E_ρ 上的任意的点

$$\rho=|z+\sqrt{z^2-1}|$$

于是,不等式(9.132)可以取下列形式

---

① 所说的表达式是双值的:这里所指的是其模大于 1 的那个值.

逼近论中的 Weierstrass 定理

$$|P_n(z)| \leqslant L|z + \sqrt{z^2-1}|^n \qquad (9.133)$$

回到我们定理的证明上来，考虑辅助函数

$$Q(z) = \frac{P_n(z)}{(z+\sqrt{z^2-1})^n}$$

这函数在 z 平面上除去单位区间 $-1 \leqslant x \leqslant 1$ 而成的域 D 上是正则的；这区间本身是 D 的边界①。

按最大模原理量 $|\varphi(z)|$ 在边界上亦即在单位区间上达到其最大值．但在这个区间上我们有

$$|\varphi(z)| = \left|\frac{P_n(z)}{(z+\sqrt{z^2-1})^n}\right| \leqslant L$$

于是，上面的不等式在整个 z 平面上成立，而这就相当于式(9.132)或(9.133)．

注 把定理 2 与第 §4 节例 9.5 的解加以比较是有意义的，在那里曾得到不等式

$$|P_n(x)| \leqslant \frac{L}{2}|(x+\sqrt{x^2-1})^n + (x-\sqrt{x^2-1})^n|$$

$$(x \leqslant -1 \text{ 或 } x \geqslant 1)$$

构成本节定理 2 的内容的不等式，精确性要较小些，但却有一般的性质：其中不论多项式 $P_n(z)$ 的系数或者变元 z 的值，都无须假设为实数．

3. 推广之，我们还可以指出下列定理．设函数

$$w = w(z)$$

---

① 要注意到，$\varphi(z)$ 的连续性在添加这个通过二次的区间时并不失去，这样的区间可以当作椭圆 E_ρ 当 $\rho \to 1$ 时的极限．

第9章 平均乘方逼近与一致(最佳)逼近

保角地把圆形域 $|z| \geq 1$ 映象(保持边界上的连续性)成某个在其内部有无穷远点 $w = \infty$ 的单连通域 D;无穷远点 $z = \infty$ 与 $w = \infty$ 彼此相对应. 用 $C \equiv C_1$ 表示域 D 的边界,用 C_ρ 表示 z 平面上的那样的曲线,它在我们的映象中对应于圆周 $|w| = \rho$.

若 n 次多项式 $P_n(z)$ 的模在曲线上 C_1 不超过 L,则在曲线 $C_\rho(\rho > 1)$ 的内部及其上不等式

$$|P_n(z)| \leq L\rho^n$$

成立.

当证明时应当考虑(如以前的讨论一样)辅助函数

$$\varphi(z) = \frac{P_n(z)}{(w(z))^n}$$

定理 1 与 2 都是定理 3 的特例:若 $w(z) \equiv z$ 时,我们得到定理 1;若 $\omega(z) \equiv z + \sqrt{z^2 - 1}$,则得到定理 2.

转到极限等式(9.127)的证明,在区间 $(-1, 1)$ 上为正则的函数 $f(x)$,必然可以展开成在这区间上一致收敛的切比雪夫多项式级数①

$$f(x) = \frac{c_0}{2} + \sum_{m=1}^{\infty} c_m T_m(x) \qquad (9.134)$$

---

① 事实上,函数 $f(\cos \theta)$ 有周期 2π 且在整个实轴(在 θ 平面上)上是正则的,于是在这个轴上可以展成傅立叶级数,由于函数 $f(\cos \theta)$ 是偶函数,显然它只含余弦项

$$f(\cos \theta) = \sum_{m=0}^{\infty} e_m \cos m\theta$$

把 $\cos \theta$ 换为 x,便得到展式(9.134).

逼近论中的 Weierstrass 定理

其中(在 $x = \cos\theta$ 时)

$$C_m = \frac{2}{\pi}\int_{-1}^{1} f(x)\frac{T_m(x)\,dx}{\sqrt{1-x^2}} = \frac{1}{\pi}\int_{0}^{2\pi} f(\cos\theta)\cos m\theta\,d\theta$$

(9.135)

用 $P_n(x)$ 表示在权 $p(x) = \dfrac{1}{\sqrt{1-x^2}}$ 下给出平方逼近的 n 次多项式

$$P_n(x) = \frac{c_0}{2} + \sum_{m=1}^{n} c_m T_m(x)$$

容易明了

$$|f(x) - P_n(x)| = \Big|\sum_{m=n+1}^{\infty} c_m T_m(x)\Big| \leq \sum_{m=n+1}^{\infty} |c_m|$$

从而推得

$$E_n(f) \leq \sum_{m=n+1}^{\infty} |c_m| \qquad (9.136)$$

现在我们设法去求 $|c_m|$ 的上界. 在积分(9.135)中作变换 $e^{i\theta} = z$ 给出

$$c_m = \frac{1}{\pi i}\int_{(C)} f\!\left(\frac{z+\frac{1}{z}}{2}\right)\cdot\frac{z^m + \frac{1}{z^m}}{2}\cdot\frac{dz}{z}$$

$$= \frac{1}{2\pi i}\int_{(C)} f\!\left(\frac{z+\frac{1}{z}}{2}\right) z^{m-1}\,dz + \frac{1}{2\pi i}\int_{(C)} f\!\left(\frac{z+\frac{1}{z}}{2}\right)\frac{dz}{z^{m+1}}$$

(9.137)

其中 C 为单位圆圆周.

关系式

$$x = \frac{1}{2}\left(z + \frac{1}{z}\right)$$

第9章 平均乘方逼近与一致(最佳)逼近

给出 z 平面到 x 平面的这样一种变换:圆周 $|z|=\rho$ 对应于焦点为 -1 与 1 且半轴和为 ρ 的椭圆;但同一椭圆也对应于圆周 $|z|=\dfrac{1}{\rho}$. 按假设函数 $f(x)$ 在半轴和等于 $\rho_0-\varepsilon(\varepsilon>0)$ 的椭圆内及其上为正则的;令 M_ε 为 $f(x)$ 在这域上的最大模,在这种情形下函数 $f\left(\dfrac{z+\dfrac{1}{z}}{2}\right)$ 在由圆周

$$\overline{C}:|z|=\rho_0-\varepsilon$$

与

$$\underline{C}:|z|=\dfrac{1}{\rho_0-\varepsilon}$$

所构成的环形域内以及这两圆周上为正则的,并且在这个环形域上其模不超过 M_ε. 因之根据柯西定理. 关于等式(9.137)的右方的积分路径 C,在第一个积分中可换成 $\underline{C}$,而在第二个积分中可换成 $\overline{C}$. 那么我们得到

$$\left|\dfrac{1}{2\pi i}\int_{(C)}f\left(\dfrac{z+\dfrac{1}{z}}{2}\right)z^{m-1}dz\right|=\left|\dfrac{1}{2\pi i}\int_{(\underline{C})}f\left(\dfrac{z+\dfrac{1}{z}}{2}\right)z^{m-1}dz\right|$$

$$<\dfrac{M_\varepsilon}{(\rho_0-\varepsilon)^m}$$

$$\left|\dfrac{1}{2\pi i}\int_{(C)}f\left(\dfrac{z+\dfrac{1}{z}}{2}\right)\dfrac{dz}{z^{m+1}}\right|=\left|\dfrac{1}{2\pi i}\int_{(\overline{C})}f\left(\dfrac{z+\dfrac{1}{z}}{2}\right)\dfrac{dz}{z^{m+1}}\right|$$

$$<\dfrac{M_\varepsilon}{(\rho_0-\varepsilon)^m}$$

因之

逼近论中的 Weierstrass 定理

$$|c_m| < \frac{2M_\varepsilon}{(\rho_0 - \varepsilon)^m}$$

从而推得

$$\sum_{m=n+1}^{\infty} |c_m| < \frac{2M_\varepsilon}{1 - \frac{1}{\rho_0 - \varepsilon}} \cdot \left(\frac{1}{\rho_0 - \varepsilon}\right)^{n+1}$$

其次,再据不等式(9.136)

$$\varlimsup_{n \to \infty} \sqrt[n]{E_n(f)} \leqslant \frac{1}{\rho_0 - \varepsilon}$$

由于 ε 可以任意小,所以

$$\varlimsup_{n \to \infty} \sqrt[n]{E_n(f)} \leqslant \frac{1}{\rho_0} \qquad (9.138)$$

若 $f(x)$ 是整函数,则数 ρ_0 可以取得足够大,因而得到式(9.138).

现在我们要证明,对于 $\sqrt[n]{E_n(f)}$ 的上极限所得到的界限不可能减低了,相反的,假设

$$\varlimsup_{n \to \infty} \sqrt[n]{E_n(f)} \leqslant \frac{1}{\rho_0}$$

那么,存在这样的 $\rho_1(>\rho_0)$ 使得对于一切足够大的值 n,不等式

$$\sqrt[n]{E_n(f)} < \frac{1}{\rho_1}$$

或

$$E_n(f) < \frac{1}{\rho_1^n}$$

成立. 这就表示,当用 $P_n(x)$ 表示在区间 $(-1,1)$ 上给出 $f(x)$ 的最佳逼近的 n 次多项式时,我们可以断言,多项式级数

第9章 平均乘方逼近与一致(最佳)逼近

$$f(x) = P_0(x) + \sum_{n=1}^{\infty} (P_n(x) - P_{n-1}(x))$$

(9.139)

的一般项满足(在 $-1 \leqslant x \leqslant 1$ 时)不等式

$$|P_n(x) - P_{n-1}(x)| \leqslant |P_n(x) - f(x)| + |P_{n-1}(x) - f(x)|$$

$$\leqslant E_n(f) + E_{n-1}(f) < \frac{2}{\rho_1^{n-1}}$$

根据前面已证得的命题可推得,对于任意的复值 z,不等式

$$|P_n(z) - P_{n-1}(z)| < \frac{2}{\rho_1^{n-1}} |z + \sqrt{z^2-1}|^n$$

成立.

假设

$$z = \frac{1}{2}\left(\rho e^{i\theta} + \frac{1}{\rho} e^{-i\theta}\right)$$

则上面的不等式可以化成下列形式

$$|P_n(z) - P_{n-1}(z)| < 2\rho_1 \left(\frac{\rho}{\rho_1}\right)^n$$

这就证明,在由不等式 $\rho < \rho_1$ 所表征的域上,保证级数(9.139)是一致收敛的,于是在这个域上函数 $f(x)$ 为正则的.然而这是不可能的,因为按照条件函数在椭圆 $\rho = \rho_0$ 上就已经失去了正则性.

在§5节末尾陈述过的情由,在这里同样的适用.并且在已知的情形下仅仅估计了最佳逼近的阶,作为对于已知函数类的最佳逼近的精确估值的例子,我们援引 Н.И.阿赫兹的结果:若实函数 $f(x)$ 在焦点为 ±1、半轴和为 $\rho_0(>1)$ 的椭圆内部为正则的并且在这椭

逼近论中的 Weierstrass 定理

圆上函数 $f(x)$ 的实部的模小于 1，则

$$E_n(f) \leq \frac{8}{\pi} \sum_{v=0}^{\infty} \frac{(-1)^v}{2v+1} \frac{q^{v(2v+1)}}{1+q^{2v(2v+1)}}$$

$\left(\text{其中 } q = \dfrac{1}{\rho_0}\right)$.

§10 所得结果在研究傅里叶与拉格朗日级数，内插方法以及机械求积公式等的收敛性上的应用

设 $f(x)$ 为连续的周期函数. 我们已经知道，据勒贝格定理，与这函数联系的傅里叶(Fourier)级数

$$\frac{a_0}{2} + \sum_{n=0}^{\infty} (a_n \cos nx + b_n \sin nx)$$

其中

$$a_n = \frac{1}{\pi} \int_{-\pi}^{\pi} f(t) \cos nt \, dt, \quad b_n = \frac{1}{\pi} \int_{-\pi}^{\pi} f(t) \sin nt \, dt$$

将一致收敛且其和为 $f(x)$，如果存在这样的三角多项式 $T_n(x)$，满足不等式

$$|f(x) - T_n(x)| < \varepsilon_n$$

且

$$\lim_{n \to \infty} \varepsilon_n \lg n = 0$$

的话. 换句话说，如果

$$\lim_{n \to \infty} E_n(f) \lg n = 0 \qquad (9.140)$$

的话. 从而借助于 §5 节的定理 9.4 得到下列极重要的命题.

若连续的周期函数 $f(x)$ 满足狄尼条件

第9章 平均乘方逼近与一致(最佳)逼近

$$\lim_{\delta \to 0} \omega(\delta) \lg \frac{1}{\delta} = 0 \qquad (9.141)$$

的连续性模 $\omega(\delta)$,则联系于函数 $f(x)$ 的傅里叶级数一致收敛且有和 $f(x)$.

事实上,从第§5节不等式(9.73)推出

$$E_n(f) \lg n < C' \omega\left(\frac{2\pi}{n}\right)\left(\lg \frac{n}{2\pi} + \lg 2\pi\right)$$

从而借助于等式(9.141)推得关系式(9.140),而它是收敛性成立的充分条件.

对于拉格朗日级数类似的命题仍然成立.

若函数 $f(x)$ 在区间 $[-1,1]$ 上有满足狄尼条件的连续性模 $\omega(\delta)$,则联系于这函数 $f(x)$ 的拉格朗日级数

$$f(x) \sim \sum_{n=0}^{\infty} k_n X_n(x)$$

其中

$$k_n = \frac{2n+1}{2} \int_{-1}^{1} f(x) X_n(x) \mathrm{d}x$$

在区间 $[-1+\eta, 1-\eta]$ ($\eta > 0$) 上一致收敛且有和 $f(x)$.

可以从所得结果中给出的另一个结论叙述如下:

若连续的且具有周期 2π 的函数 $f(x)$ 满足狄尼条件,则等距结点的内插三角多项式,在整个实轴上一致趋于这个函数 $f(x)$.

简缩地用 $T_n(f;x)$ 表示那样的 n 次三角多项式,它在诸点

$$x_n = \frac{2m\pi}{2n+1} \quad (m=0,1,\cdots,2n)$$

处与函数 $f(x)$ 取同样的值,它有下列形式

$$T_n(f;x) = \frac{1}{2n+1}\sum_{m=0}^{2n} + \left(\frac{2m\pi}{2n+1}\right)\frac{\sin(2n+1)\frac{x-x_m}{2}}{\sin\frac{x-x_m}{2}}$$

另外,假设 $R_n(x)$ 是那样的 n 次三角多项式,它与 $f(x)$ 有最小偏差,因而

$$|f(x) - R_n(x)| \leq E_n(f)$$

其中 $E_n(f)$ 为函数 $f(x)$ 的(三角)最佳逼近.

因为显然有

$$T_n(R_n;x) \equiv R_n(x)$$

所以

$$|f(x) - T_n(f;x)|$$
$$= |(f(x) - R_n(x)) - (T_n(f;x) - T_n(R_n;x))|$$
$$\leq |f(x) - R_n(x)| + |T_n(f - R_n;x)|$$
$$\leq E_n(f)\left(1 + \frac{1}{2n+1}\sum_{m=0}^{2n}\left|\frac{\sin(2n+1)\frac{x-x_m}{2}}{\sin\frac{x-x_m}{2}}\right|\right)$$

我们估计所得的和,设整数 k 由不等式 $x_k \leq x < x_{k+1}$ 所确定.

那么,从关系式 $|\sin h\theta| \leq h|\sin\theta|\ (h>0)$ 便推得

$$\left|\frac{\sin(2n+1)\frac{x-x_k}{2}}{\sin\frac{x-x_k}{2}}\right| \leq 2n+1,\quad \left|\frac{\sin(2n+1)\frac{x-x_{k+1}}{2}}{\sin\frac{x-x_{k+1}}{2}}\right| \leq 2n+1$$

第9章　平均乘方逼近与一致(最佳)逼近

另外,若 $m<k$ 或 $m>k+1$,则借助于不等式 $\sin x > \dfrac{2}{\pi}x$ 得到

$$\left|\frac{\sin(2n+1)\dfrac{x-x_m}{2}}{\sin\dfrac{x-x_m}{2}}\right| \leq \frac{1}{\left|\sin\dfrac{x-x_m}{2}\right|} < \frac{\pi}{x-x_m}$$

因之

$$\sum_{\substack{m=0,1,\cdots,2n \\ m\neq k, k+1}} \left|\frac{\sin(2n+1)\dfrac{x-x_m}{2}}{\sin\dfrac{x-x_m}{2}}\right| < \pi \sum_{\substack{m=0,1,\cdots,2n \\ m\neq k, k+1}} \frac{1}{|x-x_m|}$$

$$< 2\pi \sum_{k=1}^{2n} \frac{1}{\left(\dfrac{2h\pi}{n+1}\right)}$$

$$= (n+1)\sum_{h=1}^{2n} \frac{1}{h}$$

$$< (n+1)(1+\lg 2n)$$

其次,当比照所得结果时,便有

$$\frac{1}{2n+1}\sum_{m=0}^{2n}\left|\frac{\sin(2n+1)\dfrac{x-x_m}{2}}{\sin\dfrac{x-x_m}{2}}\right| < 4+\lg n$$

从而推得

$$|f(x)-T_n(f;x)| \leq E_n(f)(5+\lg n)$$

显然,若 $\lim\limits_{n\to\infty} E_n(f)\lg n = 0$,则 $\lim\limits_{n\to\infty} T_n(f;x) = f(x)$(一致地),结果我们又达到条件(9.141).

完全相仿地可以断定,若函数在基本区间 $(-1,1)$ 上连续并满足狄尼条件,则具切比雪夫结点

的拉格朗日内插多项式在整个区间上一致收敛于函数 $f(x)$.

最后,留意到在所述方向上思维发展还可以引进这样一个命题:

若要高斯—克利斯铎夫机械求积公式是收敛的,只需函数 $f(x)$ 在基本区间上是连续的. 我们来证明这个命题. 所讲的公式具有下列形式

$$\int_a^b f(x) \, d\psi(x) = \sum_{i=1}^n A_i^{(n)} f(x_i^{(n)}) \quad (9.142)$$

如果 $f(x)$ 是次数不高于 $2n-1$ 的多项式, 等式 (9.142) 是精确的, 在其余情形则是近似的, 为了简洁起见令

$$U(f) = \int_a^b f(x) \, d\psi(x), \, U_n(f) = \sum_{i=1}^n A_i^{\prime(n)} f(x_i^{(n)})$$

因为对于次数不大于 $2n-1$ 的任何多项式 $P(x)$, 我们都有

$$U(P) = U_n(P)$$

所以, 当用 $P_n(x)$ 表示在基本区间上给出函数 $f(x)$ 的最佳一致逼近的 n 次多项式时, 我们便得到

$$|U(f) - U_n(f)|$$
$$= |(U(f) - U(P_n)) - (U_n(f) - U_n(P_n))|$$
$$\leq |U(f) - U(P_n)| + |U_n(f) - U_n(P_n)|$$

但

$$|U(f) - U(P_n)| = \left| \int_a^b (f(x) - P_n(x)) \, d\psi(x) \right|$$
$$\leq E_n(f) \int_a^b d\psi(x) = E_n(f)$$

第9章 平均乘方逼近与一致(最佳)逼近

由于 $A_i^{(n)} > 0$ 并且 $\sum_{i=0}^{n} A_i^{(n)} = 1$,我们有

$$|U_n(f) - U_n(P_n)| = \left| \sum_{i=1}^{n} A_i^{(n)} (f(x_i^{(n)}) - P_n(x_i^{(n)})) \right|$$

$$\leqslant E_n(f) \sum_{i=1}^{n} A_i^{(n)} = E_n(f)$$

因之

$$|U(f) - U_n(f)| \leqslant 2E_n(f)$$

又因为 $\lim_{n \to \infty} E_n(f) = 0$,所以 $\lim_{n \to \infty} U_n(f) = U(f)$,这就是所要证明的.

本节中的所有论述都概括在下面的概型中,我们假设,去考虑在基本区间上连续的函数 $f(x)$ 的一列的逼近,这些逼近由形如

$$P_n(f;x) = \int K_n(x,t) f(t) \, \mathrm{d}\psi(t)$$

的公式所给出,其中函数 $K_n(x,t)$ 是连续的,而 $\psi(t)$ 是基本区间上的单调不减函数,假定 $\Pi_n(x)$ 为所给函数 $f(x)$ 的最佳逼近的 n 次多项式,则

$$|\Pi_n(x) - f(x)| \leqslant E_n(f)$$

另外,设数 Ω_n 为视成 x 的变量的积分

$$\int |K_n(x,t)| \, \mathrm{d}\psi(t)$$

的上界

$$\int |K_n(x,t)| \, \mathrm{d}\psi(t) \leqslant \Omega_n$$

这里只限于考察这样的情形:逼近过程具有这样的性质,即任何 n 次多项式用同样次数的多项式来逼近时便给出与原先相同的多项式. 这样一来

逼近论中的 Weierstrass 定理

$$P_n(\Pi_n;x) = \Pi_n(x)$$

这时容易写出下面的不等式

$$|P_n(f;x) - f(x)|$$
$$\leq |P_n(f;x) - P_n(\Pi_n;x)| +$$
$$|P_n(\Pi_n;x) - \Pi_n(x)| + |\Pi_n(x) - f(x)|$$
$$\leq \left|\int K_n(x,t)(f(t) - \Pi_n(t))\,\mathrm{d}\psi(t)\right| + E_n(f)$$
$$\leq E_n(f)\int |K_n(x,t)|\,\mathrm{d}\psi(t) + E_n(f) \leq E_n(f)(\Omega_n + 1)$$

现在我们可以做出结论:关系式

$$\lim_{n\to\infty} E_n(f)\Omega_n = 0$$

是逼近式

$$\lim_{n\to\infty} P_n(f;x) = f(x)$$

一致收敛的充分条件.

注 如果写

$$P_n(f;x) = \int f(t)\,\mathrm{d}_t\psi_n(x,t)$$

$$\int |\mathrm{d}_t\psi_n(x,t)| \leq \Omega_n$$

则前面的公式也包含内插过程的情形.

最后,再讲一下关于求积收敛的问题,用

$$U_n(f) = \int f(x)\,\mathrm{d}\psi_n(x) \quad (n = 1,2,\cdots)$$

表示积分

$$U(f) = \int f(x)\,\mathrm{d}\psi(x)$$

的近似值.

我们假定当 $f(x)$ 为 n 次多项式时,$U_n(f)$ 准确地

第9章 平均乘方逼近与一致(最佳)逼近

等于 $U(f)$,那么

$$|U_n(f) - U(f)|$$
$$\leq |U_n(f) - U_n(\Pi_n)| +$$
$$|U_n(\Pi_n) - U(\Pi_n)| + |U(\Pi_n) - U(f)|$$
$$\leq \left|\int (f(x) - \Pi_n(x))\mathrm{d}\psi_n(x)\right| + \left|\int (f(x) - \Pi_n(x))\mathrm{d}\psi(x)\right|$$
$$\leq E_n(f)\left(\int |\mathrm{d}\psi_n(x)| + \int |\mathrm{d}\psi(x)|\right)$$

用 $V_n = \int |\mathrm{d}\psi_n(x)|$ 表示函数 $\psi_n(x)$ 在基本区间上的总变分,我们可以断定,条件

$$\lim_{n\to\infty} E_n(f) V_n = 0$$

是使得求积收敛

$$\lim_{n\to\infty} U_n(f) = U(f)$$

的充分条件.

在高斯—克利斯铎夫公式中,我们有 $A_i^{(n)} > 0$,因之

$$V_n = \sum_{i=1}^{n} |A_i^{(n)}| = \sum_{i=1}^{n} A_i^{(n)} = 1$$

从而便推得对于任何连续函数的收敛性.

在柯特斯公式中不能做出同样的结论,因为虽然柯特斯系数的和等于1,它们之中有负数,而对于阐明关于收敛性的问题时必须研究它们的绝对值所成的和.

复数域上的内插与逼近

§1 一般评述

在复数域上的近似表示函数的问题，基本可以像实数域上一样来提出：给定了一个属于某一较广泛的函数类 $\mathfrak{F}$ 中的函数 $f(z)$；要从某一较狭窄的函数类 $\mathfrak{B}$ 中找出函数 $P(z)$ 来，就某种意义而言它与函数 $f(z)$ 相差很小．在这里我们将把问题分成两种类型．

在第一型的问题中，构成函数类 $\mathfrak{F}$ 的函数是在某一基本域 D 内正则的复变函数 $f(z)$，域 D 是由简单的封闭曲线所围成，因而是有限的，并且这些函数在周界 C 上也是正则的；函数类 $\mathfrak{B}$ 由通常的具任意的（复）系数的多项式

$$P(z) = \sum_{m=0}^{n} c_m z^m \qquad (10.1)$$

所组成，对于次数加以限制，或者加上其他的限制．

第 10 章

第 10 章　复数域上的内插与逼近

在第二型问题中,函数类 $\mathfrak{F}$ 由那些具有周期 Ω(我们将认为是 2π)并且在由周期为 Ω 的两支无穷曲线 Γ_1 与 Γ_2 所成的连通域 Δ(图 10.1)内以及在这些曲线上为正则的,至于函数类 $\mathfrak{B}$,则在可能的限制之下由具有任意的(复)系数的那些三角多项式

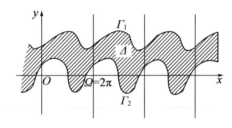

图 10.1

$$T(z) = \sum_{m=0}^{n}(a_m\cos mz + b_m\sin mz) \quad (10.2)$$

所组成.

令

$$\cos u = \frac{e^{iu}+e^{-iu}}{2}, \sin u = \frac{e^{iu}-e^{-iu}}{2i}$$

并引进记号

$$\frac{a_m-ib_m}{2}=c_m, \frac{a_m+ib_m}{2}=c_{-m}$$

我们可以把式(10.2)写得更简单些

$$T(z) = \sum_{m=-n}^{n} c_m e^{imz}$$

(写成"指数形式").

至于为什么我们看出函数类 $\mathfrak{F}$ 中的函数 $f(z)$ 必须是解析的(正则的),有加以说明的必要. 首先,通常

逼近论中的 Weierstrass 定理

的多项式 $P(z)$ 是(处处)解析的;其次,在某一复数域(二维的,没有边界点的域)由内一致收敛的多项式列或多项式级数,其极限都是解析函数.最后,还应当讨论到关于从解析函数序列或级数当它们一致收敛时所产生的函数(魏尔斯特拉斯定理).这样一来,在复数域上的解析函数起着如同连续函数在实数域上同样的多方面的作用:根据魏尔斯特拉斯的另一定理连续函数类正与在实的区间上用一致收敛的多项式级数取极限而得的函数类相合.

因之,当不打算不与由一些边界点(分立点集或曲线,例如应当把实轴列入"曲线"之中!)所构成复数域上,而且也不试图假设对在分析中通常的一致收敛性有任何修正时,我们在复数域中不得不考虑具有解析性质的函数的逼近问题.任何用别的方式提出问题都是不自然的.

另外,需要解释的,就是当考虑用通常的多项式作逼近时,假设连通的闭域 D 只是以一个闭曲线 C 为界的是适当的,在相反的情形下域 D 应当是双连通的(或多连通的):其边界中之一,比如 C_1 位于另一个,比如 C_2 内部(图 10.2).若多项式序列(或级数)在介于 C_1 与 C_2 之间的域 D 上是一致收敛的,则按函数的解析性质,它也应当在含于线路 C_2 的内部的域上一致收敛;但是这时要想用多项式列逼近 D 上是解析的而在 C_2 内则否的函数是不可能的.例如,在环域 $1 < |z| < 2$ 上不能用多项式逼近函数 $\dfrac{1}{z}$.于是,所引进的

限制是依赖于逼近函数的选择的.

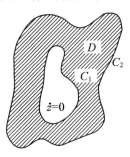

图 10.2

类似的,在第二型问题中,那里是用周期函数 $\cos mz$ 与 $\sin mz$(或最简单的周期函数 e^{iz} 幂)来逼近以 2π 为周期的函数的,假设被逼近函数的定义域 Δ 会有"周期的洞"便是多余的了.

§2 在复数域内的有限内插法

关于建立满足有限个条件

$$P(z_m) = w_m \quad \begin{pmatrix} m = 0,1,\cdots,n \\ z_i \neq z_k, 若 i \neq k \end{pmatrix} \quad (10.3)$$

的拉格朗日内插多项式 $P(z) = c_0 + c_1 z + c_2 z^2 + \cdots + c_n z^n$ 的问题,在已知复数 (z_m, w_m) 以及假定所求多项式的系数为复数时,正如在实数域一样地,可按下列公式来解,并且是唯一的

$$P(z) = \sum_{m=0}^{n} w_m \frac{A(z)}{A'(z_m)(z - z_m)} \quad (10.4)$$

其中

逼近论中的 Weierstrass 定理

$$A(z) = \prod_{m=0}^{n}(z - z_m)$$

当然,这是依赖于那一情况:为所求系数所满足的线性组的范德蒙德(Vandermonde)行列式异于 0. 事实上,正如实数域情形一样,在复数域中当且仅当其中某一个因子为 0 的时候,乘积才等于 0.

依同样理由,三角内插公式仍应保持着,它们可以更简便地写成指数形式.

均差的内插公式也仍然有效,特别是(对应于插点构成一个算术级数时),在有限差形式下的牛顿公式,因为在这里只是涉及同一拉格朗日的另一种写法.

最后,解决问题

$$P^{(h)}(z_k) = \omega_h \quad \begin{pmatrix} h = 0, 1, \cdots, \alpha_k - 1; \\ k = 1, 2, \cdots, s \end{pmatrix}$$

的埃尔米特公式也成立,就是说,我们得到

$$P(z) = \sum_{i=1}^{s}\left(\frac{A(z)}{(z - z_i)^{\alpha_i}}\sum_{k=1}^{\alpha_i-1} w_i^{(k)} \frac{(z - z_i)^k}{k!} \cdot \left(\frac{(z - z_i)}{A(z)}\right)^{(\alpha_i-k-1)}_{(z_i)}\right) \quad (10.5)$$

其中 $A(z) = \prod_{i=1}^{s}(z - z_i)^{\alpha_i}$;事实上,如果关系到已知复数的话(我们保持所有约定的记号不变)这种情形没有任何的改变.

当然,只对于实数场合适用的纯几何表意都失去了[①].

---

① 顺便指出,意义为"内插点"的"结点"对于复数的情形还是通用的.

对于根据本质上涉及实数域的罗尔(Roll)定理的应用而导得的余项公式也不适用了.

例 10.1 求五次多项式 $P(z)$,使它在诸点 $0,1,i,-1,i+1$ 与 $2i$ 处分别取值 $0,i,-i,i,-2$ 与 $-4i$.

答 $P(z) = iz^2$.

例 10.2 建立 $n-1$ 次多项式 $P(z)$,使其在诸点
$$\omega^m \quad (m = 0,1,\cdots,n-1)$$
处分别取值 ω^{-m},其中 $\omega = e^{\frac{2\pi i}{n}}$.

因为
$$A(z) = z^n - 1$$
所以
$$A'(z) = nz^{n-1} \quad 且 \quad A'(\omega^m) = n\omega^{m(n-1)} = n\omega^{-m}$$
因之
$$P(z) = \frac{1}{n}(z^n - 1) \sum_{m=0}^{n-1} \frac{1}{z - \omega^m} = z^{n-1}$$

例 10.3 写出满足条件
$$P^{(h)}(\omega^k) = f^{(h)}(\omega^k) \quad \begin{pmatrix} k = 0,1,\cdots,n-1; \\ h = 0,1,\cdots,\alpha-1 \end{pmatrix}$$
的 $n\alpha - 1$ 次的内插多项式 $P(z)$,其中 $\omega = e^{\frac{2\pi i}{n}}$.

答
$$P(z) = \sum_{i=1}^{n} \left(\left(\frac{z^n - 1}{z - \omega^i} \right)^\alpha \sum_{k=0}^{\alpha-1} f^{(k)}(\omega^i) \frac{(z - \omega^i)^k}{k!} \cdot \left(\left(\frac{z - \omega^k}{z^n - 1} \right)^\alpha \right)_{(\omega^i)}^{(\alpha-k-1)} \right)$$

于特例,在 $n = 2$ 时
$$P(z) = (z-1)^\alpha \sum_{k=0}^{\alpha-1} f^{(k)}(-1) \frac{(z+1)^k}{k!} \left(\left(\frac{1}{z-1} \right)^\alpha \right)_{(+1)}^{(\alpha-k-1)} +$$

$$(z+1)^\alpha \sum_{k=0}^{\alpha-1} f^{(k)}(1) \frac{(z-1)^k}{k!} \cdot$$
$$\left(\frac{1}{(z+1)^\alpha}\right)_{(-1)}^{(\alpha-k-1)}$$

§3　拉格朗日内插余项的复积分形式

在复数场合下当被插函数为解析时,余项可以得到特别便利的表达式而且不含任何未知量,就是说,余项可以写成下列形式

$$R(z) = \int_{(C)} \frac{A(z)}{A(\zeta)} \frac{f(\zeta)}{\zeta - z} d\zeta \qquad (10.6)$$

其中 C 为满足下列要求的任意闭曲线:(1) 函数 $f(z)$ 在 C 内及其上为正则的;(2) 一切插点 $z_m (m = 0, 1, \cdots, n)$ 都是在 C 的内部.

至于内插多项式 $P(z)$ 本身,从而也可以得到积分形式的表达式

$$\begin{aligned}P(z) &= f(z) - R(z) \\ &= \frac{1}{2\pi i}\int_{(C)} \frac{f(\zeta) d\zeta}{\zeta - z} - \\ &\quad \frac{1}{2\pi i}\int_{(C)} \frac{A(z)}{A(\zeta)} \frac{f(\zeta) d\zeta}{\zeta - z} \\ &= \frac{1}{2\pi i}\int_{(C)} \frac{A(\zeta) - A(z)}{A(\zeta)(\zeta - z)} f(\zeta) d\zeta \qquad (10.7)\end{aligned}$$

等式(10.6)可用直接计算其右方的积分以验证. 首先假定,在诸内插点之中没有相重的. 积分号下的变元 ζ 的函数

第 10 章　复数域上的内插与逼近

$$\frac{A(z)}{A(\zeta)}\frac{f(\zeta)}{\zeta-z} \qquad (10.8)$$

在 C 的内部及其上,除了那些单极点 $z_m(m=0,1,\cdots,n)$ 与 z 之外,是正则的. 积分等于所有极点处的残数之和. 在极点 z_m 处的残数为 $\dfrac{A(z)}{A'(z_m)}\dfrac{f(z_m)}{(z_m-z)}$;在极点 z 处的残数为 $f(z)$,这样一来,我们的积分等于

$$f(z) - \sum_{m=0}^{n} f(z_m)\frac{A(z)}{A'(z_m)(z-z_m)}$$

由于后一个和不是别的,正是拉格朗日内插多项式 $P(z)$,所以我们得到积分等于 $f(z)-P(z)$ 亦即 $R(z)$.

现在假设诸内插点可以有重点,我们假定点 z_m 有重数

$$\alpha_m \quad (m=1,2,\cdots,s;\sum_{m=1}^{s}\alpha_m=n+1)$$

多项式 $A(z)$ 具有形式 $(z-z_1)^{\alpha_1}\cdots(z-z_s)^{\alpha_s}$. 我们来计算函数(10.8)对于极点 z_m 的残数. 在点 z_m 的近旁有幂级数展开式

$$f(\zeta) = \sum_{k=0}^{\infty}\frac{f^{(k)}(z_m)}{k!}(\zeta-z_m)^k$$

$$\frac{1}{\zeta-z} = -\sum_{l=0}^{\infty}\frac{(\zeta-z_m)^l}{(z-z_m)^{l+1}}$$

$$\frac{(\zeta-z_m)^{\alpha_m}}{A(\zeta)} = \sum_{v=0}^{\infty}c_v^{(m)}(\zeta-z_m)^v$$

为了得到所求的残数,就必须把上述三个级数连乘起来,选取 $(\zeta-z_m)^{\alpha_m-1}$ 项的系数而后再乘上 $A(z)$.

所述系数,显然等于

逼近论中的 Weierstrass 定理

$$-\frac{1}{(z-z_m)^{\alpha_m}} = \sum_{k=0}^{\alpha_m-1}\frac{f^{(k)}(z_m)}{k!}(z-z_m)^k \sum_{v=0}^{\alpha_m-k-1} c_v^{(m)}(z-z_m)^v$$

$$= -\frac{1}{(z-z_m)^{\alpha_m}}\sum_{k=0}^{\alpha_m-1}f^{(k)}(z_m)\frac{(z-z_m)^k}{k!} \cdot$$

$$\left(\frac{(z-z_m)^{\alpha_m}}{A(z)}\right)^{(\alpha_m-k-1)}_{(z_m)}$$

从而推得，要计算的积分等于

$$f(z) - \sum_{m=0}^{n}\frac{A(z)}{(z-z_m)^{\alpha_m}}\sum_{k=0}^{\alpha_m-1}f^{(k)}(z_m) \cdot$$

$$\frac{(z-z_m)^k}{k!}\left(\frac{(z-z_m)^{\alpha_m}}{A(z)}\right)^{(\alpha_m-k-1)}_{(z_m)}$$

上面表达式中的和正是对应于选定的内插点组的内插多项式 $P(z)$.

这样一来，公式(10.6)对所有情形都获得证明.

涉及均差的同一公式的另外证明，也是根据柯西积分中可以把函数 $\frac{1}{\zeta-z}$ 的性质推广到任一解析函数的情形.

因为(容易由完全归纳法验证)

$$\omega\left(\frac{1}{\zeta-z};z_0,z_1,\cdots,z_m\right) = \frac{1}{(\zeta-z_0)\cdots(\zeta-z_m)}$$

$$= \frac{1}{A_{m+1}(\zeta)}$$

所以这公式取下列形式

$$\frac{1}{\zeta-z} = \sum_{m=0}^{n}\frac{A_m(\zeta)}{A_{m+1}(\zeta)} + \frac{A_{n+1}(z)}{(\zeta-z)A_{n+1}(\zeta)}$$

把所得的 $\frac{1}{\zeta-z}$ 的表达式代入柯西积分

第10章 复数域上的内插与逼近

$$f(z) = \frac{1}{2\pi i}\int_{(C)} \frac{f(\zeta)\,d\zeta}{\zeta - z}$$

中,给出

$$f(z) = \sum_{m=0}^{n} A_m(z)\frac{1}{2\pi i}\int_{(C)}\frac{f(\zeta)\,d\zeta}{A_{m+1}(\zeta)} +$$

$$\frac{1}{2\pi i}\int_{(C)}\frac{A_{n+1}(z)}{A_{n+1}(\zeta)}\frac{f(\zeta)}{\zeta - z}d\zeta \quad (10.9)$$

剩下的只需注意到

$$\frac{1}{2\pi i}\int_{(C)}\frac{f(\zeta)\,d\zeta}{A_{m+1}(\zeta)} = \omega(f;z_0,z_1,\cdots,z_m)$$

(这可用数学归纳法证明),而这时式(10.9)中右端的和便是内插多项式 $P(z)$.

§4 在复数域上内插过程的收敛性

我们考虑在复数域上由等式

$$P_n(z_m^{(n)}) = f(z_m^{(n)}) \quad (m=0,1,\cdots n; n=0,1,2,\cdots)$$
$$(10.10)$$

所表示的无限内插过程,其中 $f(z)$ 为某一解析函数,正则于一域(关于它下面即将说到)内,而 $P_n(z)$ 为内插函数,它是单值地确定的,如果它附加上述要求使得 $P_n(z)$ 为 n 次有理多项式的话.

我们不打算讨论包括插点组 $z_m^{(n)}$ 的一切可能分布的情形,在今后将做出下列假定:

点 $z_m^{(n)}$ 在 z 平面上是这样的分布着,设若像以前一样,令

逼近论中的 Weierstrass 定理

$$A_n(z) = \prod_{m=0}^{n}(z - z_m^{(n)})$$

则对于平面上的任意的点存在极限

$$U(z) = \lim_{n\to\infty} \sqrt[n]{|A_n(z)|} \geq 0 \quad (10.11)$$

并且极限关系式中的收敛性在任何有限域上都是一致的。

回到表示内插余项的柯西积分

$$R_n(z) = \frac{1}{2\pi i}\int_{(C)} \frac{A_n(z)}{A_n(\zeta)} \frac{f(\zeta)}{\zeta - z} d\zeta \quad (10.12)$$

我们将假定：

1° 诸插点 $z^{(m)}$ 均位于域 D 内，这域是以简单闭曲线，即积分路径 C 为界的。

2° 变元 z 可以由闭域 Δ 上取值，这域以曲线 Γ 为界且全部在 C 的内部(图 10.3)，并且令 $\delta(>0)$ 为曲线 C 与域 Δ 之间的最短距离，于是在积分(10.12)中

$$|\zeta - z| \geq \delta$$

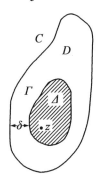

图 10.3

3° 对于域 Δ 中的点 z，$U(z)$ 不超过某一个 $\alpha(\geq 0)$

$$U(z) \leq \alpha \quad (10.13)$$

4° 在曲线 C 上 $U(z)$ 不小于某一个 $\beta(>0)$

$$U(z) \geqslant \beta \qquad (10.14)$$

5° 满足不等式

$$\alpha < \beta \qquad (10.15)$$

6° 函数 $f(z)$ 在域 D 内及线路 C 上均为正则的,可以断言,在所列举的条件下内插过程对于域 Δ 中的一切值都是一致收敛的.

事实上,引进记号:L 为曲线 C 的弧长,又 M 为函数 $f(z)$ 在曲线 C 上的最大模,我们来估计公式 (10.12) 中的积分,得到

$$\begin{aligned}|R_n(z)| &= \frac{1}{2\pi}\left|\int_{(C)} \frac{A_n(z)}{A_n(\zeta)} \frac{f(\zeta)}{\zeta-z}\mathrm{d}\zeta\right| \\ &\leqslant \frac{LM}{2\pi\delta} \frac{\max\limits_{(\Delta)} |A_n(z)|}{\min\limits_{(C)} |A_n(\zeta)|} \end{aligned} \qquad (10.16)$$

可是,根据不等式 (10.13) 在域 Δ 上有

$$\lim_{n\to\infty} \sqrt[n]{|A_n(z)|} \leqslant \alpha$$

且由于收敛性在这里假定是一致的,所以对于充分大的值 $n(n>n'_\varepsilon,\varepsilon>0)$ 不论对 Δ 中的哪个 z,都应当有

$$|A_n(z)| \leqslant (\alpha+\varepsilon)^n$$

因之

$$\max_{(\Delta)} |A_n(z)| \leqslant (\alpha+\varepsilon)^n$$

另外,同样从不等式 (10.14) 推得对于充分大的 n $(n>n''_\varepsilon,\varepsilon>0)$,不论 C 上的 ζ 如何

$$|A_n(\zeta)| \geqslant (\beta-\varepsilon)^n$$

因之

逼近论中的 Weierstrass 定理

$$\min_C |A_n(\zeta)| \geqslant (\beta - \varepsilon)^n$$

这样一来,公式(10.16)右方的后一因子满足不等式

$$\frac{\max_\Delta |A_n(z)|}{\min_C |A_n(\zeta)|} \leqslant \left(\frac{\alpha + \varepsilon}{\beta - \varepsilon}\right)^n$$

因之只需选 ε 小于 $\dfrac{\beta - \alpha}{2}$,则得式(10.16)的右方,从而左方趋于 0(在域 Δ 上一致成立).

我们假定,有一曲线族 $U(z) = \text{const}$,它们之中的每一个都是闭的并且在内部包含一切内插点组;若 $U(z) = C_1$ 与 $U(z) = C_2$($C_1 < C_2$) 是这族中的两条曲线,则其中的第一个位于第二个之内. 在这种情形下,不论常数 C_1 与 C_2 相差如何小,总可以选曲线 $U(z) = C_1$ 作为 Γ,而选曲线 $U(z) = C_2$ 作为 C,当然,这是函数 $f(z)$ 在这后面的曲线的内部及其上是正则的这个条件之下的. 若函数 $f(z)$ 当 $C < C^*$ 时在所有的曲线 $U(z) = C$ 上都是正则的,但在曲线 $U(z) = C^*$ 上却不再是正则的,那么还是可以断言,内插过程在曲线 $U(z) = C^*$ 的内部是收敛的,虽然可能不是一致收敛的. 事实上,设 z_0 为曲线 $U(z) = C^*$ 内部的任意一点,我们令 $U(z_0) = C_0$ 并选择这样的 C_1 与 C_2,使得不等式 $C_0 < C_1 < C_2 < C^*$ 成立,那么曲线 $U(z) = C_1$ 可以取为 Γ,而曲线 $U(z) = C_2$ 可以取为 C,于是在点 z_0 处的收敛性从而便推出了.

在这里所说明的概型包括了许多各种各样的问题.

例 10.4　一切内插点都重合

第 10 章 复数域上的内插与逼近

$$z_n = a \quad (n = 0, 1, 2, \cdots)$$

内插多项式列是已知函数在点 a 近旁的泰勒展开式的部分和. 因为 $A_n(z) = (z-a)^{n+1}$, 所以 $U(z) = |z-a|$. 曲线 $U(z) =$ 常数是中心为 a 的圆周. 泰勒级数的收敛域是通过最接近点 a 的奇点的圆周的内部.

例 10.5 令

$$z_n = (-1)^n \quad (n = 0, 1, 2, \cdots)$$

在这种情形下我们得到: $A_{2n}(z) = (z^2 - 1)^n$, 从而推得

$$U(z) = |z^2 - 1|$$

模数相等的曲线("等模"曲线) $U(z) = C$ 用双扭线 $U(z) = 1$ (它通过原点, 在这里是二重点) 来把它们分成两类: 当 $C < 1$ 时得到一对各包围点 -1 与 1 中之一的卵形线; 当 $C > 1$ 时得到同时含有上述两点的简单闭曲线 (图 10.4). 若函数 $f(z)$ 在由不等式 $U(z) < C^*$ 确定的域内是正则的, 且在曲线 $U(z) = C^*$ 上已不是正则的了, 其中 $C^* > 1$, 则内插法在域 $U(z) < C^*$ 内收敛.

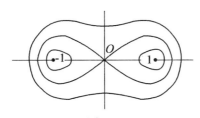

图 10.4

现在假设 $C^* < 1$. 这时曲线 $U(z) = C^*$ 分成两个卵形线, 称它们为 C_1^* 与 C_2^*. 若函数 $f(z)$ 在这些卵形线内为正则的, 并且若这是同一个解析函数, 则可以

求出包围点 -1 与 1 的简单闭曲线 C, 函数 $f(z)$ 在其内部及其上部都是正则的. 假定 z 位于 C 之内且还位于 C_1^* 与 C_2^* 中之一的内部, 则可断定, 在这些条件下内插法是收敛的.

值得提出的是, 若 $f_1(z)$ 与 $f_2(z)$ 为分别在卵形域 C_1^* 与 C_2^* 内为正则的两个不同的正则函数, 那么内插多项式

$$P_{2n}(z) = (z-1)^n \sum_{k=0}^{n-1} f_1^{(k)}(-1) \frac{(z+1)^k}{k!} \cdot \left(\left(\frac{1}{z-1}\right)^n\right)_{(-1)}^{(n-k-1)} +$$

$$(z+1)^n \sum_{k=0}^{n-1} f_2^{(k)}(1) \frac{(z-1)^k}{k!} \cdot \left(\left(\frac{1}{z+1}\right)^n\right)_{(1)}^{(n-k-1)}$$

当 n 无限增大时, 在 C_1^* 与 C_2^* 中分别趋于值 $f_1(z)$ 与 $f_2(z)$. 留给读者去验证这一点.

例 10.6 对于

$$z_n = \omega_n \quad (n = 0, 1, 2, \cdots)$$

其中 $\omega = e^{\frac{2\pi i}{p}} (p > 2)$ 的情形, 内插多项式在 §2 节例 10.3 中便已经做出了. 在这一回 $A_{p_n}(z) = (z^p - 1)^n$. 曲线 $U(z) = C$ 用蔷薇线(有 p 瓣, 且坐标原点为 p 重点)来把它们分成两类: 当 $C < 1$ 时得到 p 个卵形线, 其中每一个包围诸点 $\omega^m (m = 0, 1, \cdots, p-1)$ 中之一; 当 $C > 1$ 时为包围所有这些点的简单闭曲成(图 10.5). 收敛性正如前例一样.

第 10 章　复数域上的内插与逼近

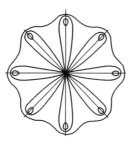

图 10.5

例 10.7　(牛顿)回到曾经考虑过的在区间$(-1,1)$上的等距结点的情形

$$z_m^{(n)} = -1 + \frac{2m}{n} \quad (m=0,1,\cdots,n)$$

同时假设函数$f(z)$在这区间上(从而在含有这区间的某个域上)是正则的,试研究内插过程在这区间上及其外的收敛性.

令$\frac{z+1}{2}=Z$,像以前一样,我们得到

$$A_n(z) = \prod_{m=0}^{n}\left(z+1-\frac{2m}{n}\right) = 2^{n+1}\prod_{m=0}^{n}\left(Z-\frac{m}{n}\right)$$

把Z当作不属于区间$(0,1)$,我们现在要来计算乘积$\prod_{m=0}^{n}\left|Z-\frac{m}{n}\right|$的渐近值(当$n\to\infty$时).

因为

$$\frac{1}{n}\lg\prod_{m=0}^{n}\left|Z-\frac{m}{n}\right| = \frac{1}{n}\sum_{m=0}^{n}\lg\left|Z-\frac{m}{n}\right|$$

$$\to \int_{0}^{1}\lg|Z-\xi|\,\mathrm{d}\xi$$

所以$\left(\text{作变换 }\xi=\frac{t+1}{2}\right)$就有

逼近论中的 Weierstrass 定理

$$\lg U(z) = \lim_{n\to\infty} \lg \sqrt[n]{|A_n(z)|} = \frac{1}{2}\int_{-1}^{1} \lg |z-t|\, \mathrm{d}t$$

由于在区间 $(-1,1)$ 之外 $\int_{-1}^{1} \lg(z-t)\,\mathrm{d}t$ 是 z 的正则函数,可以写成

$$\int_{-1}^{1} \lg |z-t|\, \mathrm{d}t = \Re \int_{-1}^{1} \lg(z-t)\,\mathrm{d}t$$

并且因为

$$\int_{-1}^{1} \lg(z-t)\,\mathrm{d}t = (z+1)\lg(z+1) - (z-1)\lg(z-1) - 2$$

所以得到结果

$$\lg U(z) = \Re\left(\frac{1}{2}((z+1)\lg(z+1) - (z-1)\lg(z-1)) - 1\right)$$

或,在通常的记号 $z = re^{i\theta}$ 下

$$\lg U(z) = \frac{1}{2}\big((1+r\cos\theta)\lg\sqrt{1+2r\cos\theta+r^2} +$$
$$(1-r\cos\theta)\lg\sqrt{1-2r\cos\theta+r^2} -$$
$$r\sin\theta\arctan\frac{2r\sin\theta}{1-r^2}\big) - 1$$

我们指出,在点 z 逼近于区间 $(-1,1)$ 时所得的 $\lg U(z)$ 的极限值可以由公式

$$\lim \lg U(z) = u(z)$$

给出,其中 $u(z)$ 为引进的函数.

曲线 $U(z) = \mathrm{const}$ 的位置如图 10.6 所示. 若函数在通过 -1 与 1 的曲线 $U(z) = \dfrac{2}{\mathrm{e}}$ 内部为正则的,则内插法在整个区间 $(-1,1)$ 上甚至在这曲线所圈的变量域的

第 10 章　复数域上的内插与逼近

内部是收敛的. 但若 $f(z)$ 在所述曲线(然而在点 $z=0$ 是正则的)内部有奇点时,则可以指出这样的曲线, $U(z) = C^*$,其中 $\frac{1}{e} < C^* < \frac{2}{e}$ 使得函数在曲线 $U(z) = C^*$ 的内部是正则的,可是在这曲线上就不是正则的;在这种情形下收敛性只在所述曲线内部成立,并且于特例,不在整个区间 $(-1,1)$ 上,而只在它的某一部分上成立.

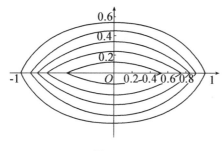

图 10.6

例 10.8　在切比雪夫结点

$$z_m^{(n)} = \cos\frac{2m-1}{2n}\pi \quad (m = 1, 2, \cdots, n)$$

的情形下,得到

$$A_n(z) = \frac{1}{2^{n-1}} T_n(z)$$

根据切比雪夫多项式在基本区间之外的渐近表示,我们可以做出结论

$$U(z) = \lim_{n\to\infty} \sqrt[n]{|A_n(z)|} = \frac{1}{2}\lim_{n\to\infty}\sqrt[n]{|T_n(z)|} = \frac{1}{2}\rho$$

其中 $\rho = |z + \sqrt{z^2-1}|$ 为以 $(-1,1)$ 作焦点通过点 z 的椭圆的半轴和. 因之曲线族 $U(z) = $ const 与所说的椭

圆族相符合(图 10.7). 若函数 $f(z)$ 只在区间 $(-1,1)$ 上正则,则在切比雪夫结点组下内插过程必然在整个区间上收敛;此外,由于在这种情形下函数 $f(z)$ 在某个包围这区间的域上是正则的,所以收敛过程在焦点为 -1 与 1 的第一个椭圆的内部也成立,于其上函数已不再是解析的了.

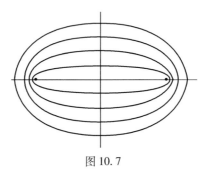

图 10.7

例 10.9 我们取 1 的 n 次根

$$z_m^{(n)} = e^{\frac{2\pi i m}{n}} \quad (m = 0, 1, \cdots, n-1)$$

为内插点.

那么 $A_n(z) = z^n - 1$,于是

$$U(z) = \begin{cases} 1, & \text{若 } |z| \leq 1 \\ |z|, & \text{若 } |z| \geq 1 \end{cases}$$

曲线 $U(z) = C$(在 $C > 1$ 时)是以原点为中心半径大于 1 的圆周. 内插法(若函数 $f(z)$ 在圆 $|z| \leq 1$ 上正则)在半径最小的那个圆 $|z| = C$ 内收敛,于其上函数 $f(z)$ 已不再是正则的了.

注 费耶尔曾经证明,不论以简单闭曲线 C 为圈的域 D 如何,总可以在线路 C 上这样地来分布结点

第10章 复数域上的内插与逼近

$z_m^{(n)}$,使得对于任何在域 D 内部路径 C 上正则的函数 $f(z)$,内插过程在整个域上,包括路径在内,都是收敛的。

例 10.10 若内插点列 z_m 有极限

$$\lim_{n\to\infty} z_n = a$$

则过程的收敛性如同以 v 作中心的泰勒级数的收敛性一样(参阅例 10.4)。

事实上,在这种情形下

$$U(z) = \lim_{n\to\infty} \sqrt[n]{\left|\prod_{m=0}^{n}(z-z_m)\right|} = |z-a|$$

例 10.11 在例 10.5 中所得的结果,可以推广到

$$\lim_{n\to\infty} z_{2n} = 1, \lim_{n\to\infty} z_{2n+1} = 1$$

的内插法。

例 10.12 例 10.7 中所得结果可以推广到这样的情形,当内插点组在区间 $(-1,1)$ 上具有等密度时,亦即当等式

$$\psi(x) = \lim_{\Delta x\to 0}\frac{1}{\Delta x}\lim_{n\to\infty}\frac{N_n(x,x+\Delta x)}{n}$$

所确定的函数 $\psi(x)$ 变为常数时,其中 $N_n(\alpha,\beta)$ 表示包含于区间 (α,β) 中的点 $z_m^{(n)}$ ($0 \leq m \leq n$) 的个数,(在例 10.7 中这常数是 $\frac{1}{2}$)。诸点 $z_m^{(n)}$ 也可以不是在区间 $(-1,1)$ 上的,但是 $z_m^{(n)}$ 的虚部一致地(对于 m)趋于零;在这种情形下 $N_n(\alpha,\beta)$ 所指的是满足不等式 $\alpha < \Re z_m^{(n)} < \beta$ 的点 $z_m^{(n)}$ 的个数。

例 10.13 例 10.8 中的结果可以推广到下述一

切情形:当在前一例中所确定的函数 $\psi(x)$ 等于 $\dfrac{1}{\pi\sqrt{1-x^2}}$ 时. 特别地,这对于雅可比多项式(对于任意的参数值)的零点组是成立的.

§5 内插法的校正因子

从前一节可以获知,由要求(10.10)所表征的内插过程的收敛域,一般地说,既依赖于函数 $f(z)$ 的性态,又依赖于插点 $z_n^{(m)}$ 的分布. 精确地说,点组 $z_n^{(m)}$ 在遵从条件(10.11)时确定了曲线族 $U(z)=C$,而内插法的收敛域呈 $U(z)<C^*$ 的形式,其中参数 $C=C^*$ 之值依赖于函数 $f(z)$ 的性态.

其次我们看出,可以使内插过程这样地改变,使得在那些同样的插点下取另外的曲线 $W(z)=C$ 来代替曲线 $U(z)=C$,而且我们看到前一族的选取在很大的程度上是任意的.

我们改变表征内插过程的要求(10.10)如下:内插法借助于函数 $\{f_n(z)\}$ 而产生,其中函数 $f_n(z)$ 具有下列形式

$$f_n(z)=\mu_n(z)P_n(z) \qquad (10.17)$$

这里函数 $\mu_n(z)$ ("内插法的校正因子")在所考虑的域的范围内是正则的,并且是异于 0 的,而 $P_n(z)$ 是由条件

$$P_n(z_m^{(n)})=\dfrac{f(z_m^{(n)})}{\mu_n(z_m^{(n)})} \qquad (10.18)$$

第10章 复数域上的内插与逼近

唯一地确定的次多项式.

关于函数 $\mu_n(z)$ 我们作（正如关于多项式 $A_n(z) = \prod\limits_{m=0}^{n}(z - z_m^{(n)})$ 一样）假定：在任何有限域上存在着一致的极限

$$\lim_{n \to \infty} \sqrt[n]{|\mu_n(z)|} = V(z) \geqslant 0 \quad (10.19)$$

现在考虑沿闭曲线 C 的积分

$$R(z) = \frac{1}{2\pi i}\int_{(C)} f(\zeta) \frac{A_n(z)\mu_n(z)}{A_n(\zeta)\mu_n(\zeta)} \frac{d\zeta}{\zeta - z} \quad (10.20)$$

在这里系假定曲线 C 是分布在函数 $f(z)$ 与 $\mu_n(z)$ 都是正则的那个域内，并假定这曲线包围点 z 以及一切插点 $z_m^{(n)}$. 积分等于在诸极点 $z, z_m^{(n)}$ ($m = 0, 1, \cdots, n$) 处的残数的和. 由于对应于极点 z 的残数等于 $f(z)$，而对应于极点 $z_m^{(n)}$ 的残数等于

$$f(z_m^{(n)}) \frac{A_n(z)\mu_n(z)}{A_n'(z_m^{(n)})\mu_n(z_m^{(n)})} \frac{1}{z_m^{(n)} - z}$$

所以我们得到

$$R_n(z) = f(z) - \mu_n(z) \sum_{m=0}^{n} \frac{f(z_m^{(n)})}{\mu_n(z_m^{(n)})} \frac{A_n(z)}{A_n'(z_m^{(n)})(z - z_m^{(n)})}$$

注意和不是别的，正是由条件（10.18）所确定的内插多项式 $P_n(z)$，从而推得

$$R_n(z) = f(z) - \mu_n(z)P_n(z)$$

于是，$R_n(z)$ 是所考虑的内插法的余项，转来对它估值.

假定（如同第 §4 节），变元 z 属于以曲线 Γ 为界且整个位于 C 之内的闭域 Δ 内，并且 C 与 Δ 间的最短

逼近论中的 Weierstrass 定理

距离是正的
$$|\zeta - z| \geqslant \delta \quad (\delta > 0)$$
在这种情形下从积分表达式 (10.20) 看出
$$|R_n(z)| < \frac{LM}{2\pi\delta} \cdot \frac{\max\limits_{\Delta}|A_n(z)\mu_n(z)|}{\min\limits_{C}|A_n(z)\mu_n(z)|} \quad (10.21)$$
其中 L 为曲线 C 的弧长而 M 为 $|f(z)|$ 在 C 上的最大值.

若对于域 Δ 的点乘积
$$W(z) \equiv U(z)V(z) \quad (10.22)$$
不超过数 α, 而在曲线 C 上它又不小于 β, 且 $\alpha < \beta$, 则像以前一样, 我们易于断定, 对于充分大的 n, 不等式 (10.21) 的右方小于
$$\frac{LM}{2\pi\delta}\left(\frac{\alpha+\varepsilon}{\beta-\varepsilon}\right)^n$$
其中 ε 为任意小, 因之 $R_n(z)$ 在域 Δ 上一致趋于 0.

于是: 内插过程 $f_n(z) \to f(z)$ 在 Δ 上是一致收敛的, 如果不破坏上述要求可以这样地选择曲线 C 使得适合不等式
$$\max\limits_{\Delta} W(z) < \min\limits_{C} W(z) \quad (10.23)$$
特别地, 如果曲线 $W(z) = C$ 构成了具有这样性质的族, 即它们全是闭的并且当 $C_1 < C_2$ 时曲线 $W(z) = C_1$ 位于曲线 $W(z) = C_2$ 之内, 则可以取其中的第一个的内部包括路径在内作为 Δ, 而取第二个作为 C.

若校正因子 $\mu_n(z)$ 等于一 (不出现的), 则我们得到了 §4 节所述的理论.

例 10.14 假设

第 10 章　复数域上的内插与逼近

$$\mu_n(z) = \frac{1}{(1-z)^n} \quad (n \geqslant 0)$$

在另一方面,又假设 $A_n(z) = z^n$,于是所提的问题便是泰勒级数的"校正". 在这种情形下,多项式 $P_n(z)$ 可以由下面的修正条件(10.18)确定

$$P_n^{(m)}(0) = \left(\frac{\mathrm{d}^m}{\mathrm{d}z^m}(f(z)(1-z)^n)\right)_z = 0$$

于是,它不是别的,正是函数 $f(z)(1-z)^n$ 依 z 的乘幂展开式的首 n 项部分和. 若 $f(z) = \sum_{k=0}^{n} c_k z^k$,则

$$P_n(z) = c_0 + (c_1 - C_n^1 c_0)z + (c_2 - C_n^1 c_1 + C_n^2 c_0)z^2 + \cdots +$$
$$(c_n - C_n^1 c_{n-1} + C_n^2 c_{n-2} + \cdots + (-1)^n C_n^n c_0)z^n$$

而内插函数(已不是多项式)具有下列形式

$$f_n(z) = \frac{P_n(z)}{(1-z)^n}$$

因为在我们的例子中

$$U(z) = |z|, V(z) = \frac{1}{|1-z|}, W(z) = \left|\frac{1}{1-z}\right|$$

所以曲线族 $W(z) = \mathrm{const}$ 构成圆周束

$$|z| = C|1-z|$$

它们对于内插过程 $f_n(z) \to f(z)$ 所起的作用,与中心在原点的圆对于泰勒幂级数展开式所起的作用相同:在条件 $W(z) < C^*$ 之下,内插过程是收敛的,而在条件 $W(z) > C^*$ 之下是发散的,如果函数 $f(z)$ 在域 $W(z) < C^*$ 内为正则的,可是在圆周 $W(z) = C^*$ 上已经不是正则的话.

§6 用逐次导数作内插时误差的估值

使用逐次导数的内插公式,在复数域上仍保持有效而无改变,如对于实数域情形一样,就是说,对于在域 D 上为单值解析的任何函数 $f(z)$,等式

$$f(z) = f(z_0) + \sum_{k=1}^{n} f^{(k)}(z_k) L_k(z) + R_n(z)$$

(10.24)

都成立,在这里一切点 $z_k (0 \leqslant k \leqslant n)$ 都假设属于域 D,多项式 $L_k(z)$ 由等式

$$L_k(z) = \int_{z_0}^{z} \mathrm{d}z' \int_{z_1}^{z'} \mathrm{d}z'' \cdots \int_{z_{k-1}}^{z^{(k-1)}} \mathrm{d}z^{(k)} \quad (10.25)$$

所确定(积分路径是无关紧要的),而余项 $R_n(z)$ 可以表示成下列形式

$$R_n(Z) = \int_{z_0}^{z} \mathrm{d}z' \int_{z_1}^{z'} \mathrm{d}z'' \cdots \int_{z_{n-1}}^{z^{(n-1)}} f^{(n+1)}(z^{(n+1)}) \mathrm{d}z^{(n+1)}$$

(10.25′)

其中积分路径不超出域 D 的范围.

在今后,当进行估计误差时,对于域 D 用特别的假定来限制它:它或者与全平面相合,或者至少具有凸状的性质(因之联结它的任意两点的线段都属于它).

余项的估值可以按照下列方式引进:

用 l_0 表示联结 z 与 z_0 两点的直线段,用 l_1 表示联结 z_0 与 z_1 的线段,如此类推,最后,用 l_n 表示联结 z_{n-1}

第 10 章 复数域上的内插与逼近

与 z_n 的线段. 设 L_n 为诸线段 $l_0, l_1, \cdots, l_n$ 所组成的折线①,用 M_{n+1} 表示 $f^{(n+1)}(z)$ 在路径 L_n 上的最大模. 我们将沿折线 L_n 依点 z_k 的附标的减序方向来做公式 (10.25′) 中的积分. 假设

$$t_i = |z_n - z_{n-1}| + |z_{n-1} - z_{n-2}| + \cdots + |z_{i+1} - z_i|$$
$$(i = 0, 1, \cdots, n-1)$$
$$t_n = 0, t = t_0 + |z - z_0|$$

并用 $t^{(k)}$ ($k=1,2,\cdots,n+1$) 表示折线 $z_n z^{(k)}$(当作是沿路径 L_n 的长),将有

$$|R_n(z)| \leqslant \int_{t_0}^t dt' \left| \int_{z_1}^{z'} dt'' \int_{z_2}^{z''} dz''' \cdots \int_{z_n}^{z^{(n)}} f^{(n+1)}(z^{(n+1)}) dz^{(n+1)} \right|$$

$$\left| \int_{z_1}^{z'} dz'' \int_{z_2}^{z''} dz''' \cdots \int_{z_n}^{z^{(n)}} f^{(n+1)}(z^{(n+1)}) dz^{(n+1)} \right|$$

$$\leqslant \int_{t_1}^{t'} dt'' \left| \int_{z_2}^{z''} dz''' \cdots \int_{z_n}^{z^{(n)}} f^{(n+1)}(z^{(n+1)}) dz^{(n+1)} \right|$$

$$\cdots$$

$$\left| \int_{z_n}^{z^{(n)}} f^{(n+1)}(z^{(n+1)}) dz^{(n+1)} \right| \leqslant M_{n+1} \int_{t_n}^{t^{(n)}} dt^{(n+1)}$$

于是

$$|R_n(z)| \leqslant M_{n+1} \int_{t_0}^t dt' \int_{t_1}^{t'} dt'' \cdots \int_{t_n}^{t^{(n)}} dt^{(n+1)}$$

因为显然

$$t_0 \leqslant t' \leqslant t, t_1 \leqslant t'' \leqslant t', \cdots, t_n \leqslant t^{(n+1)} \leqslant t^{(n)}; t_{i+1} \leqslant t_i$$
$$(0 \leqslant i \leqslant n-1)$$

---

① 如果变量 z 与一切 z_y 都是实数,那么"折线" L 由实轴上的有向线段组成,它们之间彼此可以完全相合或者部分相合.

逼近论中的 Weierstrass 定理

所以上面的积分不会减小,如果把一切积分下限都变成 $t_n = 0$ 的话,这就给出

$$|R_n(z)| \leqslant M_{n+1} \int_{t_0}^{t} \mathrm{d}t' \int_{t_1}^{t'} \mathrm{d}t'' \cdots \int_{t_n}^{t^{(n)}} \mathrm{d}t^{(n+1)} = M_{n+1} \frac{t^{n+1}}{(n+1)!}$$

当一切点 $z_0, z_1, \cdots, z_n$ 合而为一时便得到了等式. 注意到 t 的值,最终得到

$$|R_n(z)| \leqslant \frac{M_{n+1}}{(n+1)!}(|z-z_0| + s_n)^{n+1} \quad (10.26)$$

其中

$$s_m = |z_0 - z_1| + |z_1 - z_2| + \cdots + |z_{m-1} - z_m| \ (m = 1, 2, \cdots)$$

同样可以建立

$$|L_n(z)| = \left| \int_{z_0}^{z} \mathrm{d}z' \int_{z_1}^{z'} \mathrm{d}z'' \cdots \int_{z_{n-1}}^{z^{(n-1)}} \mathrm{d}z^{(n)} \right|$$

$$< \frac{1}{n!}(|z-z_0| + s_{n-1})^n \quad (10.27)$$

从不等式(10.27)看到内插误差的大小依赖于和 s_n 增长的速度. 若对于域 D 不论哪一个 z, $\lim\limits_{n \to \infty} |R_n(z)| = 0$ 都成立,则函数 $f(x)$ 在这域上可以展成一致收敛的级数

$$f(z) = \sum_{n=0}^{\infty} f^{(n)}(z_n) L_n(z)$$

$$= \sum_{n=0}^{\infty} f^{(n)}(z_n) \int_{t_0}^{z} \mathrm{d}z' \int_{z_1}^{z'} \mathrm{d}z'' \cdots \int_{z_{n-1}}^{z^{(n-1)}} \mathrm{d}z^{(n)} \quad (10.28)$$

例 10.15 若和 s_m 是有界的,亦即若级数 $\sum |z_{m-1} - z_m|$ 是收敛的,因而引出极限 $\lim\limits_{n \to \infty} z_n = Z$ 存在并且若函数 $f(z)$ 在中心为 Z 半径为 R 的圆内为正则的,则函数 $f(z)$ 在任何合于所述圆的内部的闭域上能展成一致收敛的级数(10.28).

第 10 章 复数域上的内插与逼近

为了简单起见我们假定 $Z = 0$.

首先我们证明级数(10.28)在圆 $|z| \leq R'$ 内是一致收敛的,其中 $0 < R' < R$,设 R'' 满足不等式 $R' < R'' < R$. 令

$$\rho_n = \sum_{v=n}^{\infty} |z_v - z_{v+1}|$$

取 N 足够的大,使得

$$\rho_N < \frac{1}{2}(R'' - R') \qquad (10.29)$$

用 $M(f, r)$ 表示函数 $f(z)$ 在圆 $|z| = r$ 上的最大模,我们将有不等式

$$\frac{M(f^{(n)}, r)}{n!} < \frac{M(f, R)}{(R-r)^n} \text{①} \quad (r < R) \quad (10.30)$$

---

① 设 $|z| = r < R$. 那么柯西积分给出

$$\frac{f^{(n)}(z)}{n!} = \frac{1}{2\pi i} \int_r \frac{f(\zeta) d\zeta}{(\zeta - z)^{n+1}}$$

在这里可以取圆周 r

$$|\zeta - z| = R - r$$

作为积分路径(图 10.8),从这一不等式推得

$$\frac{|f^{(n)}(z)|}{n!} < \frac{1}{2\pi} \cdot 2\pi(R-r) \cdot \frac{M(f, r)}{(R-r)^{n+1}} = \frac{M(f, r)}{(R-r)^n}$$

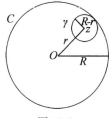

图 10.8

因为是模为 r 的任意的数,所以从而推得不等式(10.30).

我们考虑由式(10.28)右方的级数微分 N 次后所得的级数. 当 n 充分大时($|z_n|<R''$ 且 $n>N$),借助于不等式(10.30)我们得到对于这一级数的一般项的这样的估值

$$|f^{(n)}(z_n)L_n^{(N)}(z)|$$
$$\leqslant M(f^{(n)},|z_n|\cdot|L_n^{(N)}(z)|)$$
$$<(n-N)!\ \frac{M(f^{(N)},R'')}{(R''-|z_n|)^{n-N}}\cdot\frac{1}{(n-N)!}(|z-z_N|+$$
$$|z_N-z_{N+1}|+\cdots+|z_{n-2}-z_{n-1}|)^{n-N}$$

由于
$$|z-z_N|\leqslant|z|+|z_N|\leqslant R'+\rho_N$$

以及
$$|z_N-z_{N+1}|+\cdots+|z_{n-2}-z_{n-1}|\leqslant\rho_N$$

所以最后得到
$$|f^{(n)}(z_n)L_n^{(N)}(z)|\leqslant M(f^{(N)},R'')\cdot\left(\frac{R'+2\rho_N}{R''-|z_n|}\right)^{n-N}$$

据式(10.29)推得右方括号中的分数从某一时刻起将变为小于 1,因之所述级数在圆 $|z|\leqslant R'$ 内是一致收敛的. 但在这种情形下由式(10.28)右方所构成的级数也是一致收敛的,于是便代表在圆 $|z|<R$ 内的一个正则函数.

转来考虑级数
$$\sum_{n=0}^{\infty}f^{(n)}(z_n)L_n^{(N)}(z)$$

的余项,这一回我们根据条件
$$\rho_N<\frac{R'}{4}\quad(0<R'<R)$$

来取数 N 并假定

$$|z| \leq \frac{R'}{4}$$

这时根据公式(10.26)

$$|R_n^{(N)}(z)| < \frac{1}{(n-N)!} M\left(f^{(N)}, \frac{R'}{4}\right)(|z-z_N|+\rho_N)^{n-N}$$

$$< \frac{M(f^{(N)}, R')}{\left(R'-\frac{R'}{4}\right)^{n-N}}(|z|+2\rho_N)^{n-N}$$

$$\leq M(f^{(N)}, R')\left(\frac{\frac{R'}{4}+2\rho_N}{\frac{3}{4}R'}\right)^{n-N}$$

因为

$$\frac{\frac{R'}{4}+2\rho_N}{\frac{3}{4}R'} < 1$$

所以

$$\lim_{n\to\infty}|R_n^{(N)}(z)| = 0$$

从而得出结论 $\left(\text{仍然是对于}|z| \leq \frac{R'}{4}\text{的}\right)$

$$\lim_{n\to\infty}|R_n(z)| = 0$$

于是,在 $|z| \leq \dfrac{R'}{4}$ 时恒等式(10.28)成立. 但由于它的两方都是在圆 $|z|<R$ 内为解析的函数,所以它在这整个圆内成立.

例 10.16 对于函数 $f(z) = e^z$ 我们有形式上的展开式(10.28)

逼近论中的 Weierstrass 定理

$$e^z \sim e^{z_0} + e^{z_1}L_1(z) + e^{z_2}L_2(z) + \cdots + e^{z_n}L_n(z) + \cdots$$

其中多项式 $L_n(z)$ 由公式 (10.25) 确定. 为了确定起见, 假定 $0 \leqslant z_0 \leqslant z_1 \leqslant \cdots$, 我们来说明, 把怎样的一些进一步的限制应当加到诸点 z_n 上去, 而使得在任何有限域上一致收敛性都是成立的.

如果令

$$\varlimsup_{n \to \infty} \frac{z_n}{n} = \tau \qquad (10.31)$$

条件

$$\tau e^{\tau+1} < 1 \quad \text{或} \quad \tau < 0.278\cdots \qquad (10.32)$$

便是充分的.

事实上, 在 $|z| < R$ 时不等式 (10.26) 具有下列的形式

$$|R_n(z)| \leqslant \frac{e^{z_n}}{(n+1)!}(R + z_n)^{n+1}$$

从式 (10.31) 推出, 当 n 充分大时

$$z_n < n(\tau + \varepsilon)$$

因之

$$|R_n(z)| \leqslant \frac{e^{n(\tau+\varepsilon)}}{\left(\dfrac{n}{e}\right)^n}(R + n(\tau+\varepsilon))^{n+1}$$

$$= (R + n(\tau+\varepsilon)) \cdot \left(\left(\tau + \varepsilon + \frac{R}{n}\right)e^{\tau+1+\varepsilon}\right)^n$$

若 τ 满足条件 (10.32), 则显然后面的不等式的右方趋于 0, 因为在括号中的量当 n 充分大时小于 1.

例 10.17 设 $f(z) = \lg(1 + z)$ 以及 $z_n = nh$ ($h > 0$), 我们有形式上的阿贝尔级数展开式

第 10 章　复数域上的内插与逼近

$$\lg(1+z) \sim z\sum_{n=1}^{\infty} \frac{(-1)^{n-1}}{n} \cdot \frac{(z-nh)^{n-1}}{(1+nh)^n}$$

$$(10.33)$$

这级数是否收敛以及是否代表函数 $\lg(1+z)$ 呢？

我们看到，在 $|z| \leqslant R$ 时

$$\left| z \sum_{n=1}^{\infty} \frac{(-1)^{n-1}}{n} \cdot \frac{(z-nh)^{n-1}}{(1+nh)^n} \right|$$

$$= \left| z \sum_{n=1}^{\infty} \frac{1}{n(nh+1)} \left(\frac{1-\dfrac{z}{nh}}{1+\dfrac{1}{nh}} \right)^{n-1} \right|$$

$$\leqslant R \sum_{n=1}^{\infty} \frac{1}{n(nh+1)} \left(\frac{1+\dfrac{R}{nh}}{1+\dfrac{1}{nh}} \right)^{n-1}$$

并且因为极限

$$\lim_{n\to\infty} \left(\frac{1+\dfrac{R}{nh}}{1+\dfrac{1}{nh}} \right)^{n-1} = e^{\frac{R-1}{h}}$$

是有限的，所以一般项的分母中 n 的二次幂的出现，保证了级数在任何有限域上为一致收敛的．从而推出，式(10.33)右方的级数代表一个整函数．正因如此它的和在任何域上不可能等于 $\lg(1+z)$（只在个别的点 $z=0$ 处等式成立）；事实上，若在某个域上式(10.33)的两方是恒等的，则这个恒等式将解析开拓到整个平面上，这是不可能的，由于 $\lg(1+z)$ 的左方有一奇点 $z=-1$．

逼近论中的 Weierstrass 定理

§7 相应于魏尔斯特拉斯定理的定理[①]

定理 10.1 若复变量 z 的函数 $f(z)$ 是在以简单闭曲线 C 为界的域 D 内及其边界上为正则的数, 则不论数 $\varepsilon(>0)$ 怎样的小, 都可以求出这样的多项式 $P(z)$, 使得闭域 $\overline{D} \equiv D + C$ 中的一切 z 值都能满足不等式

$$|f(z) - P(z)| < \varepsilon \qquad (10.34)$$

换句话说, 在域 $\overline{D}$ 上函数 $f(z)$ 可以展成一致收敛的多项式级数.

定理 10.2 如果复变量 z 的函数 $f(z)$ 是以 2π 为周期的, 且在周期为 2π 的两条无限曲线 Γ_1 与 Γ_2 之间所构成的无限单连通域 Δ 以及其边界上为解析的, 那么不论数 $\varepsilon(>0)$ 怎样的小, 都可以求出这样的三角多项式 $T(z)$, 使得闭域 $\overline{\Delta} \equiv \Delta + \Gamma_1 + \Gamma_2$ 中的一切 z 都满足不等式

$$|f(z) - T(z)| < \varepsilon \qquad (10.35)$$

换句话说, 在域 $\overline{\Delta}$ 上函数 $f(z)$ 可以展成一致收敛的三角多项式级数.

定理 10.1 的证明是以柯西积分的应用为基础的.

---

① 魏尔斯特拉斯并没有在复数域中去找到与他自己的定理相类似的定理. 龙格在魏尔斯特拉斯同时就着手研究这个问题. 以下所引的定理, 便是他建立的一些结果的一个特例.

第 10 章 复数域上的内插与逼近

假设点 ζ 位于域 $\overline{D}$ 之外,先来证明这定理对于函数

$$f(z) = \frac{1}{\zeta - z}$$

成立. 先考虑一种简单情形,就是当点 ζ 是在这样的位置,以致有某一条直线可以把它与域 $\overline{D}$ 隔开(图 10.9). 显然,这时可以做出这样的一个圆 $\varGamma$,它覆盖了域 $\overline{D}$ 而不包围点 ζ;令其中心为 a. 因为乘幂展式

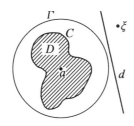

图 10.9

$$\frac{1}{\zeta - z} = \frac{1}{\zeta - a} + \frac{z - a}{(\zeta - a)^2} + \frac{(z-a)^2}{(\zeta - a)^3} + \cdots$$

当 $|z - a| < \rho |\zeta - a|$(其中 $0 < \rho < 1$)时是一致收敛的,所以从而它在域 $\overline{D}$ 上是一致收敛的. 取这展开式的充分多的项的和,我们便得到所求的多项式 $P(z)$.

我们指出,显然,对于更为一般的函数

$$f(z) = \frac{A}{(\zeta - z)^n} \quad (n = 1, 2, 3, \cdots)$$

可以得到同样的结果,因而对于变量为 $\dfrac{1}{\zeta - z}$ 的任意的多项式亦然.

现在假定,具有所述性质的直线 d 不存在(图 10.10),由于域 $\overline{D}$ 位于有限距离内,故一定能够求出这

逼近论中的 Weierstrass 定理

样的点 ζ^*,使得有某条直线 d 把它与域 $\overline{D}$ 隔开.

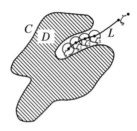

图 10.10

用与 $\overline{D}$ 无公共点的曲线 L 联结 ζ 与 ζ^* 两点;设 δ 为它到路径 C 的距离. 在曲线 L 上我们取这样的点列

$$\zeta = \zeta_0, \zeta_1, \zeta_2, \cdots, \zeta_r = \zeta^*$$

使得点列中相邻两点之间的距离都小于 δ. 把函数 $\dfrac{1}{\zeta - z}$ 依新的变量

$$z_1 = \frac{1}{z - \zeta_1}$$

的乘幂展开,便得到

$$\frac{1}{\zeta - z} = \frac{1}{\zeta_1 - z} - \frac{\zeta - \zeta_1}{(\zeta_1 - z)^2} + \frac{(\zeta - \zeta_1)^2}{(\zeta_1 - z)^3} - \cdots$$

而当 $|z - \zeta_1| > |\zeta - \zeta_1|$(其中 $|\zeta - \zeta_1| = |\zeta_0 - \zeta_1| < \delta$)时是收敛的,因之特别在域 $\overline{D}$ 上亦然(一致地). 取上面的级数足够多的项,我们便得到具有这样的性质的多项式 $P_1(z_1) \equiv P_1\left(\dfrac{1}{z - \zeta_1}\right)(n_1 \text{ 次})$,它对于域 $\overline{D}$ 中的任意的值 z 都有

$$\left| \frac{1}{\zeta - z} - P_1\left(\frac{1}{z - \zeta_1}\right) \right| < \frac{\varepsilon}{2r} \qquad (10.36)$$

第 10 章　复数域上的内插与逼近

这样一来,函数 $\dfrac{1}{\zeta-z}$ 便换成形如 $\dfrac{A_m}{(\zeta_1-z)^m}$ ($m=0$, $1,\cdots,n_1$) 的有限多项的线性组合,而误差(在域 $\overline{D}$ 上)不超过数 $\dfrac{\varepsilon}{2r}$.

对于每一项 $\dfrac{A_m}{(\zeta_1-z)^m}$ 可以重复前面的讨论,把它换成变量

$$z_2=\dfrac{1}{z-\zeta_2}$$

的某个多项式,使得在域 $\overline{D}$ 上的误差不超过 $\dfrac{\varepsilon}{2r(n_1+1)}$,那么整个多项式 $P_1(z_1)$ 就换成了新的多项式 $P_2(z_2)$,并且将满足不等式

$$\left|P_1\left(\dfrac{1}{z-\zeta_1}\right)-P_2\left(\dfrac{1}{z-\zeta_2}\right)\right|<\dfrac{\varepsilon}{2r}$$

继续这一过程下去,我们得到满足不等式

$$\left|P_k\left(\dfrac{1}{z-\zeta_k}\right)-P_{k+1}\left(\dfrac{1}{z-\zeta_{k+1}}\right)\right|<\dfrac{\varepsilon}{2r}\quad(k=1,2,\cdots,r-1)$$

$$(10.37)$$

的一系列多项式 $P_k\left(\dfrac{1}{z-\zeta_k}\right)$.

最后,由于点 $\zeta_r=\zeta^*$ 根据假设是由直线 d 与域 $\overline{D}$ 相隔开的,所以可以选取这样的多项式 $P(z)$,使得

$$\left|P_r\left(\dfrac{1}{z-\zeta_r}\right)-P(z)\right|<\dfrac{\varepsilon}{2}\qquad(10.38)$$

那么,从不等式(10.36)(10.37)与(10.38)便推出

逼近论中的 Weierstrass 定理

$$\left|\frac{1}{\zeta - z} - P(x)\right| < \varepsilon \qquad (10.39)$$

现在来就最一般情形证明定理 10.1，我们指出，函数 $f(z)$ 不仅在域 $\overline{D}$ 的内部是解析的，而且在其边界上亦然，因之可以作出包围 C 的简单闭曲线 C' 且具有那样的性质，即 $f(z)$ 在 C' 内及 C' 上都是正则的. 我们写出柯西积分

$$f(z) = \frac{1}{2\pi i}\int_{C'}\frac{f(\zeta)\,d\zeta}{\zeta - z} \qquad (10.40)$$

用 $\omega(\delta)$ 表示函数 $f(\zeta)$ 在路径 C' 上的连续性模，容易证明，函数

$$f_1(\zeta) \equiv \frac{1}{2\pi i}\frac{f(\zeta)}{\zeta - z}$$

在同一路径上有不依赖于 z 的连续性模 $\omega_1(\delta)$（若 z 位于域 C 的内部或其上）. 事实上，当 $|\zeta' - \zeta''| \leq \delta$ 时我们得到

$$f_1(\zeta') - f_1(\zeta'')$$
$$= \frac{1}{2\pi i}\left(\frac{f(\zeta') - f(\zeta'')}{\zeta' - z} - f(\zeta'')\frac{\zeta' - \zeta''}{(\zeta' - z)(\zeta'' - z)}\right)$$

因之

$$|f_1(\zeta') - f_1(\zeta'')| \leq \frac{1}{2\pi}\left(\frac{\omega(\delta)}{\eta} + \frac{M(\delta)}{\eta^2}\right)$$

其中的 η 为 C 与 C' 之间的距离，而 M 为函数 $f(\zeta)$ 在路径 C' 上的最大模. 由于上面的不等式的右方与 δ 同趋于 0，所以它可被用来代替函数 $f(\zeta)$ 的连续性模 $\omega_1(\delta)$.

设 ε 是任意小的数. 在路径 C' 上我们常常这样布

置诸点 $\zeta_k(k=0,1,\cdots,m)(\zeta_0=\zeta_m)$,使得点列中连续两点之间的最大距离 δ 满足不等式

$$\omega_1(\delta) < \frac{\varepsilon}{2L'} \qquad (10.41)$$

其中 L' 为 C' 的长.

这时在公式(10.40)右方的柯西积分,可以换成形如 $\dfrac{1}{2\pi i}\sum \dfrac{f(\zeta_k)\Delta\zeta_k}{\zeta_k-z}$ 的函数的有限和,使得误差不超过 $\dfrac{\varepsilon}{2}$

$$\left|\frac{1}{2\pi i}\int_{C'}\frac{f(\zeta)\mathrm{d}\zeta}{\zeta-z}-\frac{1}{2\pi i}\sum_{k=0}^{m-1}\frac{f(\zeta_k)}{\zeta_k-z}\Delta\zeta_k\right|\leqslant \omega_1(\delta)\cdot L' < \frac{\varepsilon}{2}$$
$$(10.42)$$

但是,依上面所证的,和中每一项在域 $\overline{D}$ 上都可以用多项式来逼近

$$\left|\frac{1}{2\pi i}\frac{f(\zeta_k)\Delta S_k}{\zeta_k-z}-P_k(z)\right| < \frac{\varepsilon}{2m}$$

从而推出

$$\left|\frac{1}{2\pi i}\sum_{k=0}^{m-1}\frac{f(\zeta_k)\Delta\zeta_k}{\zeta_k-z}-P_k(z)\right| < \frac{\varepsilon}{2} \quad (10.43)$$

其中

$$P(z) = \sum_{k=0}^{m-1} P_k(z)$$

于是,从(10.40)(10.42)与(10.43)便推出

$$|f(z)-P(z)| < \varepsilon \qquad (10.44)$$

我们指出,对函数 $f(z)$ 在路径 C 上的解析性的要求,不是必要的.只需假定函数 $f(z)$ 在域 D 内是解析

逼近论中的 Weierstrass 定理

的并且在闭域 $\overline{D}$ 上是连续的便够了. 现在我们引进在这种意义下推广了的定理 10.1 的证明, 但仅限于一个最简单的而同时也是特别重要的情形, 在域 D 内部存在具有这样的性质的点, 通过这一点的任何射线只与路径 C 交于一点. 可以假定这一点是原点而不失一般性.

变换 (关系于原点的伸长)

$$z' = \frac{n+1}{n} z$$

把具有路径 C 的域 D 映射成具有路径 C_n 的域 D_n. 这时函数 $f\left(\dfrac{n}{n+1}z\right)$ 在闭域 $\overline{D}_n \equiv D_n + C_n$ 上是确定的, 它在域 D_n 内是正则的且在 $\overline{D}_n$ 上是连续的; 因之根据定理 10.1, 不论 ε 如何小, 总可以求出这样的多项式 $P(z)$, 使得在域 $\overline{D}$ 上有

$$\left| f\left(\frac{n}{n+1}z\right) - P(z) \right| < \frac{\varepsilon}{2}$$

另外, 由于 $\overline{D}$ 是闭域, 便推知函数 $f(z)$ 在 $\overline{D}$ 上是一致连续的, 所以函数 $f\left(\dfrac{n}{n+1}z\right)$ 在 $\overline{D}^n$ 上是一致连续的. 于是对于充分大的 $n(n < n_\varepsilon)$, 关系式

$$\left| f\left(\frac{n}{n+1}z\right) - f(z) \right| < \frac{\varepsilon}{2}$$

在 $\overline{D}^n$ 上满足, 它更加在 $\overline{D}$ 上满足. 但这时从上面两个不等式我们得到, 当 $n > n_\varepsilon$ 时在域 $\overline{D}$ 上

$$|f(z) - p(z)| < \varepsilon$$

第 10 章 复数域上的内插与逼近

于是定理获证[①].

定理 10.2 的证明是以下述的定理 10.1 的推广为基础的. 设函数 $f(z)$ 在环状域 D 上是正则的, 这域以两条简单闭曲线 C_1 与 C_2 为界, 其中的第一个位于第二个之内并且在其内部包含坐标原点 (图 10.11); 此外, 设 $f(z)$ 在这些曲线上也是正则的. 那么 $f(z)$ 在域 $\overline{D} \equiv D + C_1 + C_2$ 上可以用具有唯一极点 $z=0$ 的有理函数来一致逼近

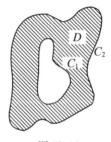

图 10.11

$$|f(z) - R(z)| < \varepsilon$$

其中

$$R(z) = \sum_{m=-n}^{n} c_m z^m$$

为了证明这一点, 我们预先又提出: 若点 ζ 以及原点 $z=0$ 位于简单闭曲线 C 之内部, 则在这曲线之外及其本身上的一切点所构成的域上, 函数 $f(z) = \dfrac{1}{\zeta - z}$ 有满足不等式

---

① 所指的是进一步推广了的定理 10.1.

逼近论中的 Weierstrass 定理

$$\left|\frac{1}{\zeta-z} - P\left(\frac{1}{z}\right)\right| < \varepsilon$$

的一致逼近,其中 $P\left(\frac{1}{z}\right)$ 是变量 $\frac{1}{z}$ 的多项式. 要推得这一点,最简单的莫过于根据定理 10.1（不等式 (10.34)）,只要对于由 C 经过变换 $z' = \frac{1}{z}$ 而得的曲线 C' 的内部的域以及对于函数 $f(z') = \frac{z'\zeta'}{z'-\zeta'}$（其中 $\zeta' = \frac{1}{\zeta}$）应用定理 10.1 即可.

现在我们把在环状域 $\overline{D}$ 内正则的函数 $f(z)$ 表示成由柯西积分分解而得的两个积分差的形式

$$f(z) = \frac{1}{2\pi i}\int_{C_2}\frac{f(\zeta)\,d\zeta}{\zeta-z} - \frac{1}{2\pi i}\int_{C_1}\frac{f(\zeta)\,d\zeta}{\zeta-z}$$

先把积分路径 C_2 与 C_1 换成新的 C_2' 与 C_1'（其中的第一个含 C_2 于其内,而第二个含 C_1 内,而在这样扩大了的环状域内函数 $f(z)$ 便不再是解析的了）,然后把积分用逼近它们的和来代替,我们看到,如以前一样,沿路径 C_2' 所取的第一个积分可以用变量 z 的某一多项式 $P(z)$ 来逼近,至于沿路径 C_1' 所取的第二个积分则根据前一附注可以用变量 $\frac{1}{z}$ 的某一多项式 $Q\left(\frac{1}{z}\right)$ 来逼近. 令

$$P(z) + Q\left(\frac{1}{z}\right) = R(z)$$

我们便得到了所求的有理函数.

第 10 章 复数域上的内插与逼近

为了证明定理 10.2,现在只需再进一步便够了,就是说:用变量代换

$$Z = e^{iz}$$

把平面上介于两条无限曲线 Γ_1 与 Γ_2 之间的带形域 Δ 映射成 Z 平面上的介于两条闭曲线 C_1 与 C_2 之间的环状域 D. 函数

$$F(Z) \equiv f\left(\frac{1}{i}\lg Z\right)$$

在域 D 上(包括边界在内),是单值的和正则的,因之可以求出形如

$$R(Z) = \sum_{m=-n}^{n} c_m Z^m$$

的这样有理函数 $R(Z)$,使得在域 D 上

$$\left| f\left(\frac{1}{i}\lg Z\right) - R(Z) \right| < \varepsilon$$

从而推得,在域 Δ 上(包括边界)不等式

$$|f(z) - T(z)| < \varepsilon \qquad (10.45)$$

成立,其中

$$T(z) = R(e^{iz}) = \sum_{m=-n}^{n} c_m e^{imz}$$

是三角多项式.

§8 复数域上的平方逼近、舍格多项式与卡勒曼多项式

设在复平面上给定了互不相同的诸点

逼近论中的 Weierstrass 定理

$$z_j \quad (j=0,1,2,\cdots,m)$$

此外，假定还给出了某些复数

$$w_j \quad (j=0,1,2,\cdots,m)$$

需要找出 n 次($\leq m$)多项式 $P(z)$，使得和

$$\sum = \sum_{j=0}^{m} |P(z_j) - w_j|^2 \quad (10.46)$$

成为最小. 如果令

$$P(z) = \sum_{v=0}^{n} c_v z^v \quad (c_v = c'_v + \mathrm{i}c''_v) \quad (10.47)$$

其中 c_v 都是任意的复数，就得到结论：和 $\sum$ 是实变量 c'_v 与 c''_v 的非负的函数，亦即未知系数 $c_v(v>0,1,\cdots,n)$ 的实部与虚部的非负函数. 显然，由于这函数是二次多项式，最小值的存在是保证了的，并且它可以由解方程组

$$\frac{\partial \sum}{\partial c'_v} = 0, \frac{\partial \sum}{\partial c''_v} = 0 \quad (v=0,1,\cdots,n)$$

$$(10.48)$$

而求出. 另外，我们指出，和 $\sum$ 可以赋予以下的形式

$$\sum = \sum_{j=1}^{m} (P(z_j) - w_j)(\overline{P(z_j)} - \overline{w_j})$$

其中横线表示共轭数，因之，例如

$$\overline{P(z_j)} = \sum_{v=0}^{n} \bar{c}_v \bar{z}_j^v \quad (\bar{c}_v = c'_v - \mathrm{i}c''_v)$$

一般来说，若我们去求依赖于复变量 $Z=X+\mathrm{i}Y$ 与共轭复变量 $\bar{Z}=X-\mathrm{i}Y$ 的某个函数的极小值，则极小的条件

第 10 章 复数域上的内插与逼近

$$\frac{\partial F}{\partial X} = 0, \frac{\partial F}{\partial Y} = 0$$

与下列条件相当

$$\frac{\partial F}{\partial Z} = 0, \frac{\partial F}{\partial \overline{Z}} = 0$$

这是从

$$\frac{\partial F}{\partial X} = \frac{\partial F}{\partial Z} + \frac{\partial F}{\partial \overline{Z}}, \frac{\partial F}{\partial Y} = \mathrm{i}\left(\frac{\partial F}{\partial Z} - \frac{\partial F}{\partial \overline{Z}}\right)$$

推出的. 因之方程组(10.48)可以换成这样

$$\frac{\partial \sum}{\partial c_v} = 0, \frac{\partial \sum}{\partial \overline{c_v}} = 0 \quad (v = 0, 1, \cdots, n)$$

$$(10.49)$$

由于

$$\frac{\partial \sum}{\partial c_v} = \sum_{j=1}^{m} (\overline{P(z_j)} - \overline{w}_j) z_j^v, \frac{\partial \sum}{\partial \overline{c_v}} = \sum_{j=1}^{m} (P(z_j) - w_j) \overline{z}_j^v$$

所以方程组(10.49)取下列形式

$$\sum_{j=0}^{m} \overline{P(z_j)} z_j^v = \sum_{j=0}^{m} \overline{w}_j z_j^v, \sum_{j=0}^{m} P(z_j) \overline{z}_j^v = \sum_{j=0}^{m} w_j \overline{z}_j^v$$

$(v = 0, 1, \cdots, n)$ \hspace{2em} (10.50)

在这样的意义下,即其中的一个可以把另一个将虚单位变号而得,方程组(10.50)是共轭的,亦即它们之中的任一个是由另一个得出的. 因之只需对 c_v 来解方程组

$$\sum_{j=0}^{m} P(z_j) \overline{z}_j^v = \sum_{j=0}^{m} w_j \overline{z}_j^v \quad (v = 0, 1, \cdots, n)$$

$$(10.51)$$

逼近论中的 Weierstrass 定理

就行了,或者,令

$$h_{pq} = \sum_{j=0}^{m} z_j^p \bar{z}_j^q \quad (p,q = 0,1,\cdots,n)$$

$$k_v = \sum_{j=0}^{m} w_j \bar{z}_j^v \quad (v = 0,1,\cdots,n)$$

而去解方程组

$$\sum_{p=0}^{n} h_{pq} c_p = k_q \quad (q = 0,1,\cdots,n) \quad (10.52)$$

需要说明,方程组的行列式

$$H_{n+1} = \begin{vmatrix} h_{00} & h_{01} & \cdots & h_{0n} \\ h_{10} & h_{11} & \cdots & h_{1n} \\ \vdots & \vdots & & \vdots \\ h_{n0} & h_{n1} & \cdots & h_{nn} \end{vmatrix}$$

是否为 0. 我们断言

$$H_{n+1} = \frac{1}{(n+1)!} \sum |W(\zeta_0, \zeta_1, \cdots, \zeta_n)|^2 \quad (10.53)$$

其中 W 表示范德蒙德行列式,而诸数 ζ_i 中的每一个当求和时遍取诸值 $z_0, z_1, \cdots, z_m$,如果我们写成

$$|W(\zeta_0, \zeta_1, \cdots, \zeta_n)|^2$$
$$= W(\zeta_0, \zeta_1, \cdots, \zeta_n) W(\bar{\zeta}_0, \bar{\zeta}_1, \cdots, \bar{\zeta}_n)$$
$$= W(\zeta_0, \zeta_1, \cdots, \zeta_n) \sum_P [v_0, v_1, \cdots, v_n] \bar{\zeta}_{v_1} \bar{\zeta}_{v_2}^2 \cdots \bar{\zeta}_{v_n}^n$$

便可证明这一点. 因为在诸数 $z_j (j=0,1,\cdots,m)$ 之中没有相同的,且由于 $m \leqslant n$,所以公式 (10.53) 右方的诸行列式中的确无一为 0,因之 $H_{n+1} > 0$.

从等式 (10.52) 与 (10.47) 中消去 c_v,便得到

第10章 复数域上的内插与逼近

$$P_n(z) = - \begin{vmatrix} 0 & 1 & z & \cdots & z^n \\ k_0 & h_{00} & h_{01} & \cdots & h_{0n} \\ k_1 & h_{10} & h_{11} & \cdots & h_{1n} \\ \vdots & \vdots & \vdots & & \vdots \\ k_n & h_{n0} & h_{n1} & \cdots & h_{nn} \end{vmatrix} \div \begin{vmatrix} h_{00} & h_{01} & \cdots & h_{0n} \\ h_{10} & h_{11} & \cdots & h_{1n} \\ \vdots & \vdots & & \vdots \\ h_{n0} & h_{n1} & \cdots & h_{nn} \end{vmatrix}$$

(10.54)

如果数 w_j 是某一复变函数 $w = f(z)$ 在点 z_j 处的值,在这一情形,和(10.46)具有下面的形式

$$\sum = \sum_{j=0}^{m} | P(z_j) - f(z_j) |^2 \quad (10.55)$$

很自然地推广它,可以引进积分以代替和. 设函数 $f(z)$ 定义在某个域 D 上,此外,并设在这个域中的每一点 $z = x + iy$ 确定某一实的非负函数(微分权) $p(x,y)$. 可以提出关于求次数已知的多项式 $P(z)$,使得展开于域 D 上的重积分

$$I = \iint_D | P(z) - f(z) |^2 p(x,y) \mathrm{d}x \mathrm{d}y \quad (10.56)$$

成为极小的问题.

由于"权"$p(x,y)$可以是不仅分布在整个域 D 上,而且还可以集中在某些曲线上或某些点上,所以把微分权 $p(x,y)$ 换成积分权 $\psi(\sigma)$,代替通常的积分引进斯笛尔几斯积分则是适宜的. 积分权 $\psi(\sigma)$ 是域 D 的任意子域 σ 的非负函数,此外,如果域 σ' 与 σ'' 都属于域 D 而且没有公共点的话,它还具有可加性

$$\psi(\sigma' + \sigma'') = \psi(\sigma') + \psi(\sigma'')$$

函数 $\psi(\sigma)$ 通常可以这样的来标准化,使得

逼近论中的 Weierstrass 定理

$$\psi(D) = 1$$

应当变成最小的积分具有下列的形式

$$I = \int_D |P(z) - f(z)|^2 \mathrm{d}\psi(\sigma)^{①} \quad (10.57)$$

或

$$I = \int_D (P(z) - f(z))\overline{(P(z) - f(z))} \mathrm{d}\psi(\sigma)$$
$$(10.58)$$

如同在前面的问题中一样,我们得到方程组

$$\frac{\partial I}{\partial c_v} \equiv \int_D (P(z) - f(z)) \overline{z}^v \mathrm{d}\psi(\sigma) = 0$$

亦即

$$\int_D P(z) \overline{z}^v \mathrm{d}\psi(\sigma) = \int_D f(z) \overline{z}^v \mathrm{d}\psi(\sigma) \quad (v = 0, 1, \cdots, n)$$

在记号

$$h_{pq} = \int_D z^p \overline{z}^q \mathrm{d}\psi(\sigma) \quad (p, q = 0, 1, \cdots, n) \quad (10.59)$$

$$k_v = \int_D f(z) \overline{z}^v \mathrm{d}\psi(\sigma) \quad (v = 0, 1, \cdots, n) \quad (10.60)$$

之下这个方程组还可写成下列形式

$$\sum_{p=0}^n h_{pq} c_p = k_q \quad (q = 0, 1, \cdots, n)$$

行列式

$$H_{n+1} = \begin{vmatrix} h_{00} & \cdots & h_{0n} \\ \vdots & & \vdots \\ h_{n0} & \cdots & h_{nn} \end{vmatrix}$$

---

① 虽然我们只写一个积分号,可是这里是重积分.

第 10 章 复数域上的内插与逼近

满足等式

$$H_{n+1} = \frac{1}{(n+1)!} \int_D \int_D \cdots \int_D |W(\zeta_1,\zeta_2,\cdots,\zeta_n)|^2 \cdot$$
$$\mathrm{d}\psi(\sigma_1)\mathrm{d}\psi(\sigma_2)\cdots\mathrm{d}\psi(\sigma_n) \qquad (10.61)$$

因之它异于 0. 从而推得,由问题的解所定的多项式 $P(z)$ 是存在的;它是唯一的且具有形式(10.54)的,所不同的是诸数 h_{pq} 与 k_v 具有现在的公式(10.59)与(10.60)所指示的值.

如果把前面的问题推广,使积分(10.57)为最小,不过 $P(z)$ 要理解为"广义的"多项式

$$P(z) = a_1\varphi_1(z) + a_2\varphi_2(z) + \cdots + a_n\varphi_n(z)$$

其中 $\varphi_v(z)(v=1,2,\cdots,n)$ 为域 D 上的正则函数,且构成线性独立系,那么我们又导出公式(10.54),其中的值 h_{pq} 与 k_v 由等式

$$h_{pq} = \int_D \varphi_p(z)\overline{\varphi_q(z)}\mathrm{d}\psi(\sigma) \qquad (10.62)$$

$$k_v = \int_D f(z)\overline{\varphi_v(z)}\mathrm{d}\psi(\sigma) \qquad (10.63)$$

所给出,并且对应于方程组的行列式 H_{n+1} 从关系式

$$H_{n+1} = \frac{1}{(n+1)!} \int_D \int_D \cdots \int_D |D(\zeta_1,\zeta_2,\cdots,\zeta_n)|^2 \cdot$$
$$\mathrm{d}\psi(\sigma_1)\mathrm{d}\psi(\sigma_2)\cdots\mathrm{d}\psi(\sigma_n)$$

得知它异于 0.

像实数域一样,如果函数 $\varphi_v(z)$ 在域 D 上对于权 $\psi(\sigma)$ 构成直交系的话,亦即如果等式

$$h_{pq} = \begin{cases} 0, & \text{若 } p \neq q \\ 1, & \text{若 } p = q \end{cases} \quad (p,q=0,1,\cdots,n) \qquad (10.64)$$

逼近论中的 Weierstrass 定理

成立的话,逼近问题可以非常简单化,就是说:在这种情形下多项式 $P(z)$ 取下列形式

$$P(z) = \sum_{v=0}^{n} k_v \varphi_v(z)$$

其中 k_v 由等式(10.63)确定.

若函数系 $\varphi_m(z)$ ($m=1,2,\cdots$) 不是直交系,则引进新的函数系

$$\Phi_m(z) \quad (m=1,2,\cdots,)$$

它便可以直交化,这些函数由下列公式确定

$$\Phi_m(z) = \frac{1}{\sqrt{H_m H_{m-1}}} \begin{vmatrix} h_{11} & h_{21} & \cdots & h_{n1} \\ h_{12} & h_{22} & \cdots & h_{n2} \\ \vdots & \vdots & & \vdots \\ h_{1n-1} & h_{2n-1} & \cdots & h_{nn-1} \\ \varphi_1(z) & \varphi_2(z) & \cdots & \varphi_n(z) \end{vmatrix}$$

$$H_m = \begin{vmatrix} h_{11} & h_{12} & \cdots & h_{1m} \\ h_{21} & h_{22} & \cdots & h_{2m} \\ \vdots & \vdots & & \vdots \\ h_{m1} & h_{m2} & \cdots & h_{mm} \end{vmatrix} \quad (m=1,2,\cdots,n)$$

事实上,显然当 $m<n$ 时

$$\int_D \begin{vmatrix} h_{11} & h_{21} & \cdots & h_{n1} \\ \vdots & \vdots & & \vdots \\ h_{1n-1} & h_{2n-1} & \cdots & h_{nn-1} \\ \varphi_1(z) & \varphi_2(z) & \cdots & \varphi_n(z) \end{vmatrix} \overline{\varphi_m(z)} \mathrm{d}\psi(\sigma) = 0$$

亦即

$$\int_D \Phi_n(z) \overline{\varphi_m(z)} \mathrm{d}\psi(\sigma) = 0$$

第 10 章 复数域上的内插与逼近

从而推得
$$\int_D \Phi_n(z)\overline{\Phi_m(z)}\mathrm{d}\psi(\sigma) = 0$$
与
$$\int_D \overline{\Phi_n(z)}\Phi_m(z)\mathrm{d}\psi(\sigma) = 0$$

另外，用 $H_{ij}^{(n)}$ 表示行列式 H_n 中元素 h_{ij} 的代数除因式，并注意到 $\overline{h_{ij}} = h_{ji}$ 与 $\overline{H_{ij}^{(n)}} = H_{ji}^{(n)}$，我们得到

$$\int_D \begin{vmatrix} h_{11} & h_{21} & \cdots & h_{n1} \\ \vdots & \vdots & & \vdots \\ h_{1n-1} & h_{2n-1} & \cdots & h_{nn-1} \\ \varphi_1(z) & \varphi_2(z) & \cdots & \varphi_n(z) \end{vmatrix} \cdot$$

$$\int_D \begin{vmatrix} \overline{h_{11}} & \overline{h_{21}} & \cdots & \overline{h_{n1}} \\ \vdots & \vdots & & \vdots \\ \overline{h_{1n-1}} & \overline{h_{2n-1}} & \cdots & \overline{h_{nn-1}} \\ \overline{\varphi_1(z)} & \overline{\varphi_2(z)} & \cdots & \overline{\varphi_n(z)} \end{vmatrix} \mathrm{d}\psi(\sigma)$$

$$= \int_D \sum_{i=1}^n \varphi_i(z) H_{ni}^{(n)} \cdot \sum_{j=1}^n \overline{\varphi_j(z)}\,\overline{H_{jn}^{(n)}} \mathrm{d}\psi(\sigma)$$

$$= \sum_{i=1}^n \sum_{j=1}^n H_{nj}^{(n)} \overline{H_{nj}^{(n)}} h_{ij}$$

$$= \sum_{i=1}^n \sum_{j=1}^n H_{ni}^{(n)} H_{nj}^{(n)} h_{ij} = H_{nn}^{(n)} H_n = H_{n-1} H_n$$

因之
$$\int_D \Phi_n(z)\overline{\Phi_n(z)}\mathrm{d}\psi(\sigma) = 1$$

从而推得在域 D 上对于权 $\psi(\sigma)$ 逼近函数 $f(z)$ 的

逼近论中的 Weierstrass 定理

下述方法. 先建立次数相继增高的直交多项式系

$$\Phi_n(z) \quad (n = 0, 1, 2, \cdots)$$

它们具有性质

$$\int_D \Phi_i(z) \overline{\Phi_k(z)} \mathrm{d}\psi(\sigma) = \begin{cases} 0, & \text{若 } i \neq k \\ 1, & \text{若 } i = k \end{cases} \quad (i, k = 0, 1, \cdots)$$

然后给出函数 $f(z)$ 的平方逼近的 n 次多项式 $P(x)$，可以取为展开式

$$f(z) \sim \sum_{v=0}^{\infty} k_v \Phi_v(z) \qquad (10.65)$$

中的前 $n+1$ 项的和，其中

$$k_v = \int_D f(z) \overline{\Phi_v(z)} \mathrm{d}\psi(\sigma)$$

就是说

$$P_n(z) = \sum_{v=0}^{n} k_v \Phi_v(z) \qquad (10.66)$$

多项式 $\Phi_n(z)$ 的明显形式可以表示成以下的形式

$$\Phi_n(z) = \frac{1}{\sqrt{H_{n+1} H_n}} \begin{vmatrix} h_{00} & h_{10} & \cdots & h_{n0} \\ h_{01} & h_{11} & \cdots & h_{n1} \\ \vdots & \vdots & & \vdots \\ h_{0n-1} & h_{1n-1} & \cdots & h_{nn-1} \\ 1 & z & \cdots & z^n \end{vmatrix}$$

$$(10.67)$$

$$H_{m+1} = \begin{vmatrix} h_{00} & \cdots & h_{m0} \\ \vdots & & \vdots \\ h_{0m} & \cdots & h_{mm} \end{vmatrix} \quad (m = 0, 1, \cdots)$$

而量 h_{pq} 由公式 (10.59) 确定.

第 10 章 复数域上的内插与逼近

对于权 $\psi(\sigma)$ 在域 D 上是标准的,而且具有正的最高项系数的多项式 $\Phi_n(z)$,与使积分

$$\int_D |P(z)|^2 \mathrm{d}\psi(z)$$

为最小的多项式

$$P(z) = z^n + \cdots$$

只相差一个常因子.

近似等式

$$f(z) \approx \sum_{v=0}^{n} k_v \Phi_v(z)$$

的平方误差,由公式

$$\mu_n = \int_D |f(z)|^2 \mathrm{d}\psi(\sigma) - \sum_{v=0}^{n} |k_v|^2$$

给出,如果函数 $f(z)$ 在域 D(包括其边界)上为正则的话,那么,也像实数域情形一样,根据定理 10.1 可以断定[①],单调不增的数列 μ_n 在 n 无限增大时趋于零

$$\mu = \lim_{n\to\infty} \mu_n = 0$$

这样一来,帕斯瓦尔(Parseval)等式成立

$$\int_D |f(z)|^2 \mathrm{d}\psi(\sigma) = \sum_{v=0}^{\infty} \left| \int_D f(z) \overline{\Phi_v(z)} \mathrm{d}\psi(\sigma) \right|^2$$

(10.68)

至于递推公式,则它一般地不能推广到复数域的情形. 建议读者再去看一下对于实数域上递推公式的结论,并且说明,不容许做出推广的困难何在.

然而不难发现关于多项式 $\Phi_n(z)$ 的零点的下述性

---

① 域 D 假设为有限域.

逼近论中的 Weierstrass 定理

质,它与在实数域的情形相似:多项式 $\Phi_n(z)$ 的一切零点都在包含域 D 的最小凸域的内部. 这时,包含域 D 的最小凸域是指这些点的全体,它们是属于或不属于域 D 的,但具有这样的性质,使得域 D 对它们所张的角度不小于 π.

事实上,设 ζ 为多项式 $\Phi_n(z)$ 的零点,那么 $\dfrac{\Phi_n(z)}{z-\zeta}$ 是一个 $n-1$ 次多项式,因之等式

$$\int_D \Phi_n(z)\overline{\left(\frac{\Phi_n(z)}{z-\zeta}\right)}\mathrm{d}\psi(\sigma) = 0$$

应当成立,或也就是

$$\int_D (z-\zeta)\left|\frac{\Phi_n(z)}{z-\zeta}\right|^2 \mathrm{d}\psi(\sigma) = 0$$

但从而推出

$$\zeta = \int_D z\left|\frac{\Phi_n(z)}{z-\zeta}\right|^2 \mathrm{d}\psi(\sigma) : \int_D \left|\frac{\Phi_n(z)}{z-\zeta}\right|^2 \mathrm{d}\psi(\sigma)$$

上面的公式表明,如果图形 D 的密度取已知关系

$$\Psi(\sigma) = \int_\sigma \left|\frac{\Phi_n(z)}{z-\zeta}\right|^2 \mathrm{d}\psi(\sigma)$$

的话,其中 $\left|\dfrac{\Phi_n(z)}{z-\zeta}\right|^2 \geq 0$;$\zeta$ 便是图形 D 的质量中心,这就证明了所做的论断.

转来讨论在复数域情形的特殊直交多项式系,我们对下列两类加以特别注意.

I. 权均匀分布于(有限)域 D 上并由公式

$$\psi(\sigma) = \iint_\sigma \mathrm{d}x\mathrm{d}y$$

第10章 复数域上的内插与逼近

确定,亦即 $\psi(\sigma)$ 等于 σ 的面积. 对于这个权所建立的多项式 $\varPhi_n(z)$,称为卡勒曼(Carleman)多项式[①];它们满足直交性条件

$$\iint_D \varPhi_i(z)\overline{\varPhi_k(z)}\mathrm{d}x\mathrm{d}y = \begin{cases} 0, 若 i \neq k \\ 1, 若 i = k, \end{cases} \quad (i,k = 0,1,2,\cdots)$$

(10.69)

Ⅱ. 域 D 是简单的、可求长曲线 C 所围成的,且假定权在这曲线上是均匀分布的. 对于这样的权所建立的多项式 $\varPhi_n(z)$,称为舍格多项式,它们满足条件

$$\int_C \varPhi_i(z)\overline{\varPhi_k(z)}\mathrm{d}s = \begin{cases} 0, 若 i \neq k \\ 1, 若 i = k \end{cases} \quad (i,k = 0,1,2,\cdots)$$

(10.70)

其中 $\mathrm{d}s$ 表示曲线 C 的弧元素.

例 10.18 按照最小二乘法,用一次多项式 $P_1(z)$ 来调整下列数据

$$z = -1+i, i, 1+i, -1, 0, 1, -1-i, -i, 1-i$$
$$w = 0, 1, 0, 1, 0, 1, 0, 1, 0$$

显然

$$h_{00} = \sum 1 = 9, h_{01} = \sum \bar{z} = 0$$
$$h_{10} = \sum z = 0, h_{11} = \sum z\bar{z} = 12$$
$$k_0 = \sum w = 4, k_1 = \sum w\bar{z} = 0$$

因之

---

① 卡勒曼几乎与 S. 博赫涅尔(Bochner)曾经同时研究过这些多项式.

逼近论中的 Weierstrass 定理

$$P_1(z) = -\begin{vmatrix} 0 & 1 & z \\ 4 & 9 & 0 \\ 0 & 0 & 12 \end{vmatrix} : \begin{vmatrix} 9 & 0 \\ 0 & 12 \end{vmatrix} = \frac{4}{9}$$

例 10.19 若域 D 是圆 $|z| \leqslant 1$,试计算舍格多项式.

我们得到(假定 C 是已知圆的边界)

$$h_{pq} = \int_C z^p \bar{z}^q \mathrm{d}s = \int_0^{2\pi} \mathrm{e}^{i(p-q)\theta} \mathrm{d}\theta$$

$$= \begin{cases} 0, & \text{若 } p \neq q \\ 2\pi, & \text{若 } p = q \end{cases}$$

$$H_n = (2\pi)^n$$

于是,公式(10.67)给出

$$\Phi_n(z) = \frac{z^n}{\sqrt{2\pi}}$$

从而便推得平方展开式

$$f(z) \sim \sum_{n=0}^{\infty} k_n z^n \qquad (10.71)$$

其中

$$k_n = \frac{1}{2\pi} \int_C f(z) \bar{z}^n \mathrm{d}s$$

但函数 $f(z)$ 是假定在圆 C 上为正则的,因之它可以展成泰勒级数

$$f(z) = \sum_{m=0}^{\infty} c_m z^m, \quad c_m = \frac{f^{(m)}(0)}{m!}$$

从而推得

$$k_n = \frac{1}{2\pi} \int_C \sum_{m=0}^{\infty} \mathrm{e}_m z^m \cdot \bar{z}^n \mathrm{d}s$$

$$= \frac{1}{2\pi} \sum_{m=0}^{\infty} c_m h_{mn} = c_n$$

于是平方展开式(10.71)与在点 $z = 0$ 近旁的泰勒展开式相一致.

至于帕斯瓦尔公式,则它呈下列的形式

$$\int_C |f(z)|^2 \mathrm{d}s = 2\pi \sum_{n=0}^{\infty} |c_n|^2$$

例 10.20 对于圆 $|z| \leqslant 1$ 试计算卡勒曼多项式.

在这种情形下

$$h_{pq} = \iint_D z^p \bar{z}^q \mathrm{d}x\mathrm{d}y = \int_0^1 \int_0^{2\pi} r^{p+q} \mathrm{e}^{\mathrm{i}(p-q)\theta} r \mathrm{d}r \mathrm{d}\theta$$

$$= \begin{cases} 0, & \text{若 } p \neq q \\ \dfrac{\pi}{n+1}, & \text{若 } p = q = n \end{cases}$$

$$H_n = \frac{\pi^n}{n!}$$

因之

$$\Phi_n(z) = \sqrt{\frac{n+1}{\pi}} \cdot z^n \quad (n = 0,1,2,\cdots)$$

如前一例题一样,展开式(10.65)呈下列形式

$$f(z) \sim \sum_{m=0}^{\infty} c_m z^m$$

在这里右方是泰勒展开式.

帕斯瓦尔公式是这样的

$$\iint_D |f(z)|^2 \mathrm{d}x\mathrm{d}y = \pi \sum_{n=0}^{\infty} \frac{|c_n|^2}{n+1}$$

例 10.21 若 D 是正方形

$$-1 \leqslant x \leqslant 1, \ -1 \leqslant y \leqslant 1$$

逼近论中的 Weierstrass 定理

试计算舍格多项式.

数 h_{pq} 由等式

$$h_{pq} = \int_C z^p \bar{z}^q \mathrm{d}s$$

给出,在这里积分必须沿正方形的边界(图 10.13),把积分展开可以得到

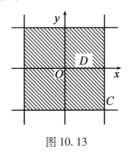

图 10.13

$$\begin{aligned}h_{pq} &= \int_{-1}^{1} (x+\mathrm{i})^p (x-\mathrm{i})^q \mathrm{d}x + \\ &\quad \int_{-1}^{1} (x-\mathrm{i})^p (x+\mathrm{i})^q \mathrm{d}x + \\ &\quad \int_{-1}^{1} (1+\mathrm{i}y)^p (1-\mathrm{i}y)^q \mathrm{d}y + \\ &\quad \int_{-1}^{1} (-1+\mathrm{i}y)^p (-1-\mathrm{i}y)^q \mathrm{d}y \\ &= 2(1+\mathrm{i})^{p-q} \Re \int_{-1}^{1} (x+\mathrm{i})^p (x-\mathrm{i})^q \mathrm{d}x\end{aligned}$$

而得到

$$h^{pq} = \begin{cases} 0, \text{若 } p-q \neq 4k \\ 8\int_0^1 (x^2+1)^q \Re((x+\mathrm{i})^{p-q}) \mathrm{d}x \\ \text{若 } p-q = 4k \quad (k=0,1,2,\cdots) \end{cases}$$

于特例,设 $h_{pq} = 8 h'_{pq}$,对于量 h'_{pq} 有下数表

第10章 复数域上的内插与逼近

$$\begin{matrix} 1 & 0 & 0 & 0 & -\dfrac{4}{5} & \cdots \\ 0 & \dfrac{4}{3} & 0 & 0 & 0 & \cdots \\ 0 & 0 & \dfrac{28}{15} & 0 & 0 & \cdots \\ 0 & 0 & 0 & \dfrac{96}{35} & 0 & \cdots \\ -\dfrac{4}{5} & 0 & 0 & 0 & \dfrac{1\,328}{315} & \cdots \\ \vdots & \vdots & \vdots & \vdots & \vdots & \end{matrix}$$

因之

$$\Phi_0(z) = \frac{1}{2\sqrt{2}}, \Phi_1(z) = \frac{1}{4}\sqrt{\frac{3}{2}} \cdot z, \Phi_2(z) = \frac{1}{4}\sqrt{\frac{15}{14}} \cdot z^2$$

$$\Phi_3(z) = \frac{1}{16}\sqrt{\frac{35}{3}} \cdot z^3, \Phi_4(z) = \frac{15}{64}\sqrt{\frac{7}{11}}\left(z^4 + \frac{4}{5}\right)$$

等等.

例 10.22 对于同样的正方形,试计算卡勒曼多项式.

这一回

$$h_{pq} = \int_{-1}^{1}\int_{-1}^{1} z^p \bar{z}^q \mathrm{d}x\mathrm{d}y = \int_{-1}^{1}\int_{-1}^{1} (x+\mathrm{i}y)^p (x-\mathrm{i}y)^q \mathrm{d}x\mathrm{d}y$$

或

$$h_{pq} = \begin{cases} 0, \text{若 } p - q \neq 4k, \\ 4\int_{0}^{1}\int_{0}^{1} (x^2+y^4)^q \Re((x+\mathrm{i}y)^{p-q}) \mathrm{d}x\mathrm{d}y \\ \text{若 } p - q = 4k \quad (k = 0,1,2,\cdots) \end{cases}$$

于特例,设 $h_{pq} = 4h'_{pq}$,对于量 h'_{pq} 得到下数表

逼近论中的 Weierstrass 定理

$$\begin{matrix} 1 & 0 & 0 & 0 & -\dfrac{4}{15} & \cdots \\ 0 & \dfrac{2}{3} & 0 & 0 & 0 & \cdots \\ 0 & 0 & \dfrac{28}{45} & 0 & 0 & \cdots \\ 0 & 0 & 0 & \dfrac{24}{35} & 0 & \cdots \\ -\dfrac{4}{15} & 0 & 0 & 0 & \dfrac{1\,328}{1\,575} & \cdots \\ \vdots & \vdots & \vdots & \vdots & \vdots & \end{matrix}$$

因之

$$\Phi_0(z)=\frac{1}{2},\Phi_1(z)=\frac{1}{2}\sqrt{\frac{3}{2}}z,\Phi_2(x)=\frac{3}{4}\sqrt{\frac{5}{7}}z^2$$

$$\Phi_3(z)=\frac{1}{4}\sqrt{\frac{35}{6}}z^3,\Phi_4(z)=\frac{5}{16}\sqrt{\frac{63}{19}}\left(z^4+\frac{4}{15}\right)$$

如此等等.

值得注意的是,卡勒曼与舍格多项式在计算由已知单连通域到圆的保角映射上的实际应用. 如果注意到,正是这个函数使得某些在自复平面上所取的实积分为最小,映射函数用所述多项式来表达将格外简单[①].

对于复变量 z 的周期函数 $f(z)$ 可以得到相似的结果. 设这样的函数在某个周期域 Δ 上是正则的,并设 $\psi(\sigma)$ 为对于域 Δ 的子域确定的可加的非负函数,我

---

① 关于这个问题的一些详细情形,可看 Л. В. Канторович 与 В. И. Крылов 的书 *Методы приближенного решения уравнений в частных производных*,第 5 章,ОНТИ 1936.

们将把它当作积分权. 使积分

$$I = \int_\Delta |f(z) - T_n(z)|^2 \mathrm{d}\psi(\sigma) \quad (10.72)$$

其中系置

$$T_n(z) = \sum_{m=-n}^{n} c_m \mathrm{e}^{imz}$$

成为最小的问题,便要建立对于权 $\psi(\sigma)$ 在域 Δ 上的直交多项式系 $\Phi_n(z)$

$$\int_\Delta \Phi_i(z) \overline{\Phi_j(z)} \mathrm{d}\psi(\sigma) = \begin{cases} 0, 若 i \neq j \\ 1, 若 i = j \end{cases}$$

需要从线性独立的函数系

$$\varphi_0(z) = 1, \varphi_1(z) = \mathrm{e}^{iz}, \varphi_2(z) = \mathrm{e}^{-iz}$$
$$\varphi_3(z) = \mathrm{e}^{2iz}, \varphi_4(z) = \mathrm{e}^{-2iz}$$

等出发并要求多项式 $\Phi_{2n-1}(z)$ 的最高项 e^{niz} 的系数是正的,而项 e^{-niz} 是不出现的以及多项式 $\Phi_{2n}(z)$ 中项 e^{-niz} 的系数是正的. 如果这种要求不能实现,那么 $\Phi_{2k-1}(z)$ 与 $\Phi_{2k}(z)$ 可代以多项式 $\Phi_{2k-1}^*(z)$ 与 $\Phi_{2k}^*(z)$,其中 λ_k 为任意的复数.

然后可以得到形式上的展开式

$$f(z) \sim A_0 + \sum_{n=1}^{\infty} (A_{2n-1}\Phi_{2n-1}(z) + A_{2n}\Phi_{2n}(z))$$

$$(10.73)$$

其中

$$A_n = \int_\Delta f(z) \overline{\Phi_n(z)} \mathrm{d}\psi(\sigma)$$

而展开式(10.73)右方的有限和便给出平方逼近. 帕斯瓦尔公式呈下形

逼近论中的 Weierstrass 定理

$$\int_\Delta |f(z)|^2 \mathrm{d}\psi(\sigma) = \sum_{n=0}^\infty \left|\int_\Delta f(z)\overline{\Phi_n(z)}\mathrm{d}\psi(\sigma)\right|^2$$

展开式(10.73)的平方收敛性可以从第 §7 节的定理 10.2 推得。

例 10.23 设域 Δ 是介于两条直线

$$-\eta \leqslant y \leqslant \eta \quad (\eta > 0)$$

之间的带形域,权在其上是均匀分布的,应当成为最小的积分具有以下的形式

$$I = \int_{-\pi}^{\pi}\int_{-\eta}^{\eta} |f(z) - T_n(z)|^2 \mathrm{d}x\mathrm{d}y$$

对应的直交系由函数

$$\Phi_0(z) = \frac{1}{2\sqrt{2\eta}}, \Phi_{2n-1}(z) = \frac{\mathrm{e}^{inz}}{\sqrt{2\pi}}\sqrt{\frac{n}{\sin 2n\eta}}$$

$$\Phi_{2n}(z) = \frac{\mathrm{e}^{-inz}}{\sqrt{2\pi}}\sqrt{\frac{n}{\sin 2n\eta}} \quad (n = 1, 2, \cdots)$$

组成,从而推得平方展开式

$$f(z) \sim \sum_{-\infty}^{+\infty} k_n \mathrm{e}^{inz} \qquad (10.74)$$

其中

$$k_n = \frac{n}{2\pi \mathrm{sh}\, 2n\eta}\int_{-\pi}^{\pi}\int_{-\eta}^{\eta} f(z)\mathrm{e}^{-inx}\mathrm{d}x\mathrm{d}y \quad (10.75)$$

但函数 $f(z)$ 在 Δ 上是周期的,且是正则的;因之它可以展成傅里叶级数

$$f(z) = \sum_{-\infty}^{+\infty} c_m \mathrm{e}^{imz}, c_m = \frac{1}{2\pi}\int_{-\pi}^{\pi} f(x)\mathrm{e}^{-imx}\mathrm{d}x$$

代入式(10.75)中,便导出等式 $k_n = c_n$. 于是公式(10.74)的右方是傅里叶级数.

例 10.24 设域 Δ 是同样的带域 $-\eta \leq y \leq \eta$ ($\eta > 0$),但权集中均匀分布于它的边界线 $y = \pm\eta$ 上.

积分 I 有下列的形式

$$I = \int_{-\pi}^{\pi} (\mid f(x+i\eta) - T_n(x+i\eta)\mid^2 + \mid f(x-i\eta) - T_n(x-i\eta)\mid^2)\,\mathrm{d}x$$

然后,我们得到

$$\Phi_0(z) = \frac{1}{2\sqrt{\pi}}, \Phi_{2n-1}(z) = \frac{\mathrm{e}^{inz}}{2\sqrt{\pi\mathrm{ch}\,2n\eta}}$$

$$\Phi_{2n}(z) = \frac{\mathrm{e}^{-inz}}{2\sqrt{\pi\mathrm{ch}\,2n\eta}} \quad (n = 1,2,\cdots)$$

平方展开式

$$f(z) \sim \sum_{-\infty}^{+\infty} k_n \mathrm{e}^{inz}$$

其中

$$k_n = \frac{1}{2\pi\mathrm{ch}\,2n\eta}\int_{-\pi}^{\pi}(f(x+i\eta)\mathrm{e}^{-in(x-i\eta)} + f(x-i\eta)\mathrm{e}^{-in(x+i\eta)})\,\mathrm{d}x$$

在这也是与傅里叶展开式重合的.

§9 复数域上平方逼近的收敛性

在复数域上平方逼近已知函数的多项式列的收敛性,在某种意义下比较实数域上相应问题的解决要简单些. 这是由于函数的解析性所制约的结果.

在这里我们只讨论傅里叶级数以及按舍格或卡

逼近论中的 Weierstrass 定理

勒曼多项式的展开式.

若周期为 2π 的函数 $f(z)$ 在带域
$$\alpha < \Im z < \beta$$
内是正则的,则傅里叶级数
$$f(z) \sim c_0 + \sum_{n=1}^{+\infty}(c_n \mathrm{e}^{inz} + c_{-n}\mathrm{e}^{-inz})$$
在这带域内是收敛的,并且在任何内部的带域
$$\alpha + \delta < \Im z < \beta - \delta \quad (\delta > 0) \quad (10.76)$$
上是一致收敛的.

其实,只要作变换 $\mathrm{e}^{iz} = Z$ 便够了. 函数
$$F(Z) \equiv f\left(\frac{1}{2}\lg Z\right)$$
在环 $\mathrm{e}^{-\beta} < |Z| < \mathrm{e}^{-\alpha}$ 上是单值且正则的,因之可以把它展成级数
$$F(Z) = c_0 \sum_{n=1}^{+\infty}(c_n Z^n + c_{-n} Z^{-n})$$
并且收敛性在任何内部的环
$$\mathrm{e}^{-\beta+\delta} < |Z| < \mathrm{e}^{-\alpha-\delta} \quad (\delta > 0)$$
上是一致的,从而便推出我们的论断.

特别地,若具有周期 2π 的实变函数在实轴上是正则的,则由傅里叶级数
$$f(x) \sim \frac{a_0}{2} + \sum_{n=1}^{+\infty}(a_n \cos nx + b_n \sin nx)$$
其中
$$a_n = \frac{1}{\pi}\int_{-\pi}^{\pi}f(t)\cos nt\mathrm{d}t, b_n = \frac{1}{\pi}\int_{-\pi}^{\pi}f(t)\sin nt\mathrm{d}t$$
的有限项和所得到的平方逼近,不仅在整个实轴上而

且在包围它的某个带域上一致收敛于函数 $f(z)$.

转到按舍格或卡勒曼多项式展开配置的展开式的收敛性问题,我们首先提出为解析函数所满足的一些不等式.

假定复变量的函数 $F(z)$,在以简单闭曲线 P 为界的域 D 上及边界 Γ 本身上是正则的. 设 z 变动于 Γ 的内部及其上;设 C 为某个包围 Γ 的曲线,于其内及其上 $F(z)$ 仍然是正则的,并设 δ 为曲线 Γ 与 C 之间的距离(图 10.14),那么从柯西积分

$$F(z) = \frac{1}{2\pi i}\int_C \frac{F(\zeta)}{\zeta - z}d\zeta$$

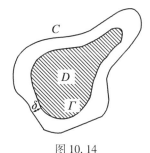

图 10.14

便推出不等式

$$|F(z)| \leq \frac{1}{2\pi}\int_C \frac{|F(\zeta)|}{|\zeta - z|}ds$$

$$\leq \frac{1}{2\pi\delta}\int_C |F(\zeta)|ds \quad (10.77)$$

中其 ds 为曲线 C 的弧元素. 但由于(用 L 表示曲线 C 弧长)

逼近论中的 Weierstrass 定理

$$\int_C |F(\zeta)|\,\mathrm{d}s \leqslant \sqrt{L\int_C |F(\zeta)|^2\,\mathrm{d}s}\,^{①}$$

所以不等式(10.77)进而便给出

$$|F(z)| \leqslant \frac{\sqrt{L}}{2\pi\delta}\sqrt{\int_C |F(\zeta)|^2\,\mathrm{d}s} \quad (10.78)$$

特别地,若代替 D 而取中心为 z 半径为 ρ 的圆 r,则不等式(10.78)给出

$$|F(z)| \leqslant \sqrt{\frac{1}{2\pi}\int_0^{2\pi}|F(\zeta)|^2\,\mathrm{d}\theta} \quad (\zeta = z + \rho e^{i\theta})$$

两边平方,乘上 ρ 并从 0 到 δ 对 ρ 积分,我们得到

$$\frac{1}{2}\delta^2 |F(z)|^2 \leqslant \frac{1}{2\pi}\int_0^{\delta}\int_0^{2\pi}|F(\zeta)|^2 \rho\,\mathrm{d}\rho\,\mathrm{d}\theta$$

或

$$|F(z)| \leqslant \sqrt{\frac{1}{\pi\delta^2}\iint_r |F(\zeta)|^2\,\mathrm{d}x\,\mathrm{d}y}$$

在这里重积分是展开于圆 r 上的. 若我们假设 z 属于域 D,则当积分是展开于整个域 D 上时,显然,不等式的右方只可以增大,因为圆 r 是全属于它的. 于是

$$|F(z)| \leqslant \sqrt{\frac{1}{\pi\delta^2}\iint_D |F(\zeta)|^2\,\mathrm{d}x\,\mathrm{d}y} \quad (10.79)$$

确立了不等式(10.78)与(10.79)之后,转到我们所注意的问题上来. 这时,我们限于舍格与卡勒曼型展开式的特殊情形,建议读者自己去解决能推广到什么程度.

在这两种情形下,用 $f_n(z)$ 表示 n 次逼近多项式,

---

① 从布尼雅可夫斯基不等式推得.

第 10 章 复数域上的内插与逼近

对于函数
$$F(z) \equiv j_n(z) - j(z)$$
应用不等式(10.78)与(10.79). 那么得到:在第一种情形下

$$|j_n(z) - f(z)| \leqslant \frac{\sqrt{L}}{2\pi\delta}\sqrt{\int_C |f_n(\zeta) - f(\zeta)|^2 \mathrm{d}s}$$
(10.80)

而在第二种情形

$$|f_n(z) - f(z)| \leqslant \sqrt{\frac{1}{\pi\delta^2}\iint_D |f_n(\zeta) - f(\zeta)|^2 \mathrm{d}x\mathrm{d}y}$$
(10.81)

在不等式(10.80)与(10.81)的右端中,我们看到正是在一切 n 次多项式中多项式 $f_n(z)$ 使其为最小值的那些积分. 现在我们对于复数域的情形引证第 §5 节的定理 10.1:我们知道,对于某些多项式 $P_n(z)$ 差模 $|P_n(z) - f(z)|$ 的上确界可以任意小,因而这时积分

$$\int_C |P_n(\zeta) - f(\zeta)|^2 \mathrm{d}s \quad \text{与} \quad \iint_D |P_n(\zeta) - f(\zeta)|^2 \mathrm{d}x\mathrm{d}y$$

可以任意小,于是,在不等式(10.80)与(10.81)右方的积分更加任意小. 最后,从而推得,对于域 D 中所有 z,当 n 充分大时,不等式

$$|f_n(z) - f(z)| < \varepsilon$$

是一致成立的.

这样一来,若函数 $f(z)$ 在一域及其边界 C[①] 上是

---

① 容易明了,在路径 C 上的正则性,可以换成在闭域 $\overline{D} \equiv D + C$ 上的连续性.

正则的,则 $f(z)$ 的舍格或卡勒曼多项式级数展开式在含于线路 C 内部的闭域 D' 上一致收敛于函数 $f(z)$.

§10 复数域上内插的一般概型

我们用 $U_m[F]$ ($m = 0,1,\cdots,n$) 表示与数量函数 $F(z)$ 线性相关的一些表达式(泛函数). 所谓依赖 $F(z)$ 的表达式 $U[F]$ 是线性的,我们指的是对于任意的常数 α_1, α_2 成立等式

$$U[\alpha_1 F_1 + \alpha_2 F_2] = \alpha_1 U[F_1] + \alpha_2 U[F_2]$$

这样一来, $U[F]$ 便可以看作形如 $\sum_i A_i F(\alpha_i)$ 的和(A_i 与 α_i 都是复数), 以及各种不同类型的积分. 宜于使用记法

$$U[F] = \int F(\zeta) \mathrm{d}\psi(\zeta) \quad (10.82)$$

如果所指的是形如 $\sum_i A_i f(a_i)$ 的和, 那么积分 $\int F(\zeta) \mathrm{d}\psi(\zeta)$ 中的"质量分布点"理解为一切点 a_i(当 $A_i \neq 0$ 时), 或者, 如果所指的是 $\sum_i A^{(i)} f^{(i)}(a^{(i)})$ 型的和的话, 那么理解为点 $a^{(i)}$ (当 $A^{(i)} \neq 0$ 时); 一般说来, 如果所指的是在某种意义下的积分, 那么理解为函数 $\psi(\zeta)$ 在其邻域内不是常数的那些点.

再约定下列记号

$$U_m[F] = \int F(\zeta) \mathrm{d}\psi_m(\zeta) \quad (m = 0,1,\cdots,n)$$

(10.83)

第10章 复数域上的内插与逼近

假定行列式

$$V_n = \begin{vmatrix} U_0[1] & U_1[1] & \cdots & U_n[1] \\ U_0[z] & U_1[z] & \cdots & U_n[z] \\ \vdots & \vdots & & \vdots \\ U_0[z^n] & U_1[z^n] & \cdots & U_n[z^n] \end{vmatrix} \qquad (10.84)$$

异于0,便可以唯一地解决下面的问题.

根据条件

$$U_m[P_n] = U_m[f] \quad (m=0,1,\cdots,n) \quad (10.85)$$

试求 n 次多项式 $P_n(f,z) \equiv P_n(z)$,其中 $f(z)$ 是已知的,并且对于差(余项)构成表达式

$$R_n(f,z) \equiv f(z) - P_n(f,z)$$

事实上,令

$$P_n(f,z) \equiv c_0 + c_1 z + \cdots + c_n z^n$$

我们便导出 $n+1$ 个方程的组

$$c_0 U_m[1] + c_1 U_m[z] + \cdots + c_n U_m[z^n] = U_m[f]$$
$$(m=0,1,\cdots,n)$$

它由不等式 $V_n \neq 0$ 便知有唯一的解.

我们假定给定的函数 $f(z)$ 在某个域 D 内是正则的,这个域包含所有具有元素 $d\psi(\zeta)(m=0,1,\cdots,n)$ 的积分中一切质量分布点的集合 E_n.

那么,无论所求的多项式 $P_n(f,z)$ 也好,或者余项 $R_n(f,z)$ 也好,都可以借助于柯西积分而表达出来.

其实,我们考虑积分

$$J_n(f,z) \equiv \frac{1}{2\pi i} \int_C \frac{f(\zeta)}{\zeta - z} \cdot \frac{\int \cdots \int \frac{A_n(z;\zeta_v)}{A_n(\zeta;\zeta_v)} W(\zeta_0,\cdots,\zeta_n) d\psi_0(\zeta_0) \cdots d\psi_n(\zeta_n)}{\int \cdots \int W(\zeta_0,\cdots,\zeta_n) d\psi_0(\zeta_0) \cdots d\psi_n(\zeta_n)} d\zeta$$

逼近论中的 Weierstrass 定理

$$\tag{10.86}$$

其中系置

$$A_n(z;\zeta_v) \equiv \prod_{v=0}^{n}(z-\zeta_v)$$

$W(\zeta_0,\cdots,\zeta_n)$ 表示范德蒙德行列式

$$W(\zeta_0,\cdots,\zeta_n) = \begin{vmatrix} 1 & \zeta_0 & \cdots & \zeta_0^n \\ 1 & \zeta_1 & \cdots & \zeta_1^n \\ \vdots & \vdots & & \vdots \\ 1 & \zeta_n & \cdots & \zeta_n^n \end{vmatrix}$$

而 C 是位于域 D 之内且包围集合 E^n 的闭路径.

表达式 $J_n(f,z)$ 具有下列性质(1)与(2):

(1) $U_m[J_n(f,z)] = 0 \quad (0 \leqslant m \leqslant n)$

事实上,注意到

$$W(\zeta_0,\cdots,\zeta_n)A_n(z;\zeta_v) = W(\zeta_0,\cdots,\zeta_n,z)$$

我们得到

$$U_m[J_n(f,z)] = \int J_n(f,z)\mathrm{d}\psi_m(z)$$

$$= \frac{1}{2\pi\mathrm{i}}\int_C f(\zeta) \cdot$$

$$\frac{\int\cdots\int \dfrac{W(\zeta_0,\cdots,\zeta_n,z)}{(\zeta-z)A_n(\zeta;\zeta_v)}\mathrm{d}\psi_m(z)\mathrm{d}\psi_0(\zeta_0)\cdots\mathrm{d}\psi_n(\zeta_n)}{\int\cdots\int W(\zeta_0,\cdots,\zeta_n)\mathrm{d}\psi_0(\zeta_0)\cdots\mathrm{d}\psi_n(\zeta_n)}\mathrm{d}\zeta$$

分母中 $n+1$ 重积分异于 0,因为它本身不是别的,而正是行列式 V_n.

可以把在分子上的 $n+2$ 重积分表成下面的 $n+2$

第10章 复数域上的内插与逼近

阶行列式的形式,它是对行列式 $W(\zeta_0,\cdots,\zeta_n,z)$ 的各列乘上一个因子并添上积分号而成的

$$\begin{vmatrix} \int \dfrac{\mathrm{d}\psi_m(z)}{\zeta-z} & \int \dfrac{z\mathrm{d}\psi_m(z)}{\zeta-z} & \cdots & \int \dfrac{z^{n+1}\mathrm{d}\psi_m(z)}{\zeta-z} \\ \int \dfrac{\mathrm{d}\psi_0(\zeta_0)}{\zeta-\zeta_0} & \int \dfrac{\zeta_0\mathrm{d}\psi_0(\zeta_0)}{\zeta-\zeta_0} & \cdots & \int \dfrac{\zeta_0^{n+1}\mathrm{d}\psi_0(\zeta_0)}{\zeta-\zeta_0} \\ \vdots & \vdots & & \vdots \\ \int \dfrac{\mathrm{d}\psi_n(\zeta_n)}{\zeta-\zeta_n} & \int \dfrac{\zeta_n\mathrm{d}\psi_n(\zeta_n)}{\zeta-\zeta_n} & \cdots & \int \dfrac{\zeta_n^{n+1}\mathrm{d}\psi_n(\zeta_n)}{\zeta-\zeta_n} \end{vmatrix}$$

但这行列式中有两列是相同的(两者只是积分变量 z 与 ζ_m 不同);这表明行列式应等于 0,从而推得所要的结论.

(2)差 $f(z)-J_n(f,z)$ 是 n 次多项式.

这一结论可以由柯西积分

$$f(z) = \frac{1}{2\pi\mathrm{i}}\int_C \frac{f(\zeta)\mathrm{d}\zeta}{\zeta-z}$$

减去等式(10.86)而推出,我们断言,差 $f(z)-J_n(f,z)$ 等于积分

$$\frac{1}{2\pi\mathrm{i}}\int_C f(\zeta)\cdot$$

$$\frac{\int\cdots\int\dfrac{A_n(\zeta;\zeta_y)-A_n(z;\zeta_y)}{\zeta-z}\dfrac{W(\zeta_0,\cdots,\zeta_n)}{A_n(\zeta;\zeta_y)}\mathrm{d}\psi_0(\zeta_0)\cdots\mathrm{d}\psi_n(\zeta_n)}{\int\cdots\int W(\zeta_0,\cdots,\zeta_n)\mathrm{d}\psi_0(\zeta_0)\cdots\mathrm{d}\psi_n(\zeta_n)}\mathrm{d}\zeta$$

(10.86′)

而上面这个表达式是关于 z 的 n 次多项式,因为这对

逼近论中的 Weierstrass 定理

于分式 $\dfrac{A_n(\zeta;\zeta_y) - A_n(z,\zeta_y)}{\zeta - z}$ 是正确的缘故.

因为我们所考虑问题的解的存在性与唯一性预先就知道了,所以从性质(1)与(2)立刻推出,积分 $J_n(f,z)$ 本身不是别的,而正是余项 $R_n(f,z)$,而所求的多项式是由积分(10.86′)来表达的.

例 10.25 设
$$U_m[F] = F(a_m) \quad (0 \leqslant m \leqslant n)$$
并且假定,诸点 a_m 之间彼此都不相等. 我们称这个最简单的熟悉的情形为牛顿(一般的)内插法,那么 V_n 就变为范德蒙德行列式 $W(a_0,\cdots,a_n)$. 至于内插多项式,则按公式(10.86′)计算它时,把积分号下的函数改为它在点 a_i 的值而对 ζ_i 积分便够了;这样一来,在简化后便导出表达式
$$\frac{1}{2\pi\mathrm{i}}\int_C f(\zeta)\frac{A_n(\zeta) - A_n(z)}{\zeta - z}\frac{\mathrm{d}\zeta}{A_n(\zeta)}, A_n(z) \equiv A_n(z;a_v)$$
它对于拉格朗日多项式已经早就得到了(第§3节,公式(10.7)).

例 10.26 下述断言可以作为上述概型的较不明显的应用,它是§4节所述的某种一般的论断的某种推广.

设泛函数列 $\{U_n[f]\}$ 具有那样的性质,不论对于点集 E_n 上的怎样的点 $\zeta_0,\cdots,\zeta_n$,对于任意的点 z 存在极限
$$U(z) = \lim_{n\to\infty}\sqrt[n]{|A_n(z;\zeta_i)|} \geqslant 0 \quad (10.87)$$
并且极限关系式的收敛性在任何有限域上是一致的.

第 10 章　复数域上的内插与逼近

如果：

1° 变量 z 属于某一位于 C 的内部的闭域 Δ，其次，如果在域 Δ 上满足不等式 $U(z) \leq \alpha$，而在曲线 C 上满足 $U(z) \geq \beta$；并且 $\alpha < \beta$，又

2° 存在这样的正常数 K，使得对于一切 n，不等式①

$$\int\cdots\int |W_n(\zeta_0,\cdots,\zeta_n)| |\mathrm{d}\psi_0(\zeta_0)|\cdots|\mathrm{d}\psi_n(\zeta_n)|$$
$$\leq K \left| \int\cdots\int W_n(\zeta_0,\cdots,\zeta_n)\mathrm{d}\psi_0(\zeta_0)\cdots\mathrm{d}\psi_n(\zeta_n) \right| \quad (10.88)$$

都满足，则内插过程对于域 Δ 中的一切 z 是一致收敛的.

其实，下列余项估式成立：在条件 $\varepsilon < \dfrac{\beta - \alpha}{2}$ 下

$$|R_n(f,z)|$$
$$\leq \frac{1}{2\pi}\int_C \frac{|f(\zeta)|}{|\zeta - z|} \cdot$$
$$\frac{\int\cdots\int \left|\dfrac{A_n(z;\zeta_v)}{A_n(\zeta;\zeta_v)}\right| |W(\zeta_0,\cdots,\zeta_n)| |\mathrm{d}\psi_0(\zeta_0)|\cdots|\mathrm{d}\psi_n(\zeta_n)|}{\left|\int\cdots\int W(\zeta_0,\cdots,\zeta_n)\mathrm{d}\psi_0(\zeta_0)\cdots\mathrm{d}\psi_n(\zeta_n)\right|}\mathrm{d}\zeta$$

---

① 若 $\int F(\xi)\mathrm{d}\psi(\xi) = \sum A_i F(a_i)$，则记号 $\int F(\xi) |\mathrm{d}\psi(\xi)|$ 系理解为和 $\sum |A_i| F(a_i)$；若

$$\int F(\xi)\mathrm{d}\psi(\xi) = \int F(\xi)\omega(\xi)\mathrm{d}\xi$$

则理解为积分 $\int F(\xi) |\omega(\xi)| |\mathrm{d}\xi|$.

逼近论中的 Weierstrass 定理

$$\leqslant K\left(\frac{\alpha+\varepsilon}{\beta-\varepsilon}\right)^n \cdot \frac{1}{2\pi}\int_C \frac{|f(\zeta)|}{|\zeta-z|}|\,\mathrm{d}\zeta| \to 0$$

例如,在那种情形下,条件 $1°$ 便能实现:若一切集 E_n 包含在某个圆 $|z-a_n|<\rho_n$ 之内,在这里 $\{a_n\}$ 为遵从第 §4 节条件的牛顿内插结点序列,而数列 ρ_n 下降得足够快,以致由条件(10.87)所确定的函数 $U(z)$ 与 §4 节条件(10.11)所确定的同型函数没有区别.

至于要求 $2°$,若数列 ρ_n 下降得充分快,则在遵从下列所述补充(充分)的条件时,它也可以满足. 事实上,$W(\zeta_0,\cdots,\zeta_n)$ 的主部当 $n\to\infty$ 时等于 $W(a_0,\cdots,a_n)$ $(\neq 0)$,因之积分

$$\int\cdots\int|W(\zeta_0,\cdots,\zeta_n)|\,|\mathrm{d}\psi_0(\zeta_0)|\cdots|\mathrm{d}\psi_n(\zeta_n)|$$

与

$$\left|\int\cdots\int W(\zeta_0,\cdots,\zeta_n)\,\mathrm{d}\psi_0(\zeta_0)\cdots\mathrm{d}\psi_n(\zeta_n)\right|$$

的比等于积分

$$\int\cdots\int|\mathrm{d}\psi_0(\zeta_0)|\cdots|\mathrm{d}\psi_n(\zeta_n)|$$

与

$$\left|\int\cdots\int\mathrm{d}\psi_0(\zeta_0)\cdots\mathrm{d}\psi_n(\zeta_n)\right| \qquad (10.89)$$

的比.

我们约定称泛函数 $U[F]$ 为正定的,如果它具有下列形式

$$\sum_i A_i F(a_i)$$

其中 $\qquad A_i \geqslant 0 \quad (\sum_i A_i > 0)$

或

第10章 复数域上的内插与逼近

$$\int F(\zeta)\omega(\zeta)d\zeta$$

其中 $\omega(\zeta) \geqslant 0$ $\left(\int \omega(\zeta)d\zeta > 0\right)$

在这种情形下,在 E 上从不等式 $F(\zeta) \geqslant 0$ 便推出不等式

$$\int F(\zeta) \mid d\psi(\zeta) \mid > 0$$

设一切泛函数 $U_m[F]$ ($m \geqslant 0$) 都是正定的,那么借助于归纳法容易断定,积分(10.89)彼此相等;于是条件 2° 对于任意大于 1 的常数 K 渐近成立.

可以简短总结一下这里所述的,断定当时遵从 §4 节以及条件的内插过程概型

$$P_n(a_m) = f(a_m) \quad (0 \leqslant m \leqslant n) \quad (10.90)$$

容许有某种'改动';不破坏收敛性条件(10.10)可以用更一般的条件

$$U_m[P_n] = U_m[f] \quad (0 \leqslant m \leqslant n)$$

来代换,至少在这样的假定之下,即 $U_m[F]$ 是在充分接近诸点 a_m ($m=0,1,2,\cdots$) 的邻域上"展开的"正定的泛函数.

§11 复数域上的最佳逼近

假定我们想用 n 次多项式 $P(z)$ 对于权 $q(x,y)$ (这里 $q(x,y)$ 是定义于域 D 上的连续正值函数)来逼近定义连续于某一闭域 D 上的复变量 $z = x + iy$ 的函

逼近论中的 Weierstrass 定理

数 $f(z)$,而这种逼近是一致的与最佳样式的;建立的问题,使我们将要求表达式

$$\overline{\Delta} = \max_{D} q(x,y) |P(z) - f(z)| \qquad (10.91)$$

成为最小. 在这里多项式 $P(z)$ 可以是通常的或三角的或者甚至是广义的多项式,亦即具有

$$P(z) = \sum_{j=0}^{n} c_j \varphi_j(z)$$

的形式,其中 $\varphi_j(z)(j=0,1,\cdots,n)$ 是在域 D 上连续的某些复函数,我们可以假定它们在 D 上是线性无关的.

在这些非常一般的前提下,解的存在性可以像对于实数域那样的方法证明(参阅 §2). 至于解的唯一性,在一般情形下是不对的;然而(如我们在下面所见到的)这在通常的多项式的情形下是正确的.

我们指出,在这样的情形下,若 $P(z)$ 是一般的多项式时,则权因子 $q(x,y)$ 可以不引用,而把它当作包入函数 $\varphi_j(z)$ 与 $f(z)$ 之中的.

首先,我们来建立对于使得某个多项式 $P(z)$ 为所考虑的极性问题的解的充要条件. 显然,切比雪夫条件不能推广到复数域上(它们包含交变号的规则). 在证明时,我们引进较近时期柯尔莫果洛夫(А. Н. Колмогоров)所述的条件.

设 E 是 D 中的点集,在该诸点处表达式

$$|P(z) - f(z)|$$

达到其最大值,我们用 $L(>0)$ 来表示这个最大值.

要多项式 $P(z)$ 使表达式 $\overline{\Delta}$ 成为最小,必须且只需

第 10 章 复数域上的内插与逼近

满足下列要求:不论所考虑的形如

$$\Pi(z) = \sum_{j=0}^{n} c_j \varphi_j(z)$$

的多项式 $\Pi(z)$ 是怎样的,表达式

$$\Re(\Pi(z)(\overline{P(z)-(z)})) \quad (10.92)$$

在集 E 上的最小值都不应是正的.

类似的,这一表达式的最小值不应是负的:如果把多项式 $\Pi(z)$ 换成 $-\Pi(z)$ 的话,这仅是显然的. 同样,表达式

$$\Im(\Pi(z)(P(z)-f(z)))$$

的最小值不应是负的,最大值不应是正的,如果把 $\Pi(z)$ 换成 $-i\Pi(z)$ 或 $i\Pi(z)$ 的话这是显然的.

首先,我们证明条件的必要性. 假定它不成立,那么便存在多项式 $\Pi(z)$,对于它表达式(10.92)在集合 E(必然是闭集)上是正的,因此便存在这样的 $\varepsilon(>0)$ 使得对于 E 中的一切值 z 有

$$\Re(\Pi(z)(P(z)-f(z))) > \varepsilon \quad (10.93)$$

在这种情形下,同样的关系式(10.93)也在集合 E_1 上成立,这集合是由 D 中的那些与集合 E 的距离小于某一正数 δ 的点所组成. 在 D 上而不属于 E_1 的点集显然是闭的:我们用 G 来表示它. 偏差 $|P(z)-f(z)|$ 在集合 G 上的最大值 L' 小于在集合 D 上的类似的最大值 L;用 h 表示差 $L-L'$,因之就有

$$L' = \max_{G} |P(z)-f(z)| = L - h$$

再令 H 表示 $|\Pi(z)|$ 在集合 D 上的最大值. 那么,据不等式

逼近论中的 Weierstrass 定理

$$\lambda \leqslant \frac{\varepsilon}{H^2}, \lambda \leqslant \frac{h}{2H}$$

来选取正数 λ 后，我们可以断定，对于多项式

$$Q(z) \equiv P(z) - \lambda \Pi(z)$$

下列关系式成立

$$\begin{aligned}
|Q(z) - f(z)|^2 &= (Q(z) - f(z))(\overline{Q(z) - f(z)}) \\
&= ((P(z) - f(z)) - \lambda \Pi(z)) \cdot \\
&\quad ((\overline{P(z) - f(z)}) - \overline{\lambda \Pi(z)}) \\
&= |P(z) - f(z)|^2 - 2\lambda \Re \Pi(z) \cdot \\
&\quad (\overline{P(z) - f(z)})) + \lambda^2 |\Pi(z)|^2
\end{aligned}$$

同时若点 z 属于 E_1，则最后的表达式不超过

$$L^2 - 2\lambda\varepsilon + \lambda^2 H^2 \leqslant L^2 - 2\lambda\varepsilon + \lambda \frac{\varepsilon}{H^2} \cdot H^2$$

$$= L^2 - \lambda\varepsilon \equiv L_1^2 < L^2$$

另外，若点 z 属于 G，则我们立即得到

$$\begin{aligned}
|Q(z) - f(z)| &= |P(z) - f(z) - \lambda \Pi(z)| \\
&\leqslant |P(z) - f(z)| + z |\Pi(z)| \\
&\leqslant (L - h) + \frac{h}{2H} \cdot H = L - \frac{h}{2} \equiv L_2 < L
\end{aligned}$$

从而显然可见，在这两种情形下，量 $|Q(z) - f(z)|$ 都小于两个数 L_1 与 L_2 中的最大者；于是

$$\max_D |Q(z) - f(z)| < L$$

因此与假设相反，多项式 $P(z)$ 并不给出最佳逼近.

反之，不论多项式 $\Pi(z)$ 如何，若表达式 (10.92) 的最大值是负的或者是 0，则多项式 $P(z)$ 达到了最佳

第10章 复数域上的内插与逼近

逼近. 事实上, 设 $Q(z)$ 是异于 $P(z)$ 的任一多项式; 令

$$\Pi(z) \equiv P(z) - Q(z)$$

那么, 对于属于集合 E 的某一值 $z = \lambda_0$, 我们就有

$$\Re((P(z) - Q(z))(\overline{P(z) - f(z)})) \leqslant 0$$

从而便推得(对于同样的 z 值)

$$\begin{aligned}
|Q(z) - f(z)|^2 &= (P(z) - f(z)) - (P(z) - Q(z)))^2 \\
&= |P(z) - f(z)|^2 - 2\Re((P(z) - \\
&\quad Q(z))(\overline{P(z) - f(z)})) + |P(z) - Q(z)|^2 \\
&\geqslant |P(z) - f(z)|^2 + |P(z) - Q(z)|^2 \\
&\geqslant |P(z) - f(z)|^2 = L^2
\end{aligned}$$

所以

$$\max_D |Q(z) - f(z)| \geqslant L$$

于是 $P(z)$ 是最小偏差多项式, 因而上述条件是充分的.

现在回到特殊的情形: 逼近用的多项式系是由通常的 n 次多项式所组成的, 可以断定, 在这样的假定下偏差点(亦即集合 E 的点)的个数不小于 $n + 2$. 事实上, 如果这样的点的个数不大于 $n + 1$, 那么, 就可以作这样的 n 次内插多项式 $L(z)$, 因而属于所考虑的函数类, 它在 E 中一切点处都满足关系式

$$L(z) = P(z) - f(z)$$

在这种情形下, 假设在柯尔莫果洛夫条件下 $\Pi(z) = L(z)$ 对于点集 E 中的任意的点我们就会得到

$$\Re(L(z)(\overline{P(z) - f(z)})) = |P(z) - f(z)|^2 = L^2 > 0$$

即是说这一表达式的最小值是正的, 即逼近的必要条

件不能得到满足.

其次,可以断定,在通常多项式情形下只存在一个最佳逼近多项式. 其实,若这样的多项式有两个,例如,$P(z)$ 与 $Q(z)$,二者的次数都是 n,则从不等式

$$|P(z)-f(z)|\leqslant L, |Q(z)-f(z)|\leqslant L \quad (10.94)$$

就推出了不等式

$$\left|\frac{P(z)+Q(z)}{2}-f(z)\right|\leqslant L \quad (10.95)$$

并且后面的关系中等式只在(10.94)中两个关系式同时达到等式的条件下成立,并且不仅差 $P(z)-f(z)$ 与 $Q(z)-f(z)$ 的模而且幅角都是分别相等的,因之 $P(z)$ 应等于 $Q(z)$. 但是满足这种要求的偏差点的个数,如我们所知,不小于 $n+2$;因之 $P(z)$ 与 $Q(z)$ 不能不是恒等的.

注1 偏差点集合有不少于 $n+2$ 个元素这一要求本身,自然不是逼近的充分条件. 这一点从下例中就可以看出. 我们假定,域 D 是圆 $|z|\leqslant 1$ 且 $q(x,y)\equiv 1$;然后设 $f(z)=z^2$,且用常数以求最佳逼近. 令 $P(z)=-1$,容易断定,在这个圆上偏差在两个点 $z=\pm 1$ 达到其最大模 2. 然而,常数 -1 不给出最佳逼近,因为,令 $P(z)=0$ 我们得到偏差 $L=1$.

注2 特别值得注意这一情况:前述一切在函数 $f(z)$ 为连续的唯一条件下都是成立的;正则性不一定必要. 设 μ_n 为 n 次多项式所达到的最佳逼近,那么我们回忆到,函数 $f(z)$ 在域 D 上的正则性是 $\lim\limits_{n\to\infty}\mu_n=0$ 的充要条件.

第 10 章　复数域上的内插与逼近

从第 §7 节定理 10.1,便推出了这一点.

例 10.27　从一切形如
$$P(z) = z^n + \sum_{m=0}^{n-1} c_m z^m$$
的 n 次多项式中试求出与零在圆 $|z| \leqslant 1$ 上有最小偏差者.

所谈的是关于函数 $f(z) = z^n$ 与通常的 $n-1$($n \geqslant 1$)次多项式的最佳逼近问题.

所求的多项式可以化为 z^n,因之 $P(z) \equiv z^n$. 不难验证,具有下列形式
$$\min_{|z|\leqslant 1} \Re(\Pi_{n-1}(z)\overline{z^n}) \leqslant 0$$
的柯尔莫果洛夫条件是满足的.

事实上,只需左端在 $z=0$ 时成为 0 便已足够了.

这里是不依赖于柯尔莫果洛夫判别法的同一论断的另一证明. 用 C 表示圆 $|z| \leqslant 1$ 的边界,我们得到
$$\frac{1}{2}\int_C |P(z)|^2 ds = \frac{1}{2\pi}\int_0^{2\pi} |P(e^{i\theta})|^2 d\theta$$
$$= \sum_{m=0}^{n-1} |c_m|^2 + 1 \geqslant 1$$
同时等式只当 $c_m = 0$($m=0,1,2,\cdots,n-1$)时才达到,亦即当 $P(z) \equiv z^n$ 之时. 另外
$$\frac{1}{2\pi}\int_C |P(z)|^2 ds \leqslant (\max_D |P(z)|)^2$$
因之
$$\max_D |P(z)| \geqslant 1$$
可是对于 $P(z) \equiv z^n$ 有

逼近论中的 Weierstrass 定理

$$\max_{D}|z^n| = 1$$

于是，$P(z) = z^n$ 便是所求的多项式.

第三编
上升到泛函分析的高度去认识

线性赋范空间中的逼近问题

§1 逼近论基本问题的提出

逼近论中的基本问题,可述之如下:在任意维空间的某点集 $\mathfrak{P}$ 上,已知点 $P \in \mathfrak{P}$ 的两个函数 $f(P)$ 与 $F(P;A_1,A_2,\cdots,A_n)$,其中第二个函数还依赖于某些参数 $A_1,A_2,\cdots,A_n$;要求决定这些参数,使函数 $F(P;A_1,A_2,\cdots,A_n)$ 在 $\mathfrak{P}$ 上与 $f(P)$ 的偏差最小. 当然,这时应当说明 F 离 f 之偏差应作如何理解,或更明确地说,什么是 F 与 f 之间的距离.

例如,假如讨论的是有界函数,则作为两个函数之距离,可以取它们之差的绝对值在 $\mathfrak{P}$ 上的上确界. 在这个距离的定义下,有许多对于三维空间中的点成立的关系式,对于 $\mathfrak{P}$ 上一切有界函数的全体仍然成立.

这个情况,在数学中当讨论其他函数

逼近论中的 Weierstrass 定理

类或很多其他的集体(集合)时,也常常要碰到,这就引导到形成关于度量空间的重要概念.

§2 度量空间

由某些元素 $x,y,z\cdots$ 组成的集合 E 叫作度量空间,而这些元素本身就叫作空间的点,假如对于每两个元素 x,y,有某个非负数 $D[x,y]$ 与它们对应,这数叫作点 x,y 之间的距离,并满足下列条件

A. $D[x,x]=0$

B. $D[x,y]=D[y,x]>0$ （如 $x\neq y$）

C. $D[x,z]\leqslant D[x,y]+D[y,z]$ （三角形不等式）

例如,一切数(一般指复数)列

$$x=\{x_1,x_2,\cdots\}=\{x_k\},y=\{y_1,y_2,\cdots\}=\{y_k\},\cdots$$

的集合就组成度量空间,如果把 $x=y$ 理解成 $x_k=y_k$ ($k=1,2,\cdots$),并借助公式

$$D[x,y]=\sum_{k=1}^{\infty}\frac{1}{2^k}\frac{|x_k-y_k|}{1+|x_k-y_k|}$$

来定义距离;这时,条件 C 的成立,可由下列容易证明的不等式

$$\frac{a+b}{1+a+b}\leqslant\frac{a}{1+a}+\frac{b}{1+b}\quad(a\geqslant 0,b\geqslant 0)$$

推出.

第11章 线性赋范空间中的逼近问题

§3 线性赋范空间

在度量空间之中,特别重要的是所谓线性赋范空间.

元素 $x,y,z,\cdots$ 的集合 E 叫作线性赋范空间,而这些元素本身就叫作点或向量,如果:

(1)在 E 中定义了一个运算,叫作加法,记成"+",对于这个运算,E 是交换群;群 E 的零元素记成 $\mathbf{0}$;

(2)定义了集合 E 中的元素与数(实数或复数)$\alpha,\beta,\gamma,\cdots$ 相乘,并且

$$\alpha(x+y) = \alpha x + \alpha y$$
$$(\alpha+\beta)x = \alpha x + \beta x$$
$$\alpha(\beta x) = (\alpha\beta)x$$
$$1 \cdot x = x$$
$$0 \cdot x = \mathbf{0}$$

(3)对于每个元素 $x \in E$,有某非负数 $\|x\|$ 与之对应,这数叫作元素 x 的范数,并满足下列条件

$$\|x\| = 0 \quad 必须且只需 \quad x = \mathbf{0}$$
$$\|\alpha x\| = |\alpha| \cdot \|x\|$$
$$\|x+y\| \leqslant \|x\| + \|y\|$$

向量 $x_1,x_2,\cdots,x_n$ 叫作线性无关,如果由关系式

$$\alpha_1 x_1 + \alpha_2 x_2 + \cdots + \alpha_n x_n = \mathbf{0}$$

可得等式

逼近论中的 Weierstrass 定理

$$\alpha_1 = \alpha_2 = \cdots = \alpha_n = 0$$

如果令 $D[x,y] = \|x-y\|$，其中 $x-y = x + (-1)y$，则线性赋范空间成为度量空间.

§4 线性赋范空间的例[①]

空间 C 在任意维数的通常空间中某有界闭集 $\mathfrak{P}$，点 $P \subset \mathfrak{P}$ 的一切连续函数 $x = x(P)$ 的总体，是一个线性赋范空间（空间 C），如果规定

$$x = y$$

的意义是 $x(P) \equiv y(P)$，加法与乘法以通常意义来了解，而范数由下列等式

$$\|x\| = \|x\|_C = \max_{P \in \mathfrak{P}} |x(P)|$$

定义，在 $\mathfrak{P}$ 为数轴上有限区间的情形，空间 C 具有特别重要的意义. 因为借变换

$$t = At' + B$$

之助，可以将区间[②]$[a,b]$ 变成任何有限区间，所以平常只取区间 $[0,1]$ 或 $[-1,1]$.

当只讨论周期函数时，通常取区间 $[-\pi,\pi]$ 或其他长度为 2π 的某一区间，并且把两个端点认为是同一个点.

利用变换

---

① 如果不特别声明，一切数、函数、序列，一般都是指复的.
② 方括号总是表示闭区间，即包含其二端点的区间.

318

第11章 线性赋范空间中的逼近问题

$$u = \tan \frac{t}{2} \quad (-\pi \leqslant t \leqslant \pi)$$

可以把连续的周期函数的空间转化成在整个实轴上连续的函数 $x = x(u)$,并且

$$\lim_{u \to -\infty} x(u), \lim_{u \to +\infty} x(u)$$

存在且为相等的空间.

这个空间记成 C_∞.

在讨论空间 C_∞ 时,点 $\pm \infty$ 看成同一个点.

同样,由区间 $[0,1]$ 上一切连续(不一定是周期的)函数的空间 $C(0,1)$ 出发,可以借助变量变换变成闭区间 $[0, +\infty)$ 与 $(-\infty, +\infty)$ 上的连续函数空间 $C(0, +\infty)$ 与 $C(-\infty, +\infty)$.

空间 $C(-\infty, +\infty)$ 为满足下列条件的一切连续函数 $x(t)(-\infty < t < +\infty)$ 的总体

$$\lim_{t \to -\infty} x(t), \lim_{t \to +\infty} x(t)$$

存在,当然这两个极限可能不同,这个情况,就是 $C(-\infty, +\infty)$ 与 C_∞ 的区别.

空间 $L^p (p \geqslant 1)$ 用 L^p 指(有限或无穷)区间① (a,b) 上一切可测且其绝对值的 p 次幂依勒贝格意义为可积的函数的总体,这时加法与数乘法依通常意义来了解,而两个元素 $x = x(t), y = y(t) \in L^p$ 认为是恒等的,如果在 (a,b) 上等式 $x(t) = y(t)$ 几乎处处成立,至于范数则由下列公式确定

---

① 可以用数轴上或任意维数通常空间中的任何可测集合(其测度是有限的或无限的均可)代替区间,作为函数的定义域.

$$\|x\| = \|x\|_p = \left(\int_a^b |x(t)|^p dt\right)^{\frac{1}{p}}$$

假如遇到必须注明所讨论的区间时，则用 $L^p(a,b)$ 代替 L^p. L^1 常简单地记成 L.

现在来证明 L^p 是线性赋范空间.

既然两个可测函数的和还是可测函数，又有下列显然的不等式

$$|\alpha+\beta|^p \leqslant 2^p(|\alpha|^p+|\beta|^p)①$$

所以由 $x,y \in L^p$，可得 $x+y \in L^p$.

零元素即几乎处处为零的函数.

假如 $x \in L^p$, α 是任意的数，则 $\alpha x \in L^p$.

如此，剩下的就只要证明不等式

$$\left(\int_a^b |x(t)+y(t)|^p dt\right)^{\frac{1}{p}} \leqslant \left(\int_a^b |x(t)|^p dt\right)^{\frac{1}{p}} + \left(\int_a^b |y(t)|^p dt\right)^{\frac{1}{p}}$$

这个不等式就是闵可夫斯基不等式.

§5 赫尔德与闵可夫斯基不等式

设 $\alpha,\beta \geqslant 0, p>1, \dfrac{1}{p}+\dfrac{1}{q}=1$（则 $q>1$）. 讨论方

---

① 注意：不等式

$$|\alpha+\beta|^p \leqslant 2^{p-1}(|\alpha|^p+|\beta|^p) \quad (p \geqslant 1)$$

的证明，只要求出在条件 $A+B=1, A \geqslant 0, B \geqslant 0$ 下，A^p+B^p 的极小就够了.

第 11 章 线性赋范空间中的逼近问题

程为
$$y = x^{p-1}$$
的曲线 OAB,这个方程也可写成
$$x = y^{q-1}$$

由图 11.1[①] 中显然可知:面积 S 与 T 之和不小于 $\alpha\beta$,而等于 $\alpha\beta$ 恰在 A,B 两点重合时成立,即当 $\alpha^p = \beta^q$ 时,所以

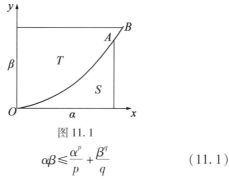

图 11.1

$$\alpha\beta \leq \frac{\alpha^p}{p} + \frac{\beta^q}{q} \qquad (11.1)$$

注意 $p = 2$(亦即 $q = 2$)时,得到的这个不等式就是初等的不等式
$$2\alpha\beta \leq \alpha^2 + \beta^2$$

现设 $u(t) \in L^p, v(t) \in L^q$. 再设
$$\alpha = \frac{|u(t)|}{\|u\|_p}, \beta = \frac{|v(t)|}{\|v\|_q}$$
并引用不等式(11.1),我们得到
$$\frac{|u(t)v(t)|}{\|u\|_p \|v\|_q} \leq \frac{1}{p} \frac{|u(t)|^p}{\{\|u\|_p\}^p} + \frac{1}{q} \frac{|v(t)|^q}{\{\|v\|_q\}^q}$$

---

① 这个图相当于 $p > 2, \beta > \alpha^{p-1}$ 的情形.

逼近论中的 Weierstrass 定理

因为不等式的右端是可积的,故其左端也是可积的,并且其积分不超过右端的积分,即不超过

$$\frac{1}{p} + \frac{1}{q} = 1$$

我们得到赫尔德(Holder)不等式

$$\int_a^b |u(t)v(t)| \, dt \leq \left(\int_a^b |u(t)|^p dt\right)^{\frac{1}{p}} \cdot \left(\int_a^b |v(t)|^q dt\right)^{\frac{1}{q}} \quad (11.2)$$

在这个不等式中,不难看出等号成立必须且只需在 (a,b) 上下面等式几乎处处成立时

$$|v(t)|^q = C|u(t)|^p$$

在 $p = q = 2$ 的情形,不等式(11.2)通常叫作希瓦兹不等式,但是更正确地应叫作布亚科夫斯基(Буняковский)不等式.

为了证明闵可夫斯基不等式,首先注意由

$$|x(t)| + |y(t)| \in L^p \quad (p > 1)$$

可推出

$$(|x(t)| + |y(t)|)^{p-1} \in L^q$$

其中 $\frac{1}{p} + \frac{1}{q} = 1$.

引用赫尔德不等式于下面等式

$$(|x| + |y|)^p = |x| \cdot (|x| + |y|)^{p-1} + |y| \cdot (|x| + |y|)^{p-1}$$

右端的每一项,我们得到

$$\int_a^b (|x| + |y|)^p dt \leq \left(\int_a^b (|x| + |y|)^p dt\right)^{\frac{1}{q}}$$

第11章 线性赋范空间中的逼近问题

$$\left(\left(\int_a^b |x|^p dt\right)^{\frac{1}{p}} + \left(\int_a^b |y|^p dt\right)^{\frac{1}{p}}\right)$$

由此得到当 $p>1$ 时的闵可夫斯基不等式. 至于 $p=1$ 时,这个不等式的成立是显然的.

不难看出,在闵可夫斯基不等式(当 $p>1$ 时)中,等号成立当且仅当几乎处处有 $x(t)=Cy(t)$ 时,其中常数 $C \geqslant 0$.

注意,同样可得对于级数的赫尔德与闵可夫斯基不等式,即

$$\sum_{k=1}^{\infty} |\alpha_k \beta_k| \leqslant \left(\sum_{k=1}^{\infty} |\alpha_k|^p\right)^{\frac{1}{p}} \left(\sum_{k=1}^{\infty} |\beta_k|^q\right)^{\frac{1}{q}}$$

$$\left(\frac{1}{p} + \frac{1}{q} = 1, p>1\right)$$

$$\left(\sum_{k=1}^{\infty} |\alpha_k + \beta_k|^p\right)^{\frac{1}{p}} \leqslant \left(\sum_{k=1}^{\infty} |\alpha_k|^p\right)^{\frac{1}{p}} + \left(\sum_{k=1}^{\infty} |\beta_k|^p\right)^{\frac{1}{p}}$$

$$(p \geqslant 1)$$

而且不难看出,这些不等式都是上述已证明了的对于积分的赫尔德与闵可夫斯基不等式的特殊情形.

今后我们常将应用所谓对于积分的推广了的闵可夫斯基不等式

$$\left(\int_a^b \left|\int_c^d \varphi(x,y) dy\right|^p dx\right)^{\frac{1}{p}}$$
$$\leqslant \int_c^d \left(\int_a^b |\varphi(x,y)|^p dx\right)^{\frac{1}{p}} dy \quad (p \geqslant 1)$$

这个式子可以借助平常积分论中常用的,由只取有很多个值的函数(起先是只取两个值的),转移到矩形区域 $R(a<x<b, c<y<d)$ 上的任意可测的且对上述不

等式右端有意义的函数 $\varphi(x,y)$ 来证明.

当 $p=1$ 时,这个不等式的特殊情形即引导到福比尼(Fubini)定理,即断言:若

$$\int_c^d \Big(\int_a^b |\varphi(x,y)|\,\mathrm{d}x\Big)\mathrm{d}y < \infty$$

则

$$\int_R \varphi(P)\mathrm{d}P = \int_a^b\Big(\int_c^d \varphi(x,y)\mathrm{d}y\Big)\mathrm{d}x = \int_c^d\Big(\int_a^b \varphi(x,y)\mathrm{d}x\Big)\mathrm{d}y$$

§6 线性赋范空间进一步的例子

空间 m 与 c　一切有界的数列

$$\boldsymbol{x} = \{x_k\},\boldsymbol{y} = \{y_k\},\cdots$$

的集合 m,及一切收敛的数列

$$\boldsymbol{x} = \{x_k\},\boldsymbol{y} = \{y_k\},\cdots$$

的集合 c 都是线性赋范空间,如果令

$$\boldsymbol{x}+\boldsymbol{y} = \{x_k+y_k\}$$

$$\alpha\boldsymbol{x} = \{\alpha x_k\}$$

$$\|\boldsymbol{x}\| = \sup_k |x_k|$$

空间 $l^p\,(p\geqslant 1)$　所有使级数

$$\sum_{k=1}^\infty |x_k|^p,\sum_{k=1}^\infty |y_k|^p,\cdots$$

收敛的数列

$$\boldsymbol{x} = \{x_k\},\boldsymbol{y} = \{y_k\},\cdots$$

组成的集合 l^p 也是线性赋范空间,如果令

$$\|x\| = \left(\sum_{k=1}^{\infty} |x_k|^p\right)^{\frac{1}{p}}$$

这可以用对于级数的闵可夫斯基不等式来证明.

§7 希尔伯特空间

希尔伯特空间(空间 H)是指线性空间(即满足 §3 节中前两条件),在其中对于每两个向量 x,y,有一(复)数 (x,y) 与之对应,这个数叫作向量的内积,并满足下列条件①

(1) $\quad (y,x) = (\overline{x},\overline{y})$

(2) $\quad (\alpha_1 x_1 + \alpha_2 x_2, y) = \alpha_1(x_1,y) + \alpha_2(x_2,y)$

(3) $\quad (x,x) \geqslant 0$

(4) $(x,x) = 0$ 必须且只需 $x = \mathbf{0}$.

如果 $(x,y) = 0$,向量 x,y 就叫作是正交的.

容易举出具体的例子,满足我们用以公理化地定义希尔伯特空间 H 的条件(自然地,我们就把 H 叫作抽象的希尔伯特空间).

例如,空间 l^2 就给出这种具体的例子,如果令

$$(x,y) = \sum_{k=1}^{\infty} x_k \overline{y_k}$$

其中

$$x = \{x_k\}, y = \{y_k\}$$

---

① 在数上加一横线即指此数的共轭数.

逼近论中的 Weierstrass 定理

由对于级数的希瓦兹不等式(柯西早就发现了),即当 $p=q=2$ 时的赫尔德不等式,可推出级数

$$\sum_{k=1}^{\infty} x_k \overline{y_k}$$

的收敛性(而且绝对收敛).

空间 L^2 是另一个例,如果令

$$(\boldsymbol{x},\boldsymbol{y}) = \int_a^b x(t)\,\overline{y(t)}\,\mathrm{d}t$$

现在证明内积 (a,b) 具有下列性质:

$1°$ $\quad (\alpha\boldsymbol{x},\alpha\boldsymbol{x}) = |\alpha|^2 (\boldsymbol{x},\boldsymbol{x})$

$2°$ $\quad |(\boldsymbol{x},\boldsymbol{y})| \leq \sqrt{(\boldsymbol{x},\boldsymbol{x})} \cdot \sqrt{(\boldsymbol{y},\boldsymbol{y})}$

(推广了的希瓦兹不等式);

$3°$ $\quad \sqrt{(\boldsymbol{x}+\boldsymbol{y},\boldsymbol{x}+\boldsymbol{y})} \leq \sqrt{(\boldsymbol{x},\boldsymbol{x})} + \sqrt{(\boldsymbol{y},\boldsymbol{y})}$;

并且,若 $\boldsymbol{y} \neq \boldsymbol{0}$,则关系式 $2°$ 的等号只当 $\boldsymbol{x} = \alpha \boldsymbol{y}$ 时才成立,而在 $3°$ 中则只当 $\boldsymbol{x} = \alpha \boldsymbol{y}$,且 $\alpha \geq 0$ 时才成立(当 $\boldsymbol{y} = \boldsymbol{0}$ 时,变成不足道的等式).

性质 $1°$ 是显然的

$$(\alpha\boldsymbol{x},\alpha\boldsymbol{x}) = \alpha(\boldsymbol{x},\alpha\boldsymbol{x}) = \alpha\overline{(\alpha\boldsymbol{x},\boldsymbol{x})} = \alpha\overline{\alpha}\overline{(\boldsymbol{x},\boldsymbol{x})} = \alpha\overline{\alpha}(\boldsymbol{x},\boldsymbol{x})$$

为了证明性质 $2°$,可设 $(\boldsymbol{x},\boldsymbol{y}) \neq 0$. 令

$$\vartheta = \frac{(\boldsymbol{x},\boldsymbol{y})}{|(\boldsymbol{x},\boldsymbol{y})|}$$

则对于任何实数 λ 有

$$0 \leq (\overline{\vartheta}\boldsymbol{x} + \lambda\boldsymbol{y}, \overline{\vartheta}\boldsymbol{x} + \lambda\boldsymbol{y}) = \lambda^2(\boldsymbol{y},\boldsymbol{y}) + 2\lambda|(\boldsymbol{x},\boldsymbol{y})| + (\boldsymbol{x},\boldsymbol{x})$$

此 λ 的三项式的根应当是复的或者是相等的,从而这就证明了性质 $2°$. 等号显然当且仅当有某个 λ,使

$$\overline{\vartheta}\boldsymbol{x} + \lambda\boldsymbol{y} = \boldsymbol{0}$$

时才达到.

今证性质 3°,因
$$(x+y, x+y) = (x,x) + (x,y) + (y,x) + (y,y)$$
$$\leqslant (x,x) + 2|(x,y)| + (y,y)$$

而根据 2°
$$(x+y, x+y) \leqslant (\sqrt{(x,x)} + \sqrt{(y,y)})^2$$

等号当且只当
$$(x,y) = \sqrt{(x,x)} \cdot \sqrt{(y,y)}$$

时才达到,但已知当 $y \neq 0$ 时,要等式成立首先必须 $x = \alpha y$,而当这条件成立时
$$(x,y) = (\alpha y, y) = \alpha(y,y)$$
即
$$\alpha = \sqrt{\frac{(x,x)}{(y,y)}} \geqslant 0$$

根据定义内积的条件,及其性质 1°,3°,若令
$$\|x\| = \sqrt{(x,x)}$$
则希尔伯特空间成为线性赋范空间.

§8 线性赋范空间中逼近的基本定理

假设 E 是任一线性赋范空间,令
$$g_1, g_2, \cdots, g_n$$
为 E 中 n 个线性无关的元素,逼近论的基本问题在我们所讨论的"线性情形"可以述之如下:给定元素 $x \in E$;要求定出数 $\lambda_1, \lambda_2, \cdots, \lambda_n$ 使数量

逼近论中的 Weierstrass 定理

$$\varphi(\lambda_1, \lambda_2, \cdots, \lambda_n) = \|x - \lambda_1 g_1 - \lambda_2 g_2 - \cdots - \lambda_n g_n\|$$

得最小值.

在本节中将证明要求的数 $\lambda_1, \lambda_2, \cdots, \lambda_n$ 的值确实存在.

首先注意 $\varphi(\lambda_1, \lambda_2, \cdots, \lambda_n)$ 为 $\lambda_1, \lambda_2, \cdots, \lambda_n$ 的连续函数. 事实上, 根据三角形不等式, 可得

$$|\varphi(\lambda'_1, \lambda'_2, \cdots, \lambda'_n) - \varphi(\lambda_1, \lambda_2, \cdots, \lambda_n)|$$

$$= \left| \|x - \sum_1^n \lambda'_k g_k\| - \|x - \sum_1^n \lambda_k g_k\| \right|$$

$$\leqslant \|\sum_1^n (\lambda'_k - \lambda_k) g_k\| \leqslant \sum_1^n |\lambda'_k - \lambda_k| \, \|g_k\|$$

$$\leqslant \max_k |\lambda'_k - \lambda_k| \cdot \sum_1^n \|g_k\|$$

今再引进另一连续函数

$$\psi(\lambda_1, \lambda_2, \cdots, \lambda_n) = \|\lambda_1 g_1 + \lambda_2 g_2 + \cdots + \lambda_n g_n\|$$

在"球"

$$|\lambda_1|^2 + |\lambda_2|^2 + \cdots + |\lambda_n|^2 = 1$$

上, 函数 ψ 依熟知的魏尔斯特拉斯定理应达到极小值 μ, 因为上述的球是通常有限维空间中的有界闭点集.

非负数 μ 不可能是 0, 因为 $g_1, g_2, \cdots, g_n$ 线性无关, 所以 $\mu > 0$.

令 $\rho(\geqslant 0)$ 为函数 φ 的下确界.

假如

$$\sqrt{\sum_1^n |\lambda_k|^2} > \frac{1}{\mu}(\rho + 1 + \|x\|) = R$$

则

$$\varphi(\lambda_1, \lambda_2, \cdots, \lambda_n) \geqslant \|\lambda_1 g_1 + \lambda_2 g_2 + \cdots + \lambda_n g_n\| - \|x\|$$

$$\geqslant \sqrt{\sum_1^n |\lambda_k|^2} \cdot \mu - \|x\| > \rho - 1$$

因此,要求函数 $\varphi(\lambda_1,\lambda_2,\cdots,\lambda_n)$ 的极小,可以只限于考虑满足

$$\sum_1^n |\lambda_k|^2 \leqslant R^2$$

的诸 λ_k 的值,即只需在有界闭区域上来考虑,而在这些区域中连续函数确实达到极小值.

因此,给出元素 x 的最好逼近的线性组合 $\lambda_1 g_1 + \lambda_2 g_2 + \cdots + \lambda_n g_n$ 的存在性就证明了.

§9 严格赋范空间

我们又可提出这样一个问题:是否对于每一元素 $x \in E$,对于它给出最佳逼近的线性组合 $\lambda_1 g_1 + \lambda_2 g_2 + \cdots + \lambda_n g_n$ 都是唯一的?

当空间 E 是严格赋范[①]时,即不等式

$$\|x+y\| \leqslant \|x\| + \|y\| \quad (x \neq 0, y \neq 0)$$

中的等号只当 $y = \alpha x (\alpha > 0)$ 时才成立,则上述的最佳逼近是唯一的.

事实上,当空间 E 是严格赋范时,假定对于某个 x 有两个线性组合

$$\lambda_1 g_1 + \lambda_2 g_2 + \cdots + \lambda_n g_n, \mu_1 g_1 + \mu_2 g_2 + \cdots + \mu_n g_n$$

---

① 这名词属于克莱因的.

逼近论中的 Weierstrass 定理

都给出最佳逼近(其中 $g_1,g_2,\cdots,g_n$ 线性无关),则依所给条件(参看§8)可知

$$\left\| x - \sum_1^n \lambda_k g_k \right\| = \left\| x - \sum_1^n \mu_k g_k \right\| = \rho$$

而且容易看出,不妨假定 $\rho \neq 0$,又因

$$\left\| x - \sum_1^n \frac{\lambda_k + \mu_k}{2} g_k \right\| \leq \frac{1}{2}\left\| x - \sum_1^n \lambda_k g_k \right\| +$$
$$\frac{1}{2}\left\| x - \sum_1^n \mu_k g_k \right\| = \rho$$

所以

$$\left\| x - \sum_1^n \frac{\lambda_k + \mu_k}{2} g_k \right\| = \rho$$

这就是说

$$\left\| x - \sum_1^n \frac{\lambda_k + \mu_k}{2} g_k \right\| = \frac{1}{2}\left\| x - \sum_1^n \lambda_k g_k \right\| +$$
$$\frac{1}{2}\left\| x - \sum_1^n \mu_k g_k \right\|$$

所以依空间的严格赋范性

$$x - \sum_1^n \lambda_k g_k = \alpha\left(x - \sum_1^n \mu_k g_k \right)$$

在这个关系式中,α 应当等于1,否则 x 就变成 g_1, $g_2,\cdots,g_n$ 的线性组合,即 $\rho = 0$,但是若 $\alpha = 1$,则

$$\sum_1^n (\lambda_k - \mu_k) g_k = 0$$

即

$$\lambda_1 = \mu_1, \lambda_2 = \mu_2, \cdots, \lambda_n = \mu_n$$

因为 $g_1,g_2,\cdots,g_n$ 线性无关. 因此所讨论的两个线性组合相同.

空间 $H, L^p (p>1)$ 都是严格赋范空间,而空间 C, L 则不是.

为了证明空间 C 不是严格赋范空间,只要取区间 $[-1,1]$ 上的两个线性无关的函数 $\boldsymbol{x}(t), \boldsymbol{y}(t) \in C$,它们的绝对值在区间的同一点 a 处取极大值,且
$$\arg \boldsymbol{x}(a) = \arg \boldsymbol{y}(a)$$
那么显然
$$\|\boldsymbol{x}+\boldsymbol{y}\| = \|\boldsymbol{x}\| + \|\boldsymbol{y}\|$$

至于证明空间 L 不是严格赋范空间,只要取当 $t \geq 0$ 时 $\boldsymbol{x}(t)=1$;当 $t<0$ 时,$\boldsymbol{x}(t)=0$,而 $\boldsymbol{y}(t)=1-\boldsymbol{x}(t)$.

§10 空间 L^p 中的例

作为一个例子,我们提出下列问题:在形式为
$$F_n(\theta) = \alpha \cos n\theta + \beta \sin n\theta + a_{n-1}\cos(n-1)\theta +$$
$$b_{n-1}\sin(n-1)\theta + \cdots + a_1 \cos \theta + b_1 \sin \theta + a_0$$
的一切三角和中,其中 α, β 是固定的,求出使积分
$$\int_0^{2\pi} |F_n(\theta)|^p d\theta$$
具有最小值的那一个三角和. 设 $p>1$,并利用在此条件下,L^p 是严格赋范空间这一事实. 因为依周期性,对每一(实)φ,有
$$\int_0^{2\pi} |F_n(\theta)|^p d\theta = \int_\varphi^{2\pi+\varphi} |F_n(\theta)|^p d\theta$$
$$= \int_0^{2\pi} |F_n(\theta+\varphi)|^p d\theta$$

令 $\varphi = \dfrac{\pi}{n}$,并注意

$$F_n\left(\theta + \frac{\pi}{n}\right) = -\alpha\cos n\theta - \beta\sin n\theta + a'_{n-1}\cos(n-1)\theta +$$
$$b'_{n-1}\sin(n-1)\theta + \cdots + a'_1\cos\theta + b'_1\sin\theta + a_0$$

则依据空间是严格赋范的,可知对于所求的三角和

$$F_n\left(\theta + \frac{\pi}{n}\right) \equiv -F_n(\theta)$$

此即

$$F_n\left(\theta + \frac{2\pi}{n}\right) \equiv F_n(\theta)$$

最后,这一等式说明 $F_n(\theta)$ 以 $\dfrac{2\pi}{n}$ 为周期,即

$$a_{n-1} = b_{n-1} = \cdots = a_1 = b_1 = 0$$

而前一等式又说明

$$a_0 = 0$$

于是,当 $p > 1$ 时我们的问题的唯一解就是

$$F_n(\theta) = \alpha\cos n\theta + \beta\sin n\theta$$

由连续性的考虑,容易证明这个式子也是当 $p = 1$ 时的解.

§11 几 何 解 释

我们在 §8 节中证明了解的存在问题,这可以给出其几何解释. 事实上,当固定线性无关的元素 $g_1, g_2, \cdots, g_n \in E$,而令 $\alpha_1, \alpha_2, \cdots, \alpha_n$ 取遍一切复数时,则一切

形如

$$\alpha_1 \boldsymbol{g}_1 + \alpha_2 \boldsymbol{g}_2 + \cdots + \alpha_n \boldsymbol{g}_n$$

的点就组成其一线性簇 $G \subset E$,即指当 $\boldsymbol{g}', \boldsymbol{g}'' \in G$ 时,则 $\alpha' \boldsymbol{g}' + \alpha'' \boldsymbol{g}'' \in G$,对于任意复数 α', α'' 都成立. 这个线性簇显然是子空间,因为它包含点 0. 当 $n = 1$ 时,得一"直线",当 $n = 2$ 时,得一"平面",而一般是"n 维平面".

如此,我们的问题就在于求空间 E 的有限维子空间 G 中的点,此点对已知点 $x \in E$ 的距离为最短(在空间 E 的度量的意义下). 在 §8 节中证明了这样的点在 G 中存在.

若空间 E 本身不是有限维的,即其中有任意多个线性无关的向量存在,则 E 含有无穷维的子空间. 设 G 就是这样的子空间.

这就发生了下面的问题:是否在 G 中有点与已知点 $x \in E$ 的距离最近. 在 §15 节中给出这问题肯定的答案,如果 E 是完备的希尔伯特空间的话. 这里只需注意,如果 E 是严格赋范空间,则在 G 中离已知点 $x \in E$ 最近的点,不能多于 1 个. 这可与在 §9 节中所做的对于特殊情形的证明同样地来证明.

§12 关于可分空间及完备空间的概念

设 $\mathfrak{M}$ 为度量空间 E 中的一点集. 点 $x_0 \in E$ 叫作集合 $\mathfrak{M}$ 的极限点,如果在每个"球"

逼近论中的 Weierstrass 定理

$$D[x,x_0]<\rho$$

("中心"为 x_0,"半径"为 ρ)中必包含无穷个属于 $\mathfrak{M}$ 的点,此时点 x_0 本身可以属于也可以不属于 $\mathfrak{M}$. 集合 $\mathfrak{M}$ 叫作是闭的,如果它包含自己的所有极限点. 若集合 $\mathfrak{M}$ 不是闭的,则把它的一切极限点添加进去以后,得到集合 $\mathfrak{M}$ 的闭包,用符号 $\overline{\mathfrak{M}}$ 表示它.

集合 $\mathfrak{M}$ 叫作在 E 中稠密的,若 $\overline{\mathfrak{M}}=E$.

例如设 E 是全部实数的集合,则全部有理数的集合在 E 中是稠密的,这是由于每一个实数是有理数序列的极限.

空间 E 叫作可分的,若它包含一个在其中稠密的可数点集.

例如所指出的全部实数组成的空间是可分的,这是由于有理数集合是可数的.

E 中的点列 $\{x_n\}$ 叫作收敛于点 x,若

$$\lim_{n\to\infty} D[x,x_n]=0 \qquad (11.3)$$

这时我们写成

$$x_n\to x$$

由式(11.3),依三角形不等式显然可得

$$\lim_{m,n\to\infty} D[x_m,x_n]=0 \qquad (11.4)$$

但反过来一般不正确,也就是由关系式(11.4),或如通常所说,由序列依柯西意义收敛,并不能推出在 E 中存在一元素,使序列收敛到此元素.

度量空间 E 叫作是完备的,如果在其中每一依柯西意义收敛的序列收敛到 E 中某一元素.

例如，C 是完备空间，因为在它里面的收敛是一致收敛，而由分析教程知依柯西意义一致收敛的连续函数序列一致收敛到某一连续函数.

§13 在空间 H 中的逼近定理

设 G 是希尔伯特空间 H 中的某子空间，并设点 $x \in H$ 且不属于 G. 若在 G 中存在点 y 离 x 最近，则向量 $x - y$ 与 G 中每一向量 g 正交，即
$$(x-y,g)=0 \quad (g \in G)$$
为了证明这一论断，设在 G 中存在向量 f，使
$$(x-y,f)=\sigma \neq 0$$
而考虑向量
$$y^* = y + \frac{\sigma}{(f,f)}f \in G$$
则
$$\|x-y^*\|^2$$
$$=\left(x-y-\frac{\sigma}{(f,f)}f, x-y-\frac{\sigma}{(f,f)}f\right)$$
$$=\|x-y\|^2 - \frac{\overline{\sigma}}{(f,f)}(x-y,f) - \frac{\sigma}{(f,f)}(f,x-y) + \frac{|\sigma|^2}{(f,f)}$$
$$=\|x-y\|^2 - \frac{|\sigma|^2}{(f,f)}$$
因此
$$\|x-y^*\| < \|x-y\|$$
这与所设 y 为子空间 G 离 x 最近的这一点矛盾.

逼近论中的 Weierstrass 定理

具有使 $x-y$ 与 G 正交这性质的 G 中向量 y 很自然地称为 x 在 G 上的投影.

在这情形下,当子空间是有穷维且由线性无关向量

$$g_1, g_2, \cdots, g_n$$

组成时,我们可以应用已证明的命题具体地找出离向量 x 最近的向量(其存在性可由 §8 节中之定理得到)

$$y = \lambda_1 g_1 + \lambda_2 g_2 + \cdots + \lambda_n g_n$$

事实上,向量 y 是 x 在 G 上的投影,因此它应该满足方程

$$(x-y, g_k) = 0 \quad (k=1,2,\cdots,n) \quad (11.5)$$

详细地写出即是

$$\begin{cases} \lambda_1(g_1,g_1) + \lambda_2(g_2,g_1) + \cdots + \lambda_n(g_n,g_1) = (x,g_1) \\ \lambda_1(g_1,g_2) + \lambda_2(g_2,g_2) + \cdots + \lambda_n(g_n,g_2) = (x,g_2) \\ \cdots\cdots \\ \lambda_1(g_1,g_n) + \lambda_2(g_2,g_n) + \cdots + \lambda_n(g_n,g_n) = (x,g_n) \end{cases}$$

$$(11.6)$$

这乃是求系数 λ_k 的线性方程组.

这方程组的行列式

$$\begin{vmatrix} (g_1,g_1) & (g_2,g_1) & \cdots & (g_n,g_1) \\ (g_1,g_2) & (g_2,g_2) & \cdots & (g_n,g_2) \\ \vdots & \vdots & & \vdots \\ (g_1,g_n) & (g_2,g_n) & \cdots & (g_n,g_n) \end{vmatrix}$$

$$= G(g_1, g_2, \cdots, g_n)$$

称为向量组 $g_1, g_2, \cdots, g_n$ 的格拉姆(Gram)行列式.

因为空间 H 是严格赋范的,而向量 g_i 线性无关,

所以对于任意的向量 $\boldsymbol{x}$，方程组(11.6)恰有一个解．因此可知线性无关向量组的格拉姆行列式总是不等于 0 的．

现在再求用向量 $\boldsymbol{y}$ 近似代替向量 $\boldsymbol{x}$ 时所产生误差的平方的表示式，即求量

$$\delta^2 = (\boldsymbol{x}-\boldsymbol{y}, \boldsymbol{x}-\boldsymbol{y})$$

由式(11.5)得到等式

$$\delta^2 = (\boldsymbol{x}-\boldsymbol{y},\boldsymbol{x}) - (\boldsymbol{x}-\boldsymbol{y},\boldsymbol{y}) = (\boldsymbol{x}-\boldsymbol{y},\boldsymbol{x}) = (\boldsymbol{x},\boldsymbol{x}) - (\boldsymbol{y},\boldsymbol{x})$$

或即

$$\lambda_1(\boldsymbol{g}_1,\boldsymbol{x}) + \lambda_2(\boldsymbol{g}_2,\boldsymbol{x}) + \cdots + \lambda_n(\boldsymbol{g}_n,\boldsymbol{x}) = (\boldsymbol{x},\boldsymbol{x}) - \delta^2$$

把这方程添加到方程组(11.6)上去，并消去 $\lambda_1, \lambda_2, \cdots, \lambda_n$，得到

$$\begin{vmatrix} (\boldsymbol{g}_1,\boldsymbol{g}_1) & \cdots & (\boldsymbol{g}_n,\boldsymbol{g}_1) & (\boldsymbol{x},\boldsymbol{g}_1) \\ (\boldsymbol{g}_1,\boldsymbol{g}_2) & \cdots & (\boldsymbol{g}_n,\boldsymbol{g}_2) & (\boldsymbol{x},\boldsymbol{g}_2) \\ \vdots & & \vdots & \vdots \\ (\boldsymbol{g}_1,\boldsymbol{g}_n) & \cdots & (\boldsymbol{g}_n,\boldsymbol{g}_n) & (\boldsymbol{x},\boldsymbol{g}_n) \\ (\boldsymbol{g}_1,\boldsymbol{x}) & \cdots & (\boldsymbol{g}_n,\boldsymbol{x}) & (\boldsymbol{x},\boldsymbol{x})-\delta^2 \end{vmatrix} = 0$$

由此得

$$\delta^2 = \frac{G(\boldsymbol{x},\boldsymbol{g}_1,\boldsymbol{g}_2,\cdots,\boldsymbol{g}_n)}{G(\boldsymbol{g}_1,\boldsymbol{g}_2,\cdots,\boldsymbol{g}_n)}$$

因此得到

$$\min_{\alpha_k} \|\boldsymbol{x} - \alpha_1\boldsymbol{g}_1 - \alpha_2\boldsymbol{g}_2 - \cdots - \alpha_n\boldsymbol{g}_n\|^2 = \frac{G(\boldsymbol{x},\boldsymbol{g}_1,\boldsymbol{g}_2,\cdots,\boldsymbol{g}_n)}{G(\boldsymbol{g}_1,\boldsymbol{g}_2,\cdots,\boldsymbol{g}_n)}$$

(11.7)

由此等式以及

$$G(\boldsymbol{g}_1) = (\boldsymbol{g}_1,\boldsymbol{g}_1) > 0 \quad (\boldsymbol{g}_1 \neq \boldsymbol{0})$$

逼近论中的 Weierstrass 定理

可以推知格拉姆行列式恒 $\geqslant 0$,且它等于 0 的必要且充分的条件,是向量组的线性相关性(特别地在一个向量为零向量的情形成立).

这一结果可以看成是希瓦兹不等式的推广,因为后者即是不等式
$$G(\boldsymbol{g}_1,\boldsymbol{g}_2)\geqslant 0$$

设 $m<n$,并设向量
$$\boldsymbol{g}_0,\boldsymbol{g}_1,\boldsymbol{g}_2,\cdots,\boldsymbol{g}_n$$

线性无关. 那么
$$\min_{\alpha}\|\boldsymbol{g}_k-\alpha_{k+1}\boldsymbol{g}_{k+1}-\cdots-\alpha_n\boldsymbol{g}_n\|$$
$$\leqslant\min_{\beta}\|\boldsymbol{g}_k-\beta_{k+1}\boldsymbol{g}_{k+1}-\cdots-\beta_m\boldsymbol{g}_m\| \quad (11.8)$$
$$(k=0,1,2,\cdots,m-1)$$

而
$$\min_{\alpha}\|\boldsymbol{g}_m-\alpha_{m+1}\boldsymbol{g}_{m+1}-\cdots-\alpha_n\boldsymbol{g}_n\|\leqslant\|\boldsymbol{g}_m\|$$
$$(11.8')$$

由此根据式(11.7),有
$$\frac{G(\boldsymbol{g}_k,\boldsymbol{g}_{k+1},\cdots,\boldsymbol{g}_n)}{G(\boldsymbol{g}_{k+1},\cdots,\boldsymbol{g}_n)}\leqslant\frac{G(\boldsymbol{g}_k,\boldsymbol{g}_{k+1},\cdots,\boldsymbol{g}_m)}{G(\boldsymbol{g}_{k+1},\cdots,\boldsymbol{g}_m)}$$
$$(k=0,1,2,\cdots,m-1)$$

而
$$\frac{G(\boldsymbol{g}_m,\boldsymbol{g}_{m+1},\cdots,\boldsymbol{g}_n)}{G(\boldsymbol{g}_{m+1},\cdots,\boldsymbol{g}_n)}\leqslant G(\boldsymbol{g}_m)$$

也即
$$\frac{G(\boldsymbol{g}_0,\boldsymbol{g}_1,\cdots,\boldsymbol{g}_n)}{G(\boldsymbol{g}_0,\boldsymbol{g}_1,\cdots,\boldsymbol{g}_n)}\leqslant\frac{G(\boldsymbol{g}_1,\boldsymbol{g}_2,\cdots,\boldsymbol{g}_n)}{G(\boldsymbol{g}_1,\boldsymbol{g}_2,\cdots,\boldsymbol{g}_n)}\leqslant\cdots$$
$$\leqslant\frac{G(\boldsymbol{g}_m,\boldsymbol{g}_{m+1},\cdots,\boldsymbol{g}_n)}{G(\boldsymbol{g}_m)}$$

第11章 线性赋范空间中的逼近问题

$$\leqslant G(\boldsymbol{g}_{m+1},\boldsymbol{g}_{m+2},\cdots,\boldsymbol{g}_n)$$

由得到的不等式可知

$$G(\boldsymbol{g}_0,\boldsymbol{g}_1,\cdots,\boldsymbol{g}_n) \leqslant G(\boldsymbol{g}_0,\boldsymbol{g}_1,\cdots,\boldsymbol{g}_m) \cdot$$
$$G(\boldsymbol{g}_{m+1},\boldsymbol{g}_{m+2},\cdots,\boldsymbol{g}_n)$$

$$(11.9)$$

今证在关系式(11.9)中(在向量 $\boldsymbol{g}_0,\boldsymbol{g}_1,\cdots,\boldsymbol{g}_n$ 线性无关的假设下)等号成立的必要且充分的条件是向量 $\boldsymbol{g}_0,\boldsymbol{g}_1,\cdots,\boldsymbol{g}_m$ 中的每一个与向量 $\boldsymbol{g}_{m+1},\boldsymbol{g}_{m+2},\cdots,\boldsymbol{g}_n$ 中的每一个相正交.事实上,由上述的考虑可知在关系式(11.9)中等号成立的必要且充分的条件是全部不等式(11.8)(11.8′)变成等式

$$\min_{\alpha}\|\boldsymbol{g}_k - \alpha_{k+1}\boldsymbol{g}_{k+1} - \cdots - \alpha_n\boldsymbol{g}_n\|$$
$$\leqslant \min_{\beta}\|\boldsymbol{g}_k - \beta_{k+1}\boldsymbol{g}_{k+1} - \cdots - \beta_m\boldsymbol{g}_m\|$$
$$(k=0,1,\cdots,m-1)$$

$$\min_{\alpha}\|\boldsymbol{g}_m - \alpha_{m+1}\boldsymbol{g}_{m+1} - \cdots - \alpha_n\boldsymbol{g}_n\| = \|\boldsymbol{g}_m\|$$

最后的关系式成立时仅当

$$(\boldsymbol{g}_m,\boldsymbol{g}_i)=0 \quad (i=m+1,\cdots,n)$$

而当 $k=m-1,m-2,\cdots,1,0$ 时,上述关系式依次给出了

$$(\boldsymbol{g}_k,\boldsymbol{g}_i)=0 \quad (i=m+1,\cdots,n)$$

如此,我们的断言得证了.

由式(11.9)进一步可知

$$G(\boldsymbol{g}_0,\boldsymbol{g}_1,\cdots,\boldsymbol{g}_n) \leqslant (\boldsymbol{g}_0,\boldsymbol{g}_0)(\boldsymbol{g}_1,\boldsymbol{g}_1)\cdots(\boldsymbol{g}_n,\boldsymbol{g}_n)$$

$$(11.10)$$

而这里等号成立必须且只需

逼近论中的 Weierstrass 定理

$$(\pmb{g}_i, \pmb{g}_k) = 0 \quad (i \neq k; i, k = 0, 1, \cdots, n)$$

不等式(11.10)包含阿达玛(Hadamard)关于行列式的定理为其特例.

设

$$A = \begin{vmatrix} a_{11} & a_{12} & \cdots & a_{1n} \\ a_{21} & a_{22} & \cdots & a_{2n} \\ \vdots & \vdots & & \vdots \\ a_{n1} & a_{n2} & \cdots & a_{nn} \end{vmatrix}$$

其中 a_{1k} 一般地说是复数,则

$$|A|^2 = \begin{vmatrix} \sum_1^n |a_{1k}|^2 & \sum_1^n a_{1k} \bar{a}_{2k} & \cdots & \sum_1^n a_{1k} \bar{a}_{nk} \\ \sum_1^n a_{2k} \bar{a}_{1k} & \sum_1^n |a_{2k}|^2 & \cdots & \sum_1^n a_{2k} \bar{a}_{nk} \\ \vdots & \vdots & & \vdots \\ \sum_1^n a_{nk} \bar{a}_{1k} & \sum_1^n a_{nk} \bar{a}_{2k} & \cdots & \sum_1^n |a_{nk}|^2 \end{vmatrix}$$

$$= \begin{vmatrix} (g_1, g_1) & (g_1, g_2) & \cdots & (g_1, g_n) \\ (g_2, g_1) & (g_2, g_2) & \cdots & (g_2, g_n) \\ \vdots & \vdots & & \vdots \\ (g_n, g_1) & (g_n, g_2) & \cdots & (g_n, g_n) \end{vmatrix}$$

其中 $\pmb{g}_k$ 表 n 维空间中具有分量 $\pmb{a}_{k1}, \pmb{a}_{k2}, \cdots, \pmb{a}_{kn}$ 的向量.

根据式(11.10)得

$$|A|^2 \leq \sum_1^n |a_{1k}|^2 \sum_1^n |a_{2k}|^2 \cdots \sum_1^n |a_{nk}|^2$$

(11.11)

第11章 线性赋范空间中的逼近问题

且等号成立必须且只需

$$\sum_{k=1}^{n} a_{\lambda k} \bar{a}_{\mu k} = 0 \quad (\lambda \neq \mu)$$

不等式(11.11)也就是阿达玛不等式.

若

$$|a_{ik}| \leq M$$

则由式(11.11)得

$$|A| \leq n^{\frac{n}{2}} M^n$$

若已知数

$$q, p_1, p_2, \cdots, p_n$$

并设它们每个的实数部分都大于 $-\dfrac{1}{2}$,且它们互不相等. 要求找到

$$\delta^2 = \min_A \int_0^1 |t^q - A_1 t^{p_1} - A_2 t^{p_2} - \cdots - A_n t^{p_n}|^2 \mathrm{d}t$$

我们这里研究的是希尔伯特空间 $L^2(0,1)$. 根据§13节有

$$\delta^2 = \frac{G(t^q, t^{p_1}, t^{p_2}, \cdots, t^{p_n})}{G(t^{p_1}, t^{p_2}, \cdots, t^{p_n})}$$

又因为

$$(t^\alpha, t^\beta) = \int_0^1 t^{\alpha + \bar{\beta}} \mathrm{d}t = \frac{1}{\alpha + \bar{\beta} + 1}$$

所以

$$G(t^{p_1}, t^{p_2}, \cdots, t^{p_n}) = \begin{vmatrix} \dfrac{1}{p_1 + \bar{p}_1 + 1} & \cdots & \dfrac{1}{p_1 + \bar{p}_n + 1} \\ \vdots & & \vdots \\ \dfrac{1}{p_n + \bar{p}_1 + 1} & \cdots & \dfrac{1}{p_n + \bar{p}_n + 1} \end{vmatrix}$$

逼近论中的 Weierstrass 定理

及

$$G(t^q, t^{p_1}, t^{p_2}, \cdots, t^{p_n})$$

$$= \begin{vmatrix} \dfrac{1}{q+\bar{q}+1} & \dfrac{1}{q+\bar{p}_1+1} & \cdots & \dfrac{1}{q+\bar{p}_n+1} \\ \dfrac{1}{p_1+\bar{q}+1} & \dfrac{1}{p_1+\bar{p}_1+1} & \cdots & \dfrac{1}{p_1+\bar{p}_n+1} \\ \vdots & \vdots & & \vdots \\ \dfrac{1}{p_n+\bar{q}+1} & \dfrac{1}{p_n+\bar{p}_1+1} & \cdots & \dfrac{1}{p_n+\bar{p}_n+1} \end{vmatrix}$$

计算行列式

$$D_m = \begin{vmatrix} \dfrac{1}{a_1+b_1} & \dfrac{1}{a_1+b_2} & \cdots & \dfrac{1}{a_1+b_m} \\ \vdots & \vdots & & \vdots \\ \dfrac{1}{a_m+b_1} & \dfrac{1}{a_m+b_2} & \cdots & \dfrac{1}{a_m+b_m} \end{vmatrix}$$

$$= \left| \dfrac{1}{a_\lambda + b_\mu} \right|_1^m$$

首先,我们注意

$$D_m = \dfrac{P_m}{\prod\limits_{\lambda,\mu=1}^{m}(a_\lambda + b_\mu)}$$

其中 P_m 是 $a_1, a_2, \cdots, a_m; b_1, b_2, \cdots, b_m$ 的多项式,且其次数为 $m^2 - m$。另外,若 $a_\lambda = a_\mu$ 或 $b_\lambda = b_\mu (\lambda \neq \mu)$,则 P_m 为 0,因此 P_m 为 $A_m B_m$ 除尽,其中

$$A_m = \prod_{1 \leqslant k < j \leqslant m}(a_j - a_k), \quad B_m = \prod_{1 \leqslant k < j \leqslant m}(b_j - b_k)$$

但 A_m, B_m 是次数为 $\dfrac{m(m-1)}{2}$ 的多项式;因此

第11章 线性赋范空间中的逼近问题

$$P_m = \alpha_m A_m B_m$$

其中 α_m 不依赖于 $a_1, a_2, \cdots, a_m, b_1, b_2, \cdots, b_m$. 容易看出 $\alpha_m = 1$. 事实上, $\alpha_1 = 1$, 而另外, 把行列式 D_m 的最末行乘以 a_m 并令 $a_m \to \infty$, 然后再令 $b_m \to \infty$ 即得

$$a_m D_m \to D_{m-1}$$

同时

$$\lim \frac{a_m \prod\limits_{1 \leqslant k < j \leqslant m}(a_j - a_k)(b_j - b_k)}{\prod\limits_{\lambda,\mu=1}^{m}(a_\lambda + b_\mu)}$$

$$= \frac{\prod\limits_{1 \leqslant k < j \leqslant m-1}(a_j - a_k)(b_j - b_k)}{\prod\limits_{\lambda,\mu=1}^{m-1}(a_\lambda + b_\mu)}$$

由此推知 $\alpha_m = \alpha_{m-1}$.

因此

$$D_m = \frac{\prod\limits_{1 \leqslant k < j \leqslant m}(a_j - a_k)(b_j - b_k)}{\prod\limits_{\lambda,\mu=1}^{m}(a_\lambda + b_\mu)}$$

令

$$a_j = p_j, b_j = \bar{p}_j + 1$$

则得

$$G(t^{p_1}, t^{p_2}, \cdots, t^{p_n}) = \frac{\prod\limits_{1 \leqslant k < j \leqslant n} |p_j - p_k|^2}{\prod\limits_{\lambda,\mu=1}^{n}(p_\lambda + \bar{p}_\mu + 1)}$$

同样

$$G(t^q, t^{p_1}, t^{p_2}, \cdots, t^{p_n}) =$$

$$\frac{\prod_{k=1}^{n}|q-p_k|^2 \prod_{1\leqslant k<j\leqslant n}|p_j-p_k|^2}{(q+\bar{q}+1)\prod_{k=1}^{n}|q+\bar{p}_k+1|^2 \prod_{\lambda,\mu=1}^{n}(p_\lambda+\bar{p}_\mu+1)}$$

所以

$$\delta^2 = \frac{1}{q+\bar{q}+1}\prod_{k=1}^{n}\left|\frac{q-p_k}{q+\bar{p}_k+1}\right|^2$$

§14 再论空间 H 中的逼近问题

今将考虑完备的希尔伯特空间 H,并在其中给定一闭子空间 G(不必设它是有穷维;有穷维子空间总是闭的).今证对于任意向量 $x \in H$ 存在(而由于空间 H 的严格赋范性,当然只有一个)向量 $y \in G$,使它是子空间 G 中最佳逼近向量 x 的向量.

为了达到此目的,用 d 表量
$$d = \inf_{g \in G} \| x - g \|$$
而首先证明对于任意的两个向量 $g', g'' \in G$ 有以下不等式成立

$$\| g' - g'' \| \leqslant \sqrt{\| x - g' \|^2 - d^2} + \sqrt{\| x - g'' \|^2 - d^2}$$

这不等式叫作推广的比卜-莱维(Беппо-Леви)不等式,在通常的三维空间中,即可由毕法郭尔(Пифагор)定理推出(图 11.2).

第11章 线性赋范空间中的逼近问题

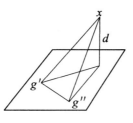

图 11.2

为了证明比卜－莱维不等式,注意在任意实的 $\lambda \neq -1$ 时

$$g = \frac{g' + \lambda g''}{1 + \lambda} \in G$$

因此

$$\|x - g\|^2 \geq d^2$$

即

$$\|(x - g') + \lambda(x - g'')\|^2 \geq d^2(1 + \lambda)^2$$

或

$$\lambda^2 \{\|x - g''\|^2 - d^2\} + 2\lambda\{\Re(x - g'', x - g') - d^2\} + \{\|x - g'\|^2 + d^2\} \geq 0$$

因为 λ 是任意的,则应有

$$\{\Re(x - g'', x - g') - d^2\}^2 \leq \{\|x - g'\|^2 - d^2\}\{\|x - g''\|^2 - d^2\}$$

因此

$$\|g' - g''\|^2 = \|(x - g') - (x - g'')\|^2$$
$$= \|x - g'\|^2 - 2\Re(x - g', x - g'') + \|x - g''\|^2$$
$$= \{\|x - g'\|^2 - d^2\} - 2\{\Re(x - g', x - g'') - d^2\} + \{\|x - g''\|^2 - d^2\}$$
$$\leq \{\|x - g'\|^2 - d^2\} +$$

逼近论中的 Weierstrass 定理

$$2\sqrt{\{\|x-g'\|^2-d^2\}\{\|x-g''\|^2-d^2\}} + \{\|x-g''\|^2-d^2\}$$

$$=\{\sqrt{\|x-g'\|^2-d^2}+\sqrt{\|x-g''\|^2-d^2}\}^2$$

于是证得比卜-莱维不等式.

今在 G 中取一序列

$$g_1, g_2, g_3, \cdots$$

使

$$\lim_{n\to\infty}\|x-g_n\|=d$$

则由比卜-莱维不等式知

$$\lim_{m,n\to\infty}\|g_n-g_m\|=0$$

也就是序列

$$g_1, g_2, g_3, \cdots$$

依柯西意义收敛,而因为 H 是完备空间,所以存在向量 $y\in H$,使上述序列收敛到它. 这个向量属于 G,因为依条件 G 是闭的.

我们来证明

$$\|x-y\|=d$$

事实上

$$\|x-y\|\leqslant\|x-g_n\|+\|y-g_n\|$$

因此

$$\|x-y\|\leqslant d$$

但 $y\in G$,则

$$\|x-y\|\geqslant d$$

由此推出

$$\|x-y\|=d$$

于是定理已证明.

§15 H 中的正交就范向量组

回忆一下 §13 节中的内容,那里曾建立使线性组合

$$\lambda_1 g_1 + \lambda_2 g_2 + \cdots + \lambda_n g_n$$

与向量 x 最近的方法,而当 g_i 满足关系

$$(g_i, g_k) = \begin{cases} 0 & (i \neq k) \\ 1 & (i = k) \end{cases} \quad (i, k = 1, 2, \cdots, n)$$

或像一般所说 $g_1, g_2, \cdots, g_n$ 组成正交就范组时特别简单. 事实上,在 §13 节中所给出的求系数 λ_i 的线性方程组此时成为

$$\lambda_k (g_k, g_k) = (x, g_k) \quad (k = 1, 2, \cdots, n)$$

因此,我们得到

$$\lambda_k = (x, g_k) \quad (k = 1, 2, \cdots, n)$$

即每个系数可以与其余各系数无相关地由简单的法则算出.

我们看出,若正交就范向量组

$$g_1, g_2, \cdots, g_n$$

可以扩充成正交就范组

$$g_1, g_2, \cdots, g_n, g_{n+1}$$

则新的最佳逼近组合可由对旧的添加一项

$$(x, g_{n+1}) g_{n+1}$$

而得到,并不需改变旧的线性组合的系数.

逼近论中的 Weierstrass 定理

当组

$$g_1, g_2, \cdots, g_n$$

是正交就范时,对每一向量 x 的最佳逼近误差的平方有很简单的形式. 事实上

$$\begin{aligned}\delta^2 &= \left\| x - \sum_{k=1}^n (x, g_k) g_k \right\|^2 \\ &= \|x\|^2 - \left(x, \sum_{k=1}^n (x, g_k) g_k\right) - \left(\sum_{k=1}^n (x, g_k) g_k, x\right) + \\ &\quad \left\| \sum_{k=1}^n (x, g_k) g_k \right\|^2 \\ &= \|x\|^2 - \sum_{k=1}^n |(x, g_k)|^2\end{aligned}$$

§16 向量组的正交化

两个向量组

$$g_1, g_2, \cdots g_n$$
$$g'_1, g'_2, \cdots, g'_n$$

称作是等价的,如果它们组成同一子空间 G,即每组中的向量可以以另一组向量的线性组合来表示. 为使这事实成立,容易看出必须且只需

$$g_k = \alpha_{1k} g_1 + \alpha_{2k} g_2 + \cdots + \alpha_{nk} g_n \quad (k=1,2,\cdots,n)$$

而

第11章 线性赋范空间中的逼近问题

$$\begin{vmatrix} \alpha_{11} & \alpha_{12} & \cdots & \alpha_{1n} \\ \alpha_{21} & \alpha_{22} & \cdots & \alpha_{2n} \\ \vdots & \vdots & & \vdots \\ \alpha_{n1} & \alpha_{n2} & \cdots & \alpha_{nn} \end{vmatrix} \neq 0$$

显然,在我们所感兴趣的逼近问题中,两个等价的组总可以互相代替.

由上一节很自然地把我们引导到这样的问题:在 H 中给定线性无关向量组

$$\boldsymbol{g}_1, \boldsymbol{g}_2, \cdots, \boldsymbol{g}_n \tag{11.12}$$

能否找到一个与这组等价的正交就范向量组

$$\boldsymbol{e}_1, \boldsymbol{e}_2, \cdots, \boldsymbol{e}_n$$

换句话说,即能否把组(11.12)正交化? 今证正交化总是可能的.

实现正交化的一个简单方法由斯密脱(E. Schmidt)给出. 今来说明斯密脱方法. 设

$$\boldsymbol{e}_1 = \frac{\boldsymbol{g}_1}{\parallel \boldsymbol{g}_1 \parallel}$$

注意由于向量组(11.12)线性无关,$\parallel \boldsymbol{g}_1 \parallel \neq 0$. 显然,$\parallel \boldsymbol{e}_1 \parallel = 1$.

其次取向量

$$\boldsymbol{g}_2' = \boldsymbol{g}_2 - \lambda_1 \boldsymbol{e}_1$$

容易确定 λ_1,使 $\boldsymbol{g}_2'$ 正交于 $\boldsymbol{e}_1$. 这只需令

$$\lambda_1 = (\boldsymbol{g}_2, \boldsymbol{e}_1)$$

因此

$$\boldsymbol{g}_2' = \boldsymbol{g}_2 - (\boldsymbol{g}_2, \boldsymbol{e}_1) \boldsymbol{e}_1$$

而且 $\parallel \boldsymbol{g}_2' \parallel \neq 0$,因在相反情况下,向量 $\boldsymbol{g}_2$ 和 $\boldsymbol{e}_1$ 即与

逼近论中的 Weierstrass 定理

向量 g_2 和 g_1 线性相关了,但这依假设不可能.

现在设
$$e_2 = \frac{g'_2}{\|g'_2\|}$$

显然有
$$\|e_2\| = 1, (e_2, e_1) = 0$$

再其次建立向量
$$g'_3 = g_3 - (g_3, e_1)e_1 - (g_3, e_2)e_2$$

与向量 e_1, e_2 正交,且显然不为 $\mathbf{0}$,即设
$$e_3 = \frac{g'_3}{\|g'_3\|}$$

显然有
$$\|e_3\| = 1, (e_3, e_1) = 0, (e_3, e_2) = 0$$

一般将有
$$g'_k = g_k - (g_k, e_1)e_1 - (g_k, e_2)e_2 - \cdots - (g_k, e_{k-1})e_{k-1}$$

$$e_k = \frac{g'_k}{\|g'_k\|}$$

正交就范组
$$e_1, e_2, \cdots, e_n$$

显见与向量组 (11.12) 等价,因为
$$e_1 = \alpha_{11} g_1$$
$$e_2 = \alpha_{21} g_1 + \alpha_{22} g_2$$
$$\vdots$$
$$e_n = \alpha_{n1} g_1 + \alpha_{n2} g_2 + \cdots + \alpha_{nn} g_n$$

且
$$\alpha_{kk} \neq 0 \quad (k = 1, 2, \cdots, n)$$

读者容易验明求向量 e_i 的明显公式乃是

第11章 线性赋范空间中的逼近问题

$$e_k = \frac{1}{\sqrt{G_k G_{k-1}}} \begin{vmatrix} (\boldsymbol{g}_1,\boldsymbol{g}_1) & (\boldsymbol{g}_2,\boldsymbol{g}_1) & \cdots & (\boldsymbol{g}_k,\boldsymbol{g}_1) \\ (\boldsymbol{g}_1,\boldsymbol{g}_2) & (\boldsymbol{g}_2,\boldsymbol{g}_2) & \cdots & (\boldsymbol{g}_k,\boldsymbol{g}_2) \\ \vdots & \vdots & & \vdots \\ (\boldsymbol{g}_1,\boldsymbol{g}_{k-1}) & (\boldsymbol{g}_2,\boldsymbol{g}_{k-1}) & \cdots & (\boldsymbol{g}_k,\boldsymbol{g}_{k-1}) \\ \boldsymbol{g}_1 & \boldsymbol{g}_2 & \cdots & \boldsymbol{g}_k \end{vmatrix}$$

$$G_0 = 1, G_k = G(\boldsymbol{g}_1,\boldsymbol{g}_2,\cdots,\boldsymbol{g}_k) \quad (k=1,2,\cdots,n)$$

§17 无穷正交就范组

在三维欧几里得空间中凡与由三个向量组成的正交就范组中的每一个向量正交的向量必是 $\boldsymbol{0}$,换言之,含三个向量的正交就范组不能再扩大了,它是完全的.

我们说正交就范组在 H 中是完全的,如果不存在异于零向量的向量与所考虑组中的各向量都正交的话.

今证在可分希尔伯特空间中每个正交就范组的向量可附以指标,即或是有穷的或是可数无穷的.

设 $\{x_k\}$ 是在 H 中可数的稠密集,由所考虑的正交就范组中取出两个不同的向量 e' 及 e''. 对这两个向量中的每一个,取 $\{x_k\}$ 中的一向量离它小于 $\frac{1}{2}\sqrt{2}$;设

$$\|\boldsymbol{x}_{k'} - \boldsymbol{e}'\| < \frac{1}{2}\sqrt{2}, \|\boldsymbol{x}_{k''} - \boldsymbol{e}''\| < \frac{1}{2}\sqrt{2}$$

若我们能证明 $k' \neq k''$,则集合 $\{x_k\}$ 中的每个元素

逼近论中的 Weierstrass 定理

不能对应多于一个属于所考虑正交就范组中的向量,而我们的断言就证明了. 于是设 $k' = k'' = k$. 一方面由三角形不等式

$$\|e' - e''\| \leq \|e' - x_k\| + \|x_k - e''\| < \sqrt{2}$$

但另一方面

$$\|e' - e''\|^2 = (e' - e'', e' - e'') = \|e'\|^2 + \|e''\|^2 = 2$$

这是矛盾的. 断言证毕.

设在空间 H(可分或不可分)中有一无穷的正交就范向量序列

$$e_1, e_2, e_3, \cdots$$

我们可对每一向量 $x \in H$, 引进级数

$$\sum_{k=1}^{\infty} (x, e_k) e_k \qquad (11.13)$$

也就是向量序列

$$\sum_{k=1}^{n} (x, e_k) e_k$$

因为

$$\sum_{k=1}^{n} |(x, e_k)|^2 \leq (x, x)$$

则级数

$$\sum_{k=1}^{\infty} |(x, e_k)|^2$$

收敛,且有不等式

$$\sum_{k=1}^{\infty} |(x, e_k)|^2 \leq (x, x) \qquad (11.14)$$

按照与三角级数的类似,我们称级数 (11.13) 为 x 的傅里叶级数,并写成下式

第11章 线性赋范空间中的逼近问题

$$x \sim \sum_{k=1}^{\infty} (x,e_k)e_k$$

而公式(11.14)称为贝塞尔(Bessel)不等式.

由 §15 节中关于最佳逼近误差平方的表达式(11.13),可推知为了要使向量 $x \in H$ 可以用形如

$$\alpha_1 e_1 + \alpha_2 e_2 + \cdots + \alpha_n e_n$$

的线性组合逼近到任意精确的程度,必须且只需对于向量 x,贝塞尔不等式变成等式

$$\sum_{k=1}^{\infty} |(x,e_k)|^2 = (x,x)$$

这叫作帕斯瓦尔等式(仍由于与三角级数的类似).

定理 11.1 为了使正交就范序列

$$e_1, e_2, e_3, \cdots \qquad (11.15)$$

在 H 中是完全的,充分地,且当空间 H 完备时也是必要地,是使对每一向量 $x \in H$,帕斯瓦尔等式成立

$$(x,x) = \sum_{k=1}^{\infty} |(x,e_k)|^2$$

证明 设序列(11.5)在 H 中不是完全的,也即设存在向量 $x \in H$ 使

$$\|x\| = 1, (x,e_k) = 0 \quad (k = 1,2,3,\cdots)$$

此时

$$1 = (x,x) > \sum_{k=1}^{\infty} |(x,e_k)|^2 = 0$$

也即帕斯瓦尔等式不能对每一向量成立,充分性证明了.

现在设空间 H 完备,并设(11.15)是其中的一个完全正交就范序列,我们应该证明对每一向量 $x \in H$,

353

逼近论中的 Weierstrass 定理

帕斯瓦尔等式成立. 若不然, 取向量 x, 使

$$(x,x) > \sum_{k=1}^{\infty} |(x,e_k)|^2$$

考虑向量序列

$$x_n = \sum_{k=1}^{n} (x,e_k)e_k \quad (n=1,2,3,\cdots) \quad (11.16)$$

因为当 $m,n\to\infty$ ($n>m$) 时

$$\|x_n - x_m\|^2 = \sum_{k=m+1}^{n} |(x,e_k)|^2 \to 0$$

则序列 $\{x_n\}$ 依柯西意义收敛, 而因此(由于空间 H 依假设是完备的)存在向量 $x' \in H$, 使

$$\|x' - x_n\| \to 0 \quad (11.17)$$

由施瓦兹不等式

$$\lim_{n\to\infty}(x' - x_n, e_k) = 0$$

但当 $n \geq k$ 时

$$(x' - x_n, e_k) = (x', e_k) - (x, e_k)$$

由此看出

$$(x', e_k) = (x, e_k) \quad (k=1,2,3,\cdots) \quad (11.18)$$

取向量 $y = x - x'$. 由式 (11.18) 知, 它与向量序列 (11.15) 中的每一个正交, 而因此它应该等于零向量, 因为根据条件, 组 (11.15) 是完全的, 但这不可能, 因为

$$\|x\|^2 > \sum_{k=1}^{\infty} |(x,e_k)|^2$$

而同时由 (11.16)(11.17)(11.18) 三式, 有

$$\|x'\|^2 = \sum_{k=1}^{\infty} |(x,e_k)|^2$$

因此
$$\|y\| \geq \|x\| - \|x'\| > 0$$

最后我们来证明由帕斯瓦尔等式对于每个向量 $x \in H$ 成立可推得广义帕斯瓦尔等式,即对每一对向量 $x, y \in H$,有

$$(x, y) = \sum_{k=1}^{\infty} (x, e_k)(e_k, y) \quad (11.19)$$

事实上,将帕斯瓦尔等式应用到向量 $x + \lambda y$ 得到

$$(x, x) + \lambda(y, x) + \bar{\lambda}(x, y) + |\lambda|^2 (y, y)$$

$$= \sum_{k=1}^{\infty} |(x + \lambda y, e_k)|^2 = \sum_{k=1}^{\infty} |(x, e_k) + \lambda(y, e_k)|^2$$

$$= \sum_{k=1}^{\infty} |(x, e_k)|^2 + \lambda \sum_{k=1}^{\infty} (y, e_k)(e_k, x) +$$

$$\bar{\lambda} \sum_{k=1}^{\infty} (x, e_k)(e_k, y) + |\lambda|^2 \sum_{k=1}^{\infty} |(y, e_k)|^2$$

由此

$$\lambda(y, x) + \bar{\lambda}(x, y) = \lambda \sum_{k=1}^{\infty} (y, e_k)(e_k, x) +$$

$$\bar{\lambda} \sum_{k=1}^{\infty} (x, e_k)(e_k, y)$$

而先取 $\lambda = 1$,然后再取 $\lambda = i$;我们即得到关系式(11.19).

§18 不可分空间的例

所有波尔(G. Bohr)殆周期函数集合 $x(t), y(t)$,

···组成一希尔伯特空间,这里用公式

$$(\boldsymbol{x},\boldsymbol{y}) = \lim_{T\to\infty}\frac{1}{2T}\int_{-T}^{T}\boldsymbol{x}(t)\,\overline{\boldsymbol{y}(t)}\,\mathrm{d}t$$

来定义内积,则由$(\boldsymbol{x},\boldsymbol{x})=0$可推出$\boldsymbol{x}(t)=0$. 这是波尔理论中一个基本定理的内容.

我们所考虑的空间不是可分的. 这是由于在其中存在具有连续势的线性无关正交就范向量. 事实上,设α是任意实数,诸函数

$$\mathrm{e}^{\mathrm{i}\alpha t}$$

即具有此性质. 这些函数中的每一个是纯周期的,因而属于我们的空间,而

$$\lim_{T\to\infty}\frac{1}{2T}\int_{-T}^{T}\mathrm{e}^{\mathrm{i}\alpha t}\mathrm{e}^{-\mathrm{i}\beta t}\mathrm{d}t = \begin{cases}0 & (\alpha\neq\beta)\\ 1 & (\alpha=\beta)\end{cases}$$

§19 魏尔斯特拉斯第一定理

由§8节的定理应用到空间C可以得出下列事实:设$f(x)$是有穷区间$[a,b]$上的连续函数,则对于任意n存在多项式

$$P_n(x) = p_0 x^n + p_1 x^{n-1} + \cdots + p_n$$

使它是一切n次多项式中与$f(x)$有最小偏差,即指

$$\rho_n = \max_{a\leqslant x\leqslant b}|f(x)-P_n(x)| \leqslant \max_{a\leqslant x\leqslant b}|f(x)-Q_n(x)|$$

其中$Q_n(x)$是任意n次多项式.

显然有$\rho_{n+1}\leqslant\rho_n$.

现在我们来证明当$n\to\infty$时,$\rho_n\to 0$. 这个论断即

是魏尔斯特拉斯定理的内容,它可陈述如下:若 $f(x)$ 在有穷闭区间 $[a,b]$ 上连续,则对每一 $\varepsilon > 0$ 可作次数为 $n = n(\varepsilon)$ 的多项式 $P_n(x)$ 使在全区间 $[a,b]$ 上. 有不等式

$$|f(x) - P_n(x)| \leq \varepsilon$$

不失去一般性,可设

$$a = 0, b = 1$$

我们再引用伯恩斯坦的证明.

为此,做出多项式

$$B_n(x) = \sum_{k=0}^{n} \binom{n}{k} x^k (1-x)^{n-k} f\left(\frac{k}{n}\right) \quad (n \geq 1)$$

而证明在区间 $[0,1]$ 上一致地有

$$\lim_{n \to \infty} B_n(x) = f(x)$$

写出恒等式

$$\begin{cases} \sum_{k=0}^{n} \binom{n}{k} x^k (1-x)^{n-k} = 1 \\ \sum_{k=0}^{n} \frac{k}{n} \binom{n}{k} x^k (1-x)^{n-k} = x \\ \sum_{k=0}^{n} \frac{k^2}{n^2} \binom{n}{k} x^k (1-x)^{n-k} = \left(1 - \frac{1}{n}\right) x^2 + \frac{1}{n} x \end{cases} \quad (11.20)$$

其中最后两式可把等式

$$\sum_{k=0}^{n} \binom{n}{k} p^k q^{n-k} = (p+q)^n$$

对 p 微分而得到.

由所写出的恒等式推知

$$\sum_{k=0}^{n} \left(\frac{k}{n} - x\right)^2 \binom{n}{k} x^k (1-x)^{n-k} = \frac{x(1-x)}{n} \quad (11.21)$$

逼近论中的 Weierstrass 定理

把式(11.20)乘上 $f(x)$,并由它减去 $B_n(x)$ 可得

$$f(x) - B_n(x) = \sum_{k=0}^{n} \left(f(x) - f\left(\frac{k}{n}\right)\right)\binom{n}{k}x^k(1-x)^{n-k}$$

$$= \sum{}' + \sum{}''$$

其中 $\sum{}'$ 的和中包括满足 $\left|\dfrac{k}{n} - x\right| \leq \dfrac{1}{\sqrt[4]{n}}$ 的诸 k 的项,而 $\sum{}''$ 的和中包括其余诸 k 的项.

既然 $f(x)$ 在闭区间 $[0,1]$ 上连续,因而有界: $|f(x)| \leq M$,所以

$$\left|\sum{}''\right| \leq 2M \sum{}'' \binom{n}{k}x^k(1-x)^{n-k}$$

$$= 2M \sum{}'' \frac{(k-nx)^2}{(k-nx)^2}\binom{n}{k}x^k(1-x)^{n-k}$$

$$\leq 2M \sum{}'' \frac{(k-nx)^2}{\sqrt{n^3}}\binom{n}{k}x^k(1-x)^{n-k}$$

$$\leq \frac{2M}{\sqrt{n^3}}\sum_{k=0}^{n}(k-nx)^2\binom{n}{k}x^k(1-x)^{n-k}$$

而根据式(11.21)得到

$$\frac{2M}{\sqrt{n^3}}nx(1-x) \leq \frac{M}{2\sqrt{n}}$$

另外

$$\left|\sum{}'\right| \leq \varepsilon_n \sum{}' \binom{n}{k}x^k(1-x)^{n-k}$$

$$\leq \varepsilon_n \sum_{k=0}^{n}\binom{n}{k}x^k(1-x)^{n-k} = \varepsilon_n$$

其中

$$\varepsilon_n = \max_{\left|\frac{k}{n}-x\right| \leqslant \frac{1}{\sqrt[4]{n}}} \left| f(x) - f\left(\frac{n}{k}\right) \right|$$

因而当 $n \to \infty$ 时,$\varepsilon_n \to 0$.

最后

$$|f(x) - B_n(x)| \leqslant \varepsilon_n + \frac{M}{2\sqrt{n}}$$

此即证明了魏尔斯特拉斯定理.

注意若当 $n \to \infty$ 时,$P_n(x)$ 一致趋向于 $f(x)$,则 $f(x)$ 可以展开成一致收敛的级数

$$f(x) = P_1(x) + \{P_2(x) - P_1(x)\} + \\ \{P_3(x) - P_2(x)\} + \cdots$$

因此魏尔斯特拉斯定理也可以说成在有穷闭区间 $[a,b]$ 上连续的函数 $f(x)$ 可以展成在区间 $[a,b]$ 上一致收敛的级数,而这级数中的每项都是多项式.

§20 魏尔斯特拉斯第二定理

这定理是关于周期连续函数的可陈述如下:若 $F(t)$ 是周期为 2π 的连续函数,则对任意的 $\varepsilon > 0$,恒存在三角和

$$S_n(t) = a_0 + \sum_{k=1}^{n}(a_k \cos kt + b_k \sin kt)$$

$(n = n(\varepsilon))$,使对一切 t 下列不等式成立

$$|F(t) - S_n(t)| \leqslant \varepsilon$$

为了证明我们考虑两个函数

$$\varphi(t) = \frac{F(t)+F(-t)}{2}, \psi(t) = \frac{F(t)-F(-t)}{2}\sin t$$

这都是周期为 2π 的偶连续函数. 设 $x=\cos t$, 并考虑 t 是区间 $[0,\pi]$ 中的值, 则 x 属于区间 $[-1,1]$. 于是得到

$$\varphi(t) = f(x), \psi(t) = g(x)$$

都是 x 在区间 $[-1,1]$ 上的连续函数. 因此由魏尔斯特拉斯第一定理知存在多项式 $P(x)$ 及 $Q(x)$, 使

$$|f(x)-P(x)| \leq \frac{\varepsilon}{4}, |g(x)-Q(x)| \leq \frac{\varepsilon}{4} \quad (-1 \leq x \leq 1)$$

或即

$$|\varphi(t)-P(\cos t)| \leq \frac{\varepsilon}{4}, |\psi(t)-Q(\cos t)| \leq \frac{\varepsilon}{4}$$

我们本来是对于区间 $[0,\pi]$ 得出这些不等式的, 但既然其中出现的诸函数是周期的且是偶的, 则这些不等式对一切 t 都正确.

注意到

$$F(t)\sin t = \varphi(t)\sin t + \psi(t)$$

对于一切 t, 我们有

$$|F(t)\sin t - U(t)| \leq \frac{\varepsilon}{2} \qquad (11.22)$$

其中

$$U(t) = Q(\cos t) + P(\cos t)\sin t$$

是某一个三角和.

若将同样的推理应用到函数 $F\left(\dfrac{\pi}{2}-t\right)$ 上去, 则类似地可得到

$$\left|F\left(\frac{\pi}{2}-t\right)\sin t - V(t)\right| \leq \frac{\varepsilon}{2}$$

其中 $V(t)$ 也是某一个三角和.

在上面的不等式中,把 $\frac{\pi}{2}-t$ 换作 t,可以改写成

$$\left|F(t)\cos t - V\left(\frac{\pi}{2}-t\right)\right| \leq \frac{\varepsilon}{2} \quad (11.23)$$

由式(11.22)及(11.23)可推知

$$|F(t)\sin^2 t - U(t)\sin t| \leq \frac{\varepsilon}{2}$$

$$\left|F(t)\cos^2 t - V\left(\frac{\pi}{2}-t\right)\cos t\right| \leq \frac{\varepsilon}{2}$$

由此

$$\left|F(t) - U(t)\sin t - V\left(\frac{\pi}{2}-t\right)\cos t\right| \leq \varepsilon$$

所以三角和

$$S(t) = U(t)\sin t + V\left(\frac{\pi}{2}-T\right)\cos t$$

满足我们的要求.

§21 空间 C 的可分性

我们来证明空间 C(关于有穷区间的)是可分的.

由魏尔斯特拉斯定理知,全体多项式集合在 C 中是稠密的,而另外把多项式的系数(一般说是复数)换成与它足够近的且实数与虚数部分均为有理数的数(叫作有理复数),则得到与原来多项式偏差足够小的多项式.

所以具有有理复系数的多项式集合也在 C 中稠密. 但容易看出,具有有理复系数的多项式集合是可数的;这是由于每个这样的多项式与数

$$n + q + \sum_{k=0}^{m}(|p'_k|+|p''_k|)$$

相应,这数叫作它的"权",其中 n 是多项式的次数,q 是正整数代表其系数的公分母,而 $p'_k + ip''_k$ 是 k 次项系数的分子(把系数通分之后),显然具有一定"权"的多项式只有有限多个.

因为闭无穷区间可以一对一且连续地映到闭有穷区间,则关于闭无穷区间的空间 C 也是可分的.

§22 空间 L^p 的可分性

在勒贝格积分理论中证明了以下各断语:

(1) 若函数 $x(t)$ 在区间 $[a,b]$(设这区间有穷) 上可积,并设

$$z(t) = \int_a^t x(t)\,\mathrm{d}t \quad (a \leqslant t \leqslant b)$$

则在区间 $[a,b]$ 上几乎处处有

$$z'(t) = x(t)$$

(2) 若可测函数序列 $\{x_n(t)\}$ 一致有界,且若几乎处处有

$$\lim_{n \to \infty} x_n(t) = x(t)$$

则

第11章 线性赋范空间中的逼近问题

$$\lim_{n\to\infty}\int_a^b x_n(t)\,\mathrm{d}t = \int_a^b x(t)\,\mathrm{d}t$$

(3) 若 $x(t)\in L^p(p>1)$, 则 $x(t)\in L$.

前二个断语今不加以证明而须予以承认. 最后一断语容易证明如下. 设

$$x(t)=x_1(t)+x_2(t)$$

其中

$$x_1(t)=\begin{cases}x(t) & (若\,|x(t)|>1)\\ 0 & (若\,|x(t)|\leqslant 1)\end{cases}$$

此时函数 $x_2(t)$ 可积, 因为 $|x_2(t)|\leqslant 1$; 而函数 $x_1(t)$ 也可积, 因为

$$|x_1(t)|\leqslant|x(t)|\in L^p$$

今来证空间 $L^p(p\geqslant 1)$ 的可分性, 不妨设积分区间是 $[0,1]$, 并把它表成 I.

设

$$u_r^{(n)}(t)=\begin{cases}1 & (当\,\dfrac{r}{n}\leqslant t<\dfrac{r+1}{n})\\ 0 & (在\,I\,的其他部分上)\end{cases}$$

$$(r=0,1,\cdots,n-1;n=1,2,3,\cdots)$$

具有有理复系数 $\lambda_r^{(n)}$ 的函数

$$\sum_{r=0}^{n-1}\lambda_r^{(n)}u_r^{(n)}(t)\in L^p \quad (n=1,2,\cdots) \qquad (11.24)$$

之集合显然是可数的. 今证这一集合在 L^p 中是稠密的. 为此只需证明具有任意复系数 $\lambda_r^{(n)}$ 的函数 (11.24) 之集合在 L^p 中是稠密的.

设 $x(t)\in L^p$, 令

逼近论中的 Weierstrass 定理

$$s_n(t) = n\sum_{r=0}^{n-1} u_r^{(n)}(t) \int_{\frac{r}{n}}^{\frac{r+1}{n}} x(\tau)\,d\tau$$

上式右边积分的存在是由于上面的断语(3). 对任意的 $t \in I$,显然有

$$s_n(t) = n\int_{\frac{[nt]}{n}}^{\frac{[nt]+1}{n}} x(\tau)\,d\tau = \frac{z\left(\frac{[nt]+1}{n}\right) - z\left(\frac{[nt]}{n}\right)}{\frac{1}{n}}$$

其中

$$z(t) = \int_0^t x(\tau)\,d\tau$$

由于断语(1)在 I 上几乎处处有

$$\lim_{h,k\to 0}\frac{z(t+h)-z(t-k)}{h+k} = x(t)$$

由此推知,在 I 上几乎处处有

$$\lim_{n\to\infty} s_n(t) = x(t)$$

先设 $x(t)$ 是有界函数($|x(t)| \leq M$),则

$$\left|\int_{\frac{[nt]}{n}}^{\frac{[nt]+1}{n}} x(t)\,dt\right| < \frac{M}{n},\ |s_n(t)| < M$$

即有

$$|x(t) - s_n(t)| < 2M$$

所以,由断语(2)知

$$\lim_{n\to\infty}\int_0^1 |x(t) - s_n(t)|^p\,dt = 0$$

也即对充分大的 n 有

$$\int_0^1 |x(t) - s_n(t)|^p\,dt < \varepsilon$$

现在设 $x(t)$ 无界. 设 E_k 表区间 I 中满足 $|x(t)| >$

第 11 章 线性赋范空间中的逼近问题

k 的点 t 之集合($k = 1,2,3,\cdots$). 令
$$x_k(t) = \begin{cases} x(t) & (t \in 1 - E_k) \\ 0 & (t \in E_k) \end{cases}$$
则
$$\int_0^1 |x(t) - x_k(t)|^p \mathrm{d}t = \int_{E_k} |x(t)|^p \mathrm{d}t$$
而右边当 $k \to \infty$ 时趋于 0. 于是把无界函数 $x(t)$ 的情形归化成当 k 足够大时对有界函数 $x_k(t)$ 的考察.

如此即证明了空间 $L^p(0,1)$ 是可分的.

由空间 $L^p(0,1)$ 容易转到对于任意有穷或无穷 a, b 的空间 $L^p(a,b)$. 因为 $L^p(-\infty,+\infty)$ 包含任一 $L^p(a,b)$ 为其子空间(如果把每个函数 $f(t) \in L^p(a,b)$ 确定在整个数轴,而令它在区间 (a,b) 之外等于 0),所以只需考虑 $L^p(-\infty,+\infty)$. 设
$$t = \frac{1}{2} + \frac{1}{\pi}\arctan u \quad (-\infty < u < +\infty)$$
而
$$g(u) = \frac{1}{\sqrt[p]{\pi}} \frac{f(t)}{(1+u^2)^{\frac{1}{p}}}$$
若 $f(t) \in L^p(0,1)$,则 $g(u) \in L^p(-\infty,+\infty)$,反之也对;这时
$$\int_{-\infty}^{+\infty} |g(u)|^p \mathrm{d}u = \int_0^1 |f(t)|^p \mathrm{d}t$$
因此,在 $L^p(0,1)$ 中由稠密的序列
$$\{f_k(t)\}_{k=1}^{\infty}$$
可推知序列
$$\{g_k(u)\}_{k=1}^{\infty}$$

逼近论中的 Weierstrass 定理

在空间 $L^p(-\infty,+\infty)$ 中之稠密性.

§23 魏尔斯特拉斯定理在空间 L^p 上的推广

定理 11.2 若 $x(t) \in L^p(0,1)^{①}(p \geq 1)$，则对任意的 $\varepsilon > 0$，存在多项式 $P(t)$，使

$$\|x - P\|_p = \left(\int_0^1 |x(t) - P(t)|^p dt\right)^{\frac{1}{p}} \leq \varepsilon$$

根据上节，我们只需考虑这样的情形，即当

$$x(t) = \begin{cases} 1 & \text{当 } \alpha \leq t \leq \beta (0 \leq \alpha < \beta \leq 1) \\ 0 & \text{在区间 } I = [0,1] \text{ 的其他部分} \end{cases}$$

做出这样的连续函数 $y(t)$，使它当 $\alpha \leq t \leq \beta$ 时等于 1，当 $0 \leq t \leq \alpha - \left(\dfrac{\varepsilon}{4}\right)^p$ 及 $\beta + \left(\dfrac{1}{4}\varepsilon\right)^p \leq t \leq 1$ 时等于 0，而在区间 I 的其他部分是线性的（这里假设 $\alpha > \left(\dfrac{1}{4}\varepsilon\right)^p, 1 - \beta > \left(\dfrac{1}{4}\varepsilon\right)^p$；若这条件不满足，则只需对所建立的函数 $y(t)$ 作不太显然的改变）. 我们有

$$\int_0^1 |x(t) - y(t)|^p dt \leq 2\left(\dfrac{1}{4}\varepsilon\right)^p \leq \left(\dfrac{1}{2}\varepsilon\right)^p$$

而因为 $y(t)$ 连续，故由于魏尔斯特拉斯定理存在多项式 $P(t)$，使

$$|y(t) - P(t)| \leq \dfrac{1}{2}\varepsilon \quad (0 \leq t \leq 1)$$

---

① 显然代替 $L^p(0,1)$ 可以取 $L^p(a,b)$，其中 a,b 为任二有穷数.

所以由闵可夫斯基不等式得

$$\left(\int_0^1 |x(t)-P(t)|^p dt\right)^{\frac{1}{p}} \leq \left(\int_0^1 |x(t)-y(t)|^p dt\right)^{\frac{1}{p}} +$$
$$\left(\int_0^1 |y(t)-P(t)|^p dt\right)^{\frac{1}{p}}$$
$$\leq \frac{\varepsilon}{2} + \frac{\varepsilon}{2} = \varepsilon$$

容易看出下面这样的结论也是正确的：如果 $x(t)\in L^p[0,2\pi](p\geq 1)$，那么对每一 $\varepsilon>0$，存在三角和 $S(t)$，使
$$\|x-S\|_p \leq \varepsilon$$

§24 空间 L^p 的完备性

今用诺伊曼(Neumann)的方法证明空间 $L^p(p\geq 1)$ 的完备性.

设函数序列 $x_n(t)\in L^p(n=1,2,\cdots)$ 依柯西意义收敛
$$\lim_{m,n\to\infty}\int_{-\infty}^{+\infty} |x_m(t)-x_n(t)|^p dt = 0$$
因此对每一 $\varepsilon>0$，存在 $N=N(\varepsilon)$，使当 $m,n>N$ 时下列不等式成立
$$\int_{-\infty}^{+\infty} |x_m(t)-x_n(t)|^p dt < \varepsilon$$
作无限递增的自然数列 $N_r(r=1,2,3,\cdots)$，使 $N_r > N\left(\frac{1}{2^{rp+r}}\right)$，则有
$$\int_{-\infty}^{+\infty} |x_{N_{r+1}}-X_{N_r}|^p dt < \frac{1}{2^{rp+r}}$$

逼近论中的 Weierstrass 定理

所以在区间 $I = (-\infty, +\infty)$ 中满足

$$|x_{N_{r+1}}(t) - x_{N_r}(t)| \geq \frac{1}{2^r}$$

的点之集合的测度小于 $\frac{1}{2^r}$，这也即说，不等式

$$|x_{N_{r+1}}(t) - x_{N_r}(t)| < \frac{1}{2^r}$$

$$|x_{N_{r+2}}(t) - x_{N_{r+1}}(t)| < \frac{1}{2^{r+1}}$$

$$\vdots$$

在集合 I_r 上同时成立，而 I_r 在区间 I 中之补集的测度是

$$m(I - I_r) < \sum_{k=r}^{\infty} \frac{1}{2^k} = \frac{1}{2^{r-1}}$$

注意 $I_r \subset I_{r+1} \subset I_{r+2} \subset \cdots$，因此存在 $\lim_{r\to\infty} I_r = I^*$，且 $m(I - I^*) = 0$。

序列 $\{x_{N_k}(t)\}$ 对任意 r 在 I_r 上一致收敛。事实上，在 I_r 上有

$$|x_{N_m}(t) - x_{N_n}(t)| \leq \sum_{k=m}^{n-1} |x_{N_{k+1}}(t) - x_{N_k}(t)|$$
$$< \sum_{k=m}^{n-1} \frac{1}{2^k} < \frac{1}{2^{m-1}}$$

这就是说序列 $\{x_{N_k}(t)\}$ 在 I^* 上收敛，而如设

$$x(t) = \begin{cases} \lim_{n\to\infty} x_{N_k}(t) & (t \in I^*) \\ 0 & (t \in I - I^*) \end{cases}$$

并注意不等式

$$\int_{I_k(\alpha)} |x_m(t) - x_{N_r}(t)|^p dt \leq \int_{-\infty}^{+\infty} |x_m(t) - x_{N_r}(t)|^p dt < \varepsilon$$

第11章 线性赋范空间中的逼近问题

$$(m, N_r > N(\varepsilon))$$

其中 $I_k(\alpha)$ 是满足 $-\alpha \leqslant t \leqslant \alpha$ 的一切 $t \in I_k$ 的集合，在 $I_k(\alpha)$ 上取极限（在其上序列 $\{x_{N_r}(t)\}$ 的收敛是一致的），我们得到不等式

$$\int_{I_k(\alpha)} |x_m(t) - x(t)|^p \mathrm{d}t < \varepsilon$$

当 $\alpha \to \infty$ 时，左边部分不减，所以

$$\int_{I_k} |x_m(t) - x(t)|^p \mathrm{d}t \leqslant \varepsilon$$

其中 $m > N(\varepsilon)$，而 k 任意，因为 $I_k \subset I_{k+1}$，则令 $k \to \infty$，依同样推理可知积分

$$\int_{-\infty}^{+\infty} |x_m(t) - x(t)|^p \mathrm{d}t$$

存在且不超过 ε，如果 $m > N(\varepsilon)$.

由此推出 $x_m - x \in L^p$，因而 $x \in L^p$，定理证明了.

注意在证明过程中，我们也证明了如果序列 $\{x_n(t)\}_1^\infty$ 依空间 L^p 的范数收敛到 $x(t)$，也即

$$\left(\int_{-\infty}^{+\infty} |x(t) - x_m(t)|^p \right)^{\frac{1}{p}} \to 0$$

那么这序列包含一子序列 $\{x_{N_k}(t)\}_1^\infty$ 几乎处处收敛到 $x(t)$.

§25 在 L^2 中完全正交就范组的例

函数

逼近论中的 Weierstrass 定理

$$\frac{1}{\sqrt{2\pi}}, \frac{1}{\sqrt{\pi}}\cos t, \frac{1}{\sqrt{\pi}}\sin t, \frac{1}{\sqrt{\pi}}\cos 2t, \frac{1}{\sqrt{\pi}}\sin 2t, \cdots$$

(11.25)

建立在关于 2π 长区间的空间 L^2 中的完全正交就范组. 事实上,正交性及就范性可直接由下列关系式验明

$$\int_0^{2\pi} \cos kt \sin mt \, dt = 0 \quad (k=0,1,2,\cdots; m=1,2,3,\cdots)$$

$$\int_0^{2\pi} \sin kt \sin mt \, dt = \begin{cases} 0 & (k \neq m) \\ \pi & (k = m) \end{cases} \quad (k,m=1,2,3,\cdots)$$

$$\int_0^{2\pi} \cos kt \cos mt \, dt = \begin{cases} 0 & (k \neq m) \\ \pi & (k = m \neq 0) \\ 2\pi & (k = m = 0) \end{cases} \quad (k,m=0,1,2,\cdots)$$

完全性可由§17节中所述得出,因为如在§23中所指出,一切三角和的全体在 L^2 中是稠密的.

历史上,三角组(11.25)是第一次在分析上遇到的正交就范组. 傅里叶首先应用三角级数去解决数学物理中的问题,而读者早在分析中就知道所谓傅里叶级数(狭义的)是指对每个可积函数 $f(t)$ 所做的如下的三角级数

$$f(t) \sim \frac{a_0}{2} + \sum_{k=1}^{\infty} (a_k \cos kt + b_k \sin kt)$$

其中设

$$\begin{cases} a_k = \dfrac{1}{\pi} \int_0^{2\pi} f(t) \cos kt \, dt \\ b_k = \dfrac{1}{\pi} \int_0^{2\pi} f(t) \sin kt \, dt \end{cases} \quad (k=0,1,2,\cdots)$$

根据§17节中的公式(11.19),由 $f(t), g(t) \in L^2$

第11章 线性赋范空间中的逼近问题

及

$$f(t) \sim \frac{a_0}{2} + \sum_{k=1}^{\infty}(a_k \cos kt + b_k \sin kt)$$

$$g(t) \sim \frac{c_0}{2} + \sum_{k=1}^{\infty}(c_k \cos kt + d_k \sin kt)$$

可得到等式(广义的帕斯瓦尔等式)

$$\frac{1}{\pi}\int_0^{2\pi} f(t)\overline{g(t)}\mathrm{d}t = \frac{a_0 \overline{c_0}}{2} + \sum_{k=1}^{\infty}(a_k \overline{c_k} + b_k \overline{d_k})$$

特别地,当 $g(t) = f(t)$ 时有

$$\frac{1}{\pi}\int_0^{2\pi} |f(t)|^2 \mathrm{d}t = \frac{|a_0|^2}{2} + \sum_{k=1}^{\infty}(|a_k|^2 + |b_k|^2)$$

其次,下面的命题是由空间 L^2 的完备性的直接推论,这命题叫作黎斯 – 菲舍尔(F. Riesz – E. Fischer)定理:若级数

$$\frac{|a_0|^2}{2} + \sum_{k=1}^{\infty}(|a_k|^2 + |b_k|^2)$$

收敛,则存在函数 $f(t) \in L^2$,其傅里叶系数为 a_k, b_k ($k = 0,1,2,\cdots$),也即满足等式

$$a_k = \frac{1}{\pi}\int_0^{2\pi} f(t)\cos kt \mathrm{d}t, b_k = \frac{1}{\pi}\int_0^{2\pi} f(t)\sin kt \mathrm{d}t$$

$$(k = 0,1,2,\cdots)$$

这函数除了在一测度为 0 的集合上的值以外是唯一确定的.

事实上,函数序列

$$s_n(t) = \frac{a_0}{2} + \sum_{k=1}^{n}(a_k \cos kt + b_k \sin kt)$$

$$(n = 0,1,2,\cdots)$$

逼近论中的 Weierstrass 定理

依柯西意义收敛,因为

$$\frac{1}{\pi}\int_0^{2\pi} |s_m(t) - s_n(t)|^2 \mathrm{d}t = \sum_{k=m+1}^n (|a_k|^2 + |b_k|^2)$$

所以(因空间 L^2 是完备的)存在函数 $f(t)$,使

$$\lim_{n\to\infty}\int_0^{2\pi} |f(t) - s_n(t)|^2 \mathrm{d}t = 0$$

而这函数的傅里叶系数显然是 $a_k, b_k (k=0,1,2,\cdots)$.

在关于区间 $[0,\pi]$ 的空间 L^2 中,函数

$$\frac{1}{\sqrt{\pi}}, \sqrt{\frac{2}{\pi}}\cos t, \sqrt{\frac{2}{\pi}}\cos 2t, \cdots$$

组成完全正就范组.

只需验明这组的完全性. 设存在函数 $f(t) \in L^2$,使

$$\int_0^\pi |f(t)|^2 \mathrm{d}t = 1, \int_0^\pi f(t)\cos kt \mathrm{d}t = 0$$
$$(k = 0,1,2,\cdots)$$

设把 $f(t)$ 借等式

$$f(t) = f(-t)$$

延展到区间 $[-\pi, 0]$ 上,则

$$\int_{-\pi}^\pi |f(t)|^2 \mathrm{d}t = 2$$

$$\int_{-\pi}^\pi f(t)\cos kt \mathrm{d}t = \int_{-\pi}^\pi f(t)\sin kt \mathrm{d}t = 0$$
$$(k = 0,1,2,\cdots)$$

而由以前所考虑的组的完全性是不可能的.

类似地,可证在 $L^2(0,\pi)$ 中,正交就范组

$$\sqrt{\frac{2}{\pi}}\sin t, \sqrt{\frac{2}{\pi}}\sin 2t, \cdots$$

是完全的.

勒让德多项式
$$X_k(t) = \frac{1}{2^k k!} \frac{d^k(t^2-1)^2}{dt^k} \quad (k = 0,1,2,\cdots)$$
组成在关于区间$[-1,1]$的空间L^2中的完全正交(但不是就范的)组. 完全性可借本节开始时对于三角函数组情形所用的同样推理证明. 正交性可以由分部积分验明

$$2^{m+n} m! n! \int_{-1}^{1} X_n(t) X_m(t) dt$$
$$= \frac{d^{n-1}(t^2-1)^n}{dt^{n-1}} \cdot \frac{d^m(t^2-1)^m}{dt^m} \Big|_{-1}^{1} -$$
$$\int_{-1}^{1} \frac{d^{n-1}(t^2-1)^n}{dt^{n-1}} \cdot \frac{d^{m+1}(t^2-1)^m}{dt^{m+1}} dt$$
$$= -\int_{-1}^{1} \frac{d^{n-1}(t^2-1)^n}{dt^{n-1}} \cdot \frac{d^{m+1}(t^2-1)^m}{dt^{m+1}} dt$$

当$t = \pm 1$时,式
$$\frac{d^{n-k}(t^2-1)^n}{dt^{n-k}} \quad (k = 1,2,\cdots,n)$$
显然等于零;因此若$n > m$,则继续施行分部积分,最后可得到
$$\pm \int_{-1}^{1} \frac{d^{n-m-1}(t^2-1)^n}{dt^{n-m-1}} \cdot \frac{d^{2m+1}(t^2-1)^m}{dt^{2m+1}} dt$$
而这等于零.

§26 Müntz 定理

今求由不同数组成的序列
$$p_1, p_2, p_3, \cdots \quad \left(p_i > -\frac{1}{2}, \lim_{i \to \infty} p_i = \infty\right)$$
应满足什么条件,以使所有形如
$$\alpha_1 t^{p_1} + \alpha_2 t^{p_2} + \cdots + \alpha_n t^{p_n}$$
(其中 $\alpha_1, \alpha_2, \cdots, \alpha_n$ 是任意数,而 $n = 1, 2, 3, \cdots$)的函数集合在关于区间$[0,1]$的空间 L^2 或 C 中稠密,也即如经常所说的使函数组
$$t^{p_1}, t^{p_2}, t^{p_3}, \cdots$$
在空间 L^2 或 C 中是封闭的. 显然,当考虑空间 C 时,凡 $p_i < 0$ 的那些 t^{p_i} 应去掉.

我们从在 L^2 中找封闭的条件开始. 既然
$$\left(\int_0^1 \left|f(t) - \sum_{i=1}^n \alpha_i t^{p_i}\right|^2 dt\right)^{\frac{1}{2}} \leq \max_{0 \leq t \leq 1} \left|f(t) - \sum_{i=1}^n \alpha_i t^{p_i}\right|$$
则在 L^2 中封闭的必要条件也是在 C 中封闭的必要条件.

因为多项式的集合在 L^2 中稠密,为了使组 $\{t^{p_i}\}$ 在 L^2 中封闭必须且只需对于任意整数 $q \geq 0$ 及 $\varepsilon > 0$,必存在组合
$$\sum_{i=1}^n \lambda_i t^{p_i}$$
使满足不等式

第11章 线性赋范空间中的逼近问题

$$\int_0^1 \Big| t^q - \sum_{i=1}^n \lambda_i t^{p_i} \Big|^2 \mathrm{d}t < \varepsilon$$

根据 §13 节为此必须且只需对于任意整数 $q \geqslant 0$,下面的关系成立

$$\lim_{n\to\infty} \prod_{i=1}^n \left(\frac{q - p_i}{q + p_i + 1} \right)^2 = 0$$

(我们可以认为 q 不与任何一个 p_i 相同). 我们的条件可以改写成下式

$$\lim_{n\to\infty} \prod_{i=1}^n {}' \left(\frac{1 - \dfrac{q}{p_i}}{1 + \dfrac{1+q}{p_i}} \right)^2 = 0 \qquad (11.26)$$

其中撇号表示除去 $p_i = 0$.

因为由条件 $p_i \to \infty$,则式(11.26) 成立的必要且充分的条件是级数

$$\sum_{i=1}^\infty {}' \frac{1}{p_i}$$

发散. 事实上,若这级数收敛,则乘积

$$\prod_{i=1}^n {}' \left(1 - \frac{q}{p_i}\right), \prod_{i=1}^n {}' \left(1 + \frac{q+1}{p_i}\right)$$

当 $n \to \infty$ 时有有穷且异于 0 的极限. 若

$$\sum_{i=1}^\infty {}' \frac{1}{p_i} = \infty$$

则上二乘积中的第一个趋于 0,而第二个趋于无穷. 因此在 L^2 中封闭性成立的必要且充分条件是级数

$$\sum_{i=1}^\infty {}' \frac{1}{p_i}$$

发散.

逼近论中的 Weierstrass 定理

今转向空间 C. 取 n 是正整数, 而由组 $\{p_i\}$ 中去掉一切负数及零, 则当 $0 \leqslant t \leqslant 1$ 时

$$\left| t_n - \sum_{i=1}^m \lambda_i t^{p_i} \right| = n \left| \int_0^t \left(t^{n-1} - \sum_{i=1}^m \mu_i t^{p_i-1} \right) \mathrm{d}t \right|$$

$$\leqslant n \int_0^t \left| t^{n-1} - \sum_{i=1}^m \mu_i t^{p_i-1} \right| \mathrm{d}t$$

$$\leqslant n \int_0^1 \left| t^{n-1} - \sum_{i=1}^m \mu_i t^{p_i-1} \right| \mathrm{d}t$$

$$\leqslant n \sqrt{\int_0^1 \left| t^{n-1} - \sum_{i=1}^m \mu_i t^{p_i-1} \right|^2 \mathrm{d}t} \quad (11.27)$$

因为与

$$p_i \to \infty, \quad \sum{}' \frac{1}{p_i} = \infty$$

同时也有

$$p_i - 1 \to \infty, \quad \sum{}' \frac{1}{p_i - 1} = \infty$$

故当 m 充分大时, 适当地选取 μ_i 可使式 (11.27) 的右边任意小.

因此, 对于任意的整数 $n > 0$, 可以使量

$$\max_{0 \leqslant t \leqslant 1} \left| t^n - \sum_1^m \lambda_i t^{p_i} \right|$$

任意小.

所以若在指数 p_i 中包含数 0, 则满足

$$\sum{}' \frac{1}{p_i} = \infty$$

的函数组 $\{t^{p_i}\}$ ($p_i \geqslant 0, \lim\limits_{i \to \infty} p_i = \infty$) 在空间 C 中是封闭的.

然而上二条件不仅是充分而且也是必要的. 事实

上,条件
$$\sum{}' \frac{1}{p_i} = \infty$$
的必要性是由于我们已证明这条件对于在 L^2 中封闭性来说是必要的. 至于有某个
$$p_j = 0$$
的条件的必要性是很显然的. 事实上,设全部的 $p_i > 0$,则任一组合
$$\sum_{i=1}^{m} \lambda_i t^{p_i}$$
在 $t = 0$ 时等于 0,而因此对函数 $x(t) \equiv 1$ 的逼近误差恒 $\geqslant 1$,这与组的封闭性矛盾.

注意,例如当 $\{p_i\}$ 是由一切质数及数 0 组成的序列时,上述所指出的条件是满足的.

§27 线性泛函数

设 E 是某一线性赋范空间,而 G 是在其中的一个子空间. 定义在全部 $x \in G$ 上的函数 $\varphi = \varphi(x)$ 称为线性泛函数,如果函数值是数并满足以下的条件:

(1)对任意的数 α, β 及任意的 $x, y \in G$,有
$$\varphi(\alpha x + \beta y) = \alpha\varphi(x) + \beta\varphi(y)$$
(2)存在常数 M,使如果 $\|x\| \leqslant 1$ 及 $x \in G$,有
$$|\varphi(x)| \leqslant M$$
量

逼近论中的 Weierstrass 定理

$$\sup_{\substack{x \in G \\ \|x\| \leq 1}} |\varphi(x)|$$

由于(2)它不超过 M,称为泛函数 φ 的范数,而以符号 $\|\varphi\|_G$ 表之,若 $G = E$,则简记作 $\|\varphi\|$.

若 $x \in G$,则由范数定义

$$\left|\varphi\left(\frac{x}{\|x\|}\right)\right| \leq \|\varphi\|_G$$

或即

$$|\varphi(x)| \leq \|x\| \cdot \|\varphi\|_G \quad (x \in G)$$

由此推出线性泛函数的连续性:若 $x_n \in G$ 及 $x_n \to x \in G$,则

$$\varphi(x_n) \to \varphi(x) \quad (n \to \infty)$$

设 G_2 及 $G_1 \subset G_2$ 是 E 中两个线性子空间,又设 $\varphi_1(x)$ 及 $\varphi_2(x)$ 是在 G_1 及 G_2 上的线性泛函数. 若对任意 $x \in G_1, \varphi_1(x) = \varphi_2(x)$,则 $\varphi_2(x)$ 称为泛函数 $\varphi_1(x)$ 在子空间 G_2 上的开拓.

在泛函分析的教程中证明了下面十分重要的定理:

亨 – 巴拿赫(Hahn – Banach)定理 给定在 $G \subset E$ 上的每一线性泛函数 $\varphi(x)$ 可以开拓到整个空间 E,且不增加范数,换句话说,在 E 上存在线性泛函数 $\psi(x)$ 使

$$\psi(x) = \varphi(x) \quad (x \in G)$$

及

$$\|\psi\| = \|\psi\|_E = \|\varphi\|_G$$

第 11 章　线性赋范空间中的逼近问题

§28　黎 斯 定 理

可陈述如下:在完备的希尔伯特空间中的每一线性泛函数具有以下的形式
$$\varphi(x) = (x, f)$$
其中 f 是 H 中某一元素,由泛函数 φ 唯一决定;同时 $\|\varphi\| = \|f\|$.

为了证明,我们考虑全部在 H 中使
$$\varphi(y) = 0$$
的元素 y 的集合 G. 由于泛函数是线性的,知 G 是 H 中的某一子空间. 这子空间是闭的,因为泛函数是连续的. 若 $G = H$,则泛函数各处等于 0,而只需取 $f = 0$,黎斯定理即得证. 设 $G \neq H$,又令 f^* 为 H 中的元素使
$$\inf_{y \in G} \|f^* - y\| = d > 0$$
由 §14 节的结果知在 G 中存在元素 y^*(而且是唯一的)使
$$\|f^* - y^*\| = d$$
设
$$f_0 = \frac{1}{d}(f^* - y^*)$$
则
$$\|f_0\| = 1$$
及对任意的 $y \in G$,有
$$(f_0, y) = 0$$

逼近论中的 Weierstrass 定理

其次,设
$$f = \overline{\varphi(f_0)} f_0$$
此时,若 x 是 H 中任一元素,则 φ 把元素
$$x - \frac{\varphi(x)}{\varphi(x_0)} f_0$$
变成 0,而因此属于 G;即
$$\left(f_0, x - \frac{\varphi(x)}{\varphi(x_0)} f_0 \right) = 0$$
由此
$$(f_0, x) = \frac{\overline{\varphi(x)}}{\overline{\varphi(f_0)}} (f_0, f_0)$$
或即
$$\overline{\varphi(x)} = \overline{\varphi(f_0)} (f_0, x)$$
也就是
$$\varphi(x) = (x, f)$$

证明元素 f 的唯一性. 设对任意的 $x \in H$ 有
$$\varphi(x) = (x, f') = (x, f'')$$
其中 $f' \neq f''$. 取 $x = f' - f''$,得到
$$(f' - f'', f') = (f' - f'', f'')$$
由此
$$(f' - f'', f' - f'') = 0$$
这违反了所作的假设.

接下来证明
$$\|\varphi\| = \|f\|$$
事实上,由内积的性质知
$$|\varphi(x)| \leq \|f\| \, \|x\|$$

第 11 章　线性赋范空间中的逼近问题

因而
$$\|\varphi\| \leqslant \|f\|$$
另外由
$$|\varphi(f)| = \|f\|^2$$
即得
$$\|\varphi\| \geqslant \|f\|$$
这样黎斯定理完全证明了.

由此定理知在 $L^2(a,b)$ 中的线性泛函数具有下列形式
$$\varphi(x) = \int_a^b x(t) f(t) \mathrm{d}t$$
其中 $f = f(t) \in L^2(a,b)$ 且
$$\|f\| = \|\varphi\|$$
可以证明在 $L^p(a,b)$ $(p > 1)$ 上的线性泛函数也具有这样的形式,但 $f = f(t) \in L^q(a,b)$,且
$$\|\varphi\| = \|f\|_q \quad \left(\frac{1}{p} + \frac{1}{q} = 1\right)$$
其次在 L 中的线性泛函数也具有同样的形式,但现在 $f = f(t)$ 是可测函数,使
$$\mathrm{vrai}\ \max |f(t)| = \|\varphi\|$$
这里
$$\mathrm{vrai}\ \max |f(t)| = \inf_{I^*} \sup_{t \in I - I^*} |f(t)|$$
其中 I 是区间 (a,b),而 I^* 是在其中的零测度集合,vrai max 是从区间中除去一零测度集外得到的上界中的最小值.

最后,在空间 $C(0,1)$ 中线性泛函数具有下列形式

逼近论中的 Weierstrass 定理

$$\varphi(x) = \int_0^1 x(t)\,\mathrm{d}\sigma(t)$$

其中 $\sigma(t)$ 是有界变差函数，积分是在斯笛尔几斯意义下取的，且

$$\|\varphi\| = \operatorname*{Var}_{0 \leqslant t \leqslant 1} \sigma(t)$$

§29　在任意线性赋范空间中向量集合封闭性的判别法

线性赋范空间 E 中的向量集合 $\mathfrak{M}$ 称作在 E 中是封闭的，如果任一向量 $\boldsymbol{x} \in E$ 可用组合

$$\alpha_1 \boldsymbol{y}_1 + \alpha_2 \boldsymbol{y}_2 + \cdots + \alpha_n \boldsymbol{y}_n \qquad (11.29)$$

其中 $\boldsymbol{y}_i \in \mathfrak{M}$，以任意精确的程度来逼近.

为了使集合 $\mathfrak{M}$ 在 E 中是封闭的，必要且充分地是每一在任一向量 $\boldsymbol{y} \in \mathfrak{M}$ 上变成零的线性泛函数 $\varphi(x)$ 必恒等于零.

事实上，设 $\mathfrak{M}$ 在 E 中是封闭的，又设线性泛函数 $\varphi(x)$ 在任一向量 $\boldsymbol{y} \in \mathfrak{M}$ 上变成零. 若 $\boldsymbol{x}$ 是 E 中任一向量，则对任一 $\varepsilon > 0$，可以找到形式如式(11.29)的线性组合，使

$$\|\boldsymbol{x} - \alpha_1 \boldsymbol{y}_1 - \alpha_2 \boldsymbol{y}_2 - \cdots - \alpha_n \boldsymbol{y}_n\| \leqslant \varepsilon$$

而因为

$$|\varphi(\boldsymbol{x} - \alpha_1 \boldsymbol{y}_1 - \alpha_2 \boldsymbol{y}_2 - \cdots - \alpha_n \boldsymbol{y}_n)|$$
$$\leqslant \|\varphi\| \, \|\boldsymbol{x} - \alpha_1 \boldsymbol{y}_1 - \cdots - \alpha_n \boldsymbol{y}_n\|$$

则

第11章 线性赋范空间中的逼近问题

$$|\varphi(x)| \leq \|\varphi\|\varepsilon$$

既然 ε 是任意的,因此 $\varphi(x)=0$. 必要性证明了.

为了证明充分性,设存在向量 $x_0 \in E$,使

$$\inf_{y_i \in \mathfrak{M}} \|x_0 - \alpha_1 y_1 - \alpha_2 y_2 - \cdots - \alpha_n y_n\| = d > 0$$

以 G 表示 E 中的线性子空间,它的元素是下列形式的向量

$$\alpha_1 y_1 + \alpha_2 y_2 + \cdots + \alpha_n y_n + \beta x_0 \quad (y_i \in \mathfrak{M})$$

(11.30)

在 G 上定义线性泛函数,设

$$\varphi(x) = \beta$$

如果 x 具有形式(11.30).

这个定义是合理的,因为向量 $x \in G$ 不可能表成两种带有不同 β 的式(11.30)之形式.

因为

$$\|\alpha_1 y_1 + \alpha_2 y_2 + \cdots + \alpha_n y_n + \beta x_0\| \geq |\beta| d$$

则泛函数 $\varphi(x)$ 在 G 上的范数不超过 $\dfrac{1}{d}$.

另外,若

$$\lim_{k \to \infty} \|x_0 - z_k\| = d$$

其中

$$z_k = \sum_{i=1}^{n_k} \alpha_i^{(k)} y_i \quad (y_i \in \mathfrak{M})$$

则由

$$1 = |\varphi(x_0 - z_k)| \leq \|\varphi\|_G \|x_0 - z_k\|$$

可推出

$$\|\varphi\|_G \geq \frac{1}{d}$$

因此，$\|\varphi\|_G = \dfrac{1}{d}$.

借助于亨－巴拿赫定理将泛函数 φ 开拓到整个空间 E，我们得到在 E 上的泛函数，它不恒等于零但在每一向量 $y \in \mathfrak{M}$ 上变成零. 这样，条件也是充分的了.

切比雪夫的理论

§1 问题的提出

设 $[a,b]$ 为实数轴上已知闭(有穷或无穷)区间,而 $f(x),s(x)$ 为 $[a,b]$ 上两个实连续函数. 作表达式

$$Q(x) = s(x) \cdot \frac{q_0 x^n + q_1 x^{n-1} + \cdots + q_n}{p_0 x^m + p_1 x^{m-1} + \cdots + p_m}$$

(T)

其中 m,n 已知. 我们提出下列问题:求实参数 $p_0, p_1, \cdots, p_m; q_0, q_1, \cdots, q_n$ 使 $Q(x)$ 与 $f(x)$ 的偏差

$$H_Q = \max_{a \leqslant x \leqslant b} |f(x) - Q(x)|$$

为最小.

在特殊情形,当 $s(x) = 1, m = 0$,而区间 $[a,b]$ 有穷时,上面提出的问题即变成关于在连续空间 C 中借助于 n 次多项式最佳逼近一已知函数的问题.

逼近论中的 Weierstrass 定理

将在 §10 节中更详细地证明,关于借助于 n 阶三角和最佳逼近已知的连续周期函数的问题也变成求量 H_Q 的极小的问题.

关于函数 $s(x)$,我们假定它在区间 (a,b) 之内部不为零,而若区间 $[a,b]$ 有穷,则设它在区间的端点上也不为零. 若区间 $[a,b]$ 无穷,则我们并不排除函数 $s(x)$ 在无穷远点处等于零的可能;但在这种情形下,我们将要求对于某个整数 $k \geqslant 0$,乘积

$$s(x) \cdot x^k$$

当 x 趋向于所讲的端点时趋向一个异于 0 的极限,并将设

$$m = n - k$$

此外,如果区间 $[a,b]$ 是整个数轴,我们将设

$$\lim_{x \to +\infty} s(x) \cdot x^k = \lim_{x \to -\infty} s(x) \cdot x^k$$

(由此可知在这情形下,数 k 应该是偶数),又此时将只考虑满足

$$\lim_{x \to +\infty} f(x) = \lim_{x \to -\infty} f(x)$$

的函数 $f(x)$. 如此在上述情形下,我们所考虑的对象是 C_∞,而点 $\pm\infty$ 被看成同一点.

又既然凡奇数次的实多项式至少有一个实根,则当 $[a,b]$ 是整个数轴的情形,数 m 将设为偶数①(否则

---

① 若区间 $[a,b]$ 是整个数轴,则依据在这情形下所作之假设,数 N 只能是偶数. 因此,此时可以考虑下节的点列(12.1)在半闭区间 $(-\infty, +\infty)$ 中,这等价于将点 $\pm\infty$ 考虑作为一个点.

把参数 p_i 的个数从开始减少一个).

以后将设上面所述的一切条件均满足,而不再每次特别声明了.

§2 推广的瓦赖－泊松定理

如果多项式
$$A(x) = a_0 x^{m-\mu} + \cdots + a_{m-\mu}, B(x) = b_0 x^{n-\nu} + \cdots + b_{n-\nu}$$
其中 $0 \leqslant \mu \leqslant m, 0 \leqslant \nu \leqslant n, a_0 \neq 0$,没有公因式,而式
$$R(x) = s(x) \frac{B(x)}{A(x)}$$
在区间 $[a,b]$ 上是有穷的,并且如果差
$$f(x) - R(x)$$
在区间 $[a,b]$ 上的点列
$$x_1 < x_2 < \cdots < x_N \qquad (12.1)$$
上取异于 0 的值
$$\lambda_1, -\lambda_2, \cdots, (-1)^{N-1} \lambda_N$$
且这些值的符号是正负相间的(为了确定起见,可设 $\lambda_i > 0$),而 $N = m + n - d + 2$,其中 $d = \min\{\mu, \nu\}$,则对每一个形如式(T)的函数 $Q(x)$,有不等式
$$H_Q \geqslant \min\{\lambda_1, \lambda_2, \cdots, \lambda_N\}$$
当 $R(x) \equiv 0$ 及 $N = n + 2$,也即 $d = m$,此不等式还是成立的.

为了证明,我们设存在一个形如式(T)的函数 $Q(x)$ 适合不等式

逼近论中的 Weierstrass 定理

$$H_Q < \min\{\lambda_1, \lambda_2, \cdots, \lambda_N\}$$

作差

$$\Delta(x) = Q(x) - R(x) = [f(x) - R(x)] - [f(x) - Q(x)]$$

显然,数

$$\Delta(x_1), \Delta(x_2), \cdots, \Delta(x_N)$$

异于零且具有正负相间的符号. 而因为 $\Delta(x)$ 在区间 $[a,b]$ 上连续,故知 $\Delta(x)$ 在开区间 (a,b) 内至少有 $N-1 = m+n-d+1$ 个零点. 但这是不可能的,因为

$$\Delta(x) = s(x)\frac{V(x)}{U(x)}$$

其中多项式 $V(x)$ 的次数 $\leqslant m+n-d$.

这样定理已证得.

这个定理的意义在于它给出了从下面来估计最佳逼近的误差的可能性.

§3 存在定理

我们来证明在所有形如式(T)的函数中至少存在一个,使对它 H_Q 达到最小值.

设 $H \geqslant 0$ 是所有 H_Q 组成集合的下界. 因此,按定义知存在无穷函数序列 $Q_i(x)$ $(i=1,2,3,\cdots)$,使

$$H_{Q_i} \to H$$

将函数 $Q_i(x)$ 标准化,即使得

$$p_{i_0}^2 + p_{i_1}^2 + \cdots + p_{i_m}^2 = 1 \quad (i=1,2,3,\cdots)$$

我们来证明此时所有的 q_{ij} 也将是有界的.

第 12 章 切比雪夫的理论

事实上,设
$$H_{Q_i} < G \quad (i = 1, 2, 3, \cdots)$$
而设 $\xi_1, \xi_2, \cdots, \xi_{n+1}$ 为 (a,b) 内固定的互不相同的点;则此时
$$\left| s(\xi) \frac{q_{i_0}\xi^n + q_{i_1}\xi^{n-1} + \cdots + q_{i_n}}{p_{i_0}\xi^m + p_{i_1}\xi^{m-1} + \cdots + p_{i_m}} \right| \leq G + \max_{a \leq x \leq b} |f(x)|$$
其中 ξ 为点 ξ_i 中之任一个,而因此
$$|q_{i_0}\xi^n + q_{i_1}\xi^{n-1} + \cdots + q_{i_n}| < K$$
若多项式 $q_{i_0}x^n + q_{i_1}x^{n-1} + \cdots + q_{i_n}$ 在 $n+1$ 个固定点上之值是有界的,则这些多项式的全部系数也就有界了.

现在利用以下数列的有界性
$$p_{ij}, q_{ik} \quad (i = 1, 2, \cdots; j = 0, 1, \cdots, m; k = 0, 1, \cdots, n)$$
在序列 $\{Q_i(x)\}$ 中可以选出某个子序列,这子序列我们还是以 $\{Q_i(x)\}$ 记之,使下列极限是存在的
$$\lim_{i \to \infty} p_{ij} = a_j, \lim_{i \to \infty} q_{ik} = b_k$$
我们引出形如式(T)的函数
$$P(x) = s(x) \frac{b_0 x^n + b_1 x^{n-1} + \cdots + b_n}{a_0 x^m + a_1 x^{m-1} + \cdots + a_m}$$
而来证明
$$H_P \equiv \max_{a \leq x \leq b} |f(x) - P(x)| = H$$

$P(x)$ 只可能在区间 $[a,b]$ 上的有限个点上变成无穷. 在区间 $[a,b]$ 上每一个不同于这些点的点 $\tilde{x}$,若区间 $[a,b]$ 无穷,则设它也不同于无穷远点,显然有
$$P(\tilde{x}) = \lim_{i \to \infty} Q_i(\tilde{x})$$
由此

$$|P(\tilde{x})| \le |f(\tilde{x})| + |f(\tilde{x}) - Q_i(\tilde{x})| + |Q_i(\tilde{x}) - P(\tilde{x})|$$
$$\le \max_{a \le x \le b} |f(\tilde{x})| + H_{Q_i} + \varepsilon_i$$

其中 $\varepsilon_i \to 0$, 当 $i \to \infty$.

因此,在 $[a,b]$ 上除去有限点外,有
$$|P(x)| < M = \max_{a \le x \le b} |f(x)| + G$$
而由此上式在 $[a,b]$ 上到处成立. 所以当区间 $[a,b]$ 是有穷时
$$Q_i(x) \to P(x)$$
在 $[a,b]$ 上是一致的,而若区间 $[a,b]$ 无穷时,则在任一有穷的闭子区间 $[\alpha,\beta]$ 上是一致的.

讨论上述最后的情形. 此时
$$\max_{\alpha \le x \le \beta} |f - P| \le \max_{\alpha \le x \le \beta} |f - Q_i| + \max_{\alpha \le x \le \beta} |P - Q_i|$$
由此推出
$$\max_{\alpha \le x \le \beta} |f - P| \le H$$
而因此
$$H_P \le H$$
这不等式在区间 $[a,b]$ 有穷时当然也成立. 而因为
$$H_P \ge H$$
则
$$H_P = H$$
定理证毕.

§4 切比雪夫定理

在所有形如式 (T) ($\S1$) 的函数中,与函数 $f(x)$

第 12 章 切比雪夫的理论

在$[a,b]$上最小偏差的函数$P(x)$是唯一的,如果不认为经过化简就相同的两个分数是不一样的.

这函数完全被自己这样的性质所决定:若它可写成如下的形式

$$P(x) = s(x)\frac{b_0 x^{n-v} + b_1 x^{n-v-1} + \cdots + b_{n-v}}{a_0 x^{m-\mu} + a_1 x^{m-\mu-1} + \cdots + a_{m-\mu}}$$
$$= s(x)\frac{B(x)}{A(x)}$$

其中$0 \leq \mu \leq m, 0 \leq v \leq n, a_0 \neq 0$,而分数$\frac{B(x)}{A(x)}$是不可约的,则在区间$[a,b]$上使差$f(x) - P(x)$以正负相间的符号取到值$H_P$的点列①的个数$N$不小于$m + n = d + 2$,这里$d = \min\{\mu, v\}$,而若它数恒等于$0$,则$N \geq n + 2$.

证明 在推广的瓦赖(Vallée) - 波松定理(§2)中,如果设

$$|\lambda_k| = H_P \quad (k = 1, 2, \cdots, N)$$

即推知当$N \geq m + n - d + 2$时,在全部形如式(T)的函数中$P(x)$与$f(x)$有最小偏差. 现在允许在区间$[a,b]$中定理所指出的"偏差点"个数是

$$N' \leq m + n - d + 1$$

而来证明此时在形如式(T)的函数中,$P(x)$不是与$f(x)$最小偏差者.

从所做的假设推知区间$[a,b]$可以这样地来分成N'个子区间

$$[a, \xi_1], [\xi_1, \xi_2], \cdots, [\xi_{N'-1}, b] \quad (12.2)$$

---

① 若区间$[a,b]$是整个数轴,则点$\pm \infty$被认作一点.

逼近论中的 Weierstrass 定理

使在这些子区间的每一个上轮流地满足下面二不等式中的一个

$$\begin{cases} -H_P \leqslant f(x) - P(x) < H_P - \alpha \\ -H_P + \alpha < f(x) - P(x) \leqslant H_P \end{cases} \quad (12.3)$$

其中 α 是某一个正数. 引出函数

$$\Phi(x) = (x - \xi_1)(x - \xi_2)\cdots(x - \xi_{N'-1})$$

因为多项式 $A(x), B(x)$ 没有公因式, 故可以找到次数分别为 m 及 n 的多项式 $\varphi(x), \psi(x)$, 使

$$\Phi(x) = A(x)\psi(x) - B(x)\varphi(x)$$

现在做下述形如式(T)的函数

$$Q(x) = s(x) \frac{B(x)\Omega(x) - \omega\psi(x)}{A(x)\Omega(x) - \omega\varphi(x)}$$

其中 ω 为实参数, 而 Ω 为次数不大于 d 的多项式, 我们在下面再来适当地确定它.

我们可以写出

$$f(x) - Q(x) = f(x) - P(x) +$$
$$s(x) \frac{\omega \Phi(x)}{A(x)\{A(x)\Omega(x) - \omega\varphi(x)\}}$$

右边最后一项的分子在下述 $N' - 1$ 个点上改变自己的符号

$$\xi_1 < \xi_2 < \cdots < \xi_{N'-1}$$

若我们能把多项式 $\Omega(x)$ 选取得这样, 使对全部充分小的 $|\omega|$ 分母

$$A(x)\{A(x)\Omega(x) - \omega\varphi(x)\}$$

在区间 $[a, b]$ 上是正的, 而分数

$$\frac{\Phi(x)}{A(x)\{A(x)\Omega(x) - \omega\varphi(x)\}}$$

是有界的,则我们的断言将直接由在区间(12.2)上轮流满足的不等式(12.3)推出. 因此,我们来指出怎样选取多项式 $\Omega(x)$.

如果区间 $[a,b]$ 是有穷的,可以假设 $\Omega(x)\equiv 1$.

若区间 $[a,b]$ 无穷,则正如我们所取的 $m=n-k$ (参看§1 的末尾). 因此,此时 $\mu\leqslant\nu$ 而 $\mu=d$. $\Omega(x)$ 可以取作任一在区间 $[a,b]$ 上是正的 μ 次多项式. 同时,如果区间 $[a,b]$ 是整个数轴,而因此 m 是偶数(参看§1),必须注意此时 μ 也是偶数.

这样一来,最小偏差函数的特征性质被证明了.

接下来我们只需证明这个函数的唯一性. 我们用反证法来证明. 设除了函数 $P(x)$ 外,还存在第二个形如式(T)的函数 $Q(x)$,使

$$H_Q = H_P = H$$

设对于 $Q(x)$ 数 N', μ', ν', d' 起着与数 N, μ, ν, d 对于 $P(x)$ 相同的作用,而且

$$N' \geqslant m+n+2-d', N \geqslant m+n+2-d$$

为了确定起见,取 $N' \geqslant N$. 设

$$\beta_1 < \beta_2 < \cdots < \beta_{N'}$$

是对于 $Q(x)$ 的偏差点. 做出差

$$\Delta(x) = P(x) - Q(x) = (f(x) - Q(x)) - (f(x) - P(x))$$

它在点 β_j 可以变成零,然而如果

$$\Delta(\beta_j) \neq 0$$

则容易看出

$$\operatorname{sign}\,[f(\beta_j) - Q(\beta_j)] = \operatorname{sign}\,\Delta(\beta_j) \quad (12.4)$$

例如设

逼近论中的 Weierstrass 定理

$$\Delta(\beta_{i-1}) \neq 0, \Delta(\beta_i) = \Delta(\beta_{i+1}) = \cdots = \Delta(\beta_{i+k}) = 0$$
$$\Delta(\beta_{i+k+1}) \neq 0 \qquad (12.5)$$

因为

$$(-1)^{i-1}[f(\beta_{i-1}) - Q(\beta_{i-1})]$$
$$(-1)^{i+k+1}[f(\beta_{i+k+1}) - Q(\beta_{i+k+1})]$$

具有相同的符号,则由于式(12.4),数

$$\Delta(\beta_{i-1}), (-1)^k \Delta(\beta_{i+k+1})$$

有相同的符号. 所以 $\Delta(x)$ 在区间 $[\beta_{i-1}, \beta_{i+k+1}]$ 上零点的个数与数 k 具有相同的奇偶性;由式(12.5)即知零点的个数至少是 $k+2$.

重复这样的说明,我们得到 $\Delta(x)$ 在区间 (a,b) 内至少有 $N'-1$ 个零点;而这是不可能的,因为

$$\Delta(x) = s(x) \cdot \frac{V(x)}{U(x)}$$

但多项式 $V(x)$ 的次数是

$$r = \begin{cases} \max\{m+n-\mu'-v, m+n-\mu-v'\} \leqslant N'-2 & (\text{如果 } P \not\equiv 0, Q \not\equiv 0) \\ n - v' \leqslant N' - 2 & (\text{如果 } P \equiv 0) \\ n - v \leqslant N - 2 \leqslant N' - 2 & (\text{如果 } Q \equiv 0) \end{cases}$$

这样一来定理完全得证.

§5 特 殊 情 形

特别重要的特殊情形已经在 §1 节指出,即当 $s(x) \equiv 1, m = 0$ 而区间 $[a,b]$ 有穷. 在这种情形我们得

到定理:与给定连续函数 $f(x)$ 有最小偏差(在度量空间 C 中)的 n 次多项式是唯一的,且完全被这样的性质所决定,即在区间 $[a,b]$ 上使差 $f(x)-P(x)$ 以正负相间的符号取到值 $\max\limits_{a\leqslant x\leqslant b}|f(x)-P(x)|$ 的点列的个数不小于 $n+2$.

§6 与零最小偏差的切比雪夫多项式

作为应用切比雪夫定理的例子,我们考虑下面的问题:在所有最高系数为 1 的 n 次多项式中,寻找使在区间 $[-1,1]$ 上的最大值为最小的那一个. 要应用一般的定理,我们应该寻找 $n-1$ 次的多项式,使其与函数 $f(x)=x^n$ 有最小偏差. 所以由切比雪夫定理(§5)知要寻找的多项式

$$T_n(x)=x^n+p_1x^{n-1}+\cdots+p_n$$

完全由这样的性质决定,即在区间 $[-1,1]$ 上 $T_n(x)$ 以正负相间的符号取到值 $\max\limits_{-1\leqslant x\leqslant 1}|T_n(x)|$ 的点列的个数不小于 $n+1$.

我们来证明

$$T_n(x)=\frac{1}{2^n}\{(x+\sqrt{x^2-1})^n+(x-\sqrt{x^2-1})^n\}$$

$T_n(x)$ 显然是一 n 次多项式. 又 $T_n(x)$ 的最高系数是 1,这可由下式推出

$$\lim_{x\to\infty}\frac{T_n(x)}{x^n}=\frac{1}{2^n}\lim_{x\to\infty}\left(1+\sqrt{1-\frac{1}{x^2}}\right)^n=1$$

逼近论中的 Weierstrass 定理

令 $x = \cos\theta\,(0 \leqslant \theta \leqslant \pi)$ 即得
$$T_n(x) = \frac{1}{2^{n-1}}\cos n\theta$$

所以
$$\max_{-1\leqslant x\leqslant 1}|T_n(x)| = \frac{1}{2^{n-1}}$$

取点
$$x_k = -\cos\frac{k\pi}{n} \quad (k=0,1,2,\cdots,n)$$

因为
$$T_n(x_k) = \frac{1}{2^{n-1}}\cos(n-k)\pi = \frac{(-1)^{n-k}}{2^{n-1}} \quad (k=0,1,2,\cdots,n)$$

则在点列
$$-1 = x_0 < x_1 < \cdots < x_{n-1} < x_n = 1$$

上 $T_n(x)$ 以正负相间的符号取到自己的最大值 $\frac{1}{2^{n-1}}$，而因此也就提供了问题的解，$T_n(x)$ 称为与零最小偏差的 n 次切比雪夫多项式．

§7 切比雪夫定理的进一步的例子

作为应用 §5 节中切比雪夫定理的第二个例子来考虑这样的问题：寻找在区间 $[-1,1]$ 上借助于 n 次多项式最佳逼近函数
$$\frac{1}{x-a}$$

第 12 章　切比雪夫的理论

的误差,其中 $a>1$.

考虑函数
$$\Phi(x) = \frac{M}{2}\left(v^n \frac{\alpha-v}{1-\alpha v} + v^{-n}\frac{1-\alpha v}{\alpha-v}\right) \quad (12.6)$$

其中
$$x = \frac{1}{2}\left(v+\frac{1}{v}\right), a = \frac{1}{2}\left(\alpha+\frac{1}{\alpha}\right), \alpha = a - \sqrt{a^2-1} < 1$$

因为 $\Phi(x)$ 是 v 的有理函数,当将 v 换成 $\frac{1}{v}$ 时它不改变,所以 $\Phi(x)$ 是 x 的有理函数.

注意到
$$\lim_{x\to a}(x-a)\Phi(x) = \frac{M}{2}\lim_{v\to\alpha}\frac{(v-\alpha)(\alpha v-1)}{2\alpha v}v^{-n}\frac{1-\alpha v}{\alpha-v}$$
$$= \frac{M(1-\alpha^2)^2}{4\alpha^{n+2}}$$

我们得到当
$$M = \frac{4\alpha^{n+2}}{(1-\alpha^2)^2}$$

时,函数 $\Phi(x)$ 有以下的形式
$$\Phi(x) = \frac{1}{x-a} - P_n(x) \quad (12.7)$$

其中 $P_n(x)$ 是实系数的 n 次多项式.

当点 x 由右向左描出区间 $[-1,1]$ 时,点 v 以正的方向描出上半圆周 $|v|=1$. 由式 (12.6) 推知在区间 $[-1,1]$ 上 $\Phi(x)$ 的数值不超过 M,因为当 $|v|=1$ 时
$$\left|v^n \frac{\alpha-v}{1-\alpha v}\right| = 1$$

进一步我们注意 $\Phi(x)$ 取到值 M,如果

$$\arg\left\{v^n \frac{\alpha-v}{1-\alpha v}\right\} \equiv 0 (\bmod 2\pi)$$

及值 $-M$，如果

$$\arg\left\{v^n \frac{\alpha-v}{1-\alpha v}\right\} \equiv \pi (\bmod 2\pi)$$

因为函数

$$v^n \frac{\alpha-v}{1-\alpha v}$$

在圆 $|v|<1$ 内有 n 重零点 o 及简单零点 α，则容易看出当点 v 以正的方向通过上半圆周 $|v|=1$ 时

$$\arg\left\{v^n \frac{\alpha-v}{1-\alpha v}\right\}$$

由 π 增加到 $(n+2)\pi$.

所以函数 $\Phi(x)$ 在区间 $[-1,1]$ 上的 $n+2$ 个点列上以正负相间的符号取到值 M. 因此在全部 n 次多项式中，由式(12.6)(12.7)确定的多项式 $P_n(x)$ 与 $\frac{1}{x-a}$ 在区间 $[-1,1]$ 上有最小偏差.

这样一来，要找的最佳逼近的误差等于

$$M = \frac{4\alpha^{n+2}}{(1-\alpha^2)^2} = \frac{(a-\sqrt{a^2-1})^n}{a^2-1}$$

§8 应用瓦赖－泊松定理的例

考虑与上一节同样的问题，而代替函数 $\frac{1}{x-a}$ 是对于函数

$$f(x) = \frac{A(a^2-1)^2}{(x-a)^2} + \frac{A'(a^2-1)}{x-a}$$

假设 A, A' 及 $a > 1$ 是给定的实数. 保持上一节中量 v 及 α 的意义, 考虑函数

$$\Phi(x) = \frac{L}{2}\left(v^n\left(\frac{\alpha-v}{1-\alpha v}\right)^2 \frac{1-\beta v}{v-\beta} + v^{-n}\left(\frac{1-\alpha v}{\alpha-v}\right)^2 \frac{v-\beta}{1-\beta v}\right)$$

若设

$$L = \frac{A\sqrt{a^2-1}}{(a+\sqrt{a^2-1})^n}\lambda, \beta = \alpha\left(1 - \frac{1}{\lambda - \frac{\alpha^2}{1-\alpha^2}}\right), b = \frac{1}{2}\left(\beta + \frac{1}{\beta}\right)$$

$$\lambda = \frac{1}{2}\left(n + \frac{2aA - A'}{A\sqrt{a^2-1}} + \sqrt{\left(n + \frac{2aA-A'}{A\sqrt{a^2-1}}\right)^2 + \frac{1}{a^2-1}}\right)$$

且其根号这样来确定, 使

$$\left(n + \frac{2aA-A'}{A\sqrt{a^2-1}}\right)\sqrt{\left(n + \frac{2aA-A'}{A\sqrt{a^2-1}}\right)^2 + \frac{1}{a^2-1}} > 0$$

则最后经过不复杂的计算可以得到

$$\Phi(x) = \frac{A(a^2-1)^2}{(x-a)^2} + \frac{A'(a^2-1)}{x-a} - P_n(x) + \frac{B}{x-b}$$

其中 $P_n(x)$ 是 n 次多项式.

与上一例子一样, 我们可以知道数 $|L|$ 是函数 $\Phi(x)$ 在区间 $[-1,1]$ 上的最大数值, 而且 $\Phi(x)$ 在区间 $[-1,1]$ 中 $n+2$ 个点列上以正负相间的符号取到这个值.

另外, 不难证明当

$$n > \frac{2A\sqrt{a^2-1} + A'}{A\sqrt{a^2-1}}$$

逼近论中的 Weierstrass 定理

时,有不等式

$$\max_{-1\leqslant x\leqslant 1}\left|\frac{B}{x-b}\right|<\mu|L|$$

其中

$$\mu=\frac{1}{4}\frac{(a-\sqrt{a^2-1})^n}{a-1}\cdot\frac{1}{\left(n+\frac{2aA-A'}{A\sqrt{a^2-1}}\right)^2}$$

所以对于充分大的 n,差

$$\left(\frac{A(a^2-1)^2}{(x-a)^2}+\frac{A'(a^2-1)}{x-a}\right)-P_n(x)$$

在区间的 $n+2$ 个点列上依次取正值及负值,而绝对值大于

$$|L|(1-\mu)$$

根据特殊情形下的瓦赖-泊松定理($s(x)\equiv 1$, $m=0$),我们要找的最佳逼近的误差不小于

$$|L|(1-\mu)$$

而另一方面,这误差不大于

$$|L|(1+\mu)$$

以 $E_n[f]$ 表示要找的误差,我们得到

$$E_n[f]=E_n\left[\frac{A(a^2-1)^2}{(x-a)^2}+\frac{A'(a^2-1)}{x-a}\right]$$

$$=\frac{1}{2}\cdot\frac{|A|\sqrt{a^2-1}}{(a+\sqrt{a^2-1})^n}\left|n+\frac{2aA-A'}{A\sqrt{a^2-1}}+\right.$$

$$\left.\sqrt{\left(n+\frac{2aA-A'}{A\sqrt{a^2-1}}\right)^2+\frac{1}{a^2-1}}\right|(1+\varepsilon_n)$$

其中

$$|\varepsilon_n| < \frac{1}{4}\frac{(a-\sqrt{a^2-1})^n}{a-1}\frac{1}{\left(n+\dfrac{2aA-A'}{A\sqrt{a^2-1}}\right)^2}$$

而因此

$$\lim_{n\to\infty}\varepsilon_n=0$$

§9 应用一般切比雪夫定理的例

在这一节所考虑的例子中要利用椭圆函数. 首先表述出以下的问题:确定分子分母皆是 m 次的有理函数,使用它在区间 $[0,1]$ 上逼近函数

$$\frac{1}{\sqrt{1-k^2x}}$$

得到的相对误差的最大模是最小的,而且给定的数 k 适合不等式

$$0<k<1$$

我们看出,这显然是 §1 节中的一般问题,当

$$n=m, f(x)=1, s(x)=\sqrt{1-k^2x}$$

的情形.

现在注意椭圆函数的某些性质.

雅可比函数 $\xi=\mathrm{sn}(u;k)$ 由以下关系式确定

$$u=\int_0^\xi \frac{\mathrm{d}t}{\sqrt{(1-t^2)(1-k^2t^2)}}$$

函数 $\mathrm{dn}(u;k)$ 由下列方程所确定

$$\mathrm{dn}(u;k)=\sqrt{1-k^2\mathrm{sn}^2(u;k)}, \mathrm{dn}(0;k)=1$$

逼近论中的 Weierstrass 定理

若假设
$$K = \int_0^1 \frac{dt}{\sqrt{(1-t^2)(1-k^2t^2)}}$$
及
$$x = \operatorname{sn}^2(u;k)$$
则当 u 由 0 增加到 K 时,量 x 将由 0 增加到 1.

$2K$ 是函数 $\operatorname{sn}^2(u;k)$ 的周期,也即
$$\operatorname{sn}^2(u+2K;k) = \operatorname{sn}^2(u;k)$$
k 称为是所考虑函数的模,而 K 为对于模 k 的第一类全椭圆积分.

这些事实是大家都知道的. 下列关系式是超出了初等事实范围之外的
$$\operatorname{dn}\left(\frac{\mu}{M};\lambda\right) = \operatorname{dn}(u;k) \cdot \prod_{r=1}^m \frac{1 - k^2 C_{2r-1} \operatorname{sn}^2(u;k)}{1 - k^2 C_{2r} \operatorname{sn}^2(u;k)}$$
$$(12.8)$$
它是属于所谓椭圆函数的变换理论的.

在关系式(12.8)中,量 λ 及 M 由下式确定
$$\lambda = k^{2m+1} \prod_{r=1}^m C_{2r-1}^2$$
$$M = \prod_{r=1}^m \frac{C_{2r-1}}{C_{2r}}$$
$$C_r = \operatorname{sn}^2\left(\frac{rK}{2m+1};k\right)$$
且对应于模 λ 的第一类全椭圆积分 L 等于
$$L = \frac{K}{(2m+1)M}$$
所以公式(12.8)给出了把函数 $\operatorname{dn}(u;k)$ 的周期(第

一周期)分成 $2m+1$ 个的分法.

在这方面,我们曾得到过类似的公式

$$\cos n\varphi = \frac{1}{2}((x+\sqrt{x^2-1})^n + (x-\sqrt{x^2-1})^n)$$

$$\cos \varphi = x$$

它表示了把函数 $\cos \varphi$ 的周期 2π 分成 n 个的定理.

设

$$x = \operatorname{sn}^2(u;k)$$

考虑函数

$$y = \frac{2}{1+\sqrt{1-\lambda^2}} \operatorname{dn}\left(\frac{\mu}{M};\lambda\right)$$

$$= \frac{2}{1+\sqrt{1-\lambda^2}} \sqrt{1-k^2 x} \prod_{r=1}^{m} \frac{1-k^2 C_{2r-1} x}{1-k^2 C_{2r} x}$$

使 u 由 0 增加到 K,或即由 0 增加到 $(2m+1)ML$;此时 x 将由 0 变到 1,而根据上面所指出的,$\operatorname{dn}\left(\frac{\mu}{M};\lambda\right)$ 将包含在 1 及 $\sqrt{1-\lambda^2}$ 之间,则 y 将包含在下两数之间

$$\frac{2}{1+\sqrt{1-\lambda^2}} = 1 + \frac{1-\sqrt{1-\lambda^2}}{1+\sqrt{1-\lambda^2}} = 1+\mu$$

及

$$\frac{2\sqrt{1-\lambda^2}}{1+\sqrt{1-\lambda^2}} = 1 - \frac{1-\sqrt{1-\lambda^2}}{1+\sqrt{1-\lambda^2}} = 1-\mu$$

同时在点 $u=0, 2ML, 4ML, \cdots, 2mML$ 上 y 取到值 $1+\mu$,而在点 $u=ML, 3ML, \cdots, (2m+1)ML$ 上取到值 $1-\mu$.

逼近论中的 Weierstrass 定理

所以在区间 $[0,1]$ 上的点列
$$C_0 < C_1 < \cdots < C_{2m+1}$$
上,差
$$1 - y(x)$$
以正负相间的符号取到它在 $[0,1]$ 上的最大值 μ.

因为在现在的情形
$$N = 2m + 2, m = n, d = 0$$
而因此
$$N = m + n + 2 - d$$
利用了一般的切比雪夫定理即知 $y(x)$ 是在全部具有下列形式的函数中,在区间 $[0,1]$ 上与 1 有最小偏差的函数
$$\sqrt{1-k^2x}\,\frac{q_0 x^m + q_1 x^{m-1} + \cdots + q_m}{p_0 x^m + p_1 x^{m-1} + \cdots + p_m}$$

因此,要找的最小相对误差等于
$$\mu = \frac{1-\sqrt{1-\lambda^2}}{1+\sqrt{1-\lambda^2}}$$
其中
$$\lambda = k^{2m+1}\prod_{r=1}^{m}\operatorname{sn}^4\left(\frac{2r-1}{2m+1}K;k\right)$$

注意在这一节内所考虑的问题首先被左洛塔留夫(Е. И. Золотарёв)及切比雪夫所解决,它在滤电理论中是有用的(参看卡乌爱尔(W. Cauer)的工作).

第 12 章 切比雪夫的理论

§10 转到周期函数

现在设 $f(\theta)$ 是具有周期 2π 的连续周期函数,要以最好的方法在整个数轴上借助于 n 阶的三角和
$$S_n(\theta) = A_0 + A_1\cos\theta + B_1\sin\theta + \cdots + A_n\cos n\theta + B_n\sin n\theta$$
来逼近它.

作变换
$$x = \tan\frac{\theta}{2}$$
使区间 $[-\pi,\pi]$ 对应于区间 $(-\infty,+\infty)$.

因为
$$\cos\theta = \frac{1-x^2}{1+x^2}, \sin\theta = \frac{2x}{1+x^2}$$
又因为 $\cos k\theta, \dfrac{\sin(k+1)\theta}{\sin\theta}$ 是 $\cos\theta$ 的 k 次多项式,则经过变换后我们得到
$$S_n(\theta) = \frac{p_0 x^{2n} + p_1 x^{2n-1} + \cdots + p_{2n}}{(1+x^2)^n}$$

因此,我们的问题变成了借助于下列形式的表示式
$$W_{2n}(x) = \frac{p_0 x^{2n} + p_1 x^{2n-1} + \cdots + p_{2n}}{(1+x^2)^n}$$
来最佳逼近函数(在区间 $(-\infty,+\infty)$)
$$F(x) = f(\theta)$$

逼近论中的 Weierstrass 定理

表达式 $W_{2n}(x)$ 可以考虑作为 §1 节中表达式(T)的特殊情形,如果假设 $m=0, s(x)=\dfrac{1}{(1+x^2)^n}$ 应用了一般的切比雪夫定理,容易看出现在切比雪夫定理[①]可陈述如下:在整个数轴上与已知连续周期函数有最小偏差的 n 阶三角和 $S_n(\theta)$ 是唯一的且完全被这样的性质所决定,即在区间 $[-\pi,\pi]$(或任一长度为 2π 的半开区间)中使差 $f(\theta)-S_n(\theta)$ 以正负相间的符号取到值 $\max|f(\theta)-S_n(\theta)|$ 的点列的个数不小于 $2n+2$.

还可引出瓦赖-泊松定理:如果差 $f(\theta)-S_n(\theta)$ 在区间 $[-\pi,\pi]$(或任一长度为 2π 的半开区间)上的 $2n+2$ 个点列上取值

$$\lambda_1, -\lambda_2, \lambda_3, \cdots, -\lambda_{2n+2}$$

其中全部 λ_k 大于 0,那么借助于 n 阶三角和最佳逼近函数 $f(\theta)$ 的误差不小于

$$\min\{\lambda_1, \lambda_2, \cdots, \lambda_{2n+2}\}$$

§11 例　子

作为一个例子考虑以下的问题:寻找三角和

$$\alpha\cos n\theta + \beta\sin n\theta + a_{n-1}\cos(n-1)\theta + b_{n-1}\sin(n-1)\theta + \cdots + a_n$$

[①] 这定理也容易直接证明,我们让读者自己去作了.

其中 α 及 β 给定,使其最大模为最小.

我们的问题即是关于借助于 $n-1$ 阶三角和最佳逼近函数

$$f(\theta) = \alpha\cos n\theta + \beta\sin n\theta = \sqrt{\alpha^2+\beta^2} \cdot \cos n(\theta-\theta_0)$$

由于§10节中的定理,要找的 $n-1$ 阶三角和恒等于 0,因为差 $f(\theta)-0$ 在区间 $\theta_0 < \theta \leqslant \theta_0+2\pi$ 中的 $2n$ 个点列

$$\theta_0 + \frac{k\pi}{n} \quad (k=1,2,\cdots,2n)$$

上以正负相间的符号取到自己的最大值 $\sqrt{\alpha^2+\beta^2}$.

这样一来,最小偏差即等于 $\sqrt{\alpha^2+\beta^2}$.

§12 魏尔斯特拉斯函数

作为进一步的例子,我们考虑魏尔斯特拉斯函数

$$f(\theta) = \sum_{k=0}^{\infty} a^k \cos(b^k\theta)$$

其中 a 是小于1的正数,b 是大于1的奇数. 因为定义函数 $f(\theta)$ 的级数一致收敛,所以 $f(\theta)$ 是连续函数,显然它具有周期 2π.

给定任意的自然数 n 后,确定自然数 $k+1$ 使

$$b^k \leqslant n < b^{k+1}$$

而考虑表达式

逼近论中的 Weierstrass 定理

$$S_n(\theta) = \sum_{m=0}^{k} a^m \cos(b^m \theta)$$

它是阶小于或等于 n 的三角和.

$S_n(\theta)$ 与 $f(\theta)$ 的偏差是

$$\max |S_n(\theta) - f(\theta)| = \max \left| \sum_{m=k+1}^{\infty} a^m \cos(b^m \theta) \right|$$

$$= \sum_{m=k+1}^{\infty} a^m = \frac{a^{k+1}}{1-a} = L_n$$

容易看出,差 $f(\theta) - S_n(\theta)$ 在区间 $(0, 2\pi]$ 上的 $2b^{k+1}$ 个点列

$$\theta_r = \frac{r\pi}{b^{k+1}} \quad (r = 1, 2, \cdots, 2b^{k+1})$$

上以正负相间的符号取到值 L_n. 而因为 $2b^{k+1} \geqslant 2n+2$,故由 §10 节中的定理,$S_n(\theta)$ 是在全部 n 阶三角和中与 $f(\theta)$ 有最小偏差的三角和. 我们看到对于任意 n 定义函数 $f(\theta)$ 的三角级数的一段即是对 $f(\theta)$ 的最佳逼近的三角和.

可以指出另外一些这种罕见现象出现的例子. 注意,在所考虑的例子中

$$L_n = \frac{a^{k+1}}{1-a} < \frac{1}{1-a} \cdot \frac{1}{n^\alpha}$$

其中

$$\alpha = \ln \frac{1}{a} : \ln b$$

这可由下式推知

第 12 章 切比雪夫的理论

$$a^{k+1} = b^{-\alpha(k+1)} < \frac{1}{n^\alpha}$$

在以后我们还将回到这个估计来.

§13 哈 尔 问 题

被哈尔(A. Haar)所解决的一个有趣的一般性问题也属于切比雪夫理论的范围,我们现在来考虑它.

设 $f_1(P), f_2(P), \cdots, f_n(P)$ 是任意维的通常空间中有界闭集 $\mathfrak{M}$ 中点 P 的已知线性无关的连续实函数,我们将考虑"多项式"

$$F(P;x) = x_1 f_1(P) + x_2 f_2(P) + \cdots + x_n f_n(P)$$

而所谓多项式 $F(P;x)$ 与某个在 $\mathfrak{M}$ 上连续的函数 $f(P)$ 的偏差是指量

$$L(x) = L(x;f) = \max_{P \in \mathfrak{M}} |f(P) - F(P;x)|$$

既然一切在 $\mathfrak{M}$ 中连续的函数的全体对于我们这里所取的距离定义是一个线性赋范空间(空间 C),那么对于每个函数 $f(P)$ 必存在多项式 $F(P;\lambda)$,使其与 $f(P)$ 的偏差最小.

哈尔问题在于求函数 $f_k(P)$ 应该满足什么必要且充分的条件以使对于每个函数 $f(P)$,最小偏差的多项式是唯一的.

哈尔的结果是:对于每个函数 $f(P)$ 最小偏差多项式唯一的必要且充分的条件乃是每个多项式

$F(P;x) \not\equiv 0$ 在 $\mathfrak{M}$ 中至多有 $n-1$ 个不同零点.

§14　哈尔条件必要性的证明

设多项式 $F(P;\alpha) \not\equiv 0$ 在 $\mathfrak{M}$ 中有 n 个零点 $P_1, P_2,\cdots,P_n$.

因此
$$\begin{vmatrix} f_1(P_1) & \cdots & f_n(P_1) \\ \vdots & & \vdots \\ f_1(P_n) & \cdots & f_n(P_n) \end{vmatrix} = 0$$

所以,存在不全为 0 的一组数 $c_1, c_2, \cdots, c_n$,使
$$c_1 f_k(P_1) + c_2 f_k(P_2) + \cdots + c_n f_k(P_n) = 0 \quad (k=1,2,\cdots,n)$$
由此可知,对于每个多项式 $F(P;x)$,下面的等式成立
$$c_1 F(P_1;x) + c_2 F(P_2;x) + \cdots + c_n F(P_n;x) = 0$$
$$\tag{12.9}$$

现在定义一个数 λ,使
$$\max_{P \in \mathfrak{M}} |\lambda F(P;\alpha)| \leq 1$$
并设 $g(P)$ 是任一在 $\mathfrak{M}$ 上连续的函数,使
$$|g(P)| \leq 1 \quad (P \in \mathfrak{M})$$
及
$$g(P_i) = \operatorname{sign} c_i, \text{如果 } c_i \neq 0 \quad (i=1,2,\cdots,n)$$
显然函数
$$f(P) = g(P)\{1 - |\lambda F(P;\alpha)|\}$$

也有同样的性质.

现在来证明函数 $f(P)$ 有无穷多个最小偏差多项式. 事实上,无论数 $x_1, x_2, \cdots, x_n$ 如何,量 $L(x;f)$ 不小于 1,因为否则根据等式
$$f(P_i) = \operatorname{sign} c_i, \text{ 如果 } c_i \neq 0 \quad (i = 1, 2, \cdots, n)$$
对一切异于 0 的 c_i 将有等式
$$\operatorname{sign} F(P_i;x) = \operatorname{sign} f(P_i) = \operatorname{sign} c_i$$
而这与关系式(12.9)是矛盾的.

另外,当 $|\varepsilon| \leqslant 1$ 时
$$|f(P) - \varepsilon \lambda F(P;\alpha)|$$
$$\leqslant |f(P)| + |\varepsilon \lambda F(P;\alpha)|$$
$$= |g(P)|(1 - |\lambda F(P;\alpha)|) + |\varepsilon \lambda F(P;\alpha)|$$
$$\leqslant 1 - |\lambda F(P;\alpha)| + |\varepsilon \lambda F(P;\alpha)|$$
$$= 1 - (1 - |\varepsilon|)|\lambda F(P;\alpha)| \leqslant 1$$
从而对每个 $\varepsilon(-1 \leqslant \varepsilon \leqslant 1)$, $\varepsilon \lambda F(P;\alpha)$ 是 $f(P)$ 的最小偏差多项式(因为偏差等于 1).

如此,哈尔条件的必要性证明了.

§15 哈尔条件充分性的证明

设哈尔条件满足,我们来证明三个引理:

引理 12.1 如果

逼近论中的 Weierstrass 定理

$$\begin{vmatrix} f(P_i) & f_{i+1}(P_i) & \cdots & f_k(P_i) \\ \vdots & \vdots & & \vdots \\ f_i(P_k) & f_{i+1}(P_k) & \cdots & f_k(P_k) \end{vmatrix} \neq 0 \quad (1 \leqslant i < k < n)$$

(12.10)

那么对于任意 $q(k < q \leqslant n)$ 可以找到点

$$P_{k+1}, P_{k+2}, \cdots, P_q$$

使

$$\begin{vmatrix} f_i(P_i) & f_{i+1}(P_i) & \cdots & f_q(P_i) \\ \vdots & \vdots & & \vdots \\ f_i(P_q) & f_{i+1}(P_q) & \cdots & f_q(P_q) \end{vmatrix} \neq 0$$

证明 根据式(12.10)非零多项式

$$\Phi(P) = \begin{vmatrix} f_i(P_i) & \cdots & f_k(P_i) & f_{k+1}(P_i) \\ \vdots & & \vdots & \vdots \\ f_i(P_k) & \cdots & f_k(P_k) & f_{k+1}(P_k) \\ f_i(P) & \cdots & f_k(P) & f_{k+1}(P) \end{vmatrix}$$

不能有多于 $n-1$ 个零点. 所以存在点 P_{k+1} 使

$$\Phi(P_{k+1}) \neq 0$$

重复这一推理,就可证得引理.

引理 12.2 若点 $P_1, P_2, \cdots, P_k (k < n)$ 都是不同的,则矩阵

$$\begin{bmatrix} f_1(P_1) & \cdots & f_n(P_1) \\ \vdots & & \vdots \\ f_1(P_k) & \cdots & f_n(P_k) \end{bmatrix}$$

至少有一个 k 阶行列式不等于 0.

证明 首先,设 $k=1$;我们应该证明量 $f_i(P_1)(i=$

$1,2,\cdots,n$) 中至少有一个不等于 0. 若不然, 则定义点 $Q_2,\cdots,Q_n$, 使

$$\begin{vmatrix} f_2(Q_2) & \cdots & f_n(Q_2) \\ \vdots & & \vdots \\ f_2(Q_n) & \cdots & f_n(Q_n) \end{vmatrix} \neq 0$$

(为此只需取一点 Q_2 使 $f_2(Q_2) \neq 0$, 然后利用引理 12.1), 于是我们得到非零多项式

$$\begin{vmatrix} f_1(P) & f_2(P) & \cdots & f_n(P) \\ f_1(Q_2) & f_2(Q_2) & \cdots & f_n(Q_2) \\ \vdots & \vdots & & \vdots \\ f_1(Q_n) & f_2(Q_n) & \cdots & f_n(Q_n) \end{vmatrix}$$

这多项式有 n 个不同零点 $P_1,Q_2,\cdots,Q_n$.

我们用数学归纳法来考虑 $k>1$ 的情形. 设引理对 $k=1,2,\cdots,m-1$ 是成立的. 不失去普遍性可设

$$\begin{vmatrix} f_2(P_2) & \cdots & f_m(P_2) \\ \vdots & & \vdots \\ f_2(P_m) & \cdots & f_m(P_m) \end{vmatrix} \neq 0$$

根据引理 12.1 可找到点 $Q_{m+1},\cdots,Q_n$ 使

$$\begin{vmatrix} f_2(P_2) & \cdots & f_n(P_2) \\ \vdots & & \vdots \\ f_2(Q_n) & \cdots & f_n(Q_n) \end{vmatrix} \neq 0$$

而此时

逼近论中的 Weierstrass 定理

$$\begin{vmatrix} f_1(P) & \cdots & f_n(P) \\ f_1(P_2) & \cdots & f_n(P_2) \\ \vdots & & \vdots \\ f_1(Q_n) & \cdots & f_n(Q_n) \end{vmatrix}$$

是非零多项式. 若我们的结论不正确,则这多项式有 n 个零点: $P_1, P_2, \cdots, P_m, Q_{m+1}, \cdots, Q_n$,而这是不可能的.

引理 12.3 若在集合 $\mathfrak{M}$ 中,使

$$|f(P) - F(P;x)| = L(x) = L(x;f) \quad (12.11)$$

成立的点的个数小于 n,则 $F(P;x)$ 不是与 $f(P)$ 有最小偏差之多项式.

证明 设 $P_1, P_2, \cdots, P_m (m<n)$ 是 $\mathfrak{M}$ 中使式 (12.11) 成立的全部不同点. 根据引理12.2 方程组

$$f_1(P_k)\xi_1 + f_2(P_k)\xi_2 + \cdots + f_n(P_k)\xi_n = f(P_k) - F(P_k;x)$$
$$(k = 1, 2, \cdots, m)$$

对 $\xi_1, \xi_2, \cdots, \xi_n$ 是可解的.

令

$$R(P) = f(P) - F(P;x)$$

对于每个点 $P_k (k = 1, 2, \cdots, m)$ 取足够小的邻域 $\mathfrak{M}_k$,使

$$\mu_k = \min_{P \in \mathfrak{M}_k} |R(P)| > 0, \min_{P \in \mathfrak{M}_k} |F(P;\xi)| \geq \frac{L(x)}{2}$$

再设

$$M_k = \max_{P \in \mathfrak{M}_k} |F(P;\xi)|$$

$$M = \max_{P \in \mathfrak{M}^*} |F(P;\xi)|, L^*(x) = \min_{P \in \mathfrak{M}^*} |R(P)|$$

其中 $\mathfrak{M}^* = \mathfrak{M} - \mathfrak{M}_1 - \mathfrak{M}_2 - \cdots - \mathfrak{M}_m$.

第 12 章 切比雪夫的理论

显然
$$\mu = L(x) - L^*(x) > 0$$

取数 ε, 适合不等式
$$0 < \varepsilon < \min\left\{\frac{\mu}{M}, \frac{\mu_1}{M_1}, \cdots, \frac{\mu_m}{M_m}\right\}$$

而令
$$x'_i = x_i + \varepsilon \xi_i \quad (i = 1, 2, \cdots, n)$$

则此时
$$|f(P) - F(P; x')| = |f(P) - F(P; x) - \varepsilon F(P; \xi)|$$
$$= |R(P) - \varepsilon F(P; \xi)|$$

由此, 若 $P \in \mathfrak{M}_k (k = 1, 2, \cdots, m)$, 则有
$$|f(P) - F(P; x')| \leq |R(P)| \left(1 - \varepsilon \frac{F(P; \xi)}{R(P)}\right)$$
$$\leq L(x) \left(1 - \frac{\varepsilon}{2}\right)$$

而若 $P \in \mathfrak{M}^*$, 则有
$$|f(P) - F(P; x')| \leq |R(P)| + \varepsilon |F(P; \xi)|$$
$$\leq L^*(x) + \varepsilon M < L(x)$$

因此
$$L(x') = \max_{P \in \mathfrak{M}} |f(P) - F(P; x')| < L(x)$$

从而引理得证.

现在就很容易证明哈尔条件的充分性了. 设函数 $f(P)$ 有两个不同的最小偏差多项式
$$F(P; x), F(P; y)$$

因为
$$\left|F\left(P; \frac{x+y}{2}\right) - f(P)\right| \leq \frac{1}{2} |F(P; x) - f(P)| +$$

逼近论中的 Weierstrass 定理

$$\frac{1}{2}|F(P;y)-f(P)|$$

则多项式 $F\left(P;\dfrac{x+y}{2}\right)$ 也将具有同样的性质.

根据引理 12.3,方程

$$\left|f(P)-F\left(P;\dfrac{x+y}{2}\right)\right|=L$$

其中 $L=L\left(\dfrac{x+y}{2}\right)=L(x)=L(y)$,在 $\mathfrak{M}$ 中至少有 n 个不同零点 $P_1,P_2,\cdots,P_n$. 而要使等式

$$\left|f(P_i)-F\left(P_i;\dfrac{x+y}{2}\right)\right|=L$$

成立必须使下面等式

$$f(P_i)-F(P_i;x)=f(P_i)-F(P_i;y)=\pm L$$

成立.

因此,由我们所作之假设推出了非零多项式 $F(P;x-y)$ 在 $\mathfrak{M}$ 中有 n 个不同零点. 而因为这是不可能的,故哈尔条件的充分性证明了.

§16 又 一 个 例

考虑 n 个未知数的无穷(可数或不可数)多个线性方程组

$$\begin{cases}a_1x_1+a_2x_2+\cdots+a_nx_n=l\\ a'_1x_1+a'_2x_2+\cdots+a'_nx_n=l'\\ a''_1x_1+a''_2x_2+\cdots+a''_nx_n=l''\\ \quad\vdots\end{cases} \quad(12.12)$$

第 12 章 切比雪夫的理论

其中系数与右边项皆是有界且实的.

设方程是不相容的,那么不能提出关于方程组 (12.12) 的精确解的问题,但可以提出其近似解的问题,例如可以在使偏差

$$L(x) = \sup_{\alpha} \left| l^{(\alpha)} - \sum_{k=1}^{n} a_k^{(\alpha)} x_k \right|$$

最小的条件下来求量 $x_1, x_2, \cdots, x_n$.

这一问题包括在哈尔的一般问题之内. 事实上,我们将数

$$a_1^{(\alpha)}, a_2^{(\alpha)}, \cdots, a_n^{(\alpha)}, l^{(\alpha)}$$

考虑作为某点 P 的坐标. 它们都是点 P 的连续函数. 所以方程组 (12.12) 可以改写成以下的形式

$$x_1 f_1(P) + x_2 f_2(P) + \cdots + x_n f_n(P) = f(P)$$

如果与方程 (12.12) 相应,点 P 取遍一个集合 $\mathfrak{M}$,而依假设 $\mathfrak{M}$ 是有界的,那么问题就在于从使量

$$L(x) = \sup_{P \in \mathfrak{M}} \left| f(P) - \sum_{k=1}^{n} x_k f_k(P) \right| \quad (12.13)$$

最小的条件下求 x_i.

显然如果把集合 $\mathfrak{M}$ 封闭,$L(x)$ 并不改变. 因此从一开始可设 $\mathfrak{M}$ 是闭有界集,而因此 (12.13) 可以换成

$$L(x) = \max_{P \in \mathfrak{M}} \left| f(P) - \sum_{k=1}^{n} x_k f_k(P) \right|$$

我们知道存在一组使量 $L(x)$ 为极小的数值 x_i,而根据哈尔定理,这组数对于任一组数 $l^{(\alpha)}$ 是唯一的,如果对于任意的 $\xi_i (\sum_{k=1}^{n} \xi_k^2 > 0)$,多项式

$$\xi_1 f_1(P) + \xi_2 f_2(P) + \cdots + \xi_n f_n(P)$$

在 $\mathfrak{M}$ 中没有多于 $n-1$ 个根,也就是说不存在非全等于零的数 $\xi_1,\xi_2,\cdots,\xi_n$,使有多于 $n-1$ 个线性式

$$\sum_{k=1}^{n} a_k^{(\alpha)} \xi_k$$

变成 0,换句话说如果没有一个行列式

$$\begin{vmatrix} a_1^{(i_1)} & a_2^{(i_1)} & \cdots & a_n^{(i_1)} \\ a_1^{(i_2)} & a_2^{(i_2)} & \cdots & a_n^{(i_2)} \\ \vdots & \vdots & & \vdots \\ a_1^{(i_n)} & a_2^{(i_n)} & \cdots & a_n^{(i_n)} \end{vmatrix}$$

等于 0.

§17 切比雪夫函数组

考虑一组实函数

$$f_1(x), f_2(x), \cdots, f_n(x) \tag{S}$$

设它们在有穷①区间 $[a,b]$ 上连续,且在 $[a,b]$ 上满足哈尔条件. 随从伯恩斯坦将把这组简称为关于区间 $[a,b]$ 的切比雪夫组.

引理 12.4　如果 $x_1,x_2,\cdots,x_{n-1}$ 是在区间 $[a,b]$ 上任意取出的不同之点,那么必存在(且除常数倍数不计外是唯一的)非零多项式

$$F(x;\lambda) = \lambda_1 f_1(x) + \lambda_2 f_2(x) + \cdots + \lambda_n f_n(x)$$

---

① 关于区间 $[a,b]$ 有穷的假设可以去掉.

第 12 章 切比雪夫的理论

使点 $x_1, x_2, \cdots, x_{n-1}$ 是它的零点.

如果点 x_k 在区间 (a, b) 的内部,那么当经过它时,多项式 $F(x; \lambda)$ 改变符号.

证明 由 §15 节的引理 12.2 非零多项式

$$D(x; x_1, x_2, \cdots, x_{n-1})$$

$$= \begin{vmatrix} f_1(x) & f_2(x) & \cdots & f_n(x) \\ f_1(x_1) & f_2(x_1) & \cdots & f_n(x_1) \\ \vdots & \vdots & & \vdots \\ f_1(x_{n-1}) & f_2(x_{n-1}) & \cdots & f_n(x_{n-1}) \end{vmatrix}$$

在点 $x_1, x_2, \cdots, x_{n-1}$ 处等于 0 且没有其他的零点. 因为式 (S) 是切比雪夫组.

作确定多项式 $F(x; \lambda)$ 系数 λ_i 的线性方程组,可以看出

$$F(x; \lambda) \equiv CD(x; x_1, x_2, \cdots, x_{n-1})$$

其中 C 是常数.

因为对任意

$$(a \leqslant) x_0 < x_1 < \cdots < x_{n-1} (\leqslant b) \quad (12.14)$$

不等式

$$D(x_0; x_1, x_2, \cdots, x_{n-1}) \neq 0$$

成立,则在条件 (12.14) 之下,行列式

$$D(x_0; x_1, x_2, \cdots, x_{n-1})$$

总有同样的符号.

由此可知对于位于区间 (a, b) 内部的点 x_k,数

$$D(x_k-\varepsilon;x_1,x_2,\cdots,x_{n-1}),D(x_k+\varepsilon;x_1,x_2,\cdots,x_{n-1})$$
$$(1\leqslant k\leqslant n-1)$$

当 $\varepsilon>0$ 足够小时,恒有不同的符号.

于是引理证明了.

§18 切比雪夫定理的推广

我们现在论到的§5节中切比雪夫定理的推广可以陈述如下:如果式(S)(§17节)是关于区间$[a,b]$的切比雪夫组,而$f(x)$是任一在$[a,b]$上连续的函数,那么在$[a,b]$上依空间 C 的度量与$f(x)$有最小偏差的多项式 $F(x;\alpha)$(这多项式的存在性及唯一性已在前面证明①)完全被以下性质所决定:即差 $f(x)-F(x;\alpha)$ 至少在区间$[a,b]$的 $n+1$ 个点列上以正负相间的符号取到其最大值.

设差 $f(x)-F(x;\alpha)$ 在区间$[a,b]$上 $q\leqslant n$ 个点列
$$y_1<y_2<\cdots<y_n$$
上依正负相间的符号取值
$$L=\max_{a\leqslant x\leqslant b}|f(x)-F(x;\alpha)|$$
显然我们可以把区间$[a,b]$分成 q 个小区间
$$[a,x_1],[x_1,x_2],\cdots,[x_{q-1},b]\quad(12.15)$$

---

① 我们建议读者对于现在的情形直接证明,并由此可以看出关于区间$[a,b]$有穷的假设不是重要的.

第 12 章 切比雪夫的理论

且使
$$a \leqslant y_1 < x_1 < \cdots < y_{q-1} < x_{q-1} < y_q \leqslant b$$
如此,使在区间(12.15)中轮流地满足下列两不等式中的一个
$$-L \leqslant f(x) - F(x;\alpha) < L - \mu$$
$$-L + \mu < f(x) - F(x;\alpha) \leqslant L$$
其中 $0 < \mu < \dfrac{L}{2}$,并使
$$f(x_{q-1}) = F(x_{q-1};\alpha)$$
在点 x_{q-1} 及 y_q 之间取点 X,使在区间
$$[x_{q-1}, X] \qquad (12.16)$$
上,下列不等式成立
$$-L + \mu < f(x) - F(x;\alpha) < L - \mu$$
又在区间 (x_{q-1}, X) 内任意选取点
$$x_q < x_{q+1} < \cdots < x_{q+2m-1}$$
其中 $m = \left[\dfrac{n-q}{2}\right]$,而因此 $q + 2m - 1$ 等于 $n - 1$ 或 $n - 2$.

作多项式
$$F(x;\beta) = F(x;\alpha) + \varepsilon D(x;x_1, x_2, \cdots, x_{n-1})$$
其中 $x_{n-1} = b$,如果 $q + 2m - 1 = n - 2$.

取量 ε 使
$$\max_{a \leqslant x \leqslant b} |\varepsilon D(x;x_1, x_2, \cdots, x_{n-1})| < \mu$$
显然,我们可选 ε 使在区间 $[a, x_1]$ 上满足条件
$$\operatorname{sign}\{f(y_1) - F(y_1;\alpha)\} = \operatorname{sign} \varepsilon D(x;x_1, x_2, \cdots, x_{n-1})$$
此时,根据上一节中之引理即得到对 $k = 1, 2, \cdots, q -$

逼近论中的 Weierstrass 定理

1,当 $x_{k-1} \leqslant x \leqslant x_k (x_0 = a)$ 时,有
$$\text{sign } \varepsilon D(x; x_1, x_2, \cdots, x_{n-1}) = \text{sign } \{f(y_k) - F(y_k; \alpha)\}$$

由此推出在区间 $[a, x_{q-1}]$ 上有不等式
$$|f(x) - F(x; \beta)| < L$$

另外,如果 $q + 2m - 1 = n - 1$,显然这不等式在区间 $[x_{q-1}, b]$ 上也是成立的. 因此在这情形已证明了 $F(x; \alpha)$ 不是与 $f(x)$ 最小偏差的多项式.

如果
$$q + 2m - 1 = n - 2$$
那么我们得到当 $a \leqslant x < b$ 时
$$|f(x) - F(x; \beta)| < L$$
故此时
$$|f(b) - F(b; \beta)| \leqslant L$$

如果在这不等式中是"$<$",那么 $F(x; \beta)$ 给出了比 $F(x; \alpha)$ 更好的逼近.

如果
$$|f(b) - F(b; \beta)| = L$$
那么只要取任一多项式 $F(x; \gamma)$,使①
$$F(b; \gamma)[f(b) - F(b; \beta)] > 0$$
并使对某一 $\delta > 0$ 在区间 $a \leqslant x \leqslant b$ 上有不等式
$$|f(x) - F(x; \beta) - \delta F(x; \gamma)| < L$$

这样,定理所给准则的必要性证得了. 充分性证明是简单的,我们让读者自证.

---

① 必须注意全部函数 $f_k(x)(k = 1, 2, \cdots, n)$ 在 $x = b$ 不可能都等于 0,因为我们讨论的是关于闭区间 $[a, b]$ 的切比雪夫组.

第 12 章 切比雪夫的理论

除此,我们还让读者在这里所给的方向上去推广瓦赖-泊松定理.

§19 关于一个在度量空间 L 中逼近连续函数的问题

设
$$f(x), f_1(x), \cdots, f_n(x)$$
是给定在有穷区间 $[a,b]$ 上的实连续函数. 我们知道,存在多项式
$$F(x;\lambda) = \lambda_1 f_1(x) + \lambda_2 f_2(\lambda) + \cdots + \lambda_n f_n(x)$$
使积分
$$I[f;\alpha] = \int_a^b | f(x) - F(x;\alpha) | \, \mathrm{d}x$$
取到自己的最小值 $I[f]$.

我们来证明,若函数
$$f_1(x), f_2(x), \cdots, f_n(x) \qquad (12.17)$$
建立了关于区间 $[a,b]$ 的切比雪夫组,则对于每一函数 $f(x)$ 这个最佳逼近多项式是唯一的. 这个定理首先由杰克逊证明,而它的特殊情形早被切比雪夫所知.

首先,证明两个引理:

引理 12.5 如果某个(连续)函数 $f(x)$ 具有两个最佳(在 L 度量中)逼近多项式
$$F(x;\lambda), F(x;\mu)$$
那么在区间 $[a,b]$ 上的每一点有不等式($t \geq 0$)

逼近论中的 Weierstrass 定理

$$\{f(x) - F(x;\lambda)\} \cdot \left\{f(x) - F\left(x;\frac{\lambda+\mu t}{1+t}\right)\right\} \geq 0$$

证明 对任一数 $t \geq 0$，显然有

$$I\left[f;\frac{\lambda+\mu t}{1+t}\right] \leq \frac{1}{1+t}I[f;\lambda] + \frac{t}{1+t}I[f;\mu] = I[f]$$

而因为由量 $I[f]$ 的定义知

$$I\left[f;\frac{\lambda+\mu t}{1+t}\right] \geq I[f]$$

则对任一 $t \geq 0$，有

$$I\left[f;\frac{\lambda+\mu t}{1+t}\right] = I[f]$$

因此对任意 $t \geq 0$ 与多项式 $F(x;\lambda), F(x;\mu)$ 同时，多项式 $F\left(x;\frac{\lambda+\mu t}{1+t}\right)$ 也给出了函数 $f(x)$ 的最佳逼近. 所以，设 $\sigma = \frac{\lambda+\mu t}{1+t}$ 得到

$$\int_a^b \left|f(x) - F\left(x;\frac{\lambda+\sigma}{2}\right)\right| dx$$

$$= \frac{1}{2}\int_a^b |f(x) - F(x;\lambda)| dx + \frac{1}{2}\int_a^b |f(x) - F(x;\sigma)| dx$$

而因此在区间 $[a,b]$ 上的每一点，差
$R(x;\lambda) = f(x) - F(x;\lambda), R(x;\sigma) = f(x) - F(x;\sigma)$
具有相同的符号.

引理 12.6 若 $F(x;\lambda)$ 是对于函数 $f(x)$ 的最佳逼近多项式，又如差 $R(x;\lambda)$ 在区间 (a,b) 上的 $p \geq n$ 个点上改变符号，则 $F(x;\lambda)$ 是对于 $f(x)$ 的唯一最佳逼近多项式.

证明 设不是这样，且将引理中指出的点表成

第 12 章　切比雪夫的理论

$$x_1 < x_2 < \cdots < x_p \quad (a < x_1, x_p < b) \quad (12.18)$$

则由引理 12.5 知对第二个最佳逼近多项式做出的差 $R(x;\mu)$ 在点 (12.18) 上也改变符号.

因此,在这些点

$$F(x;\lambda) = F(x;\mu)$$

也就是说非零多项式

$$F(x;\lambda - \mu)$$

在区间 $[a,b]$ 上有 $p \geqslant n$ 个零点,此即得到矛盾,因为 (12.17) 是切比雪夫组.

现在我们开始证明杰克逊定理.

设 $f(x)$ 具有两个不同的最佳逼近多项式 $F(x;\lambda)$ 及 $F(x;\mu)$,又按照引理 12.5 及引理 12.6 设差 $R(x;\lambda), R(x;\mu)$ 在区间 (a,b) 的 $q \leqslant n-1$ 个点上改变自己的符号(对两个差是一样的).

我们将这些点记作

$$x_1 < x_2 < \cdots < x_q \quad (a < x_1, x_q < b)$$

而取足够小的区间

$$[b - \delta, b] \quad (12.19)$$

使得

$$b - \delta > x_q$$

在区间 (12.19) 上取任意的点

$$x_{q+1} < x_{q+2} < \cdots < x_{n-1}$$

并建立多项式

$$F(x;\alpha) = CD(x;x_1,x_2,\cdots,x_{n-1})$$

其中选取 C,使

$$\max_{a \leqslant x \leqslant b} |F(x;\alpha)| = 1$$

逼近论中的 Weierstrass 定理

$$\operatorname*{sign}_{a<x<x_1} F(x;\alpha) = \operatorname*{sign}_{a<x<x_1} R(x;\lambda)$$

此时在区间 $[a, x_{q+1}]$ 到处将有

$$\operatorname{sign} F(x;\alpha) = \operatorname{sign} R(x;\lambda) = \operatorname{sign} R(x;\mu)$$

取任意数 $\varepsilon > 0$ 并以 $r_\varepsilon, s_\varepsilon, w_\varepsilon$ 分别表示满足下列各等式的在区间 $[a,b]$ 上的点集

$$(r_\varepsilon) \quad \left| R\left(x; \frac{\lambda+\mu t}{1+t}\right) \right| \geq \varepsilon, R\left(x; \frac{\lambda+\mu t}{1+t}\right) F(x;\alpha) \geq 0$$

$$(s_\varepsilon) \quad \left| R\left(x; \frac{\lambda+\mu t}{1+t}\right) \right| < \varepsilon, R\left(x; \frac{\lambda+\mu t}{1+t}\right) F(x;\alpha) \geq 0$$

$$(w_\varepsilon) \qquad R\left(x; \frac{\lambda+\mu t}{1+t}\right) F(x;\alpha) < 0$$

显然这些集合的和就是整个区间,又集合 w_ε 的测度不超过 δ,因为集合 w_ε 包含在区间 (12.19) 内。

我们有下述关系式

$$\int_{r_\varepsilon} \left| R\left(x; \frac{\lambda+\mu t}{1+t}\right) - \varepsilon F(x;\alpha) \right| \mathrm{d}x$$

$$= \int_{r_\varepsilon} \left| R\left(x; \frac{\lambda+\mu t}{1+t}\right) \right| \mathrm{d}x - \varepsilon \int_{r_\varepsilon} |F(x;\alpha)| \, \mathrm{d}x$$

$$\int_{s_\varepsilon + w_\varepsilon} \left| R\left(x; \frac{\lambda+\mu t}{1+t}\right) - \varepsilon F(x;\alpha) \right| \mathrm{d}x$$

$$\leq \int_{s_\varepsilon + w_\varepsilon} \left| R\left(x; \frac{\lambda+\mu t}{1+t}\right) \right| \mathrm{d}x + \varepsilon \int_{s_\varepsilon + w_\varepsilon} |F(x;\alpha)| \, \mathrm{d}x$$

由此推知

$$\int_a^b \left| R\left(x; \frac{\lambda+\mu t}{1+t}\right) - \varepsilon F(x;\alpha) \right| \mathrm{d}x$$

$$\leq \int_a^b \left| R\left(x; \frac{\lambda+\mu t}{1+t}\right) \right| \mathrm{d}x - \varepsilon \int_{r_\varepsilon} |F(x;\alpha)| \, \mathrm{d}x +$$

$$\varepsilon \int_{s_\varepsilon + w_\varepsilon} |F(x;\alpha)| \, \mathrm{d}x$$

第 12 章　切比雪夫的理论

因为
$$\int_a^b \left| R\left(x; \frac{\lambda + \mu t}{1+t}\right) - \varepsilon F(x;\alpha) \right| dx \geq \int_a^b \left| R\left(x; \frac{\lambda + \mu t}{1+t}\right) \right| dx$$
故因此有
$$\int_{s_\varepsilon + w_\varepsilon} |F(x;\alpha)|\, dx \geq \int_{r_\varepsilon} |F(x;\alpha)|\, dx$$
也即有
$$\int_a^b |F(x;\alpha)|\, dx \leq 2\int_{s_\varepsilon + w_\varepsilon} |F(x;\alpha)|\, dx \quad (12.20)$$

由第 11 章 §8 节中之一般见解知,存在这样的常数 M,使由关系式
$$\int_a^b |F(x;\beta)|\, dx = 1$$
推出不等式①

---

① 事实上,在球面
$$|\gamma_1|^2 + |\gamma_2|^2 + \cdots + |\gamma_n|^2 = 1$$
上,量
$$\int_a^b |F(x;\gamma)|\, dx$$
有某个最小值 $m > 0$. 因此,对任意的 $\beta_1, \beta_2, \cdots, \beta_n$ 有如下不等式成立
$$\int_a^b |F(x;\beta)|\, dx \geq m\sqrt{|\beta_1|^2 + |\beta_2|^2 + \cdots + |\beta_n|^2}$$
所以由等式
$$\int_a^b |F(x;\beta)|\, dx = 1$$
可推知
$$|\beta_i| \leq \frac{1}{m} = M$$

逼近论中的 Weierstrass 定理

$$|\beta_j| \leq M \quad (i=1,2,\cdots,n)$$

因而有不等式

$$\max_{a \leq x \leq b} |F(x;\beta)| \leq nMN$$

其中 N 是函数 $f_k(x)$ 的最大模之最大者.

这样一来,由不等式(12.20)得到

$$G \leq 2nMNG(\delta + \text{més } s_\varepsilon)$$

或即

$$\frac{1}{2nMN} \leq \delta + \text{més } s_\varepsilon \qquad (12.21)$$

(若设

$$G = \int_a^b |F(x;\alpha)| \, dx$$

则 $|\alpha_i| \leq MG$,因此 $\max\limits_{a \leq x \leq b} |F(x;\alpha)| \leq nMNG$).

因为量 M,N 不依赖于点 $x_{q+1},\cdots,x_{n-1}$,而只有 G 依赖于它们,但在式(12.21)中不出现 G,故可选 δ 足够小,使

$$\frac{1}{2nMN} - \delta = h > 0$$

因而

$$\text{més } s_\varepsilon \geq h$$

令 ε 趋于 0,我们得到

$$\text{més } s \geq h$$

其中 s 是区间 $[a,b]$ 中使

$$R\left(x; \frac{\lambda + \mu t}{1+t}\right) = 0$$

的点集. 因为对于任意的 $t > 0$ 集合 s 的测度不小于 h,则存在两个不同的 t,使对应的集合有公共的正测度部

分;换句话说对某个 $t' > 0, t'' > 0 (t' \neq t'')$,下列等式在一正测度集合上成立

$$F\left(x; \frac{\lambda + \mu t'}{1 + t'}\right) = F\left(x; \frac{\lambda + \mu t''}{1 + t''}\right)$$

而这得到矛盾,因为多项式

$$F\left(x; \frac{\lambda + \mu t''}{1 + t''} - \frac{\lambda + \mu t'}{1 + t'}\right)$$

在区间 $[a, b]$ 上不能有多于 $n - 1$ 个零点.

§20 马尔可夫定理

设在有穷区间 $[a, b]$ 上给定实的连续函数

$$f_1(x), f_2(x), \cdots, f_n(x) \quad (n \leqslant \infty) \quad (\Sigma)$$

我们将说函数 (Σ) 是关于区间 $[a, b]$ 的马尔可夫函数组,如果对于任意(有限的) $k \leqslant n$ 函数

$$f_1(x), f_2(x), \cdots, f_k(x)$$

建立关于区间 $[a, b]$ 的切比雪夫组.

正如我们所知的,对任意 $k < n$ 存在唯一的与 $f_{k+1}(x)$ 在度量空间 L 中有最小偏差的多项式

$$F_k(x) = \alpha_{k1} f_1(x) + \alpha_{k2} f_2(x) + \cdots + \alpha_{kk} f_k(x)$$
$$(k = 1, 2, \cdots)$$

设

$$Q_1(x) = f_1(x)$$
$$Q_k(x) = f_k(x) - F_{k-1}(x) \quad (k = 2, 3, \cdots)$$

容易证明多项式 $Q_k(x)$ 在区间 (a, b) 内部 $k - 1$ 次改变自己的符号. 关于多项式 $Q_1(x)$ 这是显然的. 转向

逼近论中的 Weierstrass 定理

$Q_k(x)$ 而 $k > 1$. 设 $Q_k(x)$ 在区间 (a,b) 内的 j 个点

$$x_1 < x_2 < \cdots < x_j$$

上改变符号. 由切比雪夫组的性质知 $j \leqslant k-1$. 为了确定我们可以认为

$$I_k = \int_a^b | Q_k(x) | \, dx$$

$$= \int_a^{x_1} Q_k(x) \, dx - \int_{x_1}^{x_2} Q_k(x) \, dx + \cdots +$$

$$(-1)^j \int_{x_j}^b Q_k(x) \, dx$$

由于多项式 $F_{k-1}(x)$ 的极值性质有以下等式成立

$$\frac{\partial I_k}{\partial \alpha_{k-1,r}} = 0 \quad (r = 1, 2, \cdots, k-1)$$

施行微分,我们得到

$$\int_a^{x_1} f_r(x) \, dx - \int_{x_1}^{x_2} f_r(x) \, dx + \cdots + (-1)^j \int_{x_j}^b f_r(x) \, dx = 0$$

$$(r = 1, 2, \cdots, k-1)$$

这些关系可表示成以下的形式

$$\int_a^b f_r(x) \operatorname{sign} Q_k(x) \, dx = 0 \quad (r = 1, 2, \cdots, k-1)$$

(12.22)

今设 $j \leqslant k-2$, 则由 §17 节中的引理, 存在多项式

$$G(x) = \lambda_1 f_1(x) + \lambda_2 f_2(x) + \cdots + \lambda_{j+1} f_{j+1}(x)$$

使它在且仅在点

$$x_1, x_2, \cdots, x_j$$

上改变自己的符号. 所以

$$\int_a^b G(x) \operatorname{sign} Q_k(x) \, dx \neq 0$$

第 12 章 切比雪夫的理论

而这由于式(12.22)是不可能的.

现在作多项式
$$P_k(x) = \beta_{k1}f_1(x) + \beta_{k2}f_2(x) + \cdots + \beta_{kk}f_k(x)$$
$$(k = 1,2,3,\cdots)$$
使适合以下的正交性关系
$$\begin{cases} \int_a^b P_k(x)\operatorname{sign} Q_r(x) = 0 & (r = 1,2,\cdots,k-1) \\ \int_a^b P_k(x)\operatorname{sign} Q_k(x) = 1 \end{cases}$$
$$(12.23)$$

不难看出多项式 $P_k(x)$ 被条件(12.23)唯一的决定.

正交性关系式(12.22)及(12.23)可以合成
$$\int_a^b P_k(x)\operatorname{sign} Q_r(x)\,\mathrm{d}x = \begin{cases} 0 & (k \neq r) \\ 1 & (k = r) \end{cases} \quad (12.24)$$
$$(k,r = 1,2,\cdots)$$

按照被规定的术语,我们可以说多项式 $P_k(x)$ 及函数 $\operatorname{sign} Q_k(x)$ 的序列建立了双正交组. 所建立的双正交组使每一(可积)函数 $g(x)$ 与按多项式 $P_k(x)$ 的级数比较
$$g(x) \sim \sum_1^n A_k P_k(x)$$
其中
$$A_k = \int_a^b g(x)\operatorname{sign} Q_k(x)\,\mathrm{d}x$$
这个级数的一段可被利用来近似地表示函数 $g(x)$.

类似的展开式先是由切比雪夫提出的. 我们不停留在这个问题上,而转到马尔可夫定理,这定理可陈

逼近论中的 Weierstrass 定理

述如下:设 $f(x)$ 是在区间 $[a,b]$ 上的连续函数,又设多项式

$$F_k(x;\lambda) = \lambda_1 f_1(x) + \lambda_2 f_2(x) + \cdots + \lambda_k f_k(x)$$

的系数由下述条件来确定

$$f(x_r) - F_k(x_r;\lambda) = 0 \quad (r=1,2,\cdots,k)$$

其中 $x_r(r=1,2,\cdots,k)$ 是多项式 $Q_{k+1}(x)$ 的零点;如果差

$$f(x) - F_k(x;\lambda)$$

在且仅在点 $x_r(r=1,2,\cdots,k)$ 上改变符号,那么在全部多项式 $F_k(x;\mu)$ 中,$F_k(x;\lambda)$ 与 $f(x)$ 在度量空间 $L(a, b)$ 上的偏差最小,且有

$$\min_\mu \int_a^b |f(x) - F_k(x;\mu)| \, dx$$

$$= \int_a^b |f(x) - F_k(x;\lambda)| \, dx$$

$$= \left| \int_a^b f(x) \operatorname{sign} Q_{k+1}(x) \, dx \right|$$

证明 因为

$$\int_a^b |f(x) - F_k(x;\mu)| \, dx$$

$$\geqslant \left| \int_a^b (f(x) - F_k(x;\mu)) \operatorname{sign} Q_{k+1}(x) \, dx \right|$$

所以由关系式(12.22)得

$$\int_a^b |f(x) - F_k(x;\mu)| \, dx \geqslant \left| \int_a^b f(x) \operatorname{sign} Q_{k+1}(x) \, dx \right|$$

另外

$$\int_a^b |f(x) - F(x;\lambda)| \, dx$$

$$= \left| \int_a^b (f(x) - F(x;\lambda)) \operatorname{sign} Q_{k+1}(x) \mathrm{d}x \right|$$

$$= \left| \int_a^b f(x) \operatorname{sign} Q_{k+1}(x) \mathrm{d}x \right|$$

定理证毕.

为了应用这个定理必须要知道多项式 $Q_k(x)$. 所以注意以下从我们所考虑的事实中得到的推论是有益的. 若多项式

$$F(x) = f_k(x) + \alpha_1 f_1(x) + \cdots + \alpha_{k-1} f_{k-1}(x)$$

适合关系式

$$\int_a^b \operatorname{sign} F(x) f_r(x) \mathrm{d}x = 0 \quad (r = 1,2,\cdots,k-1)$$

则 $F(x) = Q_k(x)$, 也就是说 $F(x)$ 是在全部下列形式之多项式

$$f_k(x) + \beta_1 f_1(x) + \cdots + \beta_{k-1} f_{k-1}(x)$$

中在度量空间 $L(a,b)$ 与 0 有最小偏差者.

§21 特 殊 情 形

设可积函数 $F(x)$ 适合关系式

$$F(x+\pi) = -F(x)$$

(而因此具有周期 2π). 设 m,n 是整数, 又 $\dfrac{m}{n}$ 不是奇数, 则

$$\int_{-\pi}^{\pi} e^{imx} F(nx) \mathrm{d}x = 0$$

事实上, 由于周期性

433

逼近论中的 Weierstrass 定理

$$I \equiv \int_{-\pi}^{\pi} e^{imx} F(nx) dx = \int_{-\pi+\alpha}^{\pi+\alpha} e^{imx} F(nx) dx$$

而设 $\alpha = \dfrac{\pi}{n}$,我们得到

$$I = e^{\frac{im\pi}{n}} \int_{-\pi}^{\pi} e^{imx} F(nx + \pi) dx = -I e^{\frac{im\pi}{n}}$$

此即证明了我们的断言.

特别地,取 $F(x) = \text{sign}\cos x$,我们得到

$$\int_0^{\pi} \cos mx \cdot \text{sign}\cos nx\, dx = 0 \quad (m = 0, 1, 2, \cdots, n-1)$$

$$(12.25)$$

类似地可得

$$\int_0^{\pi} \sin mx \cdot \text{sign}\sin nx\, dx = 0 \quad (m = 0, 1, 2, \cdots, n-1)$$

$$(12.26)$$

今考虑函数序列

$$1, \cos x, \cos 2x, \cdots \quad (12.27)$$

它建立了关于区间 $[0,\pi]$ 的马尔可夫组. 注意到关系式 (12.25),并利用在上一节末尾所做的注即知

$$Q_k(x) = \text{sign}\cos(k-1)x \quad (k = 1, 2, \cdots)$$

由此推出:若 $f(x)$ 在区间 $(0,\pi)$ 上连续,又如三角和

$$S_{n-1}(x) = a_0 + a_1 \cos x + \cdots + a_{n-1}\cos(n-1)x$$

这样,使差

$$f(x) - S_{n-1}(x)$$

在且仅在区间 $(0,\pi)$ 内的点

$$\frac{(2k-1)\pi}{2n} \quad (k = 1, 2, \cdots, n)$$

上改变自己的符号,则

第 12 章 切比雪夫的理论

$$\min_{A_k}\int_0^\pi |f(x) - A_0 - A_1\cos x - \cdots - A_{n-1}\cos(n-1)x|\,\mathrm{d}x$$

$$= \int_0^\pi |f(x) - S_{n-1}(x)|\,\mathrm{d}x$$

$$= \left|\int_0^\pi f(x)\,\mathrm{sign}\,\cos nx\,\mathrm{d}x\right|$$

容易看出当代替函数(12.27)而取关于开区间 $(0,\pi)$ 的马尔可夫函数系

$$\sin x, \sin 2x, \sin 3x, \cdots$$

时,这里所给的方法应怎样来改变. 极小问题在这样的情形可简单地被解决,即如果存在三角和

$$S_n(x) = b_1\sin x + b_2\sin 2x + \cdots + b_n\sin nx$$

使差

$$f(x) - S_n(x)$$

在且仅在函数 $\sin(n+1)x$ 于区间 $(0,\pi)$ 内部改变符号的点,也即在点 $\dfrac{k\pi}{n+1}(k=1,2,\cdots,n)$ 上改变自己的符号. 我们得到

$$\min_{B_k}\int_0^\pi |f(x) - B_1\sin x - B_2\sin 2x - \cdots - B_n\sin nx|\,\mathrm{d}x$$

$$= \int_0^\pi |f(x) - S_n(x)|\,\mathrm{d}x$$

$$= \left|\int_0^\pi f(x)\,\mathrm{sign}\,\sin(n+1)x\,\mathrm{d}x\right|$$

我们来考虑一重要的情形,取函数

$$1, x, x^2, \cdots$$

它建立了关于任意区间的马尔可夫组;我们取区间

逼近论中的 Weierstrass 定理

$[-1,1]$.

假设对于函数 $f(x)$ 存在多项式

$$P_{n-1}(x) = c_0 + c_1 x + \cdots + c_{n-1} x^{n-1}$$

使差

$$f(x) - P_{n-1}(x)$$

在且仅在下述点上改变符号

$$-\cos \frac{k\pi}{n+1} \quad (k = 1, 2, \cdots, n)$$

这事实将成立. 例如,设 $f^{(n)}(x)$ 存在且在区间 $(-1, 1)$ 内各处不等于 0.

设 $x = \cos \varphi$,又注意 $\dfrac{\sin(k+1)\varphi}{\sin \varphi}$ 是 x 的 $k-1$ 次多项式(最高系数是 2^k),则可将任一 $n-1$ 次多项式表成

$$R_{n-1}(x) = B_1 \frac{\sin \varphi}{\sin \varphi} + B_2 \frac{\sin 2\varphi}{\sin \varphi} + \cdots + B_n \frac{\sin n\varphi}{\sin \varphi}$$

$$= \frac{1}{\sin \varphi} \sigma_n(\varphi)$$

我们可以写出

$$\int_{-1}^{1} |f(x) - R_{n-1}(x)| \, dx$$

$$= \int_{0}^{\pi} |\sin \varphi f(\cos \varphi) - \sigma_n(\varphi)| \, d\varphi$$

且得到

$$\min_{B_k} \int_{-1}^{1} |f(x) - R_{n-1}(x)| \, dx$$

$$= \int_{-1}^{1} |f(x) - P_{n-1}(x)| \, dx$$

第 12 章 切比雪夫的理论

$$= \left| \int_0^\pi \sin\varphi f(\cos\varphi) \operatorname{sign} \sin(n+1)\varphi \, dx \right|$$

$$= \left| \int_{-1}^1 f(x) \operatorname{sign} U_n(x) \, dx \right|$$

其中

$$U_n(x) = \frac{\sin(n+1)\varphi}{\sin\varphi} \quad (x = \cos\varphi)$$

特别地,若

$$f(x) = x^n = \frac{1}{2^n} \frac{\sin(n+1)\varphi}{\sin\varphi} + A \frac{\sin n\varphi}{\sin\varphi} + \cdots$$

则

$$\int_0^\pi \sin\varphi f(\cos\varphi) \operatorname{sign} \sin(n+1)\varphi \, d\varphi$$

$$= \int_0^\pi \sin\varphi \left(\frac{1}{2^n} \frac{\sin(n+1)\varphi}{\sin\varphi} + \cdots \right) \operatorname{sign} \sin(n+1)\varphi \, d\varphi$$

$$= \frac{1}{2^n} \int_0^\pi \sin(n+1)\varphi \operatorname{sign} \sin(n+1)\varphi \, d\varphi$$

$$= \frac{1}{2^n} \int_0^\pi |\sin(n+1)\varphi| \, d\varphi$$

$$= \frac{1}{2^n(n+1)} \int_0^{(n+1)\pi} |\sin\psi| \, d\psi$$

$$= \frac{1}{2^n} \int_0^\pi \sin\psi \, d\psi = \frac{1}{2^{n-1}}$$

因此

$$\min_{C_k} \int_{-1}^1 |x^n + C_{n-1}x^{n-1} + \cdots + C_0| \, dx = \frac{1}{2^{n-1}}$$

这个结果属于古尔庚(А. Н. Коркин)和左洛塔留夫[①].

----

① 它在隐蔽的形式下已被包含在切比雪夫的一个研究报告中了.

第四编
各种补充与问题

极值的简单问题与封闭性的某些判别法

第 13 章

1. 设点 $z_1, z_2, \cdots, z_k$ 在区域 $|z|>1$ 内,而 $z_{k+1}, z_{k+2}, \cdots, z_n$ 在圆 $|z| \leq 1$ 内,则当 $N \geq n$ 时,有下列关系:

(1) $\min\limits_{A_i} \max\limits_{|z|=1} \dfrac{|z^N + A_1 z^{N-1} + \cdots + A_N|}{(z-z_1)(z-z_2)\cdots(z-z_n)}$

$= \dfrac{1}{|z_1 z_2 \cdots z_k|}$

(2) 对于任何 $p>0$,有

$\min\limits_{A_i} \dfrac{1}{2\pi}$.

$\int_{|z|=1} \left| \dfrac{z^N + A_1 z^{N-1} + \cdots + A_N}{(z-z_1)(z-z_2)\cdots(z-z_n)} \right|^p |\,\mathrm{d}z|$

$= \dfrac{1}{|z_1 z_2 \cdots z_k|^p}$

并且在所有的情形下,取到极小的多项式
$$z^N + A_1 z^{N-1} + \cdots + A_N$$
是

逼近论中的 Weierstrass 定理

$$P(z) = \frac{z^{N-n}(z\bar{z}_1 - 1)\cdots(z\bar{z}_k - 1)(z - z_{k+1})\cdots(z - z_n)}{\bar{z}_1 \bar{z}_2 \cdots \bar{z}_k}$$

我们需要证明任何次数等于 N 而且最高次项系数等于 1 的多项式 $Q(z)$ 假如不恒等于 $P(z)$ 时，下面的不等式就成立：

$$(1) \max_{|z|=1} \left| \frac{Q(z)}{\omega(z)} \right| > \max_{|z|=1} \left| \frac{P(z)}{\omega(z)} \right| = \frac{1}{|z_1 z_2 \cdots z_k|}$$

$$(2) \frac{1}{2\pi} \int_{|z|=1} \left| \frac{Q(z)}{\omega(z)} \right|^p |\mathrm{d}z| > \frac{1}{2\pi} \int_{|z|=1} \left| \frac{P(z)}{\omega(z)} \right|^p |\mathrm{d}z|$$

$$= \frac{1}{|z_1 z_2 \cdots z_k|^p} \quad (p > 0)$$

其中

$$\omega(z) = (z - z_1)(z - z_2)\cdots(z - z_n)$$

由于

$$\max_{|z|=1} \left| \frac{Q(z)}{\omega(z)} \right|^p \geqslant \frac{1}{2\pi} \int_{|z|=1} \left| \frac{Q(z)}{\omega(z)} \right|^p |\mathrm{d}z|$$

故从（2）可以推出（1）.

为了证明（2），用 $\alpha_1, \alpha_2, \cdots, \alpha_q$ 来记多项式 $Q(z)$ 的零点中，位于区域 $|z| < 1$ 内的那些零点，并且假定

$$Q(z) = (z - \alpha_1)(z - \alpha_2)\cdots(z - \alpha_q) S(z)$$

从而

$$|S(0)| \geqslant 1$$

函数

$$R(z) = \frac{(1 - \bar{\alpha}_1 z)(1 - \bar{\alpha}_2 z)\cdots(1 - \bar{\alpha}_q z) S(z)}{(z - z_1)(z - z_2)\cdots(z - z_k)(1 - \bar{z}_{k+1} z)\cdots(1 - \bar{z}_n z)}$$

在 $|z| < 1$ 内全纯而且不为 0，显然我们可以认为它在

第13章 极值的简单问题与封闭性的某些判别法

$|z| \leqslant 1$ 内连续. 函数 $[R(z)]^p$ 也有同样的性质. 从而

$$\int_{|z|=1} [R(z)]^p \frac{\mathrm{d}z}{z} = 2\pi \mathrm{i} [R(0)]^p$$

但是因为当 $|z|=1$ 时

$$|R(z)| = \left| \frac{Q(z)}{\omega(z)} \right|$$

所以

$$\frac{1}{2\pi} \int_{|z|=1} \left| \frac{Q(z)}{\omega(z)} \right|^p |\mathrm{d}z| = \frac{1}{2\pi} \int_{|z|=1} |R(z)|^p |\mathrm{d}z|$$

$$\geqslant \frac{1}{2\pi} \left| \int_{|z|=1} [R(z)]^p \frac{\mathrm{d}z}{z} \right|$$

$$= |R(0)|^p = \frac{|S(0)|^p}{|z_1 z_2 \cdots z_k|^p}$$

$$\geqslant \frac{1}{|z_1 z_2 \cdots z_k|^p}$$

不难验证当 $Q(z) \not\equiv P(z)$ 时,上面关系式中的两个等号不可能成立.

2. 给定一串彼此不相等的数列 z_k ($k=1,2,3,\cdots$),满足条件 $|z_k| \neq 1$. 证明函数序列

$$\left\{ \frac{1}{\mathrm{e}^{\mathrm{i}t} - z_k} \right\}_{k=1}^{\infty} \quad (0 \leqslant t \leqslant 2\pi)$$

在空间 $L^p(0, 2\pi)$ ($p \geqslant 1$) 内是封闭的充分且必要的条件是

$$\sum_{k=1}^{\infty} \{1 - |z_k|^*\} = \infty, \quad \sum_{k=1}^{\infty} \left\{ 1 - \left| \frac{1}{z_k} \right|^* \right\} = \infty$$

而

$$|\zeta|^* = \begin{cases} |\zeta| & (|\zeta| \leqslant 1) \\ 1 & (|\zeta| \geqslant 1) \end{cases}$$

逼近论中的 Weierstrass 定理

对于以 2π 为周期的连续函数的空间,结论同样成立.

我们只要证明:当问题的条件成立时,可以推出所考虑的函数序列在连续周期函数空间的封闭性,而这条件又是该函数序列在 $L(0,2\pi)$ 空间封闭的必要条件.

假定函数序列

$$\left\{\frac{1}{e^{it}-z_k}\right\}_{k=1}^{\infty}$$

在 $L(0,2\pi)$ 空间封闭. 于是量(参考前节)

$$\min_{A_k}\int_0^{2\pi}\left|1-\sum_{k=1}^{n}\frac{A_k}{e^{it}-z_k}\right|dt$$

$$=\min_{B_k}\int_{|z|=1}\left|\frac{z^n+B_1z^{n-1}+\cdots+B_n}{(z-z_1)\cdots(z-z_n)}\right||dz|$$

$$=2\pi\prod_{k=1}^{n}\left|\frac{1}{z_k}\right|^*$$

当 $n\to\infty$ 时应趋向于 0,从而级数

$$\sum_{k=1}^{\infty}\left\{1-\left|\frac{1}{z_k}\right|^*\right\} \qquad (13.1)$$

应发散.

不失一般性,我们可以假定 $z_k\neq 0(k=1,2,3,\cdots)$. 于是

$$\min_{A_k}\int_0^{2\pi}\left|e^{-it}-A_0-\sum_{k=1}^{n}\frac{A_k}{e^{it}-z_k}\right|dt$$

$$=\min_{B_k}\int_{|z|=1}\left|\frac{z^{n+1}+B_1z^n+\cdots+B_{n+1}}{\left(z-\dfrac{1}{\bar{z}_1}\right)\cdots\left(z-\dfrac{1}{\bar{z}_n}\right)}\right||dz|$$

$$=2\pi\prod_{k=1}^{n}|z_k|^*$$

第13章 极值的简单问题与封闭性的某些判别法

由于这个量当 $n \to \infty$ 时应趋向于 0,所以级数

$$\sum_{k=1}^{\infty}(1-|z_k|^*) \qquad (13.2)$$

同样也应发散.

现在约定上两级数都发散. 根据前节定理的结果 (1),我们有下面的等式

$$\min_{A_k}\max_{|z|=1}\left|z^m-A_1z^{m-1}-\cdots-A_m-\frac{A_{m+1}}{z-z_1}-\cdots-\frac{A_{m+n}}{z-z_n}\right|$$

$$=\prod_{k=1}^{n}\left|\frac{1}{z_k}\right|^* \quad (m=0,1,2,\cdots)$$

又假定 $z_k \neq 0 (k=1,2,3,\cdots)$,则

$$\min_{A_k}\max_{|z|=1}\left|\frac{1}{z^\mu}-\frac{A_1}{z^{\mu-1}}-\cdots-A_\mu-\frac{A_{\mu+1}}{z-z_1}-\cdots-\frac{A_{\mu+n}}{z-z_n}\right|$$

$$=\min_{B_k}\max_{|z|=1}\left|z^\mu-B_1z^{\mu-1}-\cdots-B_\mu-\frac{B_{\mu+1}}{z-\frac{1}{\bar{z}_1}}-\cdots-\frac{B_{\mu+n}}{z-\frac{1}{\bar{z}_n}}\right|$$

$$=\prod_{k=1}^{n}|z_k|^* \quad (\mu=1,2,\cdots)$$

于是依次令 $m=0,1,2,\cdots;\mu=1,2,3,\cdots$,我们得到函数

$$1,e^{\pm it},e^{\pm 2it},\cdots \qquad (13.3)$$

中的每一个可以用给定的函数的组合逼近到任意的精确度,而剩下的只要注意到(魏尔斯特拉斯第二定理)集合(13.3)在连续周期函数空间是封闭的.

级数(13.1)与(13.2)在解析函数的现代理论中经常碰到(与勃朗希盖(Blaschke)定理及其扩充相联系).因而这两级数在我们所考虑的问题中出现,从函数论的观点来看,是绝非偶然的.

3. 设数 $c_0, c_1, \cdots, c_n$ 都不是实数. 证明

(1) $\min\limits_{A_k} \max\limits_{-\infty < x < +\infty} \left| \dfrac{1}{x - c_0} - A_0 - \dfrac{A_1}{x - c_1} - \cdots - \dfrac{A_n}{x - c_n} \right|$

$= \dfrac{1}{|c - \bar{c}_0|} \prod\limits_{k=1}^{n} \left| \dfrac{c_0 - c_k}{c_0 - \bar{c}_k} \right|^*$

(2) $\min\limits_{A_k} \int_{-\infty}^{+\infty} \left| \dfrac{1}{x - c_0} - \dfrac{A_1}{x - c_1} - \cdots - \dfrac{A_n}{x - c_n} \right|^2 \mathrm{d}x$

$= \dfrac{2\pi}{|c_0 - \bar{c}_0|} \left(\sum\limits_{k=1}^{n} \left| \dfrac{c_0 - c_k}{c_0 - \bar{c}_k} \right|^* \right)^2$

(3) 对于任意的 $p > 0$,有

$\min\limits_{A_k} \int_{-\infty}^{+\infty} \left| \dfrac{1}{x - c_0} - A_0 - \dfrac{A_1}{x - c_1} - \cdots - \dfrac{A_n}{x - c_n} \right|^p \dfrac{\mathrm{d}x}{|x - c_0|^2}$

$= \dfrac{2}{|c_0 - \bar{c}_0|^{p+1}} \left(\sum\limits_{k=1}^{n} \left| \dfrac{c_0 - c_k}{c_0 - \bar{c}_k} \right|^* \right)^p$

要证明上面的结果,先要利用半平面到圆的保角映射来进行简化

$$z = \dfrac{x - \bar{c}_0}{x - c_0}$$

4. 给定一个彼此不相等的数列 $c_k (k = 1, 2, \cdots)$,满足不等式 $\Im c_k \neq 0$.

证明函数列

$$1, \dfrac{1}{x - c_1}, \dfrac{1}{x - c_2}, \cdots$$

在 C_∞ 空间封闭的充分必要条件是级数

$$\sum{'} \dfrac{\Im c_k}{1 + |c_k|^2}, \quad \sum{''} \dfrac{\Im c_k}{1 + |c_k|^2}$$

第13章 极值的简单问题与封闭性的某些判别法

都发散,而 $\sum'$ 表示关于那些使 $\Im c_k > 0$ 的 k 的总和,$\sum''$ 则表示关于其他的 k 的总和. 这同样的条件也是函数列

$$\left\{\frac{1}{x-c_k}\right\}_{k=1}^{\infty}$$

在 $L^p(-\infty,+\infty)$ 空间($p>1$ 任意)封闭的充分而且必要的条件.

上述定理稍欠完善的形式曾为伯恩斯坦所指出.

我们注意到上述两级数的发散是

$$\lim_{n\to\infty}\prod_{k=1}^{n}\left|\frac{c-c_k}{c-\bar{c}_k}\right|^{*}=0$$

对于任何非实数 c 都成立的充分必要条件.

要证明这个断言,为了明确起见,不妨假定

$$\Im c > 0$$

并且当然 $c \neq c_k(k=1,2,3,\cdots)$. 我们考虑乘积

$$\prod\left|\frac{c-c_\alpha}{c-\bar{c}_\alpha}\right|$$

其中 α 取遍那些 $k \leqslant n$ 使 $\Im c_k > 0$. 这个乘积趋向于 0,当且仅当

$$\sum'\left\{1-\left|\frac{c-c_k}{c-\bar{c}_k}\right|^2\right\}=\infty$$

于是剩下的只要注意到对于 $\Im c > 0$,有 $m = m(c) > 0$

逼近论中的 Weierstrass 定理

与 $M = M(c) > m(c)$ 存在[①],使得从 $\Im\gamma > 0$ 可以推出

$$m\frac{\Im\gamma}{1+|\gamma|^2} \leqslant 1 - \left|\frac{c-\gamma}{c-\bar{\gamma}}\right| \leqslant M\frac{\Im\gamma}{1+|\gamma|^2}$$

现在回到我们的问题.

先考虑空间 C_∞.

设 $f(x) \in C_\infty$,则 $g(t) = f\left(\tan\frac{t}{2}\right)$ 是区间 $[-\pi,\pi]$ 上的连续函数,而且 $g(-\pi) = g(\pi)$. 因此通过变换

$$x = \tan\frac{t}{2}$$

它把函数

$$\frac{1-\mathrm{i}x}{x-c_k}$$

变为函数

$$\mathrm{const}\frac{1}{\mathrm{e}^{\mathrm{i}t}-z_k} \quad \left(z_k = \frac{1+\mathrm{i}c_k}{1-\mathrm{i}c_k}\right)$$

封闭性的充分必要条件是

$$\sum_{k=1}^{\infty}\{1-|z_k|^*\} = \sum_{k=1}^{\infty}\left\{1-\left|\frac{\mathrm{i}-c_k}{\mathrm{i}-\bar{c}_k}\right|^*\right\} = \infty$$

$$\sum_{k=1}^{\infty}\left\{1-\left|\frac{\mathrm{i}+c_k}{\mathrm{i}+\bar{c}_k}\right|^*\right\} = \infty$$

根据上面我们所做的讨论,这条件等价于命题中条件的形式.

---

① 例如,我们可令

$$m = 4\frac{\Im c}{1+|c|^2}, M = 8\frac{1+|c|^2}{\Im c}$$

第13章 极值的简单问题与封闭性的某些判别法

现在来考虑空间 $L^p(-\infty,+\infty)(p>1)$ 的情形. 我们证明条件是充分的. 设 $f(x) \in L^p$, 对于任意的 $\varepsilon>0$, 有连续函数 $f_\varepsilon(x)$ 存在, 它在某一区间的外部等于 0, 而且使得

$$\int_{-\infty}^{+\infty}|f(x)-f_\varepsilon(x)|^p\mathrm{d}x \leqslant \varepsilon^p \qquad (13.4)$$

从我们的点列中取一点 c_1, 考虑函数

$$g_\varepsilon(x)=(x-c_1)f_\varepsilon(x)$$

它同样属于 C_∞. 于是有 A_k 存在, 使

$$\max_{-\infty \leqslant x \leqslant +\infty}\left|g_\varepsilon(x)-A_1-\sum_{k=2}^{N}\frac{A_k}{x-c_k}\right|<\varepsilon$$

即

$$\left|f_\varepsilon(x)-\frac{A_1}{x-c_1}-\sum_{k=2}^{N}\frac{A_k}{(x-c_1)(x-c_k)}\right|$$

$$\leqslant \frac{\varepsilon}{|x-c_1|} \quad (-\infty \leqslant x \leqslant +\infty)$$

或

$$\left|f_\varepsilon(x)-\sum_{k=1}^{N}\frac{B_k}{x-c_k}\right|\leqslant\frac{\varepsilon}{|x-c_1|}$$

从而

$$\int_{-\infty}^{+\infty}\left|f_\varepsilon(x)-\sum_{k=1}^{N}\frac{B_k}{x-c_k}\right|^p\mathrm{d}x \leqslant \varepsilon^p \int_{-\infty}^{+\infty}\frac{\mathrm{d}x}{|x-c_1|^p}$$

这与式 (13.4) 联系起来就证明了条件的充分性.

我们再来证明必要性. 取函数 $\dfrac{1}{x-c}$, 其中 $\Im c \neq 0$ 且 $c \neq c_k$, 这函数属于 L^p. 设

$$\int_{-\infty}^{+\infty}\left|\frac{1}{x-c}-\sum_{k=1}^{n}\frac{A_k}{x-c_k}\right|^p\mathrm{d}x \leqslant \varepsilon$$

由于

$$\int_{-\infty}^{+\infty} \left| \frac{1}{x-c} - \sum_{k=1}^{n} \frac{A_k}{x-c_k} \right|^p \frac{\mathrm{d}x}{|x-c|^2}$$

$$\leqslant \frac{4}{|c-\bar{c}|^2} \int_{-\infty}^{+\infty} \left| \frac{1}{x-c} - \sum_{k=1}^{n} \frac{A_k}{x-c_k} \right|^p \mathrm{d}x$$

故根据第 3 小节的结论(3)可得

$$\frac{2\pi}{|c-\bar{c}|^{p+1}} \left(\prod_{k=1}^{n} \left| \frac{c-c_k}{c-\bar{c}_k} \right|^* \right)^p \leqslant \frac{4\varepsilon}{|c-\bar{c}|^2}$$

接下来只要注意到我们以上所做的讨论就够了.

5. 给定多项式①

$$\omega(x) = \left(1 - \frac{x}{a_1}\right)\left(1 - \frac{x}{a_2}\right)\cdots\left(1 - \frac{x}{a_{2q}}\right)$$

在闭区间 $[-1,1]$ 上恒正. 设

$$x = \frac{1}{2}\left(v + \frac{1}{v}\right) \quad (|v| \leqslant 1)$$

$$a_k = \frac{1}{2}\left(c_k + \frac{1}{c_k}\right) \quad (|c_k| < 1, k = 1,2,\cdots,2q)$$

$$\Omega(v) = \prod_{k=1}^{2q} \sqrt{v - c_k}$$

$$\mathscr{L}_m = \begin{cases} \dfrac{1}{2^{m-1}} \prod\limits_{k=1}^{2q} \sqrt{1+c_k^2} & (m > q) \\ \dfrac{1}{2^{q-1}} \dfrac{1}{1+c_1 c_2 \cdots c_{2q}} \prod\limits_{k=1}^{2q} \sqrt{1+c_k^2} & (m = q) \end{cases}$$

于是

---

① $\omega(x)$ 的次数是奇数 $2q-1$,假如
$a_{2q} = \infty, |a_k| < \infty \quad (k = 1,2,\cdots,2q-1)$

第13章 极值的简单问题与封闭性的某些判别法

$$T_m(x;\omega) = \frac{\mathscr{L}_m}{2}\left(v^{2q-m}\frac{\Omega\left(\frac{1}{v}\right)}{\Omega(v)} + v^{m-2q}\frac{\Omega(v)}{\Omega\left(\frac{1}{v}\right)}\right)\sqrt{\omega(x)}$$

(其中自然数 $m \geq q$) 是 x 的 m 次多项式, 它的最高次项的系数等于 1.

证明 (1)

$$\min_{A_k}\max_{-1\leq x\leq 1}\frac{|x^m + A_1 x^{m-1} + \cdots + A_m|}{\sqrt{\omega(x)}} = \mathscr{L}_m$$

并且极值多项式即为 $T_m(x;\omega)$;

(2) $\displaystyle\int_{-1}^{1} T_m(x;\omega)\frac{x^k}{\omega(x)\sqrt{1-x^2}}\mathrm{d}x$

$$= \begin{cases} 0 & (k = 0,1,2,\cdots,m-1) \\ \pi\mathscr{L}_m\mathscr{L}_{m-1} & (k = m) \end{cases}$$

$$(m = q, q+1, \cdots)$$

(3) $\displaystyle\prod_{k=1}^{2q}(1 + c_k^2) = \mathrm{e}^{-\frac{1}{\pi}\int_{-1}^{1}\frac{\ln\omega(t)}{\sqrt{1-t^2}}\mathrm{d}t}$

本节与下节引进的定理的一般形式是属于伯恩斯坦的.

某些特殊情形较早已被考虑.

要证明结论(1), 只要利用第 12 章 §4 节切比雪夫的一般定理并且注意到函数

$$v^{2q-m}\frac{\Omega\left(\frac{1}{v}\right)}{\Omega(v)}$$

的辐角的变化, 当点 v 沿 $|v|=1$ 的上半圆变动时. 这和第 12 章 §7 节所做的一样.

结论(2)的证明可以从下面的关系式利用简单的

逼近论中的 Weierstrass 定理

残数定理得到

$$\int_{-1}^{1} T_m(x;\omega) \frac{x^k}{\omega(x)\sqrt{1-x^2}} dx = \frac{\mathscr{L}_m}{2^{k+1}} \prod_{r=1}^{2q} \sqrt{1+c_r^2} \cdot$$

$$\int_0^{\pi} \left(v^{2q-m} \frac{\Omega\left(\frac{1}{v}\right)}{\Omega(v)} + v^{m-2q} \frac{\Omega(v)}{\Omega\left(\frac{1}{v}\right)} \right) \left(v + \frac{1}{v}\right)^k \frac{dv}{\Omega(v)\Omega\left(\frac{1}{v}\right)}$$

$$= \frac{\mathscr{L}_m \mathscr{L}_{m+1}}{2^{k-m+1}} \int_{|v|=1} v^{m-2q} \frac{\left(v+\frac{1}{v}\right)^k}{\left[\Omega\left(\frac{1}{v}\right)\right]^2} \frac{dv}{iv} \quad (v = e^{iv})$$

6. (续)减弱上述定理的假定,设多项式 $\omega(x)$ 在区间 $(-1,1)$ 内部恒正,而在区间 $(-1,1)$ 的一端或两端可以有一次根.

证明 (1) $U_m(x;\omega)$

$$= \mathscr{L}_{m+1} \left(v^{2q-m-1} \frac{\Omega\left(\frac{1}{v}\right)}{\Omega(v)} - v^{m+1-2q} \frac{\Omega(v)}{\Omega\left(\frac{1}{v}\right)} \right) \cdot$$

$$\frac{\sqrt{\omega(x)}}{\frac{1}{v} - v}$$

(其中自然数 $m \geq q$)是 m 次的多项式,且其最高次项的系数等于 1.

(2) $\int_{-1}^{1} U_m(x;\omega) \frac{x^k \sqrt{1-x^2}}{\omega(x)} dx$

$$= \begin{cases} 0 & (k=0,1,2,\cdots,m-1) \\ \frac{\pi}{2} \mathscr{L}_{m+1}^2 & (k=m) \end{cases}$$

第 13 章　极值的简单问题与封闭性的某些判别法

$$(m = q, q+1, q+2, \cdots)$$

$$(3) \min_{A_k} \int_{-1}^{1} \left| (x^m + A_1 x^{m-1} + \cdots + A_m) \frac{\sqrt{1-x^2}}{\sqrt{\omega(x)}} \right|^p \cdot \frac{\mathrm{d}x}{\sqrt{1-x^2}}$$

$$= \int_{-1}^{1} \left| U_m(x;\omega) \frac{\sqrt{1-x^2}}{\sqrt{\omega(x)}} \right|^p \frac{\mathrm{d}x}{\sqrt{1-x^2}}$$

$$= \frac{\Gamma\left(\frac{1}{2}\right)\Gamma\left(\frac{p+1}{2}\right)}{\Gamma\left(\frac{p}{2}+1\right)} \mathscr{L}_{m+1}^{p}$$

$$(m = q, q+1, q+2, \cdots)$$

而 $p \geqslant 1$ 可以任意.

结论(2)的证明跟 5 的定理中相应结论的证明完全一样.

结论(3)当 $p = 2$ 时可以从(2)推出.

我们来证明(3)在 $p = 1$ 时的情形. 当 $v = \mathrm{e}^{\mathrm{i}v}$,则

$$v^{m+1-2q} \frac{\Omega(v)}{\Omega\left(\frac{1}{v}\right)} = \mathrm{e}^{\mathrm{i}\Phi}$$

其中 Φ 是实的,亦即

$$U_m(x;\omega) = \mathscr{L}_{m+1} \sqrt{\omega(x)} \, \frac{\sin \Phi}{\sin v} \quad (-1 \leqslant x \leqslant 1)$$

于是

$$\operatorname{sign} U_m(x;\omega) = \operatorname{sign} \sin \Phi$$

$$= \frac{4}{\pi} \sum_{r=0}^{\infty} \frac{\sin(2r+1)\Phi}{2r+1}$$

逼近论中的 Weierstrass 定理

$$= \frac{2}{\pi i} \sum_{r=0}^{\infty} \frac{1}{2r+1} \left(\left(v^{m+1-2q} \frac{\Omega(v)}{\Omega\left(\frac{1}{v}\right)} \right)^{2r+1} - \left(v^{2q-m-1} \frac{\Omega\left(\frac{1}{v}\right)}{\Omega(v)} \right)^{2r+1} \right)$$

$$= \frac{2}{\pi i} \sum_{r=0}^{\infty} \frac{1}{(2r+1)\mathscr{L}_{m+1}^{2r+1}} U_{(2r+1)m}(x;\omega^{2r+1}) \frac{v - \frac{1}{v}}{(\sqrt{\omega(x)})^{2r+1}}$$

从而根据性质(2)

$$\int_{-1}^{1} \mathrm{sign}\, U_m(x;\omega) \frac{x^k \mathrm{d}x}{\sqrt{\omega(x)}}$$

$$= \frac{2}{\pi i} \sum_{r=0}^{\infty} \frac{1}{(2r+1)\mathscr{L}_{m+1}^{2r+1}} \int_{-1}^{1} U_{(2r+1)m}(x;\omega^{2r+1}) x^k (\omega(x))^r \cdot$$

$$\frac{\sqrt{1-x^2}}{(\omega(x))^{2r+1}} \mathrm{d}x = 0$$

$$(k = 0,1,2,\cdots,m-1)$$

得到这些关系式后,剩下的几乎只要逐字重复第 12 章 §20 节相应讨论就够了.

现在我们来引进属于伯恩斯坦的关于结论(3)在 $p > 1$ 时的证明. 当 $p > 2$ 时这个证明可以很简单地得到, 只要利用下面很容易验证的不等式

$$y^p - z^p \geqslant \frac{p}{2} z^{p-2}(y^2 - z^2)$$

这不等式对于任意的 $y > 0, z > 0, p > 2$ 都成立.

事实上,假如 $Q(x)$ 是任意一个 m 次多项式,其最高次项的系数等于 1,则利用这个不等式可得下面的关系式

$$I = \int_{-1}^{1} (|Q(x)|^p - |U_m(x;\omega)|^p) \left(\frac{1-x^2}{\omega(x)} \right)^{\frac{p}{2}} \frac{\mathrm{d}x}{\sqrt{1-x^2}}$$

第 13 章 极值的简单问题与封闭性的某些判别法

$$\geqslant \frac{p}{2}\int_{-1}^{1} |U_m(x;\omega)|^{p-2}(Q^2(x) - U_m^2(x;\omega)) \cdot$$

$$\left(\frac{1-x^2}{\omega(x)}\right)^{\frac{p}{2}} \frac{dx}{\sqrt{1-x^2}}$$

$$= \frac{p}{2}\int_{-1}^{1} \left|U_m(x;\omega)\frac{\sqrt{1-x^2}}{\omega(x)}\right|^{p-2} (Q^2(x) - U_m^2(x;\omega)) \cdot$$

$$\frac{\sqrt{1-x^2}}{\omega(x)} dx$$

$$= \frac{p}{2} \mathscr{L}_{m+1}^{p-2} \int_{-1}^{1} |\sin \Phi|^{p-2} (Q^2(x) - U_m^2(x;\omega))$$

$$\frac{\sqrt{1-x^2}}{\omega(x)} dx$$

注意到

$$|\sin \Phi|^{p-2} = a_0 + a_2\cos 2\Phi + a_4\cos 4\Phi + \cdots$$

其中 $a_0 > 0$,而

$$\cos 2r\Phi = \frac{1}{2}\left(\left(v^{m+1-2q}\frac{\Omega(v)}{\Omega\left(\frac{1}{v}\right)}\right)^{2r} + \left(v^{2q-m-1}\frac{\Omega\left(\frac{1}{v}\right)}{\Omega(v)}\right)^{2r}\right)$$

$$= \text{const}\, \frac{T_{2r(m+1)}(x;\omega^{2r})}{(\omega(x))^r}$$

而 $Q^2(x) - U_m^2(x;\omega)$ 是次数等于 $2m-1$ 的多项式,我们得到关系式

$$\int_{-1}^{1}\frac{T_{2r(m+1)}(x;\omega^{2r})}{(\omega(x))^r}(Q^2(x) - U_m^2(x;\omega))\frac{\sqrt{1-x^2}}{\omega(x)}dx = 0$$
$$(r = 1,2,3,\cdots)$$

从而

$$I \geqslant \frac{p}{2}\mathscr{L}_{m+1}^{p-2} a_0 \int_{-1}^{1}(Q^2(x) - U_m^2(x;\omega))\frac{\sqrt{1-x^2}}{\omega(x)} dx \geqslant 0$$

逼近论中的 Weierstrass 定理

因为当 $p=2$ 时结论已证明. 于是当 $p>2$ 时 $U_m(x;\omega)$ 是极值多项式, 也就是说跟 $p=1$ 与 $p=2$ 的情形是同一多项式.

特别地, 根据简单的条件极值理论, 从所证可以推出, 当 $p \geqslant 2$ 和 $p=1$ 时

$$\int_{-1}^{1} \left| \frac{U_m(x;\omega)\sqrt{1-x^2}}{\sqrt{\omega(x)}} \right|^{p-1} \text{sign } U_m(x;\omega) \frac{x^k \mathrm{d}x}{\sqrt{\omega(x)}} = 0 \tag{13.5}$$

再利用展开式 (13.3), 我们得到, 对于 $r=0,1,2,\cdots$, 有

$$\int_{-1}^{1} \cos 2r\varPhi \text{ sign } U_m(x;\omega) \frac{x^k \mathrm{d}x}{\sqrt{\omega(x)}} = 0$$
$$(k = 0,1,\cdots,m-1)$$

但因对于任意的 $\rho > 0$, 有

$$\left| \frac{U_m(x;\omega)\sqrt{1-x^2}}{\sqrt{\omega(x)}} \right|^{\rho}$$
$$= a_0^{(\rho)} + a_2^{(\rho)} \cos 2\varPhi + a_4^{(\rho)} \cos 4\varPhi + \cdots \tag{13.6}$$

故关系式 (13.5) 对任意的 $p \geqslant 1$ 都成立. 由此可知对于任意的 $p>1$, $U_m(x;\omega)$ 永远是极值多项式, 它的唯一性可以从严格的赋范空间的性质推出来.

接下来我们只要求出下面积分的值

$$\mu_p = \int_{-1}^{1} \left| U_m(x;\omega) \frac{\sqrt{1-x^2}}{\sqrt{\omega(x)}} \right|^{p} \frac{\mathrm{d}x}{\sqrt{1-x^2}}$$

从展开式 (13.6) 与关系式 (13.4) 可得

$$\mu_p = \int_{-1}^{1} a_0^{(\rho)} \frac{\mathrm{d}x}{\sqrt{1-x^2}}$$

第13章　极值的简单问题与封闭性的某些判别法

$$= \pi a_0^{(p)} = \mathscr{L}_{m+1}^p \int_0^\pi \sin^p \Phi \mathrm{d}\Phi$$

于是

$$\mu_p = \frac{\Gamma\left(\frac{1}{2}\right)\Gamma\left(\frac{p+1}{2}\right)}{\Gamma\left(\frac{p}{2}+1\right)} \mathscr{L}_{m+1}^p$$

7. 给定一个彼此不相等的数列 $a_1, a_2, a_3, \cdots$，位于复平面的实轴上区间 $[-1,1]$ 的外面.

证明函数序列

$$\left\{\frac{1}{x-a_k}\right\}_{k=1}^\infty \tag{13.7}$$

在空间 C 或空间 $L^p(p \geqslant 1)$（相应于区间 $[-1,1]$）是封闭的充分而且必要的条件是

$$\sum_{k=1}^\infty \{1 - |c_k|\} = \infty$$

其中

$$c_k = a_k - \sqrt{a_k^2 - 1} \quad (|c_k| < 1, k = 1, 2, 3, \cdots)$$

我们只要证明级数

$$\sum_{k=1}^\infty (1 - |c_k|) \tag{13.8}$$

的发散可以推出函数列(13.7)在空间 C 的封闭性，而另一方面又是序列(13.7)在空间 L 封闭的必要条件.

假定级数(13.8)发散. 于是根据第十一章§5小节的结论(1)，对于任意的整数 $r \geqslant 0$，有

$$\min_{B_k} \max_{-1 \leqslant x \leqslant 1} \left| x^r - A_1 x^{r-1} - \cdots - A_r - \sum_{i=1}^n \frac{A_{r+i}}{x-a_i} \right|$$

$$= \min_{B_k} \max_{-1 \leqslant x \leqslant 1} \left| \frac{x^{n+r} + B_1 x^{n+r-1} + \cdots + B_{n+r}}{(x-a_1)(x-a_2)\cdots(x-a_n)} \right|$$

$$\leqslant \frac{1}{2^{n+r-1}} \frac{\prod_{k=1}^{n} |1+c_k^2|}{|a_1, a_2, \cdots, a_n|} = \frac{1}{2^{r-1}} \prod_{k=1}^{n} |c_k| \to 0 \quad (n \to \infty)$$

我们可以看出序列(13.7)在全体多项式所成的空间是封闭的,那也就是说序列(13.7)在空间 C 封闭.

现在假定序列(13.7)在空间 L 封闭. 由此可知量

$$I_n = \min_{A_k} \int_{-1}^{1} \left| 1 - \sum_{k=1}^{n} \frac{A_k}{x-a_k} \right| \mathrm{d}x$$

$$= \min_{B_k} \int_{-1}^{1} \left| \frac{x^n + B_1 x^{n-1} + \cdots + B}{(x-a_1)(x-a_2)\cdots(x-a_n)} \right| \mathrm{d}x$$

当 $n \to \infty$ 时趋向于 0.

但根据第 6 小节的结论(3)(当 $p = 1$ 的情形)

$$I_n = \frac{1}{2^{n-1}} \frac{\prod_{k=1}^{n} |1+c_k^2|}{|a_1 a_2 \cdots a_n|} = 2 \prod_{k=1}^{n} |c_k|$$

由此可知级数(13.8)发散.

8. 设数

$$\sigma_k = \alpha_k + \mathrm{i}\beta_k \quad (k = 0,1,2,\cdots,n)$$

满足不等式

$$|\beta_k| < \frac{\pi}{2} \quad (k=0,1,2,\cdots,n)$$

证明下式

$$\min_{A_k} \int_{-\infty}^{+\infty} \left| \mathrm{e}^{\mathrm{i}\sigma_0 x} - \sum_{k=1}^{n} A_k \mathrm{e}^{\mathrm{i}\sigma_k x} \right|^n \frac{\mathrm{d}x}{\mathrm{ch}\,\pi x}$$

第 13 章 极值的简单问题与封闭性的某些判别法

$$= \frac{1}{\cos\beta_0}\prod_{k=1}^{n}\left\{1 - \frac{2\cos\beta_0\cos\beta_k}{\operatorname{ch}(\alpha_0 - \alpha_k) + \cos(\beta_0 + \beta_k)}\right\}$$

这里可以采用第 11 章 §14 中的方法.

9. 给定一个彼此不相等的数列 $\sigma_1, \sigma_2, \sigma_3, \cdots$,满足不等式

$$|\Im\sigma_n| < \frac{\pi}{2} \quad (n = 1, 2, 3, \cdots)$$

证明函数序列

$$\left\{\mathrm{e}^{-\frac{\pi}{2}|x| - i\sigma_n x}\right\}_{n=1}^{\infty}$$

在空间 $L^2(-\infty, +\infty)$ 封闭的充分必要条件是

$$\sum_{n=1}^{\infty}\frac{\cos\Im\sigma_n}{\operatorname{ch}\Re\sigma_n} = \infty$$

这定理包含在维纳尔 – 配莱的书里.

这定理的证明可以从第 11 章 §8 的结果直接得出,只要注意到函数序列

$$\left\{\mathrm{e}^{-\frac{\pi}{2}|x| - i\sigma_n x}\right\}_{n=1}^{\infty}$$

在空间 $L^2(-\infty, +\infty)$ 封闭的充分必要条件是函数序列

$$\left\{\frac{\mathrm{e}^{-i\sigma_n x}}{\sqrt{\operatorname{ch}\pi x}}\right\}_{n=1}^{\infty}$$

的封闭性.

舍格的一个定理和它的应用

1. 设 $\omega(t) \geq 0$ ($-\pi \leq t \leq \pi$) 是可积函数，且

$$\int_{-\pi}^{\pi} w(t) \mathrm{d}t > 0$$

依照舍格的方法，我们称量

$$\mathfrak{G}\{w\} = \begin{cases} \exp\left\{\dfrac{1}{\pi}\displaystyle\int_{-\pi}^{\pi} \ln w(t)\mathrm{d}t\right\} & (\ln w(t) \in L) \\ 0 & (\ln w(t) \notin L) \end{cases}$$

为 $w(t)$ 的几何平均函数. 舍格证明，对于任意的 $p > 0$ 有

$$\lim_{n \to \infty} \min_{A_k} \frac{1}{2\pi} \cdot$$

$$\int_{-\pi}^{\pi} |z^n + A_1 z^{n-1} + \cdots + A_n|^p w(t) \mathrm{d}t$$

$$= \mathfrak{G}\{w\} \quad (z = \mathrm{e}^{it})$$

引进下面的记号

$$\mu_n(w; p) = \min_{A_k} \frac{1}{2\pi} \cdot$$

$$\int_{-\pi}^{\pi} |z^n + A_1 z^{n-1} + \cdots + A_n|^p w(t) \mathrm{d}t$$

第 14 章 舍格的一个定理和它的应用

我们立刻可以看出
$$\mu_{n+1}(w;p) \leqslant \mu_n(w;p)$$
因而下面的极限无疑是存在的
$$\lim_{n\to\infty} \mu_n(w;p) = \mu(w;p) \geqslant 0$$
我们先假定 $\mathfrak{G}\{w\} > 0$.

于是对于任意的多项式
$$Q(z) = z^n + c_1 z^{n-1} + \cdots + c_n$$
利用熟知的不等式,可得
$$\frac{1}{2\pi}\int_{-\pi}^{\pi} |Q(z)|^p w(t)\,dt$$
$$\geqslant \exp\left(\frac{1}{2\pi}\int_{-\pi}^{\pi}(\ln w(t) + \ln|Q(z)|^p)\,dt\right)$$
$$= \mathfrak{G}\{w\} \cdot \exp\left(\frac{1}{2\pi}\int_{-\pi}^{\pi}\ln|Q(z)|^p\,dt\right)$$
$$= \mathfrak{G}\{w\} |z_1 z_2 \cdots z_k|^p$$

其中 $z_1, z_2, \cdots, z_k$ 是多项式 $Q(z)$ 的那些位于区域 $|z|>1$ 内的根.

从所得的不等式可以推出
$$\mu(w;p) \geqslant \mathfrak{G}\{w\}$$
因而我们应当证明
$$\mu(w;p) \leqslant \mathfrak{G}\{w\} \qquad (14.1)$$

我们预先注意到,根据第 13 章 §1 节中的结论 (2),当
$$w(t) = \frac{1}{|P(z)|^p}$$
的情形(其中 $P(z)$ 是多项式,它的根全部位于区域 $|z|>1$ 内),对于充分大的 n,有下面的关系成立

逼近论中的 Weierstrass 定理

$$\min_{A_k} \frac{1}{2\pi}\int_{-\pi}^{\pi} | z^n + A_1 z^{n-1} + \cdots + A_n |^p w(t)\,\mathrm{d}t$$

$$= \min_{A_k} \frac{1}{2\pi}\int_{-\pi}^{\pi} \left| \frac{z^n + A_1 z^{n-1} + \cdots + A_n}{P(z)} \right|^p \mathrm{d}t$$

$$= \exp\left(\frac{1}{2\pi}\int_{-\pi}^{\pi} \ln \frac{1}{|P(\mathrm{e}^{it})|^p}\,\mathrm{d}t \right)$$

换句话说,在这种情形下,等式确实成立

$$\mu(w;P) = \mathfrak{G}\{w\} \qquad (14.2)$$

现在不难证明当 $w(t)$ 是连续函数而满足不等式 $w(t) \geqslant \rho > 0$ 时,等式(14.2)成立. 事实上,根据魏尔斯特拉斯定理这时可以找到正的三角和 $s_m(t)$ 与 $S_m(t)$, 使下面的不等式成立

$$\frac{1}{S_m(t)} < [w(t)]^{\frac{2}{p}} < \frac{1}{s_m(t)} \qquad (14.3)$$

而同时有

$$\frac{1}{S_m(t)} \to [w(t)]^{\frac{2}{p}}, \frac{1}{s_m(t)} \to [w(t)]^{\frac{2}{p}} \quad (m \to \infty)$$

但因任何正的三角和 $\sigma(t)$ 可以表示成

$$\sigma(t) = |P(z)|^2 \quad (z = \mathrm{e}^{it})$$

而另一方面,根据式(14.3)有

$$\mu\left(\frac{1}{S_m^{\frac{p}{2}}};p\right) \leqslant \mu(w;p) \leqslant \mu\left(\frac{1}{s_m^{\frac{p}{2}}};p\right)$$

所以根据已证的结果可知等式(14.2)对于任意的连续函数 $w(t) \geqslant \rho > 0$ 都成立.

现在假定 $w(t)$ 是任意的可积函数,但保持 $w(t) > \rho > 0$ 的假定.

我们对于任给的 $\varepsilon > 0$,可以找到连续函数 $f(x)$,

第14章 舍格的一个定理和它的应用

使得

$$f(t) \geqslant \frac{\rho}{2}, \int_{-\pi}^{\pi} |f(t) - w(t)|^2 dt < \varepsilon^2$$

于是我们可得

$$\ln f(t) - \ln w(t) \leqslant \frac{2}{\rho} |f(t) - w(t)|$$

亦即

$$\mathfrak{G}\{f\} \leqslant \mathfrak{G}\{w\} e^{\frac{\varepsilon}{\rho}}$$

但从另一方面

$$\frac{1}{2\pi} \int_{-\pi}^{\pi} |z^n + \cdots|^p w(t) dt$$

$$= \frac{1}{2\pi} \int_{-\pi}^{\pi} |z^n + \cdots|^p f(t) \left(\frac{w(t)}{f(t)} - 1 \right) dt +$$

$$\frac{1}{2\pi} \int_{-\pi}^{\pi} |z^n + \cdots|^p f(t) dt$$

从而由希瓦兹不等式

$$\frac{1}{2\pi} \int_{-\pi}^{\pi} |z^n + \cdots|^p w(t) dt$$

$$\leqslant \frac{1}{2\pi} \sqrt{\int_{-\pi}^{\pi} |z^n + \cdots|^{2p} f^2(t) dt} \sqrt{\int_{-\pi}^{\pi} \left| \frac{w(t)}{f(t)} - 1 \right|^2 dt} +$$

$$\frac{1}{\sqrt{2\pi}} \sqrt{\int_{-\pi}^{\pi} |z^n + \cdots|^{2p} f^2(t) dt}$$

$$\leqslant \frac{1}{\sqrt{2\pi}} \sqrt{\int_{-\pi}^{\pi} |z^n + \cdots|^{2p} f^2(t) dt} \cdot \left(1 + \frac{\varepsilon}{\rho} \right)$$

亦即

$$\mu_n(w;p) \leqslant \sqrt{\mu_n(f^2;2p)} \left(1 + \frac{\varepsilon}{\rho} \right)$$

从而有

逼近论中的 Weierstrass 定理

$$\mu(w;p) \le \left(1+\frac{\varepsilon}{\rho}\right)\sqrt{\mu(f^2;2p)} = \left(1+\frac{\varepsilon}{\rho}\right)\sqrt{\mathfrak{G}\{f^2\}}$$

$$= \left(1+\frac{\varepsilon}{\rho}\right)\mathfrak{G}\{f\} \le \left(1+\frac{\varepsilon}{\rho}\right)e^{\frac{\varepsilon}{\rho}}\mathfrak{G}\{w\}$$

由于 ε 的任意性不等式(14.1)已证明.

现在我们要除去 $w(t) \ge \rho > 0$ 的限制. 取 $\varepsilon > 0$,在任何情况我们都有

$$\mu(w+\varepsilon;p) \le \mathfrak{G}\{w+\varepsilon\}$$

即

$$\mu(w;p) \le \mathfrak{G}\{w+\varepsilon\}$$

于是余下的只要让 $\varepsilon \to 0$ 取极限,这样做的理论根据是很简单的,因而可以省略了.

因此,当 $\mathfrak{G}\{w\} > 0$ 的情形已经解决了.

现在假定 $\mathfrak{G}\{w\} = 0$,也就是说

$$\int_{-\pi}^{\pi} \ln w(t) \mathrm{d}t = -\infty$$

对于任意的 $\varepsilon > 0$,我们有

$$\mu(w+\varepsilon;p) = \mathfrak{G}\{w+\varepsilon\}$$

所以只要证明

$$\lim_{\varepsilon \to 0}\int_{-\pi}^{\pi} \ln(w(t)+\varepsilon)\mathrm{d}t = -\infty$$

为此我们估计

$$\int_{-\pi}^{\pi} \ln(w(t)+\varepsilon)\mathrm{d}t = \int_{-\pi}^{\pi} \ln^+(w(t)+\varepsilon)\mathrm{d}t -$$

$$\int_{-\pi}^{\pi} \ln^+ \frac{1}{w(t)+\varepsilon}\mathrm{d}t$$

$$= I_1(\varepsilon) - I_2(\varepsilon)$$

其中

第 14 章 舍格的一个定理和它的应用

$$\ln^+ a = \begin{cases} \ln a & (a > 1) \\ 0 & (0 \leqslant a \leqslant 1) \end{cases}$$

由于

$$0 \leqslant I_1(\varepsilon) \leqslant \int_{-\pi}^{\pi} (w(t) + \varepsilon) dt = \int_{-\pi}^{\pi} w(t) dt + 2\pi\varepsilon$$

因而,我们只要证明

$$\lim_{\varepsilon \to 0} I_2(\varepsilon) = \infty$$

假如

$$\lim_{\varepsilon \to 0} I_2(\varepsilon) = N < \infty$$

利用法都(Фату)①引理我们可得

$$\int_{-\pi}^{\pi} \ln^+ \frac{1}{w(t)} dt \leqslant N$$

而这与条件发生矛盾.

2. 设 $\sigma(t)$ ($-\pi \leqslant t \leqslant \pi$) 是不减的有界变差函数. 用 $L^p(d\sigma; -\pi, \pi)(p \geqslant 1)$ 来表示满足下述关系的函数 $f(t)$ 的总体

$$\int_{-\pi}^{\pi} |f(t)|^p d\sigma(t) < \infty$$

假如令

---

① 法都引理可以叙述如下:设 $g_k(x) \geqslant 0$ ($k = 1, 2, \cdots$) 且 $g_k(x) \to g(x)$ 在 (a,b) 上几乎处处成立,则从

$$\int_a^b g_k(x) dx \leqslant A \quad (k = 1, 2, \cdots)$$

可以推出

$$\int_a^b g(x) dx \leqslant A$$

特别就包含了 $g(x)$ 在 (a,b) 上的可积性.

逼近论中的 Weierstrass 定理

$$\|f\| = \left(\int_{-\pi}^{\pi}|f(t)|^p d\sigma(t)\right)^{\frac{1}{p}}$$

则 $L^p(d\sigma;-\pi,\pi)$ 是线性赋范空间. 证明函数序列

$$1, e^{it}, e^{2it}, e^{3it}, \cdots \tag{14.4}$$

在 $L^p(d\sigma;-\pi,\pi)$ 空间封闭的充分必要条件是

$$\int_{-\pi}^{\pi}|\ln \sigma'(t)| dt = \infty$$

其中 $\sigma'(t)$ 是函数 $\sigma(t)$ 的绝对连续部分的导数.

当 $p=2$,这个定理首先为柯尔莫果洛夫所证明,其后在一般情形为克莱因所建立.

要证明这个定理我们先假定 $\sigma(t)$ 是绝对连续函数,也就是说我们要考虑空间 $L^p(wdt;-\pi,\pi)$,有时简记作 $L_w^p(-\pi,\pi)$. 假如

$$\int_{-\pi}^{\pi}|\ln w(t)| dt < \infty$$

则根据舍格定理可知

$$\lim_{n\to\infty}\min_{A_k}\frac{1}{2\pi}\int_{-\pi}^{\pi}|e^{-it}-A_1-A_2e^{it}-\cdots-A_ne^{i(n-1)t}|^p w(t) dt$$

$$=\lim_{n\to\infty}\min_{A_k}\frac{1}{2\pi}\int_{-\pi}^{\pi}|z^n-\overline{A}_1 z^{n-1}-\overline{A}_2 z^{n-2}-\cdots-\overline{A}_n|^p w(t) dt$$

$$=\mathfrak{G}(w) > 0$$

因此,函数 $e^{-it} \in L_w^p(-\pi,\pi)$ 不能用函数 (14.4) 的线性组合逼近到任意的精确度,这就证明了条件的必要性.

现在假定

$$\int_{-\pi}^{\pi}|\ln w(t)| dt = \infty$$

在这情形下,根据舍格定理可知 e^{-int} ($n=1,2,3,\cdots$)

中的任一函数可以用函数(14.4)的线性组合逼近到任意需要的精确度. 于是接下来只要注意到函数集合
$$1, e^{\pm it}, e^{\pm 2it}, \cdots$$
在 $L_w^p(-\pi,\pi)$ 空间是封闭的就成了.

现在要证明封闭性的判别法,当 $\sigma(t)$ 是任意的不减有界变差函数时仍旧有效. 而这时 $w(t)$ 表示 $\sigma(t)$ 的绝对连续部分的导数,于是
$$d\sigma(t) = w(t)dt + d\sigma_{\text{disc}}(t) + d\sigma_{\text{sing}}(t)$$
条件的必要性是显然的,因为
$$\int_{-\pi}^{\pi} |f(t)|^p d\sigma(t) \geq \int_{-\pi}^{\pi} |f(t)|^p w(t) dt$$
要证明条件的充分性,我们倒过来假定函数组(14.4)在 $L^p(d\sigma;-\pi,\pi)$ 不封闭. 于是,为了明确起见假定 $p>1$,我们可以找到这样的函数
$$g(t) \in L^q(d\sigma;-\pi,\pi) \quad \left(\frac{1}{p} + \frac{1}{q} = 1\right)$$
使得
$$\int_{-\pi}^{\pi} g(t) e^{ikt} d\sigma(t) = 0 \quad (k = 0,1,2,\cdots)$$
或
$$\int_{-\pi}^{\pi} e^{ikt} d\sigma^*(t) = 0 \quad (k = 0,1,2,\cdots) \quad (14.5)$$
其中
$$\sigma^*(t) = \int_{-\pi}^{t} g(t) d\sigma(t)$$
这里我们要利用黎斯的一个定理,根据这个定理可以知道关系式(14.5)只有当 $\sigma^*(t)$ 是绝对连续函数时才可以成立,也就是说

逼近论中的 Weierstrass 定理

$$\sigma^*(t) = \int_{-\pi}^{t} g(t)w(t)dt$$

于是等式(14.5)成为下面的形式

$$\int_{-\pi}^{\pi} e^{ikt} g(t)w(t)dt = 0 \quad (k = 0,1,2,\cdots)$$

由此可得函数序列(14.4)在 $L_w^p(-\pi,\pi)$ 空间同样也不封闭,而定理就证得了.

3.(续)证明函数集合

$$e^{i\alpha x} \quad (\alpha \geqslant 0)$$

在 $L^p(d\sigma; -\infty, +\infty)$ 封闭(其中 $\sigma(x)$ 是不减的有界变差函数,而 $p \geqslant 1$)的充分必要条件是

$$\int_{-\infty}^{+\infty} \frac{|\ln \sigma'(x)|}{1+x^2} dx = \infty$$

当 $p=2$ 时,克莱因证明了这个定理.

设 $f(x) \in L^p(d\sigma; -\infty, +\infty)$,于是

$$\frac{1}{\pi}\int_{-\infty}^{+\infty} \left| f(x) - \sum_{k=0}^{n} \frac{A_k}{(x+i)^k} \right|^p d\sigma(x)$$

$$= \frac{1}{\pi}\int_{-\infty}^{+\infty} \left| f(x) - \sum_{k=0}^{n} B_k \left(\frac{x-i}{x+i}\right)^k \right|^p d\sigma(x)$$

$$= \frac{1}{2\pi}\int_{-\pi}^{\pi} \left| f\left(\tan\frac{t}{2}\right) - \sum_{k=0}^{n} C_k e^{ikt} \right|^p d\sigma\left(\tan\frac{t}{2}\right)$$

因此函数序列

$$1, \frac{1}{x+i}, \frac{1}{(x+i)^2}, \cdots \quad (14.6)$$

在 $L^p(d\sigma; -\infty, +\infty)$ 封闭的充分必要条件是函数序列

第14章 舍格的一个定理和它的应用

$$1, e^{it}, e^{2it}, e^{3it}, \cdots$$

在 $L^p(d\sigma_1; -\pi, \pi)$ 封闭，其中 $\sigma_1(t) = \sigma\left(\tan\dfrac{1}{2}\right)$. 根据上文的结果可知条件

$$\int_{-\infty}^{+\infty} \frac{|\ln \sigma'(x)|}{1+x^2} dx = \infty \qquad (14.7)$$

等价于条件

$$\int_{-\pi}^{\pi} |\ln \sigma_1'(t)| dt = \infty$$

从而是序列 (14.6) 在 $L^p(d\sigma; -\infty, +\infty)$ 封闭的充分必要条件.

现在我们取展开式

$$\frac{i^n}{(x+i)^n} = \frac{1}{(n-1)!} \int_0^{+\infty} u^{n-1} e^{iu(x+i)} du \quad (n=1,2,\cdots)$$

给定任一 $\varepsilon > 0$，可以找到 $N > 0$ 使得

$$\left| \frac{i^n}{(x+i)^n} - \frac{1}{(n-1)!} \int_0^N u^{n-1} e^{iu(x+i)} du \right|$$

$$< \frac{\varepsilon}{2\left(\int_{-\infty}^{+\infty} d\sigma(x)\right)^{\frac{1}{p}}} \quad (-\infty < x < +\infty)$$

于是

$$\int_{-\infty}^{+\infty} \left| \frac{i^n}{(x+i)^n} - \frac{1}{(n-1)!} \int_0^N u^{n-1} e^{iu(x+i)} du \right|^p d\sigma(x) < \left(\frac{\varepsilon}{2}\right)^p$$

令

$$\varphi(x) = \frac{1}{(n-1)!} \int_0^N u^{n-1} e^{iu(x+i)} du$$

逼近论中的 Weierstrass 定理

$$\varphi_m(x) = \frac{1}{(n-1)!} \frac{N}{m} \sum_{k=0}^{m-1} \left(\frac{kN}{m}\right)^{n-1} e^{-\frac{kN}{m}} e^{i\frac{kN}{m}x}$$

我们注意到

$$|\varphi(x) - \varphi_m(x)| < 1 + e^N$$
$$(-\infty < x < +\infty; m = 1, 2, \cdots)$$

从而

$$\int_{-\infty}^{+\infty} |\varphi(x) - \varphi_m(x)|^p d\sigma(x) < K$$

其中 K 与 m 无关. 但因对于任意的 x 有

$$\lim_{m \to \infty} \varphi_m(x) = \varphi(x)$$

所以

$$\lim_{m \to \infty} \int_{-\infty}^{+\infty} |\varphi(x) - \varphi_m(x)|^p d\sigma(x) = 0$$

因此,我们可以取 M 使得

$$\int_{-\infty}^{+\infty} |\varphi(x) - \varphi_M(x)|^p d\sigma(x) < \left(\frac{\varepsilon}{2}\right)^p$$

从而由式(14.8)可得

$$\int_{-\infty}^{+\infty} \left|\frac{i^n}{(x+i)^n} - \varphi_M(x)\right|^p d\sigma(x) < \varepsilon^p$$

但因 $\varphi_M(x)$ 是函数

$$e^{i\alpha x} \quad (\alpha \geqslant 0) \qquad (14.9)$$

的线性组合,所以任何"多项式"

$$\sum_{k=0}^{n} A_k \frac{1}{(x+i)^k}$$

可以用函数(14.9)的线性组合在 $L^p(d\sigma; -\infty, +\infty)$ 空间来逼近到任意需要的精确度. 于是,从序列

(14.6) 在 $L^p(\mathrm{d}\sigma;-\infty,+\infty)$ 的封闭性可以推出集合 (14.9) 的封闭性. 也就是说条件 (14.7) 对于集合 (14.9) 的封闭性来说是一个充分的条件.

接下来要证明这条件的必要性.

为确定起见, 假定 $p > 1$. 设

$$\int_{-\infty}^{+\infty} \frac{|\ln \sigma'(x)|}{1+x^2} \mathrm{d}x < \infty$$

于是存在 $g(x) \in L^q(\mathrm{d}\sigma;-\infty,+\infty)$, 其中 $\dfrac{1}{p}+\dfrac{1}{q}=1$, 便得

$$\int_{-\infty}^{+\infty} \frac{g(x)}{(x+\mathrm{i})^n} \mathrm{d}\sigma(x) = 0 \quad (n=0,1,2,\cdots)$$

(14.10)

从式 (14.10) 可以得到

$$\int_{-\infty}^{+\infty} \frac{g(x)}{x+z} \mathrm{d}\sigma(x) = 0$$

对于上半平面的任何 z 都成立, 这个关系式可以改写成下面的形式

$$\int_{-\infty}^{+\infty} g(x) \mathrm{d}\sigma(x) \int_{0}^{+\infty} \mathrm{e}^{\mathrm{i}u(x+z)} \mathrm{d}u = 0$$

或

$$\int_{0}^{+\infty} \mathrm{e}^{\mathrm{i}uz} \mathrm{d}u \int_{-\infty}^{+\infty} \mathrm{e}^{\mathrm{i}ux} g(x) \mathrm{d}\sigma(x) = 0$$

根据傅里叶积分的逆转公式可得

$$\int_{-\infty}^{+\infty} \mathrm{e}^{\mathrm{i}\alpha x} g(x) \mathrm{d}\sigma(x) = 0$$

对于半轴 $\alpha \geqslant 0$ 上的点几乎处处成立, 又因为上式左

逼近论中的 Weierstrass 定理

边部分连续,故此式对全部 $\alpha \geq 0$ 成立,由此推出函数集合 $e^{i\alpha x}(\alpha \geq 0)$ 在 $L^p(d\sigma; -\infty, +\infty)$ 空间不封闭.

4. 设 $s(x)$ 是区间 $[-1,1]$ 上的连续的正函数,又设

$$\mathscr{L}_n[s(x)] = \min_{A_k} \max_{-1 \leq x \leq 1} |s(x)(x^n + A_1 x^{n-1} + \cdots + A_k)|$$

于是

$$\lim_{n \to \infty} \frac{\mathscr{L}_n[s(x)]}{\dfrac{1}{2^{n-1}}} = e^{\frac{1}{\pi}\int_{-1}^{1} \frac{\ln s(x)}{\sqrt{1-x^2}}dx}$$

这个命题是伯恩斯坦的.

封闭函数序列的又一些例子

第 15 章

1. 证明下面两个函数序列的每一个都在 $L^2(0,\pi)$ 封闭

$$\{\operatorname{sign}\sin kt\}_{k=1}^{\infty},\ \{\operatorname{sign}\cos kt\}_{k=0}^{\infty}$$

我们对第一个序列来加以证明. 只要证明当 $f(t) \in L^2(0,\pi)$ 且满足等式

$$\int_0^\pi f(t)\operatorname{sign}\sin kt\,\mathrm{d}t = 0 \quad (k=1,2,3,\cdots)$$
(15.1)

则必有 $c_k = 0\ (k=1,2,3,\cdots)$, 其中

$$c_k = \frac{2}{\pi}\int_0^\pi f(t)\sin kt\,\mathrm{d}t$$

因为 $f(t) \in L^2(0,\pi)$, 所以

$$\sum_{k=1}^{\infty} |c_k|^2 < \infty \quad (15.2)$$

另一方面由展开式

$$\operatorname{sign}\sin kt = \frac{4}{\pi}\sum_{r=0}^{\infty}\frac{\sin(2r+1)kt}{2r+1}$$
$$(k=1,2,3,\cdots)$$

及关系式 (15.1), 可得

逼近论中的 Weierstrass 定理

$$\sum_{r=0}^{\infty} \frac{c_{k(2r+1)}}{2r+1} = 0 \quad (k = 1,2,3,\cdots) \quad (15.3)$$

因此只要证明只当 $c_k = 0(k = 1,2,3,\cdots)$ 时,关系式 (15.2) 与 (15.3) 才能成立.

假如相反地有 $c_n \neq 0$.

从关系式 (15.3) 的全体中考虑 $k = n(2s+1)(s=0,1,2,\cdots)$ 的情形,并且把这些关系式写成下面的形式

$$\sum_{r=0}^{\infty} \frac{c_{n(2s+1)(2r+1)}}{(2s+1)(2r+1)} = 0 \quad (s = 0,1,2,\cdots)$$
(15.4)

用 $\tau(m)$ 来记数 m 的除数的个数.

众所周知,对于任意 $\varepsilon > 0$ 有

$$\lim_{m \to \infty} \frac{\tau(m)}{m^\varepsilon} = 0$$

因此从式 (15.2) 推出级数

$$\sum_{m=1}^{\infty} \frac{\tau(m)c_m}{m}$$

的绝对收敛性. 于是重级数

$$\sum_{i,k=1}^{\infty} \frac{c_{ik}}{ik}$$

也绝对收敛.

从而下面的级数

$$\sum_{r,s=0}^{\infty} \mu(2s+1) \frac{c_{n(2s+1)(2r+1)}}{(2s+1)(2r+1)}$$

也有同样的性质,其中 $\mu(a)$ 是默比乌斯(Möbius)函数:即 $\mu(1)=1, \mu(a)=0$. 当 a 可用异于 1 的数的平方除尽时;$\mu(a)=-(1)^v$,假如 a 不能用异于 1 的数的平方除尽,而 v 表示 a 的质数除数的个数,在质数的除数中 1 并不归入在内.

由以上所述,从式(15.4) 可以推出

$$0 = \sum_{s=0}^{\infty} \mu(2s+1) \sum_{r=0}^{\infty} \frac{c_{n(2s+1)(2r+1)}}{(2s+1)(2r+1)}$$

$$= \sum_{n=0}^{\infty} \Big(\sum_{d\mid 2m+1} \mu(d)\Big) \frac{c_{n(2m+1)}}{2m+1}$$

其中 d 取遍数 $2m+1$ 的除数. 但因为

$$\sum_{d\mid 2m+1} \mu(d) = \begin{cases} 1 & (m=0) \\ 0 & (m>0) \end{cases}$$

所以

$$c_n = 0$$

这就证明了所要证的.

2. 设

$$\begin{cases} v_k(t) = \operatorname{sign} \sin kt \\ u_k(t) = \dfrac{1}{2} \sum_{d_1 \mid k} \dfrac{\mu(d_1)}{d_1} \sin \dfrac{kt}{d_1} \end{cases} \quad (k=1,2,3,\cdots)$$

其中 d_1 取遍数 k 的一切奇的除数,而 $\mu(a)$ 是默比乌斯函数. 证明

$$\int_0^\pi u_i(t) v_k(t)\,\mathrm{d}t = \begin{cases} 1 & (i=k) \\ 0 & (i\ne k) \end{cases}$$

这里我们得到了一个双正交系,是切比雪夫首先考虑的.

3. 设
$$v_0(t) = 1, v_k(t) = \operatorname{sign} \cos kt$$
$$u_0(t) = \frac{1}{\pi}, u_k(t) = \frac{1}{2} \sum_{d_1 | k} \frac{(-1)^k}{d_1} \cos \frac{kt}{d_1}$$
$$(k = 1, 2, 3, \cdots)$$

其中 d_1 取遍数 k 的一切奇除数,不包含平方因子(1 不算是平方因子)而 h 是 d_1 中所有 $4m+1$ 形式的质数因子的个数.

证明下式
$$\int_0^\pi u_i(t) v_k(t) \mathrm{d}t = \begin{cases} 1 & (i = k) \\ 0 & (i \ne k) \end{cases}$$

这个双正交系是马尔可夫所指出的.

4. 证明一切包含无限多伯努利偶数次多项式 $B_n(x)$ 的函数序列(且其中有 $B_0(x) = 1$)必在空间 $C\left(0, \frac{1}{2}\right)$ 封闭.

这个属于 Müntz 的定理是不难证明的,假如我们设
$$D_\rho(x) = \sum_{v=1}^\infty \frac{\sin 2\pi v x}{v^\rho} \quad (\rho > 1)$$

又设 $f(x) \in L^2\left(0, \frac{1}{2}\right)$. 于是函数

第 15 章　封闭函数序列的又一些例子

$$F(\rho) = \int_0^{\frac{1}{2}} f(x) D_\rho(x) \mathrm{d}x = \sum_{v=1}^{\infty} \frac{c_v}{v^\rho}$$

其中

$$c_v = \int_0^{\frac{1}{2}} f(x) \sin 2\pi v x \mathrm{d}x$$

当 c_v 不全为零时显然对于一切充分大的 ρ 都不为 0.

5. 证明一切包含无限多偶数次的伯努利多项式与无限多奇数次的伯努利多项式的函数序列(且其中有 $B_0(x)$ 与 $B_1(x)$)在空间 $C(0,1)$ 是封闭的.

卡拉皆乌独利 – 费耶尔问题及其联系的问题

第 16 章

1. 设 $K_p(p=0,1,2,\cdots)$ 表示所有在圆 $|z|\leqslant 1$ 上除去在 $|z|<1$ 内有不超过 p 个极点（连重复的次数也计算在内）而外是全纯的解析函数的总体.

设
$$F(z)=\frac{c_0}{z^{n+1}}+\frac{c_1}{z^n}+\cdots+\frac{c_n}{z} \quad (c_0\neq 0)$$

于是量
$$\inf_{f\in K_p}\max_{|z|=1}|F(z)-f(z)|=\mu_p[F]$$
$$(p=0,1,\cdots,n)$$

不可能等于 0.

假定存在一个有理函数 $\varphi(z)$ 在 $z=0$ 全纯且在 $|z|<1$ 内恰好有 p 个极点，且使
$$z^{n+1}\{F(z)-\varphi(z)\}=\lambda\frac{a_0+a_1z+\cdots+a_mz^m}{\bar{a}_m+\bar{a}_{m-1}z+\cdots+\bar{a}_0z^m}$$

其中 $m\leqslant n$ 且 $\lambda>0$.

第 16 章　卡拉皆乌独利 – 费耶尔问题及其联系的问题

证明　在这些条件下

$$\mu_p[F] = \mu_{p+1}[F] = \cdots = \mu_{p+n-m}[F] = \lambda$$

因为

$$\max_{|z|=1} |F(z) - \varphi(z)| = \lambda$$

而 $\varphi(z)$ 属于 K_r 类 $(r \geq p)$，则

$$\mu_r[F] \leq \lambda \quad (r \geq p)$$

因此只要证明对一切函数

$$f(z) \in K_{p+n-m}$$

$$\max_{|z|=1} |F(z) - f(z)| \geq \lambda \qquad (16.1)$$

假定 $f(z) \in K_{p+n-m}$. 令

$$R(z) = \lambda \frac{a_0 + a_1 z + \cdots + a_m z^m}{\bar{a}_m + \bar{a}_{m-1} z + \cdots + \bar{a}_0 z^m}$$

及

$$z^{n+1}\{F(z) - f(z)\}$$
$$= z^{n+1}\{F(z) - \varphi(z)\} +$$
$$z^{n+1}\{\varphi(z) - f(z)\}$$
$$= R(z) + \psi(z)$$

用 σ 与 τ 分别来记函数 $\psi(z)$ 在区域 $|z| < 1$ 内的极点的个数与零点的个数. 不难看出

$$0 \leq \sigma \leq 2p + n - m - j, \tau \geq n + 1 - j$$

其中 $j(0 \leq j \leq p+n-m)$ 是函数 $f(z)$ 以 $z=0$ 为极的重复次数（如果可能的话）．

因为函数 $R(z)$ 在区域 $|z| < 1$ 内恰好有 p 个极点，而它的模在圆周 $|z|=1$ 上等于常数，所以函数 $R(z)$ 在区域 $|z| < 1$ 内的零点的数目不超过 $m-p$.

我们先假定

逼近论中的 Weierstrass 定理

$$\min_{|z|=1}|\psi(z)|=\delta>0$$

当 z 沿正方向在圆周 $|z|=1$ 上绕过一次时

$$\arg R(z) \quad \text{和} \quad \arg \psi(z)$$

分别增加 $2\pi\alpha$ 和 $2\pi\beta$，其中 α 和 β 由以上所述满足

$$\alpha \leqslant m-p-p=m-2p, \beta=\tau-\sigma \geqslant 1+m-2p$$

由于

$$\beta-\alpha \geqslant 1$$

所以在圆周 $|z|=1$ 上至少可以找到一点 ζ，使得

$$\arg R(\zeta)=\arg \psi(\zeta)$$

从而

$$|F(\zeta)-f(\zeta)|=|R(\zeta)+\psi(\zeta)|=|R(\zeta)|+|\psi(\zeta)|$$
$$\geqslant \lambda+\delta$$

这就表示在这个情形下不等式(16.1)已经证明.

现在我们假定在圆周 $|z|=1$ 上有使 $\psi(z)=0$ 的点. 由于所考虑的函数根据假定在圆周 $|z|=1$ 上全纯，所以存在这样的 $\rho(0<\rho<1)$ 使 $\psi(z),R(z)$ 在区域 $\rho<|z|<1$ 内全纯而且不等于零.

取满足不等式 $\rho<r<1$ 的某一 r 并作一圆周 $|z|=r$，像上述情形一样. 我们至少可以在它上面找到一点 ζ_r，使得

$$|F(\zeta_r)-f(\zeta_r)|>|R(\zeta_r)|$$

让 r 趋向于 1，我们就得到一点 $\zeta(|\zeta|=1)$ 使

$$|F(\zeta)-f(\zeta)| \geqslant |R(\zeta)|=\lambda$$

这就表示不等式(16.1)在该情形下同样也成立.

2. (续) 设

第16章 卡拉皆乌独利-费耶尔问题及其联系的问题

$$F(z) = \frac{c_0}{z^{n+1}} + \frac{c_1}{z^n} + \cdots + \frac{c_n}{z} \quad (c_0 \neq 0)$$

令

$$D_n(\lambda) = \begin{vmatrix} \lambda & 0 & \cdots & 0 & c_0 & c_1 & \cdots & c_n \\ 0 & \lambda & \cdots & 0 & 0 & c_0 & \cdots & c_{n-1} \\ \vdots & \vdots & & \vdots & \vdots & \vdots & & \vdots \\ 0 & 0 & \cdots & \lambda & 0 & 0 & \cdots & c_0 \\ \bar{c}_0 & 0 & \cdots & 0 & \lambda & 0 & \cdots & 0 \\ \bar{c}_1 & \bar{c}_0 & \cdots & 0 & 0 & \lambda & \cdots & 0 \\ \vdots & \vdots & & \vdots & \vdots & \vdots & & \vdots \\ \bar{c}_n & \bar{c}_{n-1} & \cdots & \bar{c}_0 & 0 & 0 & \cdots & \lambda \end{vmatrix}$$

这个多项式的所有的根都是实的,而且成对地对称并且不等于0.设它的正根

$$\lambda_0 > \lambda_1 > \cdots > \lambda_q$$

分别有重复的次数如下

$$v_0, v_1, \cdots, v_q \quad (v_0 + v_1 + \cdots + v_q = n+1)$$

证明

$$\mu_p[F] = \lambda_j \quad (p = 0, 1, 2, \cdots, n)$$

其中下标 j 由下面的不等式规定

$$v_0 + v_1 + \cdots + v_{j-1} \leq p < v_0 + v_1 + \cdots + v_j$$

而 $j = 0$,假如 $p \leq v_0 - 1$ 的话.

根据式(16.1)我们自然地考虑分式

$$R(z) = \lambda \frac{a_0 + a_1 z + \cdots + a_n z^n}{\bar{a}_n + \bar{a}_{n-1} z + \cdots + \bar{a}_0 z^n} \quad (\lambda > 0) \qquad (16.2)$$

假定它在点 $z = 0$ 的邻域内可以展成

逼近论中的 Weierstrass 定理

$$R(z) = c_0 + c_1 z + c_2 z^2 + \cdots + c_n z^n + \gamma_{n+1} z^{n+1} + \cdots \tag{16.2$'$}$$

这就引出一组方程

$$\begin{cases} \lambda a_0 = c_0 \bar{a}_n \\ \lambda a_1 = c_1 \bar{a}_n + c_0 \bar{a}_{n-1} \\ \quad \vdots \\ \lambda a_n = c_n \bar{a}_n + c_{n-1} \bar{a}_{n-1} + \cdots + c_0 \bar{a}_0 \end{cases} \tag{16.3}$$

而它就指出了 λ 应当是多项式 $D_n(\lambda)$ 的根.

设 $\lambda^* > 0$ 是多项式 $D_n(\lambda)$ 的根. 对应于这个根有方程组(16.3)的某些解的总体,从而有某些分式(16.2)的总体. 但是在 $z = 0$ 的邻域内是否所考虑的分式有形式(16.2$'$)的展开式呢?

我们要证明当某些条件成立时,上述问题有肯定的答案,即要证明,假如 λ^* 是多项式 $D_n(\lambda)$ 的根,又假如 $D_{n-1}(\lambda^*) \neq 0$,则必存在分式

$$R^*(z) = \lambda^* \frac{a_0 + a_1 z + \cdots + a_n z^n}{\bar{a}_n + \bar{a}_{n-1} z + \cdots + \bar{a}_0 z^n} \tag{16.4}$$

它有展开式(16.2$'$)且是不可约的.

事实上,根据条件 $D_{n-1}(\lambda^*) \neq 0$,方程组(16.3)对应的矩阵当 $\lambda = \lambda^*$ 时其秩为 $2n + 1$. 因而方程组(16.3)当 $\lambda = \lambda^*$ 时其解的总体由下式给出

$$a_k = \sigma a_k^* \quad (k = 0, 1, 2, \cdots, n)$$

其中 σ 是任一实数,而 $a_k^* (k = 0, 1, 2, \cdots, n)$ 是行列式 $D_n(\lambda^*)$ 的第一列的代数补元素. 对于我们来说,重要的是

第16章 卡拉皆乌独利－费耶尔问题及其联系的问题

$$a_n^* = \lambda^* D_{n-1}(\lambda^*) \neq 0$$

从而

$$a_0^* \neq 0$$

因此,对应于方程组(16.3)当 $\lambda = \lambda^*$ 时的解 $R^*(z)$ 这个分式有(16.4)的形式,而且 $a_0 \neq 0, a_n \neq 0$. 把这个分式展开成 z 的幂级数,我们得到这个展开式的最初 $n+1$ 个系数和 $\lambda^*, a_0, \cdots, a_n$ 的联系方程正好和方程(16.3)一样. 因而分式 $R^*(z)$ 的展开式有(16.2′)的形式.

假如 $R^*(z)$ 是可约的话,那么它将成为下面的形式

$$R^*(z) = \lambda^* \frac{b_0 + b_1 z + \cdots + b_{n-1} z^{n-1}}{\bar{b}_{n-1} + \bar{b}_{n-2} z + \cdots + \bar{b}_0 z^n}$$

其中 $b_n \neq 0, b_{n-1} \neq 0$. 让它和展开式(16.2′)相等,我们得到

$$\lambda^* b_0 = c_0 \bar{b}_{n-1}$$
$$\lambda^* b_1 = c_1 \bar{b}_{n-1} + c_0 \bar{b}_{n-2}$$
$$\vdots$$
$$\lambda^* b_{n-1} = c_{n-1} \bar{b}_{n-1} + c_{n-2} \bar{b}_{n-2} + \cdots + c_0 \bar{b}_0$$
$$0 = c_n \bar{b}_{n-1} + c_{n-1} \bar{b}_{n-2} + \cdots + c_1 \bar{b}_0$$

从而将有 $D_{n-1}(\lambda^*) = 0$.

现在,我们着手来证明我们定理的结论,让我们先假定多项式 $D_n(\lambda)$ 的根都是单根而且没有一个是多项式 $D_{n-1}(\lambda)$ 的根. 我们用

$$\lambda_0 > \lambda_1 > \cdots > \lambda_n$$

来记多项式 $D_n(\lambda)$ 的正根. 根据以上所证, 对应于每一个根 λ_k 有不可约的具有形式 (16.2) 的有理分式 $R_k(z)$ 并且有展开式 (16.2′). 根据上节的结果, 分式 $R_{k+1}(z)$ 在区域 $|z|<1$ 内的极点的数目应当超过分式 $R_k(z)$ 的极点的数目, 所以 $R_k(z)$ 在区域 $|z|<1$ 内恰好有 k 个极点, 于是
$$\lambda_k = \mu_k[F] \quad (k=0,1,2,\cdots,n)$$

现在转为考虑一般的情形. 不难看出我们总可以作一关于参数 $\varepsilon > 0$ 是连续的函数 $c_i(\varepsilon)(i=1,2,\cdots,n)$ 使得当 $\varepsilon > 0$ 时多项式 $D_n(\lambda;\varepsilon)$ 只有单根而且都不是多项式 $D_{n-1}(\lambda;\varepsilon)$ 的根, 并且当 $\varepsilon = 0$ 时 $c_i(0) = c_i$. 多项式 $D_n(\lambda;\varepsilon)$ 的正根
$$\lambda_0(\varepsilon) > \lambda_1(\varepsilon) > \cdots > \lambda_n(\varepsilon)$$
当 $\varepsilon \to 0$ 时满足关系式
$$\lambda_p(\varepsilon) \to \lambda_j$$
其中
$$v_0 + v_1 + \cdots + v_{j-1} \le p < v_0 + v_1 + \cdots + v_j \quad (16.5)$$
并且当 $p \le v_{j-1}$ 时, $j=0$.

令
$$F_\varepsilon(z) = \frac{c_0 + c_1(\varepsilon)z + \cdots + c_n(\varepsilon)z^n}{z^{n+1}}$$
$$= F(z) + \frac{P_{n-1}(z;\varepsilon)}{z^n}$$
于是
$$-\max_{|z|=1}|P_{n-1}(z;\varepsilon)| \le \mu_p[F_\varepsilon] - \mu_p[F]$$
$$\le \max_{|z|=1}|P_{n-1}(z;\varepsilon)|$$

第16章 卡拉皆乌独利-费耶尔问题及其联系的问题

从而

$$\lambda_p(\varepsilon) - \max_{|z|=1}|P_{n-1}(z;\varepsilon)|$$
$$\leqslant \mu_p[F] \leqslant \lambda_p(\varepsilon) + \max_{|z|=1}|P_{n-1}(z;\varepsilon)|$$

这就可得

$$\mu_p[F] = \lambda_j$$

其中 j 即由式(16.5)确定. 于是我们的结论就全部证明了.

值得注意的是: $D_n(\lambda)$ 是埃尔米特形式

$$H_n(\lambda) = \lambda^2 \sum_{k=1}^{n+1}|x_k|^2 -$$
$$\sum_{k=1}^{n+1}|c_0 x_k + c_1 x_{k+1} + \cdots + c_{n+1-k} x_{n+1}|^2$$

的判别式.

3. 从上面的结果出发,可以得到下面卡拉皆乌独利-费耶尔问题的解答.

给定一组数

$$c_0, c_1, c_2, \cdots, c_n$$

试在所有全纯于区域 $|z|<1$ 的函数

$$g(z) = c_0 + c_1 z + \cdots + c_n z^n + \gamma_{n+1} z^{n+1} + \cdots$$

中,求出这样一个函数使

$$\sup_{|z|<1}|g(z)|$$

取到最小值 μ,有

$$\mu = \min \sup_{|z|<1}|g(z)|$$

设

$$F(z) = \frac{c_0}{z^{n+1}} + \frac{c_1}{z^n} + \cdots + \frac{c_n}{z}$$

逼近论中的 Weierstrass 定理

我们知道

$$\inf_{f\in K_0}\max_{|z|=1}|F(z)-f(z)|=\mu_0[F]=\lambda_0$$

是多项式 $D_n(\lambda)$ 的最大的根. 我们要证明对于这个最大的根 λ_0 有有理分式

$$R_0(z)=\lambda_0\frac{a_0+a_1z+\cdots+a_nz^n}{\bar{a}_n+\bar{a}_{n-1}z+\cdots+\bar{a}_0z^n}$$

$$=c_0+c_1z+\cdots+c_nz^n+\gamma_{n+1}z^{n+1}+\cdots \qquad(16.6)$$

存在. 当 λ_0 是 $D_n(\lambda)$ 的单根且 $D_{n-1}(\lambda_0)\neq 0$ 时, 这是早已证明了的. 当 λ_0 不满足这样的条件时, 我们可以像上面一样引进函数 $c_j(\varepsilon)(\varepsilon>0)$. 对于每一个 $\varepsilon>0$, 就有有理分式 $R_0(z;\varepsilon)$, 它的系数是 $a_k(\varepsilon)$, 最大模是 $\lambda_0(\varepsilon)$.

我们不妨假定

$$\sum_{k=0}^n|a_k(\varepsilon)|=1$$

于是, 可以找到一列数 $\varepsilon_j\to 0$ 使

$$\alpha_k(\varepsilon_j)\to a_k \quad (k=0,1,2,\cdots,n)$$

在这极限过程中, 我们得到有理函数 $R_0(z)$ 在圆周 $|z|=1$ 上取常数模 λ_0, 在 $|z|\leq 1$ 上全纯并且有展开式

$$c_0+c_1z+\cdots+c_nz^n+\gamma_{n+1}z^{n+1}+\cdots$$

设 $g(z)$ 是任意一个在区域 $|z|<1$ 内全纯的函数且有展开式

$$g(z)=c_0+c_1z+\cdots+c_nz^n+\cdots \qquad(16.7)$$

我们要证明

$$\sup_{|z|<1}|g(z)|\geq\max_{|z|=1}|R_0(z)|=\lambda_0$$

而等号只有当 $g(z)=R_0(z)$ 时成立. 这个证明之后, 就

第16章 卡拉皆乌独利 – 费耶尔问题及其联系的问题

可以知道卡拉皆乌独利 – 费耶尔的极值函数是有理函数 $R_0(z)$,而量 μ 就是多项式 $D_n(\lambda)$ 的最大的根.

我们作乘积
$$\varphi(z) = g(z)(\bar{a}_n + \bar{a}_{n-1}z + \cdots + \bar{a}_0 z^n)$$
这个函数在区域 $|z|<1$ 内是全纯的,并且根据式(16.6)(16.7)有展开式
$$\varphi(z) = \lambda_0(a_0 + a_1 z + \cdots + a_n z^n + b_{n+1} z^{n+1} + \cdots)$$
当 $0 \leqslant \rho < 1$,我们有
$$\frac{1}{2\pi}\int_0^{2\pi} |g(\rho e^{i\theta})(\bar{a}_n + \bar{a}_{n-1}\rho e^{i\theta} + \cdots + \bar{a}_0 \rho^n e^{in\theta})|^2 d\theta$$
$$= \lambda_0^2 \sum_{k=0}^n |a_k|^2 \rho^{2k} + \lambda_0^2 \sum_{k=n+1}^\infty |b_k|^2 \rho^{2k}$$
由此可知,假如
$$\sup_{|z|<1} |g(z)| = G$$
则
$$\lambda_0^2 \sum_{k=0}^n |a_k|^2 \rho^{2k} + \lambda_0^2 \sum_{k=n+1}^\infty |b_k|^2 \rho^{2k} \leqslant G^2 \sum_{k=0}^n |a_k|^2 \rho^{2k}$$
我们看到,假如 b_k 不全为 0 时,则 G 必然大于 λ_0.

我们的结论已经证明了.

4. 证明舒尔定理:幂级数
$$\sum_{k=0}^\infty c_k z^k$$
要代表一个在 $|z|<1$ 内满足不等式
$$|g(z)|<1$$
的函数 $g(z)$ 的充分且必要的条件是下面的埃尔米特形式

$$H_n = \sum_{k=1}^{n+1} |x_k|^2 - \sum_{k=1}^{n+1} |c_0 x_k + c_1 x_{k+1} + \cdots + c_{n+1-k} x_{n+1}|^2$$

对于一切的 n 是非负的.

上述问题的条件也就是说

$$\sum_{k=1}^{n+1} |c_0 x_k + c_1 x_{k+1} + \cdots + c_{n+1-k} x_{n+1}|^2$$

的最大的特征值(即多项式 $D_n(\lambda)$ 的最大的根的平方)对一切 n 不超过 1.

假如这个条件满足的话,则对于任意的 n 有函数
$$R_0(z;n) = c_0 + c_1 z + \cdots + c_n z^n + r_{n+1}^{(n)} z^{n+1} + r_{n+2}^{(n)} z^{n+2} + \cdots$$
存在,它在 $|z| \leqslant 1$ 全纯且其模不超过 1.

根据维塔利(Vitali)定理,从序列 $\{R^0(z;n)\}$ 中可以选出一组子序列在区域 $|z|<1$ 内部一致收敛,并且它的极限函数有展开式 $c_0 + c_1 z + c_2 z^2 + \cdots$ 并且在区域 $|z|<1$ 内其模不超过 1.

条件的必要性的证明是更为简单的,事实上,假如函数

$$g(z) = c_0 + c_1 z + c_2 z^2 + \cdots$$

满足不等式

$$|g(z)| < 1 \quad (|z| < 1)$$

则根据上文的结果,知道对于任意的 n, $D_n(\lambda)$ 的最大的根不超过 1.

5. 从前文的结果出发,我们来证明下面的康氏 (A. Cohn) 定理:假如埃尔米特形式

$$H = \sum_{i=1}^{n} |\bar{a}_n z_i + \bar{a}_{n-1} z_{i+1} + \cdots + \bar{a}_i z_n|^2 -$$

第 16 章 卡拉皆乌独利 – 费耶尔问题及其联系的问题

$$\sum_{i=1}^{n} | a_0 z_i + a_1 z_{i+1} + \cdots + a_{n-i} z_n |^2 \quad (a_0 \neq 0, a_n \neq 0)$$

有秩 n 及信号 $2m - n$[①],则方程

$$a_0 + a_1 z + \cdots + a_n z^n = 0$$

在区域 $|z| < 1$ 内恰有 m 个根,在区域 $|z| > 1$ 内恰有 $n - m$ 个根.

为了证明的需要,我们来考虑方程组

$$a_0 = c_0 \bar{a}_n$$
$$a_1 = c_0 \bar{a}_{n-1} + c_1 \bar{a}_n$$
$$\vdots$$
$$a_n = c_0 \bar{a}_0 + c_1 \bar{a}_1 + \cdots + c_n \bar{a}_n$$

并且用数 a_i 来确定 c_i.

设

$$x_k = \bar{a}_n z_k + \bar{a}_{n-1} z_{k+1} + \cdots + \bar{a}_k z_n + \bar{a}_{k-1} z_{n+1}$$
$$(k = 1, 2, \cdots, n+1)$$

不难证明

$$\sum_{i=1}^{n} | \bar{a}_n z_i + \bar{a}_{n-1} z_{i+1} + \cdots + \bar{a}_i z_n |^2 -$$

$$\sum_{i=1}^{n} | a_0 z_1 + a_1 z_{i+1} + \cdots + a_{n-1} z_n |^2$$

$$= \sum_{k=1}^{n+1} | x_k |^2 - \sum_{k=1}^{n+1} | c_0 x_k + c_1 x_{k+1} + \cdots + c_{n+1-k} x_{n+1} |^2$$

$$= H_n(1)$$

与上面新的形式及量 $c_i (i = 0, 1, 2, \cdots, n)$ 相联系,

[①] 即 H 化为归范形式后,它的正的平方项的个数与负的平方项的个数的差为 $2m - n$.

我们来考虑函数

$$R(z) = \frac{a_0 + a_1 z + \cdots + a_n z^n}{\overline{a}_n + \overline{a}_{n-1} z + \cdots + \overline{a}_0 z^n}$$

$$= c_0 + c_1 z + \cdots + c_n z^n + \gamma_{n+1} z^{n+1} + \cdots$$

作多项式 $D_n(\lambda)$，它有根 $\lambda = 1$. 设这个多项式的正根是

$$\lambda_0 \geqslant \lambda_1 \geqslant \lambda_2 \geqslant \cdots \geqslant \lambda_n$$

这些数的平方是形式 $\sum_{k=1}^{n+1} | c_0 x_k + c_1 x_{k+1} + \cdots + c_{n+1-k} x_{n+1} |^2$ 的特征值. 因此根据定理的条件

$$\lambda_{n+1-m} < 1 = \lambda_{n-m} < \lambda_{n-m-1}$$

从而得到结果

$$\inf_{f \in K_{n-m}} \max_{|z|=1} \left| \frac{c_0}{z^{n+1}} + \frac{c_1}{z^n} + \cdots + \frac{c_n}{z} - f(z) \right| \equiv \mu_{n-m}[F] = 1$$

于是

$$\mu_{n-m-1}[F] > 1, \mu_{n-m+1}[F] < 1$$

因而根据本章开头的结果可知分式 $R(z)$ 是不可约的而且恰有 $n-m$ 个极点在 $|z|<1$ 内. 正因为分式 $R(z)$ 是不可约的，所以它的分子在圆周 $|z|=1$ 上不等于 0. 因而恰有 m 个零点在区域 $|z|>1$ 内.

接下来只要注意到分子和分母的零点关于圆周 $|z|=1$ 是互为反射的.

6. 设给定一串实数 $a_0 \neq 0, a_1, a_2, \cdots, a_n$ 及整数 $N > n$，证明

$$\min_{v_i, q_j} \max_{-1 \leqslant x \leqslant 1} \left| a_0 x^N + \frac{a_1}{2} x^{N-1} + \cdots + \frac{a_n}{2^n} x^{N-n} - \right.$$

第16章 卡拉皆乌独利－费耶尔问题及其联系的问题

$$\left|\frac{q_0 x^{N-1} + q_1 x^{N-2} + \cdots + q_{N-1}}{p_0 x^n + \cdots + p_n}\right| = \frac{|\lambda|}{2^{N-1}}$$

其中 λ 是行列式

$$\begin{vmatrix} c_n - \lambda & c_{n-1} & \cdots & c_1 & c_0 \\ c_{n-1} & c_{n-2} - \lambda & \cdots & c_0 & 0 \\ \vdots & \vdots & & \vdots & \vdots \\ c_1 & c_0 & \cdots & -\lambda & 0 \\ c_0 & 0 & \cdots & 0 & -\lambda \end{vmatrix}$$

的根中间模最大的一个,并且

$$c_r = \sum_{i=0}^{[\frac{r}{2}]} a_{r-2i} \binom{N-r+2i}{i} \quad (r = 0, 1, 2, \cdots, n)$$

在我们所考虑的问题中(这是属于切比雪夫的),涉及关于对给定的函数

$$f(x) = a_0 x^N + \frac{a_1}{2} x^{N-1} + \cdots + \frac{a_n}{2^n} x^{N-n}$$

在区间$[-1,1]$上用有理函数

$$R(x) = \frac{q_0 x^{N-1} + q_1 x^{N-2} + \cdots + q_{N-1}}{p_0 x^n + \cdots + p_n}$$

来做最好逼近的问题. 根据切比雪夫的一般定理,极值分式(经过可能的简化之后)可以化成简单的形式

$$R_0(x) = \frac{\beta_0 x^{N-\tau-1} + \cdots + \beta_{N-\tau-1}}{\alpha_0 x^{n-\sigma} + \cdots + \alpha_{n-\sigma}}$$

而它成为极值分式的特征是:差 $y = f(x) - R_0(x)$ 在区间$[-1,1]$上用交错的符号取到它的最大值 L 的次数至少是 $N+n-d+1$,其中 $d = \min(\sigma, \tau)$.

考虑函数

逼近论中的 Weierstrass 定理

$$y^2 - L^2 \qquad (16.8)$$

它恰好有 $2(N+n-\sigma)$ 个零点.

要满足上面所说的关于函数 y 的特征,那么函数(16.8)的所有的零点必须全部位于区间 $[-1,1]$ 上. 并且 -1 和 1 应当是它的一次零点,而其余 $2(N+n-\sigma-1)$ 个零点应当成对地相等,总共成为 $N+n-\sigma-1$ 个二次零点,它们也就是位于 $[-1,1]$ 内部的偏差点(顺便要提到的,这时可以知道 $d=\sigma$). 现在做函数

$$\eta = y + \sqrt{y^2 - L^2} \qquad (16.9)$$

它在区间 $[-1,1]$ 上的模等于 L,因为在区间 $[-1,1]$ 上不等式 $-L \leqslant y \leqslant L$ 成立的缘故. 函数 η 的每一分支在沿 -1 到 1 割开的 x 平面上是单值的. 这是由于函数(16.8)的所有的极点都有偶次的重复,而所有的零点都位于区间 $[-1,1]$ 上,零点的数目是偶的. 我们选取这样的一个分支使当 $x=\infty$ 时成为无穷.

现在把割开的 x 平面映照到 z 平面的单位圆,令

$$x = \frac{1}{2}\left(z + \frac{1}{z}\right)$$

把 η 看作 z 的函数时,它具有下列的性质:$\eta(z)$ 在圆 $|z| \leqslant 1$ 上是单值的,$|\eta(z)|$ 在圆周 $|z|=1$ 上等于 L,在点 $z=0$,函数 $\eta(z)$ 有极点且以

$$\frac{1}{2^{N-1}}\left(\frac{c_0}{z^N} + \frac{c_1}{z^{N-1}} + \cdots + \frac{c_n}{z^{N-n}} + \cdots\right)$$

为其主要部分,其中数 c_i 就是所要建立的问题中由数 a_i 所确定的.

用 $j (j \leqslant n-\sigma)$ 来表示函数 $\eta(z)$ 在区域 $|z|<1$ 内

除 $z=0$ 以外的极点的数目. 显然 $n-\sigma-j$ 表示函数 $\eta(z)$ 在区域 $|z|<1$ 内的零点的数目. 当 z 在 $|z|=1$ 上绕一周时, 函数 $\eta(z)$ 的辐角变动

$$2\pi(n-\sigma-j)-2\pi j-2\pi N$$

因此函数 y 在区间 $[-1,1]$ 上的偏差点不超过

$$N+2j-n+\sigma+1$$

由此可得 $j=n-\sigma$, 也就表示函数 $\eta(z)$ 在区域 $|z|<1$ 内没有零点. 利用希瓦兹的对称原理, 根据所考虑的结果我们可以得到

$$\eta(z)=L\frac{1}{z^N}\frac{\overline{A}_{n-\sigma}z^{n-\sigma}+\cdots+\overline{A}_0}{A_0 z^{n-\sigma}+\cdots+A_{n-\sigma}}$$

$$=\frac{1}{2^{N-1}}\left(\frac{c_0}{z^N}+\frac{c_1}{z^{N-1}}+\cdots+\frac{c_n}{z^{N-n}}+\cdots\right)$$

因为函数 $\eta(z)$ 的所有极点都在区域 $|z|<1$ 内, 所以根据 §1 节的结果可得

$$L\cdot 2^{N-1}=\mu_n[F]$$

其中

$$F(z)=\frac{c_0}{z^{n+1}}+\frac{c_1}{z^n}+\cdots+\frac{c_n}{z}$$

从而根据 §2 节的结果可知 $L\cdot 2^{N-1}$ 是多项式 $D_n(\lambda)$ 的最小的正根. 剩下来只要注意到由于 c_i 是实数

$$D_n(\lambda)=(-1)^{n+1}\Delta_n(\lambda)\Delta_n(-\lambda)$$

其中 $\Delta_n(\lambda)$ 就是所考虑的问题中的那个行列式.

左洛塔留夫的问题及其有关问题

第 17 章

1. 左洛塔留夫的第一问题：在形式为
$$P(x) = x^n - n\sigma x^{n-1} + P_2 x^{n-2} + \cdots + p_n$$
（其中 σ 是给定的实数）的多项式中，要求在 $[-1,1]$ 区间上与 0 有最小偏差的那个多项式.

这个问题是前文中所考虑的切比雪夫问题的推广.

为了要解决这个问题我们要扩充前文所采用的方法. 不妨限于 $\sigma \geqslant 0$ 的情形来考虑，因为从 $\sigma = \alpha$ 的情形的解 $F_1(x)$ 可以得到 $\sigma = -\alpha$ 情形的解
$$F_2(x) = (-1)^n F_1(-x)$$
我们用 y 来表示所求的解，L 来表示它的偏差. 根据切比雪夫的定理，多项式 y 在区间 $[-1,1]$ 上至少在 n 个点正负交错地取到值 $\pm L$.

这种类型的最简单的多项式是

第17章 左洛塔留夫的问题及其有关问题

$$y_1 = \frac{1}{2^{n-1}}\left(\frac{1+\beta}{2}\right)^n T_n\left(\frac{2x-\beta+1}{1+\beta}\right)$$

$$= x^n - n\frac{\beta-1}{2}x^{n-1} + \cdots$$

$$\left(1 \leqslant \beta \leqslant 1 + 2\tan^2\frac{\pi}{2n}\right)$$

其中

$$T_n(x) = \cos n\arccos x$$

偏差的值等于

$$L_1 = \frac{1}{2^{n-1}}\left(\frac{1+\beta}{2}\right)^n$$

所以,假如

$$0 \leqslant \sigma \leqslant \tan^2\frac{\pi}{2n}$$

我们就有了解,当 σ 取两个端点的值和一个中间值时,y_1 的图形在图 17.1 ~ 17.3(对于奇的 n)中表示了出来.

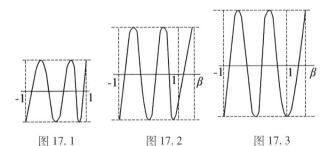

图 17.1　　　图 17.2　　　图 17.3

当 $\sigma > 0$ 时,偏差点的数目等于 n. 假如 $\sigma \leqslant \tan^2\frac{\pi}{2n}$,则在

$$x_1 < x_2 < \cdots < x_n$$

逼近论中的 Weierstrass 定理

这些点中,第一个是方程
$$y^2 - L^2 = 0 \qquad (17.1)$$
的单根而其余的都是二重根. 当 $\sigma = \tan^2\dfrac{\pi}{2n}$ 时
$$x_n = 1, y(1) = -L, y(\beta) = L$$
我们让 σ 的值从 $\tan^2\dfrac{\pi}{2n}$ 开始增加. 因为解 y 这时应连续地变化,所以等式
$$x_1 = -1, x_n = 1$$
应保持成立. 但是 x_n 这时将是方程(17.1)的单根,从而应当有这个方程的一个根 $\alpha(1 < \alpha < \beta)$ 出现,根据上述情形,函数 y 的图形将有图 17.4 所表示的形式.

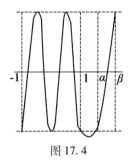

图 17.4

由此可知,当 $\sigma > \tan^2\dfrac{\pi}{2n}$ 时,解 y 具有下述性质:方程(17.1)在开区间$(-1,1)$内有 $n-2$ 个二重根,并且有单根 $-1, 1, \alpha, \beta$,其中 $1 < \alpha < \beta$. 同时在区间 $[-1,1]$ 与 $[\alpha,\beta]$ 上,不等式
$$y^2 \leq L^2$$
成立,而在实轴的其他的点则有
$$y^2 > L^2$$

第17章 左洛塔留夫的问题及其有关问题

为了要找寻具有这些性质的 y,我们用 $\mathfrak{G}$ 来表示沿区间

$$[-1,1],[\alpha,\beta]$$

割开的复数的 x-平面,并且在它上面考虑函数

$$\eta = \frac{y+\sqrt{y^2-L^2}}{L}$$

其中方根的符号是这样取定,要使 η 当 y 趋向于无穷时成为无穷,函数 η 需具有下述性质:

1° 在区域 $\mathfrak{G}$ 的边界上它的模等于 1;

2° 在区域 $\mathfrak{G}$ 内它不等于 0 并且在无穷远点有 n 重极点;

3° 在 $\mathfrak{G}$ 内单值.

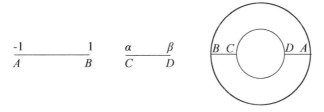

图 17.5

由此可知,η 可用对于区域的复的格林函数来表达. 为了这个目的,我们共形映射区域 $\mathfrak{G}$ 到 v-平面上的某一坏状区域(称它为 $\varGamma$)

$$r < |v| < 1$$

使得区域 $\mathfrak{G}$ 的无穷远点变成 v-平面的正的半实轴上的某一点 $v=s$(尚属未知). 这个映射可以从下面的式子得出

$$x = \frac{\mathrm{sn}^2 u + \mathrm{sn}^2 M}{\mathrm{sn}^2 u - \mathrm{sn}^2 M}, u = \frac{K'\ln v}{\pi}, M = \frac{K'\ln s}{\pi} \quad (17.2)$$

逼近论中的 Weierstrass 定理

而椭圆函数的模 κ 等于

$$\kappa = \sqrt{\frac{\alpha-1}{\alpha+1}\cdot\frac{\beta+1}{\beta-1}} \qquad (17.3)$$

半径 r 等于

$$r = e^{-\frac{\pi K}{K'}}$$

参数 α,β(尚属未知)由公式(17.3)及

$$\operatorname{sn}^2 M = \frac{\beta-1}{\beta+1} \qquad (17.4)$$

与参数 x,M 联系,而(17.3)(17.4)两式与下面的关系等价

$$\alpha = \frac{1+\kappa^2\operatorname{sn}^2 M}{\operatorname{dn}^2 M},\beta = \frac{1+\operatorname{sn}^2 M}{\operatorname{cn}^2 M} \qquad (17.5)$$

在所考虑的映射下,对应的边界在图 17.5 上表示了出来.

对于环状区域 Γ 相关于点 s 的复的格林函数有下面的形式

$$\frac{H(u-M)}{H(u+M)}$$

其中

$$H(u) = v_1\left(\frac{u}{2K}\right) = 2\sqrt[4]{q}\sin\frac{\pi u}{2K} - 2\sqrt[4]{q^9}\sin\frac{3\pi u}{2K} + \cdots$$

而

$$q = e^{-\frac{\pi K'}{K}}$$

因而根据性质 1°,2°,函数 η 应有下面的形式

$$\eta = \mu\left[\frac{H(u+M)}{H(u-M)}\right]^n$$

其中常数 μ 的模等于 1.

第 17 章　左洛塔留夫的问题及其有关问题

因为 η 在 Γ 上是单值的,所以

$$\eta(u + 2iK') = \eta(u)$$

但是我们知道

$$H(u + 2iK') = e^{-\pi i} e^{-\pi \frac{K'}{K}} e^{-\frac{\pi i u}{K}} H(u)$$

从而

$$M = \frac{mK}{n}$$

其中 m 是整数.

因为当 u 变为 $-u$ 时,y 不改变,所以 $\mu = \pm 1$.

要确定 m 必须注意到 y 在区间 $[-1,1]$ 上交错地取到值 $\pm L$ 的次数恰好是 n. 但当 x 从 -1 变到 1 时,量 u 从 0 变到 iK'. 函数

$$\left[\frac{H(M+u)}{H(M-u)} \right]^n$$

的辐角当 $u = 0$ 时是 0,当 $u = iK'$ 时应为 $\pm (n-1)\pi$.

但是由于

$$\left[\frac{H(M+iK')}{H(M-iK')} \right]^n = e^{-\pi i n} \left(1 + \frac{M}{K} \right)$$

所以对于 M 可得

$$M = -\frac{K}{n}$$

从而当

$$\sigma > \tan^2 \frac{\pi}{2n}$$

时,解的形式是

$$y_2 = \frac{L_2}{2} \left(\left[\frac{H\left(\frac{K}{n} - u \right)}{H\left(\frac{K}{n} + u \right)} \right]^n + \left[\frac{H\left(\frac{K}{n} + u \right)}{H\left(\frac{K}{n} - u \right)} \right]^n \right)$$

逼近论中的 Weierstrass 定理

$$x = \frac{\operatorname{sn}^2 u + \operatorname{sn}^2 \dfrac{K}{n}}{\operatorname{sn}^2 u - \operatorname{sn}^2 \dfrac{K}{n}}$$

又因为多项式 y_2 的最高次的系数等于 1，所以①

$$L_2 = \frac{1}{2^{n-1}} \left[\frac{\sqrt{\kappa} v_1^2(0)}{H_1\left(\dfrac{K}{n}\right) v_1\left(\dfrac{K}{n}\right)} \right]$$

又对于 σ 有表达式

$$\sigma = \frac{2\operatorname{sn}\dfrac{K}{n}}{\operatorname{cn}\dfrac{K}{n}\operatorname{dn}\dfrac{K}{n}} \left(\frac{1}{\operatorname{sn}\dfrac{2K}{n}} - \frac{v'\left(\dfrac{K}{n}\right)}{v\left(\dfrac{K}{n}\right)} \right) - 1$$

可以直接验证，当 k 从 0 变到 1 时，这个量从 $\tan^2\dfrac{\pi}{2n}$ 趋向于 ∞. 所以给定了 $\sigma > \tan^2\dfrac{\pi}{2n}$ 可以求出 $\kappa(0 < \kappa < 1)$，这样就完全确定了所要求的多项式.

2. 设给定了一个正的真分数 κ. 要在所有的分式

$$y = \frac{\varphi(x)}{\psi(x)}$$

中求出这样一个分式使得它在区间

---

① 我们注意到其他级数

$$H_1(u) = v_2\left(\frac{u}{2K}\right) = 2\sqrt[4]{q}\cos\frac{\pi u}{2K} + 2\sqrt[4]{q^9}\cos\frac{3\pi u}{2K} + \cdots$$

$$v(u) = v_0\left(\frac{u}{2K}\right) = 1 - 2q\cos\frac{\pi u}{K} + 2q^4\cos\frac{2\pi u}{K} - \cdots$$

$$v_1(u) = v_3\left(\frac{u}{2K}\right) = 1 + 2q\cos\frac{\pi u}{K} + 2q^4\cos\frac{2\pi u}{K} + \cdots$$

第17章 左洛塔留夫的问题及其有关问题

$$[-1,-\kappa],[\kappa,1]$$

上与函数

$$\mathrm{sign}\, x$$

有最小偏差. 这里 $\varphi(x)$ 和 $\psi(x)$ 是 n 次的多项式.

这个问题实质上与左洛塔留夫的第四个问题一致.

不难证明,假如

$$y = \frac{\varphi(x)}{\psi(x)}$$

是问题的解,而 $\mathfrak{M}(0 < \mathfrak{M} < 1)$ 是偏差的值,则

(1) 在区间 $(-\kappa,\kappa)$ 上只能有下述方程之一的根

$$\varphi(x) = 0, \psi(x) = 0$$

(2) 函数

$$(1-\mathfrak{M}^2)\frac{\psi(x)}{\varphi(x)}$$

同样是问题的解.

根据上述情形不妨假定所要求的解在区间 $(-\kappa,\kappa)$ 上不趋向于无穷. 这个解完全由下面的性质来鉴定:在由区间

$$[-1,-\kappa],[\kappa,1]$$

所组成的集合 E 上,差 $y - \mathrm{sign}\, x$ 用正负相间的符号,在 $2n+2$ 个点上取到值 $\mathfrak{M}$.

用参数方程来表达解的形式是

$$\begin{cases} x = \kappa \mathrm{sn}(u,\kappa) \\ y = (1-\mathfrak{M})\mathrm{sn}\left(\dfrac{u}{M},\lambda\right) \\ \lambda = \dfrac{1-\mathfrak{M}}{1+\mathfrak{M}} \end{cases} \quad (17.6)$$

$$L' = \frac{K'}{nM}, L = \frac{K}{M} \qquad (17.7)$$

其中 K,L 是关于模 κ,λ 的第一类完全椭圆积分,而 K',L' 是关于相补的模的第一型完全椭圆积分.

等式(17.6)与(17.7)指出我们的解和椭圆函数的变换的那种情形有关,在这种变换下第二周期可以用整数 n 除尽. 我们不停留于所引进的公式的验证,这是关于解的验算,所以并不会发生困难. 事实上,根据公式(17.6)和(17.7)

$$y = \frac{2\lambda}{1+\lambda} \frac{x}{M\kappa} \prod_{p=1}^{[\frac{n}{2}]} \frac{1 + \dfrac{x^2}{\kappa^2 \operatorname{tn}^2\left(\dfrac{2p}{n}K',\kappa'\right)}}{1 + \dfrac{x^2}{\kappa^2 \operatorname{tn}^2\left(\dfrac{2p-1}{n}K',\kappa'\right)}}$$

这就可写成

$$y = \frac{\varphi(x)}{\psi(x)}$$

其中当 n 是奇数时分子是 n 次而分母是 $n-1$ 次,当 n 是偶数时分母是 n 次而分子是 $n-1$ 次,这是因为

$$\frac{1}{\operatorname{tn}(K',\kappa')} = \frac{i}{\operatorname{sn}(iK',\kappa')} = 0$$

的缘故. 令

$$u = K + iv$$

其中 v 在区间 $[0,K']$ 上变动,我们让 x 在区间 $[\kappa,1]$ 上变动. 于是

$$y = (1-\mathfrak{M})\operatorname{sn}\left(\frac{u}{M},\lambda\right) = (1-\mathfrak{M})\operatorname{sn}(L+iw,\lambda)$$

第 17 章　左洛塔留夫的问题及其有关问题

其中 w 在区间 $[0, nL']$ 上变动. 因而 y 在区间 $[1-\mathfrak{M}, 1+\mathfrak{M}]$ 上变动,并且顺次在 $n+1$ 个点

$$w = 0, L', 2L', \cdots, nL'$$

上取值 $1-\mathfrak{M}$ 与 $1+\mathfrak{M}$. 而这 $n+1$ 个点相当于

$$v = 0, \frac{K'}{n}, \frac{2K'}{n}, \cdots, \frac{nK'}{n}$$

而所考虑的问题成为要在区间 $[\kappa^2, 1]$ 上求出一个分式来逼近函数 $\dfrac{1}{\sqrt{x}}$ 使得误差的模取最小值,而这个分式的分子和分母的次数是给定的. 这个问题也是切比雪夫所研究的. 类似的问题在前文我们已经讨论过了.

3. 在所有次数等于 n 最高次项的系数为 1 的多项式中要求出在区间

$$[-1, -\alpha], [\alpha, 1]$$

上与零有最小偏差的多项式.

假如多项式的次数是偶数 $(n = 2v)$,则问题很简单地可以解决. 我们知道所求的多项式是下面的形式

$$y = L_{2v} \cos v\arccos \frac{2x^2 - 1 - a^2}{1 - a^2}$$

而最小偏差等于

$$L_{2v} = \frac{1}{2^{2v-1}} (1 - a^2)^v$$

当次数是奇数时 $(n = 2v - 1)$,问题的解可以表示成椭圆函数

$$x = \frac{a\operatorname{cn} u}{\sqrt{a^2 - \operatorname{sn}^2 u}} \quad (x = 1, 当 u = 0)$$

逼近论中的 Weierstrass 定理

$$y = \frac{L_{2v-1}}{2}\left(\left[\frac{H\left(\frac{K}{2v-1}+u\right)}{H\left(\frac{K}{2v-1}-u\right)}\right]^{v-\frac{1}{2}} + \left[\frac{H\left(\frac{K}{2v-1}-u\right)}{H\left(\frac{K}{2v-1}+u\right)}\right]^{v-\frac{1}{2}}\right)$$

并且

$$\operatorname{sn}\frac{K}{2v-1} = a$$

而最小偏差等于

$$L_{2v-1} = \frac{1}{2^{2v-2}}\left[\frac{\theta(0)\theta_1(0)}{\theta\left(\frac{K}{2v-1}\right)\theta_1\left(\frac{K}{2v-1}\right)}\right]^{2v-1}$$

可以证明, 当 $v \to \infty$ 时

$$L_{2v-1} \sim \frac{1}{2^{2v-2}}(1-a^2)^{v-\frac{1}{2}}\sqrt{\frac{1+a}{1-a}}$$

4. 设 $\mathfrak{M}$ 是复变量 x – 平面上的一个有界闭集合. 又设

$$L_n = \min_{A_k}\max_{x\in\mathfrak{M}} |x^n + A_1 x^{n-1} + \cdots + A_n|$$

于是存在下面的极限

$$\lim_{n\to\infty}\sqrt[n]{L_n} = \tau = \tau(\mathfrak{M})$$

量 $\tau(\mathfrak{M})$ 叫作集合 $\mathfrak{M}$ 的超限直径并且等于

$$\lim_{n\to\infty}\sqrt[\binom{n}{2}]{V_n}$$

其中 V_n 是范德蒙德行列式

$$V(x_1, x_2, \cdots, x_n)$$

当点 $x_1, x_2, \cdots, x_n$ 在 $\mathfrak{M}$ 上变动时的模的最大值.

这个定理是属于泛盖德(M. Fekete)的. 根据上节的结果, 由区间

$$[-1, -\alpha], [\alpha, 1]$$

所组成的超限直径等于

$$\frac{1}{2}\sqrt{1-\alpha^2}$$

5. 设 E 表示由两个区间

$$[-1,\alpha],[\beta,1] \quad (-1<\alpha<\beta<1)$$

所组成的点集,又设

$$\kappa = \sqrt{\frac{2(\beta-\alpha)}{(1-\alpha)(1+\beta)}}$$

$$1-2\mathrm{sn}^2\rho = \alpha \quad (-K<\rho<0)$$

于是集合 E 的超限直径等于

$$\tau = \frac{1}{2}\left[\frac{\theta(0)\theta_1(0)}{\theta(\rho)\theta_1(\rho)}\right]$$

再设 $s(x)$ 是在集合 E 上的正的连续函数且设

$$\mathscr{L}_n[s(x)] = \min_{A_k}\max_{x\in E}|s(x)(x^n + A_1 x^{n-1} + \cdots + A_n)|$$

假定

$$\gamma = \alpha + 2\frac{\mathrm{sn}\,\rho\mathrm{cn}\,\rho\theta'(\rho)}{\mathrm{dn}\,\rho\theta(\rho)}$$

于是有下述事项:

(1) 若数

$$\frac{\rho}{K} = R$$

是无理数,则对于任意满足不等式

$$-K<\omega\leqslant 0$$

的 ω,存在指标的一个无限序列 n_i,使得

$$\mathscr{L}_{ni}[s(x)] \sim 2\tau^{ni}\frac{\theta(\rho+\omega)}{\theta(\rho-\omega)}\mathrm{e}^{\frac{1}{\pi}\int_E \ln s(x)\frac{|x-\gamma|\mathrm{d}x}{\sqrt{(1-x^2)(\alpha-x)(\beta-x)}}}$$

(2) 设 R 是有理数且设化简后的形式是

逼近论中的 Weierstrass 定理

$$R = \frac{P}{Q}$$

则存在 Q 个量

$$\sigma^{(0)}, \sigma^{(1)}, \cdots, \sigma^{(Q-1)}$$

满足不等式

$$-K < \sigma^{(\mu)} \leq 0$$

它们对应于以 Q 为模的同余类,使得关于模 Q 彼此共轭的指标 n 的每一个序列,下面的渐近式

$$\mathscr{L}_n[s(x)] \sim 2\tau^n \frac{\theta(\rho+\sigma^{(\mu)})}{\theta(\rho-\sigma^{(\mu)})} e^{\frac{1}{\pi}\int_E \ln s(x) \frac{|x-\gamma|dx}{\sqrt{(1-x^2)(\alpha-x)(\beta-x)}}}$$

之一成立.

上述命题是伯恩斯坦关于一个区间的定理的推广.

6.(续)假如

$$(2m+2)\rho \equiv 0 (\bmod K)$$

则

$$\min_{p_i} \int_E | x^{2m+1} + p_1 x^{2m} + \cdots + p_{2m+1} | \, dx$$

$$= 2 \min_{p_i} \max_{x \in E} \left| (x^{2m+1} + p_1 x^{2m} + \cdots + p_{2m+1}) \cdot \frac{\sqrt{(1-x^2)(\alpha-x)(\beta-x)}}{x-\gamma} \right|$$

$$= 2 \min_{p_i} \max_{x \in E} | x^{2m+2} + p_1 x^{2m+1} + \cdots + p_{2m+2} | = 4\tau^{2m+2}$$

最简单的解析函数的最佳调和逼近

第 18 章

1. 设 $J_n[f(x)]$ 表示在区间 $L(-1,1)$ 上函数 $f(x)$ 用 n 次多项式来做最佳逼近的偏差. 证明

(1) $J_n\left[\dfrac{1}{(a-x)^s}\right] = \dfrac{2}{\Gamma(s)\Gamma(1-s)} \cdot$

$\displaystyle\int_a^{+\infty} (t-a)^{-|s|} \dfrac{\mathrm{d}^{[s]}}{\mathrm{d}t^{[s]}} \ln \dfrac{(t+\sqrt{t^2-1})^{n+2}+1}{(t+\sqrt{t^2-1})^{n+2}-1} \mathrm{d}t$

其中 $a > 1, s > 0$;

(2) $J_n[(a-x)^s] = \dfrac{2|\sin \pi s|}{\pi} \cdot$

$\displaystyle\int_a^{+\infty} (t-a)^s \ln \dfrac{(t+\sqrt{t^2-1})^{n+2}+1}{(t+\sqrt{t^2-1})^{n+2}-1} \mathrm{d}t$

其中 $a \geqslant 1, n \geqslant s > -1$;

(3) $J_n[\ln(a-x)]$

$= 2\displaystyle\int_a^{+\infty} \ln \dfrac{(t+\sqrt{t^2-1})^{n+2}+1}{(t+\sqrt{t^2-1})^{n+2}-1} \mathrm{d}t$

其中 $a \geqslant 1$.

逼近论中的 Weierstrass 定理

这里可以采用第 16 章的方法,因为所考虑的函数 $f(x)$ 在每一种情形下其任意级导数在 $[-1,1]$ 区间上不变号.

此外我们注意到

$$\int_{-1}^{1} \frac{\text{sign sin } k\varphi}{u-x} dx = 2\ln \frac{(u+\sqrt{u^2-1})^k+1}{(u+\sqrt{u^2-1})^k-1}$$

其中 $u > 1, x = \cos\varphi$.

例如,我们来证明(3). 设 $b > a > 1$. 函数

$$\ln\frac{b-x}{a-x} = \int_a^b \frac{du}{u-x}$$

的任意级导数在区间 $(-1,1)$ 保持定号. 因而

$$J_n\left[\ln\frac{b-x}{a-x}\right] = \int_{-1}^{1} \ln\frac{b-x}{a-x}\text{sign sin}(n+2)\varphi dx$$

$$= 2\int_a^b \ln\frac{(u+\sqrt{u^2-1})^{n+2}+1}{(u+\sqrt{u^2-1})^{n+2}-1} du$$

但由于

$$\left| J_n[\ln(a-x)] - J_n\left[\ln\frac{a-x}{b-x}\right]\right|$$

$$\leq J_n[\ln(b-x)]$$

$$= J_n\left[\ln\frac{b-x}{h}\right]$$

$$\leq \int_{-1}^{1}\left|\ln\frac{b-x}{b}\right| dx < \ln\frac{b+1}{b-1}$$

所以

$$J_n[\ln(a-x)] = 2\int_a^{+\infty} \ln\frac{(u+\sqrt{u^2-1})^{n+2}+1}{(u+\sqrt{u^2-1})^{n+2}-1} du$$

不难看出这个结果在 $a = 1$ 时保持成立.

第18章 最简单的解析函数的最佳调和逼近

2. (续) 保持前节所用的记号,证明

(1) 当 $n \geq s > -1$ 时

$$J_n[(1-x)^s] \geq \frac{2|\sin \pi s|}{\pi} \frac{\Gamma(2s+2)}{2^{s-1}(u+2)^{2s+2}} \sum_{k=0}^{\infty} \frac{1}{(2k+1)^{2s+2}}$$

(2) 当 $n \to \infty$ 时

$$J_n[(1-x)^s] \sim \frac{2|\sin \pi s|}{\pi} \frac{\Gamma(2s+2)}{2^{s-1}n^{2s+2}} \sum_{k=0}^{\infty} \frac{1}{(2k+1)^{2s+2}}$$

$$(s > -1)$$

$$J_n[\ln(1-x)] \sim \frac{4}{n^2} \sum_{k=0}^{\infty} \frac{1}{(2k+1)^3}$$

$$J_n\left[\frac{1}{(a-x)^s}\right] \sim \frac{4n^{s-1}}{|\Gamma(s)|} \frac{(a-\sqrt{a^2-1})^{n+2}}{(a^2-1)^{\frac{s-1}{2}}} \quad (a>1, s \geq 0)$$

$$J_n[\ln(a-x)] \sim \frac{4\sqrt{a^2-1}}{n}(a-\sqrt{a^2-1})^{n+2} \quad (a>1)$$

3. 假如 $E_n[f(x)]$ 表示在空间 $C(-1,1)$ 中用 n 次多项式逼近函数 $f(x)$ 的最小偏差,则当 $n \to \infty$ 时有下述伯恩斯坦所证明的渐近式

$$(1) E_n\left[\frac{1}{(a-x)^s}\right] \sim \frac{n^{s-1}}{|\Gamma(s)|} \frac{(a-\sqrt{a^2-1})^n}{(a^2-1)^{\frac{s+1}{2}}}$$

$$(a>1, s \geq 0)$$

$$(2) E_n[\ln(a-x)] \sim \frac{1}{n} \frac{(a-\sqrt{a^2-1})^n}{\sqrt{a^2-1}} \quad (a>1)$$

我们在这里不预先考虑当 s 是非整数时公式(1)的证明,同样也不考虑公式(2)的证明,但我们介绍读者参看伯恩斯坦相关的著作.

4. 给定复数 A,正数 c 和自然数 n. 证明对于任意

逼近论中的 Weierstrass 定理

的 $T>0$,有

$$\mu_n(A) = \min_{\substack{a_k,b_k \\ \varphi \in G_T}} \sup_{-\infty < x < +\infty} \left| \frac{A}{(x-ci)^n} + \frac{\overline{A}}{(x+ci)^n} - \sum_{k=1}^{n-1} \frac{a_k x + b_k}{(x^2+c^2)^k} - \varphi(x) \right| = \frac{|A|}{2^{n-1}c^n} e^{-cT}$$

考虑函数

$$y = \frac{L}{2}\left(e^{-iTx-i\delta}\left(\frac{x+ic}{x-ic}\right)^n + e^{iTx+i\delta}\left(\frac{x-ic}{x+ic}\right)^n \right)$$

其中 δ 是实数而 L 是正的参数. 这是一个半纯函数一共有两个 n 级的极点,并且在实数轴上取实数值,同时

$$\max_{-\infty < x < +\infty} |y| = L$$

假如参数 L 与 δ 由条件

$$\frac{L}{2} e^{cT-i\delta}(2ic)^n = A$$

来确定. 而

$$L = \frac{|A|}{2^{n-1}C^n} e^{-cT}$$

于是,y 有下面的形式

$$y = \frac{A}{(x-ci)^n} + \frac{\overline{A}}{(x+ci)^n} - \sum_{k=1}^{n-1} \frac{\alpha_k x - \beta_k}{(x^2+c^2)^k} - \psi(x)$$

其中 $\psi(x) \in G_T$.

这样一来,我们证明了

$$\mu_n(A) \leqslant L = \frac{|A|}{2^{n-1}c^n} e^{-cT}$$

要证明在这个关系式中等号是成立的,我们任取一个不同于 y 的函数

第18章 最简单的解析函数的最佳调和逼近

$$z = \frac{A}{(x-ci)^n} + \frac{\overline{A}}{(x+ci)^n} - \sum_{k=1}^{n-1} \frac{a_k x + b_k}{(x^2+c^2)^k} - \varphi(x)$$

其中 $\varphi(x) \in G_T$.

显然,我们可以假定 z 在实数轴上是实的. 令

$$M = \sup_{-\infty < x < +\infty} |z|$$

我们要证明 $M > L$.

我们取集合 $\mathfrak{M}$ 为函数

$$\sqrt{z^2 - M^2}$$

在 x 平面的上半平面上的临界点 ξ 的全体. 在上半平面的任一有穷部分,这种点 ξ 只有有限个. 每一点 $\xi \in \mathfrak{M}$ 是一个或几个弧 λ 的端点,而在 λ 上 $z(x)$ 是实的并且满足不等式

$$-M \leq z(x) \leq M$$

每一个这种弧的另一端点或者也属于集合 $\mathfrak{M}$,或者是在区域 $\Im x > 0$ 的边界上.

把上半平面沿弧 λ 割开. 于是它就分成 $m \geq 1$ 个区域,其中的一个(我们记它作 D)将包含点 ic. 在区域 D,函数

$$\frac{z + \sqrt{z^2 - M^2}}{M} = g(x)$$

不难看出是单值的,其中方根是这样确定使得 $g(ic) = \infty$. 又当 x 趋近于区域 D 的边界的每一有穷部分时,函数 $g(x)$ 的模一致地趋向于 1.

我们考虑函数

$$h(x) = e^{iTx} \left(\frac{x - ic}{x + ic} \right)^n g(x)$$

它在区域 D 是全纯的. 当 x 趋向于区域 D 的边界的任一有穷部分时, 它的模一致地趋向于一个小于或等于 1 的极限.

在另一方面, 假如无穷远点是区域 D 的边界点时, 则在所有的情形, 当 x 在这个点的某一个(属于 D 的)邻域内时
$$|h(x)| < C$$
其中 C 是某一个常数. 事实上, 在无穷远点的邻域内
$$|g(x)| \leq A + B|\varphi(x)|$$
其中 A 与 B 是不难估计的某些常数. 但由于 $\varphi(x) \in B_T$, 所以
$$|g(x)| \leq A + B_1 e^{Tx''} \quad (x = x' + ix'')$$
这就表示
$$|h(x)| \leq e^{-Tx''}(A + B_1 e^{Tx''}) = A e^{-Tx''} + B_1$$
现在, 我们可以应用最大模原理. 根据这个原理
$$|h(x)| \leq 1$$
在 D 处处成立, 且设等号若在一个内点成立的话, 则
$$h(x) \equiv e^{i\alpha}$$
取 $x = ic$, 我们就得到
$$\frac{e^{-cT}}{M} \frac{2|A|}{(2c)^n} < 1$$
或
$$\frac{L}{M} < 1$$

这就证明了我们的结论.

5. 给定复数 A, 正数 c 和自然数 n. 根据前节的结

第18章 最简单的解析函数的最佳调和逼近

果证明

(1) $\mathscr{E}_T\left[\dfrac{A}{x-ci}+\dfrac{\overline{A}}{x+ci}\right]=\dfrac{|A|}{c}e^{-cT}$ ($T>0$)

(2) 当 $T\to\infty$ 而 $n\geqslant 2$ 时

$$\mathscr{E}_T\left[\dfrac{A}{(x-ci)^n}+\dfrac{\overline{A}}{(x+ci)^n}\right]\sim\dfrac{|A|}{c}\dfrac{T^{n-1}}{(n-1)!}e^{-cT}$$

用 α,β 来记两个实数,上面写出的关系式可以表达成下面的形式

(3) $\mathscr{E}_T\left[\dfrac{\alpha x+\beta}{x^2+c^2}\right]=\dfrac{\sqrt{\alpha^2 c^2+\beta^2}}{2c^2}e^{-cT}$ ($T>0$)

(4) 当 $T\to\infty$ 而 $n\geqslant 2$ 时

$$\mathscr{E}_T\left[\dfrac{\alpha x+\beta}{(x^2+c^2)^n}\right]\sim\dfrac{\sqrt{\alpha^2 c^2+\beta^2}}{2^n c^{n+1}}\dfrac{T^{n-1}}{(n-1)!}e^{-cT}$$

公式(1)是伯恩斯坦建立的. 它是上节结果的特殊情形.

我们来证明结果(2),为此我们考虑表达式

$$\theta=\dfrac{1}{2}e^{-iTx}\sum_{k=1}^{n}L_k e^{-i\delta_k}\left(\dfrac{x+ic}{x-ic}\right)^k$$

其中 L_k 是正数而 δ_k 是实的参数. 这两个参数这样来确定使得

$$\theta=\dfrac{A}{(x-ic)^n}+\Phi(x)$$

其中 $\Phi(x)$ 是整函数. 为此我们要解下列方程组

$$\dfrac{1}{2}e^{cT}L_n e^{-i\delta_n}(2ic)^n=A$$

$$\sum_{k=r}^{n}L_k e^{-i\delta_k}\dfrac{1}{(k-r)!}\dfrac{d^{k-r}}{dx^{k-r}}\left[e^{-iTx}(x+ie)^k\right]\bigg|_{x=ic}=0$$

513

逼近论中的 Weierstrass 定理

$$(r = n-1, n-2, \cdots, 1).$$

令

$$x_k = L_k \mathrm{e}^{-\mathrm{i}\delta_k}(2\mathrm{i}c)^k(-\mathrm{i}T)^k \quad (k=1,2,\cdots,n)$$

我们把上述方程组化成下面的形式

$$x_n = 2A\mathrm{e}^{-cT}(-\mathrm{i}T)^n$$

$$\sum_{k=r}^{n}\frac{x_k}{(k-r)!}(1+\varepsilon_k^{(r)}) = 0 \quad (r=n-1, n-2, \cdots, 1)$$

其中 $\varepsilon_k^{(r)} = O\left(\dfrac{1}{T}\right)(T\to\infty)$.

不难验证这个方程组的解是如下的形式

$$x_k = \frac{(-1)^{n-k} x_n}{(n-k)!}\left[1+O\left(\frac{1}{T}\right)\right]$$

$$(k=1,2,\cdots,n-1)$$

因而

$$L_k = \frac{|A|}{2^{k-1}c^k}\frac{T^{n-k}}{(n-k)!}\mathrm{e}^{-cT}\left[1+O\left(\frac{1}{T}\right)\right]$$

$$(k=1,2,\cdots,n-1)$$

$$L_n = \frac{|A|}{2^{n-1}c^n}\mathrm{e}^{-cT}$$

令

$$\frac{L_k}{2}\left(\mathrm{e}^{-\mathrm{i}Tx-\mathrm{i}\delta_k}\left(\frac{x+\mathrm{i}c}{x-\mathrm{i}c}\right)^k + \mathrm{e}^{\mathrm{i}Tx+\mathrm{i}\delta_k}\left(\frac{x-\mathrm{i}c}{x+\mathrm{i}c}\right)^k\right)$$

$$= \frac{A_k}{(x-\mathrm{i}c)^k} + \frac{\overline{A_k}}{(x+\mathrm{i}c)^k} - \sum_{r=1}^{k}\frac{\alpha_r^{(k)}x+\beta_r^{(k)}}{(x^2+c^2)^r} - \psi_k(x)$$

$$= f_k(x) - \psi_k(x) \quad (k=1,2,\cdots,n)$$

并令 $A_n = A$，我们可得

第18章 最简单的解析函数的最佳调和逼近

$$\frac{A}{(x-c\mathrm{i})^n} + \frac{\overline{A}}{(x+c\mathrm{i})^n} - f_1(x) = \sum_{k=2}^{n} f_k(x)$$

从而

$$\left| \mathscr{E}_T\Big[\frac{A}{(x-c\mathrm{i})^n} + \frac{\overline{A}}{(x+c\mathrm{i})^n}\Big] - \mathscr{E}_T[f_1(x)] \right| \leqslant \sum_{k=2}^{n} \mathscr{E}_T[f_k(x)]$$

于是剩下来只要注意到由于前节的结果

$$\mathscr{E}_T[f_k(x)] = \mu_k(A_k) = L_k \quad (k=1,2,\cdots,n)$$

Müntz 定理及推广[①]

§0 引 言

1885 年魏尔斯特拉斯证明了在实轴区间上的连续函数可以在此区间上被多项式一致逼近. 目前已在两个方向上,进一步研究及推广这个定理.

（一）研究函数系 $\{x^n\}$（$n=0,1,\cdots$）的最佳逼近问题. 设 $f(x) \in C[a,b]$（也可以讨论 $f(x) \in L_p[a,b]$ 的情况）令

$$E_n[f,a,b] = \inf_{P_n} \max_{a \leq x \leq b} |f(x) - P_n(x)| \tag{1}$$

其中 $P_n(x)$ 是 n 次多项式,而下确界是对所有的 n 次多项式 $P_n(x)$ 而取的.

由魏尔斯特拉斯定理看出 $\lim_{n \to +\infty} E_n = 0$.

---

① 沈燮昌（北京大学）. 逼近论会议论文集,杭州大学出版社,1978.

附录1　Müntz 定理及推广

1911—1912 年杰克逊首先研究 $E_n \to 0$ 的速度,以后有很多作者对这个问题作了深刻的研究. 最佳逼近问题无论在理论上以及应用上(滤波,近似计算以及各种工程技术方面)都有很大的意义.

(二)代替函数系 $\{x_n\}$ 考虑更一般的函数系 $\{x^{\lambda_n}\}$,其中 λ_n 可以是实数或复数,研究这个函数系的完备性问题以及最佳逼近问题. 在这方面最早由 Ch. Müntz 在 1914 年开始研究,以后有很大发展,特别是近十年中工作很多,本文着重介绍这方面的一些研究成果.

§1　函数系 $\{x^n\}$ 的最佳逼近

在杰克逊定理以后,比较重要的工作是 1958 年 Freud – Czipszer 的工作,他们研究了用一个多项式同时逼近函数及其各级微商的问题. 并且还对多项式的系数做出了估计,这个结果在研究用其他函数系(例如 $\{z^{\lambda_n}\}$)进行最佳逼近时也有用. 但是这类估计式仍然是对被逼近函数 $f(x)$ 进行逼近时整个区间上进行研究,它们没有刻画出每一点上的逼近度. 1951 年 Тиман 得到了这种局部性的结果:

设 $f(x) \in C^k[-1,1]$,则对任意的自然数 n,可以找到 n 次多项式 $P_n(x)$,使得

$$|f(x) - P_n(x)| = O\left[\left(\frac{\sqrt{1-x^2} + \frac{1}{n}}{n}\right)^k \omega\left(f^{(k)}, \frac{\sqrt{1-x^2} + \frac{1}{n}}{n}\right)\right]$$

其中 $\omega(f^{(k)},\delta)$ 为 $f^{(k)}(x)$ 的连续模.

由此看出,当 x 在区间 $[-1,1]$ 的端点时,逼近的阶可以比较高,而在其内点上逼近的阶与杰克逊定理完全一样. 此外,也得到了这个定理的逆定理.

目前这种类型的定理还有各种方向的研究. 一是代替 $\{x^n\}$ 研究更一般的函数系的最佳逼近(如有理函数最佳逼近). 二是代替实轴上线段考虑无界区间上加权多项式最佳逼近问题,甚至考虑复平面上最佳逼近问题,这一方面工作也很多.

§2　$\{x^{\lambda_n}\}$ 的完备性问题,其中 λ_n 为实数

代替函数系 $\{x^n\}$,考虑 $\{x^{\lambda_n}\}$. 1914 年 Ch. Müntz 首先得到下列定理:

1. 函数系 $\{x^{\lambda_n}\}$ $(\lambda_n > -\frac{1}{2})$ 在 $L_2[0,1]$ 上完备,当且仅当满足下列条件之一:

$$\left.\begin{array}{l}(1)\ \lim_{n\to+\infty}\lambda_n = +\infty,\ \sum_{n=1}^{\infty}\frac{1}{\lambda_n} = +\infty \\ (2)\ \lim_{n\to+\infty}\lambda_n = a,\ -\frac{1}{2} < a < +\infty \\ (3)\ \lim_{n\to+\infty}\lambda_n = -\frac{1}{2},\ \sum_{n=1}^{+\infty}\left(\lambda_n + \frac{1}{2}\right) = +\infty\end{array}\right\} \quad (2)$$

2. 函数系 $\{x^{\lambda_n}\}$ $(\lambda_n \geqslant 0)$ 在 $C[0,1]$ 上完备,当且仅当 $\lambda_0 = 0$ 以及满足下列条件之一

附录1 Müntz 定理及推广

$$(1) \lim_{n \to +\infty} \lambda_n = +\infty, \sum_{n=1}^{\infty} \frac{1}{\lambda_n} = +\infty \atop (2) 0 < \lim_{n \to +\infty} \lambda_n < +\infty \Bigg\} \quad (3)$$

1959 年希瓦兹在对 $\lambda_n \geqslant 0$ 情况给出了 $\{x^{\lambda_n}\}$ 在 $C[0,1]$ 上完备的充要条件,这包括了(3)中两种情况. 但是他本人没有给出证明,直到 1972 年才由 Alan R. Siegel 加以证明.

1949 年 I. I. Hirschmen 及 D. V. Widder 以及 1950 年 А. О. Гельфонд 用广义 Бернштейн 多项式作为逼近工具(通过牛顿级数来表示)研究函数系 $\{1, x^{r_k} \ln^m x\}$($m = 0, 1, \cdots, v_k, 0 < r_1 < r_2 < \cdots, r_k \to +\infty$) 在 $C[0,1]$ 上的完备性问题,其充要条件为

$$\sum_{k=1}^{\infty} \frac{v_k + 1}{r_k} = +\infty \quad (4)$$

并且还得到了逼近的阶的估计式.

1968 年 Feller Willias 用插值多项式及泛函方法研究在 $\sum \frac{1}{\lambda_n} = +\infty$ 下,若 $\{x^{\lambda_n}\}$ 不完备,则通过泛函所对应的函数可以展开为以 λ_n 为插值点的牛顿级数,从而推出矛盾.

若作变换 $x = e^{-t}$,则可以在 $[0, +\infty)$ 上研究函数系 $\{x^{-\lambda_n}\}$ 的完备性问题了,关于这方面可见 1956—1957 年 M. M. Crum 的工作以及 1970 年 Forst Wilhelm 的工作.

1973 年 M. V. Golitschek 不仅研究 $\{x^{\lambda_n}\}$ 的完备性问题,且得到了实现逼近的函数 $P_n(x) = \sum_{q=1}^{n} c_{qn} x^{\lambda_q}$ 的

系数 c_{qn} 的估计式.

§3 $\{x^{\lambda_n}\}$ 的完备性问题,其中 λ_n 为复数

当 $\{\lambda_n\}$ 是复数时,最早的结果是在 1916 年 O. Szasz 的定理:

设 Re $\lambda_n > 0$,且 λ_n 互不相同,则

(1) 若 $\sum_{n=1}^{\infty} \dfrac{\operatorname{Re} \lambda_n}{1+|\lambda_n|^2} = +\infty$,则 $\{x^{\lambda_n}\}, \lambda_0 = 0$ 在 $C[0,1]$ 上完备;

(2) 若 $\sum_{n=1}^{\infty} \dfrac{(\operatorname{Re} \lambda_n)+1}{1+|\lambda_n|^2} < +\infty$,则 $\{x^{\lambda_n}\}, \lambda_0 = 0$ 在 $C[0,1]$ 上不完备.

值得指出,当 $\varliminf \operatorname{Re} \lambda_n > 0$ 时,则上面两个条件正好相反,因此得到了完备的充要条件. 在相反的情况下,存在 $\{\lambda_n\}$ 使得两个条件都不满足. 在这方面 1972 年 Alan R. Siegel 在做出了改进. 此外,若在 $L_2[0,1]$ 中考虑逼近,则可以不发生上述问题,此时实现逼近的充要条件为

$$\sum_{n=1}^{\infty} \dfrac{(\operatorname{Re} \lambda_n)+\dfrac{1}{2}}{1+|\lambda_n|^2} = +\infty$$

还有一些作者研究 $\{\lambda_n\}$ 分布在一个角内的情况. 1971 年 W. A. Luxemburg 及 J. Korevaar 的结果如下:

设 $|\operatorname{Re} \lambda_n| \geq \delta |\lambda_n| (\delta > 0)$,则 $\{x^{\lambda_n}\}$ 在 $C[a,b]$ 或 $L_p[a,b] (a>0)$ 上完备的充要条件是

附录1 Müntz 定理及推广

$$\sum_{n=1}^{\infty} \frac{1}{|\lambda_n|} = +\infty \qquad (5)$$

进一步,若式(5)不满足,但是 $f(x)$ 仍然可以被 $\{x^{\lambda_n}\}$ 的线性组合逼近,则在对 λ_n 之间距离加上一些条件以后, $f(x)$ 就可以展开为 $\{x^{\lambda_n}\}$ 的级数了.

1956 年 M. M. Crum 对 Re $\lambda_n \geqslant \delta > 0$ 的情况也作过研究.

§4 $\{x^{\lambda_n}\}$ 的进一步研究

若函数系 $\{x^{\lambda_n}\}$ 在 $C[0,1]$ 或 $L_p[0,1]$ 中不完备,则 $\{x^{\lambda_n}\}$ 所张的空间(即所有 $\{x^{\lambda_n}\}$ 的线性组合及其闭包)是原来空间的子空间. 自然会研究这个子空间的一些性质. 这方面也有不少重要工作, §3 节中介绍的 Luxemburg 及 Korevaar 结果就是其中之一. 1943 年 J. A. Clarkson 及 P. Erdos 首先对 $\{x^{n_k}\}$ 进行研究,其中 n_k 是自然数,证明:

设 $\sum_{k=1}^{\infty} \frac{1}{n_k} < +\infty$,若 $f(x)$ 在 $C[0,1]$ 中能被 $\{x^{n_k}\}$ 逼近,则 $f(x)$ 可以解析开拓到 $|z|<1$.

希瓦兹以较少的假定,推广到指数为正实数情况. 1950 年 А. Ф. Леонтьев 用插值方法也研究了同样问题,得到了类似的结果. 他还证明,实现逼近的多项式在区域 $0<|z|<1$, $-\infty<\arg z<+\infty$ 内的任何闭集上的一致收敛问题. 在 60 年代中 А. Ф. Леонтьев 还有

不少推广工作,这里不准备介绍了.

§5 $\{z^{\lambda_n}\}$ 在复平面上的完备性问题

关于函数系 $\{z^{\lambda_n}\}$ 在复平面曲线上或区域上的完备性问题,目前也有不少工作. 最早 1922 年 T. Carleman 研究 $\{e^{\lambda_n z}\}$ 在 $|\operatorname{Im} z| < \pi\sigma$ 中完备性问题,其中

$$\sigma = \varlimsup_{R\to\infty} \frac{\sum_{\lambda_n > R} \frac{1}{\lambda_n}}{\ln R} > 0$$

而 $\{\lambda_n\}$ 为正数序列. Б. Я. Левин 还对 $\{\lambda_n\}$ 是复数情况作了推广.

1955 年 А. Ф. Леонтьев 及 1956 年 Б. Я. Левин 独立地得到下列更一般的结果:

设复数序列 $\{\lambda_n\}$ 具有密度

$$\lim_{n\to+\infty} \frac{n}{\lambda_n} = d > 0$$

则函数系 $\{z^{\lambda_n}\}$ 在宽度为 $2\pi d$ 的任一个曲线带 $\varphi(x) < \operatorname{Im} z < \varphi(x) + 2\pi d$ 内部有界区域上是完备的,其中 $y = \varphi(x)$ 是实轴上任意一个连续函数,并且在任意一个包有垂直方向长度大于 $2\pi d$ 的线段上不完备.

А. Ф. Леонтьев 还证明了下列更一般结果:

设 $\omega(z)$ 是指数型整函数,且在角 $|\arg z| < \mu$ 内处处稠密的射线 $\arg z = \varphi$ 上存在极限

$$\lim_{r\to+\infty} \frac{\ln|\omega(re^{i\varphi})|}{r} = \sigma|\sin\varphi|$$

其中 $\sigma > 0$. 若 $\{\lambda_n\}$ 是函数 $\omega(z)$ 在 $|\arg z| < \mu$ 内的零点,且其重数为 p_n,则函数系

$$\{e^{\lambda_n z}, ze^{\lambda_n z}, \cdots, z^{p_n-1}e^{\lambda_n z}\}$$

在上面任意一个宽度为 $2\pi\sigma$ 的曲线带内部的任何有界闭区域上完备.

设 L 为复平面上任意从原点出发到 ∞ 的若尔当曲线,我们说 $f(z) \in C_0(L)$,则表示 $f(z)$ 在 L 上连续且 $\lim\limits_{\substack{z \to \infty \\ z \to L}} f(z) = 0$. 1973 年 J. Korevaar 得到较深刻结果:

1. 设 L 是任意解析弧,$\{\lambda_n\}$ 满足 $\lambda_0 = 0$,$\lambda_n \uparrow +\infty$,$\sum\limits_{n=1}^{\infty} \dfrac{1}{\lambda_n} < +\infty$,则 $\{x^{\lambda_n}\}$ 在 $C_0(L)$ 上不完备.

2. 设若尔当曲线 L 在左平面延伸到 ∞,且它的任意一段弦与正实轴夹角 $\leq \alpha < \dfrac{\pi}{2}$,而 $\{\lambda_n\}$ 满足 $\lambda_0 = 0, \lambda_n \uparrow +\infty, \sum\limits_{n=1}^{\infty} \dfrac{1}{\lambda_n} = +\infty$,则函数系 $\{e^{\lambda_n z}\}$ 在 $C_0(L)$ 上完备.

1967 年 А. А. Миролюбов 还研究函数系 $\{\psi_1(z)e^{2\pi inx}, \psi_2(z)e^{2\pi inz}\}$ 在垂直曲线带上的完备性问题,其中对 $\psi_1(z), \psi_2(z)$ 需要加上一些条件. 1969 年 Каэомин 研究更一般函数系 $\{A_j(z)e^{nz}, j = 0, 1, \cdots, p-1; n = 0, 1, \cdots\}$ 在水平曲线带上的完备性问题,同样对 $A_j(z)$ 也要加一些条件.

1966 年 А. Ф. Леонтьев 证得:设正实数序列 $\{\lambda'_n\}$ 及 $\{\lambda''_n\}$ 满足

$$\lim_{n\to+\infty}\frac{n}{\lambda'_n}=\sigma_1, \lim_{n\to+\infty}\frac{n}{\lambda''_n}=\sigma_2$$

则由序列 $\{\lambda_n\} = \{\lambda'_n\} + \{i\lambda''_n\}$ 所构成的函数系 $\{e^{\lambda_n z}\}$ 在 $(|\text{Im } z| < \pi\sigma_1) \cup (|\text{Re } z| < \pi\sigma_2)$ 内部完备.

此外,他还研究展开为 $\{e^{\lambda_n z}\}$ 级数问题.

Б. Я. Левин 还介绍 $\{e^{i\lambda_n z}\}$ 在 $C[-\pi, \pi]$ 及 $L_p[-\pi, \pi]$ 上完备性问题.

1963 年 А. Ф. Леонтьев 研究了 $\{e^{\lambda_n z}\}$ 在闭区域上的完备性问题,他的结果是:设正数序列 $\{\lambda_n\} = \{\lambda'_n\} + \{\lambda''_n\}$ 单调上升趋向于 $+\infty$ 且满足:

1. $\{\lambda'_n\}$ 是某个指数型整函数 $L(z)$ 的零点,且 $L(z)$ 在 $\text{Re } z \geq 0$ 再也没有其他零点了

$$L(iy) \geq B\exp(A|y|), B \neq 0, z = x + iy \quad (6)$$

2. $$\sum_{n=1}^{\infty}\frac{1}{\lambda''_n} = +\infty \quad (7)$$

则任何一个在 $|\text{Im } z| < A$ 内解析, $|\text{Im } z| \leq A$ 上连续函数都可以在 $|\text{Im } z| \leq A$ 的任何有界闭集上被 $\{c^{\lambda_n z}\}$ 一致逼近.

若将条件(6)换为

$$L(iy) \leq B\exp(A|y|) \quad L(z) \neq 0$$

而条件(7)换为

$$\sum_{n=1}^{\infty}\frac{1}{\lambda''_n} < +\infty$$

且若 $\{c^{\lambda_n z}\}$ 的线性组合 $P_n(z)$ $(n = 1, 2, \cdots)$ 能在 $|\text{Im } z| \leq A$ 的任意有界闭集上一致逼近函数 $f(z)$,则 $P_n(z)$ 就在平面上任何有界区域上一致收敛. 由此推出 $\{e^{\lambda_n z}\}$ 在 $|\text{Im } z| \leq A$ 上不完备.

1973 年 И. И. Ибрагимов 及 И. И. Аршон 也研究闭带上的完备性问题,其结果如下:

设 $\overline{D}$ 是角 $|\arg z| \leqslant \pi\sigma(0 \leqslant \sigma \leqslant 1)$ 上任意一个有界闭域,$\{\lambda_n\}$ 是正数序列. 用 $n(r)$ 表示在圆 $|z| \leqslant r$ 内 $\{\lambda_n\}$ 的个数. 若

$$\int^{+\infty} \frac{n(r) - \sigma r}{r^2} dr = +\infty$$

则函数系 $\{e^{\lambda_n z}\}$ 在 $L_p(\overline{D})$ 上完备,其中 $p > 1$.

1972 年 J. M. Anderson 也有类似的工作.

代替 e^z 考虑更一般的函数 $g(z)$,也有不少工作研究 $\{g(\lambda_n z)\}$ 的完备性问题(И. Ф. Лохин, А. И. Маркушевич, А. О. Гельфонд, Каэьмин, И. И. Ибрагимов 都研究了这个问题);沈燮昌在 1964 年曾在无界区域上研究 $\{g(\lambda_n z)\}$ 的完备性问题,所得结果包含有界区域的情况,且不同于以前所有的工作,我们只假定 $g(z) = g(e^{-z})$ 可展开成狄利克雷级数,这样的函数系就更一般了.

§6 函数系 $\{z^{\lambda_n}\}$ 在无界曲线或无界区域上加权后的完备性问题

关于函数系 $\{z^{\lambda_n}\}$ 或更一般的函数系 $\{z^{\lambda_n} \ln^{\tau_n} z\}$ 在复平面的无界曲线或无界区域上的加权逼近问题也有一些研究. W. H. J. Fuchs,S. Mandelbrojt,余家荣等都在实轴上研究 $\{x^{\lambda_n}\}$($\lambda_n < 0$)的加权逼近问题,他们

对 λ_n 的间距都加上一些限制,这些限制的实质是 $\lambda_{n+1} - \lambda_n \geq \delta > 0$, А. Ф. Леонтьев 在 1958 年的工作虽然推广到复平面的无界曲线上,且权函数也比较一般,但是 $\{\lambda_n\}$ 是正整数的子序列. 1961 年沈燮昌教授对一般的 $\{z^{\lambda_n}\}$, λ_n 为正实数序列, 对较为一般的权研究无界曲线上的加权逼近问题. 但是最一般的结果是沈燮昌教授在 1961—1963 年中所得到, 其中取消了本质的限制 $\lambda_{n+1} - \lambda_n \geq \delta > 0$, 并且还可以研究 $\{\lambda_n\}$ 是复数序列的情况以及形如 $\{z^{\lambda_n} \ln^{\tau_n} z\}$ 的函数系的完备性问题. 现在叙述其中的一个结果.

设 $\mathscr{L}$ 是无界曲线, 它可以由有限个连通曲线组成, 而每一支都具有有限个延伸到无穷的分支, 曲线 $\mathscr{L}$ 有下列性质:

1. 它不包有圈圈, 且在任何有界部分都可求长;

2. 它分割平面 z 为有限个无界单连通区域 G_i($1 \leq i \leq m$), 每一个 G_i 对应地包有幅度为 $\frac{\pi}{\alpha_i}$ ($\frac{1}{2} \leq \alpha_i < +\infty$) 的直线角 Δ_i;

3. 区域 G_1 包有一个顶点在原点的曲线角 P, 在远离原点时, 角 P 与 Δ_1 相重合, 角 P 的每一条边在原点都有切线, 且与任何一个圆周 $|z| = r$ ($0 < r < +\infty$) 相交于一点. 角 P 的幅度 $\geq \frac{\pi}{\alpha_1} > 2\pi(1 - D_v)$ (D_v 下面说明)

设复数序列 $\{v_n\}$ 满足下列条件:

1. $$\lim \frac{n}{|v_n|} = D_v \qquad (8)$$

2. $\operatorname{Re} v_n > 0, |\operatorname{Im} v_n| \leq C, C$ 为常数;
且用 $\{\lambda_n\}$ 记作 $\{v_n\}$ 中所有不相同的数所构成序列,用 m_n 表示每一个 λ_n 在 $\{v_n\}$ 中的重数.

设在曲线 $\mathscr{L}$ 上给定了一个实连续函数 $P(z)$,当 $|z|$ 充分大时,满足

$$P(z) \geq P_0(|z|) = P_0(a) + \int_a^{|z|} \frac{\omega(t)}{t} dt$$

$$\omega(t) \geq 0 \uparrow +\infty, a \text{ 是常数}$$

若对于某个 $\varepsilon_0 > 0$,有

$$\int^{+\infty} \frac{P_0(r)}{r^{1+\omega}} dr = +\infty$$

$$\omega = \max\left(\alpha_1, \cdots, \alpha_m, \frac{1}{\frac{1}{\alpha_1} - 2(1 - D_v)} + \varepsilon_0\right) \quad (9)$$

则函数系 $\{z^{\lambda_n} \ln^j z\}$ ($n = 0, 1, \cdots; \lambda_0 = 0; j = 0, 1, \cdots, m_n - 1$) 在 $\mathscr{L}$ 上,在所有 $\mathscr{L}$ 上连续且满足条件

$$\lim_{\substack{z \to \infty \\ z \in L}} e^{-p(z)} f(z) = 0$$

的函数类中是完备的,即

$$\inf_{\{Q\}} \sup_{x \in L} e^{-P(z)} |f(z) - Q(z)| = 0$$

其中下确界是对所有函数 $\{z^{\lambda_n} \ln^j z\}$ 的线性组合 $Q(z)$ 而取的.

若(8)的极限不存在时也有研究,且讨论了条件(9)本质上是必要的.

沈燮昌在1963年讨论了上述函数系在各种有界或无界区域上的加权逼近问题. 这些结果包括了以前一些已知结果.

同时他还将上述结果推广到 $\{v_n\}$ 是一般复数情况.

1962 年 А. Ф. Леонтьев 研究了在正实轴上, 若 $\{x^{v_n}\}(v_{n+1} - v_n \geqslant \delta > 0)$ 不完备, 但能逼近函数 $f(x)$, 则 $f(x)$ 可以解析开拓到 $0 \leqslant |z| < +\infty$, $-\infty < \arg z < +\infty$ 的问题, 这个结果与 §4 节中介绍的结果都有密切的联系.

§7 函数系 $\{x^{\lambda_n}\}$ 的其他推广

在一些作者, 如 Евграфов, И. И. Ибрагимов, А. Ф. Леонтьев 的工作中, 研究函数系 $\{x^n(1+\varepsilon_n(x))\}$, $\{[\varphi(z)]^n(1+\psi_n(z))\}$ 的完备性问题. 这里叙述 1968 年 А. Ф. Леонтьев 的一般结果:

设序列 $\{\lambda_n\}$ $(\lambda_n > 0 \uparrow +\infty)$ 满足:

1. $$\sum_{n=1}^{\infty} \frac{1}{\lambda_n} = +\infty \tag{10}$$

2. $|\lambda_n - \lambda_m| \geqslant \delta |m - n|$ $(\delta > 0)$ (11)

又设

$$\overline{\lim} \frac{\lg m_n}{\lambda_n}, \text{其中 } m_n = \|\varepsilon_n(x)\|_{c[0,a]} \quad (a > 0) \tag{12}$$

则函数系 $\{1, x^{\lambda_n}(1+\varepsilon_n(x))\}$ 在 $C[0,a]$ 上完备. 在 $L_p[0,1]$ 上也有同样的结果. 他还指出条件 (11) 是必要的, 并将此结果用到缺项的 Faber 多项式中去.

1971 年 А. Ф. Леонтьев 作了进一步研究,得到了上述函数系完备的充要条件.

1969 年 А. Ф. Леонтьев 对满足条件(12) 的正实数序列 $\{\lambda_n\}$, $\lambda_n \uparrow +\infty$, 在条件 $\sum_{n=1}^{\infty} \frac{1}{\lambda_n} < +\infty$ 时,研究函数系 $\{1, x^{\lambda_n}(1+\varepsilon_n(x))\}$ 所张的子空间的结构性质,得到一些很有意义的结果.

在这方面 Л. А. Леонтьева 也有不少研究.

§8 函数系 $\{x^{\lambda_n}\}$ 在区间上的最佳逼近问题

函数系 $\{x^{\lambda_n}\}$ 的最佳逼近问题,最早似乎是 А. О. Гельфонд 的结果. 1965 年 D. J. Newman 研究 $\{x^{\lambda_n}\}$ 在 $L_2[0,1]$ 上的最佳逼近问题,得到了很好的结果.

设 $f(x) \in L_2[0,1]$,考虑 $n+1$ 个函数 $\{1, x^{\lambda_1}, \cdots, x^{\lambda_n}\}$, $\lambda_i > 0 (1 \leqslant i \leqslant n)$ 所构成的线性空间 Λ,设

$$\lambda_k - \lambda_{k-1} \geqslant 2 \tag{13}$$

则

1. $E_2[f;[0,1],\Lambda] = \inf_{P \in \Lambda} \| f(x) - P(x) \|_{L_2[0,1]}$

$$\leqslant 3\omega_f(\varepsilon_\Lambda) \tag{14}$$

其中 $\omega_f(\delta)$ 是 $f(x)$ 在 $L_2[0,1]$ 上连续模,且

$$\varepsilon_\Lambda = \prod_{i=1}^{n} \frac{\lambda_i - \frac{1}{2}}{\lambda_i + \frac{1}{2}} \leqslant \exp\left(-2\sum_{k=1}^{n} \frac{1}{\lambda_k}\right) \tag{15}$$

2. 存在 $f(x) \in L_2[0,1]$ 及 $P(x) \in \Lambda$ 使

$$\|f(x) - P(x)\|_{L_2[0,1]} \geq C\omega_f(\varepsilon_\Lambda) \quad (C > 0, 常数)$$
(16)

这说明结果(14)不能有本质的改进.

由此定理可知当 $\sum_{k=1}^{\infty} \frac{1}{\lambda_k} = +\infty$ 时可以得到 Müntz 定理;当 $\lambda_k = 2k$ 时可以得到经典的杰克逊定理.

1969年 M. V. Golitschek 得到一系列结果:

设序列 $\{\lambda_n\}, \lambda_n > 0 \uparrow +\infty$ 满足条件:

$$1. \lambda_{k+1} - \lambda_k \geq l > 0 \quad 或 \quad 2. \lambda_k \geq lk > 0 \quad (17)$$

令

$$\Delta = \lim_{n \to \infty} \frac{\sum_{\lambda_k \leq n} \frac{1}{\lambda_k}}{\sum_{k=1}^{n} \frac{1}{\lambda_k}}, \overline{\Delta} = \overline{\lim_{n \to \infty}} \frac{\sum_{\lambda_k \leq n} \frac{1}{\lambda_k}}{\sum_{k\pm1}^{n} \frac{1}{k}} \quad (18)$$

则

(1) 当 $\overline{\Delta} \leq \frac{1}{2}$ 时(在 $\lambda_k \geq 2k$ 时成立):

① $E[f;[0,1],\Lambda] = \inf_{P \in \Lambda} \|f(x) - P(x)\|_{C[0,1]}$

$$\leq C_0 \omega\left(f, \frac{1}{\lambda_n^{2\Delta - \varepsilon}}\right) \quad (19)$$

② 设 $f^{(k)}(x) \in C[0,1]$,此时任给 $\varepsilon > 0$,可以找到 N,当 $n \geq N$ 时

$$E[f;[0,1],\Lambda] \leq C_k \omega\left(f^{(k)}, \frac{1}{\lambda_n^{2\Delta - \varepsilon}}\right) \frac{1}{\lambda_n^{2\Delta k - k\varepsilon}} + C'_k \frac{1}{\lambda_n^{2\Delta q^* + \varepsilon}}$$

(20)

其中 $q^* = \min\{$正整数 $q \mid q \leq k, q \notin \{\lambda_n\}, f^{(q)}(0) \neq 0\}$,若此集合为空集时,则认为 $q^* = +\infty$,C_0, C_k, C'_k 为

常数.

③设 $f^{(k)}(x) \in \text{Lip } \alpha$,则

$$E[f;[0,1],\Lambda] \leq \lambda_n^{\varepsilon} O\left(\frac{1}{\lambda_n^{2\Delta(\min\{k+\alpha\},q^*)}}\right) \quad (21)$$

(2) 当 $\overline{\Delta} > \frac{1}{2}$ 时,有

①若 $f(x) \in C[0,1]$,则任给 $\varepsilon > 0$,存在 N,使当 $n \geq N$ 时

$$E[f;[0,1],\Lambda] \leq C_0' \omega\left(f,\frac{1}{\lambda_n^{\frac{\Delta}{n}-2}}\right), C_0' = C_0(1+2\overline{\Delta}) \quad (22)$$

②设 $f^{(k)}(x) \in C[0,1], f^{(k)}(x) \in \text{Lip } \alpha$,则

$$E[f;[0,1],\Lambda] \leq \lambda_n^{\varepsilon} O\left(\frac{1}{\lambda_n^{\min\{(k+\alpha)\frac{\Delta}{\Delta},2\Delta q^*\}}}\right) \quad (23)$$

当 $\lambda_k = kl$ 时,可以看出,在 $l \geq 2$ 时,$\overline{\Delta} \leq \frac{1}{2}$,在 $0 < l < 2$ 时,$\overline{\Delta} > \frac{1}{2}$,此时 $\overline{\Delta} = \Delta = \frac{1}{l}$.

一般地说,若在式(18)中取 n 为 λ_n,且认为其极限存在,则由式(18)容易看出

$$\frac{1}{\lambda_n^{2\Delta}} \sim \exp\left(-\sum_{k=1}^{n}\frac{1}{\lambda_k}\right)$$

因此在情况(1)时,当 $\lambda_k \geq 2k$ 时,亦即(13)满足(以后称条件(13)为可分性条件),其结果是诺伊曼结果在 $C[0,1]$ 中类似,但不精确到指数上的 ε. 情况(2)是针对不可分情况了,即 $\lambda_k \geq 2k$ 可以不满足. 粗糙地可以认为式(17)中的 l 满足 $0 < l < 2$,当式(18)中的

531

极限存在时,$\Delta = \bar{\Delta}$,则

$$\Delta^{\frac{\Delta}{\bar{\Delta}}} = \lambda_n \sim C\sqrt{\sum_{k=1}^n \lambda_k}, C \text{ 是常数}$$

其中最后一式当 λ_k 之间较稀时是满足的. 因此逼近的阶已经不是条件(19)而是条件(20)了.

1970 年 T. Ganelius 及 S. Westlund 在条件

$$\lambda_k \geqslant Sk, S > 2$$

下也研究在 $C[0,1]$ 中最佳逼近问题,其结果与式(14)是类似的.

1970 年 M. V. Golitschek 作进一步研究,本质上去掉条件(17),但假设

$$A(\lambda_n)^\delta \leqslant \exp\left(\sum_{k=1}^n \frac{1}{\lambda_k}\right) \leqslant B(\lambda_n)^{\bar{\delta}}$$

其中 $0 < A, B < +\infty, 0 < \delta \leqslant \bar{\delta} < +\infty, \lambda_n \to +\infty$, $\sum_{k=1}^\infty \frac{1}{\lambda_k} = +\infty$ 得到了比 1969 年更一般结果,但仍是这种类型的结果.

D. Leviatan 在 1974 年作了进一步推广,包含了 1965 年诺伊曼,1969 年,1970 年 Golitschek 的一些结果. 1973 年 Golitschek 也有类似结果,他在条件 $\lambda_k \geqslant lk > 0$ 下得到:

1. 当 $\lambda_k = k^\beta (0 < \beta < 1)$ 时,逼近阶为 $\left(\frac{1}{n}\right)^{\frac{(1+\beta)k}{2}} \cdot \omega\left(f^{(k)}, \frac{1}{n^{\frac{1+\beta}{2}}}\right) + \cdots;$

2. 当 $\lim \lambda_n = \lambda^* < +\infty$ 时,逼近阶为 $\left(\frac{1}{n^{\frac{1}{2}}}\right)^k \cdot$

附录 1　Müntz 定理及推广

$$\omega\left(f^{(k)}, \frac{1}{n^{\frac{1}{2}}}\right) + \cdots;$$

3. 当 $\lim \lambda_n = 0$, $\sum_{k=1}^{\infty} \lambda_k = +\infty$ 时，令 $\Phi(n) = \sum_{k=1}^{n} \lambda_k$，则逼近的阶为

$$\left(\frac{1}{\sqrt{\Phi(n)}}\right)^k \omega\left(f^{(k)}, \frac{1}{\sqrt{\Phi(n)}}\right) + \cdots$$

1973 年 W. Forst 在 $L_2[0,1]$ 也得到函数有高阶微商的结果：

设 $\Lambda_n = \{\lambda_0, \lambda_1, \cdots, \lambda_n\}$，且 $\lambda_i = i(i = 0, 1, \cdots, k), k \leq n; \lambda_i > -\frac{1}{2}(i > k$ 时$)k$ 为非负整数. 这里可以认为 λ_i 有重点，即研究形如

$$P_n(x) = \sum_{i=1}^{m}\sum_{j=0}^{n_i-1} C_{ij}(\ln x)^j x^{\tau_j}$$

的最佳逼近问题，其中 $\{\tau_j\}$ 是 Λ_n 中全部不同数集合，n_i 是 τ_j 在 Λ_n 中出现的次数.

考虑函数类 $F_k = \{f \mid f^{(k)}(x)$ 绝对连续，且 $f^{(k+1)}(x) \in L_2[0,1]\}$ 及

$$\delta(F_k, \Lambda_n) = \sup_{F_k} \inf_{P_n} \|f(n) - P_n(x)\|_{L_2[0,1]}$$

则有

1. $\delta(F_k, \Lambda_n)^2$

$$= \sup_{G \in P-\{0\}} \frac{\int_{-\infty}^{+\infty} |G(k+1)ix|^2 H_{k,\Lambda_n}(x) \mathrm{d}x}{\int_{-\infty}^{+\infty} |G(ix)|^2 \mathrm{d}x}$$

其中 P 是右半平面上全部 Paley – Winer 型函数

逼近论中的 Weierstrass 定理

$$H_{k,\Lambda_n}(x) = \prod_{i=k+1}^{n} \frac{x^2 + \left(\lambda_i - k + \frac{1}{2}\right)^2}{x^2 + \left(\lambda_i + k + \frac{3}{2}\right)^2}$$

由此得到

$$\delta(F_k, \Lambda_n)^2 \leqslant \sup_{x \in (-\infty, +\infty)} H_{k,\Lambda_n}(x)$$

且容易证明

$$\sup_{x \in (-\infty, +\infty)} H_{k,\Lambda_n}(x)$$

$$\leqslant \frac{1}{\prod_{i=n-k}^{n}\left(\lambda_i + k + \frac{3}{2}\right)^2} \prod_{i \in I_{k,\Lambda_n}} \frac{\left(\lambda_i - k - \frac{1}{2}\right)^2}{\left(\lambda_{i-k-1} + k + \frac{3}{2}\right)^2} \triangleq \tilde{\eta}_{k,\Lambda_n}$$

其中

$$I_{k,\Lambda_n} = \left\{ i \,\middle|\, k+1 \leqslant i \leqslant n, \left|\lambda_i - k - \frac{1}{2}\right| \geqslant \left|\lambda_{i-k-1} + k + \frac{3}{2}\right| \right\}$$

2. 当 $\lambda_i - \lambda_{i-1} \geqslant 2(i = k+1, \cdots, n)$ 时,可以找到 $C_k > 0$,使

$$C_k \tilde{\eta}_{k,\Lambda_n} \leqslant \delta(F_k, \Lambda_n)^2 \leqslant \tilde{\eta}_{k,\Lambda_n}$$

进一步,若 $f^{(k)}(x) \in L_2[0,1]$ 时:

当 $k = 0$ 时,$E_2[f;[0,1],\Lambda_n] \leqslant 2\omega_2(f, \tilde{\eta}_{0,\Lambda_n})$.

当 $k \geqslant 1$ 时

$$E_2[f;[0,1],\Lambda_n] \leqslant 2\,\tilde{\eta}_{k-1,\Lambda_n} \omega_2\left(f^{(k)}, \frac{\tilde{\eta}_{k,\Lambda_n}}{\tilde{\eta}_{k-1,\Lambda_n}}\right)$$

而

附录1 Müntz定理及推广

$$\frac{1}{\prod_{i=k}^{2k}\left(\lambda_i+k+\frac{3}{2}\right)}\prod_{i=2k+1}^{n}\frac{\lambda_i-k-\frac{1}{2}}{\lambda_i+k+\frac{3}{2}}$$

$$\leqslant \widetilde{\eta}_{k,\Lambda_n} \leqslant \prod_{i=2k+1}^{n}\frac{\lambda_i-k-\frac{1}{2}}{\lambda_i+k+\frac{3}{2}}$$

3. 当 $1 \leqslant \lambda_i - \lambda_{i-1} \leqslant 2 (i=k+1,\cdots,n)$ 时,可以找到 $C_k > 0$,使

$$\frac{C_k}{(n+1)^{k+1}} \leqslant \delta(F_k,\Lambda_n) \leqslant \frac{1}{\prod_{i=0}^{k}(n+i+1)}$$

进一步,若 $f^{(k)}(x) \in L_2[0,1]$,则

$$E_2[f;[0,1],\Lambda_n] \leqslant \frac{2}{\prod_{i=1}^{k}(n+i)}\omega_2\Big(f^{(k)},\frac{1}{n+k+1}\Big)$$

4. 若 $\lambda_i \leqslant \overline{\lambda}(i=0,1,\cdots,n)$,令

$$S_{k,\Lambda_n} = \sum_{i=k+1}^{n}\Big(\lambda_i+\frac{1}{2}\Big)$$

则可以找到 $\overline{C}_k, C'_k > 0$,使

$$\frac{C'_k}{\Big(\lg(n+1)\prod_{i=0}^{k}(n+1-i)\Big)^{\frac{1}{2}}} \leqslant \delta(F_k,\Lambda_n) \leqslant \frac{\overline{C}_k}{S_{k,\Lambda_n}^{\frac{k+1}{2}}}$$

进一步,若 $f^{(k)}(x) \in L_2[0,1]$,则

$$E_2[f;[0,1],\Lambda_n] \leqslant \frac{C_k}{S_{k,\Lambda_n}^{\frac{k}{2}}}\omega_2\Big(f^{(k)},\frac{1}{S_{k,\Lambda_n}^{\frac{1}{2}}}\Big)$$

特别地,当 $-\frac{1}{2} < \underline{\lambda} \leqslant \lambda_i \leqslant \overline{\lambda}(i=0,1,\cdots,n)$ 时,

容易证明

$$S_{k,\Lambda_n} \geq (n-k)\left(\underline{\lambda} + \frac{1}{2}\right)$$

若将此式代入上面 n 个估计式后可得相应估计式.

1973 年诺伊曼在 $L_2[0,1]$ 中对 $\|f'(x)\|_{L_2[0,1]} \leq 1$ 的函数也得到类似于上面的上下界估计式.

对于连续函数空间,1974 年诺伊曼得到下列结果:

设

$$\varepsilon_{\Lambda_n} = \max_{\operatorname{Re} z = 1} \left|\frac{B_\Lambda(z)}{z}\right|, B_\Lambda(z) = \prod_{i=1}^n \frac{z - \lambda_i}{z + \lambda_i}$$

则对任意 $f(x) \in C[0,1]$,有

$$E[f;[0,1],\Lambda_n] \leq 100\omega(f, \varepsilon_{\Lambda_n})$$

且存在 $f(x) \in C[0,1]$,使

$$E[f;[0,1],\Lambda_n] \geq \frac{1}{50}\omega(f, \varepsilon_{\Lambda_n})$$

特别对可分情况:$\lambda_k - \lambda_{k-1} \geq 2$,有

$$\varepsilon_{\Lambda_n} = \exp\left(-2\sum_{k=1}^n \frac{1}{\lambda_k}\right)$$

对不可分情况:$0 < l \leq \lambda_k - \lambda_{k-1} < 2$,有

$$\varepsilon_{\Lambda_n} = \frac{1}{\left(\sum_{k=1}^n \lambda_k\right)^{\frac{1}{2}}}.$$

这些都类似于 $L_2[0,1]$ 中结果.

目前还有不少工作考虑一般的 $L_p[0,1]$ 空间中逼近定理,$1 \leq p \leq +\infty$. 1972 年 J. Bak 与诺伊曼得到了很好的结果:

附录1 Müntz 定理及推广

1. 设序列 $\{\lambda_k\}, \lambda_k > 0 \uparrow +\infty$ 满足
$$\lambda_k \geqslant 2k$$
且 $f(x) \in L_p[0,1], 2 \leqslant p \leqslant +\infty$,则

(1) $E_p[f;[0,1],\Lambda] = \inf\limits_{Q \in \Lambda} \left(\int_0^1 |f - Q|^p \mathrm{d}x \right)^{\frac{1}{p}}$
$$\leqslant A\omega_p(f;\varepsilon_n)$$

其中 $\varepsilon_n = \exp\left(-2\sum\limits_{k=1}^n \dfrac{1}{\lambda_k}\right), A$ 为常数.

(2) 存在 $f(x) \in L_p[0,1]$ 及 $Q(x) \in \Lambda$ 使
$\|f(x) - Q(x)\|_{L_p[0,1]} \geqslant B\omega_p(f,\varepsilon_n)$ （$B > 0$）

2. 在(1) 的条件下,令 $\Lambda_0 = \Lambda \cup \{x, x^2, \cdots, x^{k-1}\}$,及
$$S_p^k = \{f \mid f^{(k-1)}(x) \in C[0,1], \|f^{(k)}\|_p \leqslant 1\}$$
$$(2 \leqslant p \leqslant +\infty)$$
则对 $f \in S_p^k (2 \leqslant p \leqslant +\infty)$,有
$$E_p[f;[0,1],\Lambda_0] \leqslant A_k \varepsilon_n^k, A_k \text{ 是常数}$$

3. 若 $\lambda_k \geqslant Sk (0 < S < 2)$ 且 $f \in S_p^1 (2 \leqslant p \leqslant +\infty)$,则有
$$E_p[f;[0,1],\Lambda] \leqslant \frac{C}{S}\exp\left(-S\sum_{k=1}^n \frac{1}{\lambda_k}\right)$$

这与 $C[0,1]$ 空间中结果是类似的.

至于在条件 $1 \leqslant p < 2$ 时,在条件 $\lambda_k \geqslant 2k$ 下只能得到下列结果:

存在常数 A 及 B 使
$$\frac{B\varepsilon_n}{|\ln \varepsilon_n|^{\frac{5}{2}}} \leqslant \delta(F_0, \Lambda_n) \leqslant A\varepsilon_n |\ln \varepsilon_n|^{\frac{1}{p}}$$

其中

$$\varepsilon_n = \exp\left(-2\sum_{k=1}^n \frac{1}{\lambda_k}\right)$$

1973 年诺伊曼对于 $p \geq 2$ 情况也得到上下界估计式,同样 M. V. Golitschek 研究了 $1 \leq p < 2$ 情况,并研究了 $p = 1$ 的下界估计。

1976 年 M. V. Golitschek 还研究 $\{\lambda_n\}$ 是复数时的情况,得到了 $L_p[0,1]$ 空间一系列的估计式,其结果如下:

1. 若 $\mathrm{Re}\,\lambda_k > 0$ 且 λ_k 都不相同,则对任何正整数 S 及函数 $f(x) \in L_p[0,1]\,(1 \leq p \leq +\infty)$,有

$$E_p[f;[0,1],\Lambda] \leq \omega_p\left(f,\frac{1}{n}\right)(C_p + D_p^* R_p(\varepsilon) I_{n,\varepsilon})$$

其中

$$I_{n,\varepsilon} = \sum_{q=2}^n n^{q+\frac{1}{p}}\left(\frac{e}{q}\right)^q \prod_{k=1}^\varepsilon \frac{|q - \lambda_k|}{\left|q + \overline{\lambda}_k + \frac{2}{p} - d_p(\varepsilon)\right|}$$

$$R_p(\varepsilon) = \begin{cases} 1 & (2 \leq p \leq +\infty) \\ \varepsilon^{-\frac{2-p}{2p}} & (1 \leq p < 2) \end{cases}$$

$$d_p(\varepsilon) = \begin{cases} 0 & (2 \leq p \leq +\infty) \\ \dfrac{2\varepsilon}{p} & (1 \leq p < 2) \end{cases}$$

ε 为任意正数,C_p, D_p^* 是绝对常数。

2. 若 $\mathrm{Re}\,\lambda_k > 0, |\lambda_k| \geq MK, |\lambda_k|^2 \geq NK\mathrm{Re}\,\lambda_k$,$M > 0, N > 0$ 为常数,则可以找到常数 $K_\Lambda = K_\Lambda(p, M, N)$,使得对任何 $f(x) \in L_p[0,1]\,(1 \leq p \leq +\infty)$,有

附录1 Müntz 定理及推广

$$E_p[f;[0,1],\Lambda] \leq \begin{cases} K_A \omega_p\left(f; \dfrac{1}{[\varphi(n)]^N}\right) & (0 < N < 2) \\ K_A \omega_p\left(f; \dfrac{[\lg \varphi(n)]^{\alpha_p}}{[\varphi(n)]^2}\right) & (N \geq 2) \end{cases}$$

其中

$$a_p = \begin{cases} 0 & (2 \leq p \leq +\infty) \\ \dfrac{2-p}{2+4p} & (1 \leq p \leq 2) \end{cases}$$

$$\varphi(n) = \exp\left(\sum_{k=1}^{n} \dfrac{\operatorname{Re}\lambda_k}{|\lambda_k|^2}\right)$$

3. 若 $\operatorname{Re}\lambda_k > 0$,$|\lambda_k| \geq MK$,$|\lambda_k|^2 \leq NK \operatorname{Re}\lambda_k (0 < M \leq N < +\infty)$,则存在常数 $K_B = K_B(p, M, N)$,使对任何 $f(x) \in L_p[0,1]$ 有

$$E_p[f,[0,1],\Lambda] \leq \begin{cases} K_B \omega_p\left(f, \dfrac{1}{n}\right) & (0 < N > 2) \\ K_B \omega_p\left(f, \dfrac{(\lg(n+1))^{\alpha_p}}{n^{\frac{2}{N}}}\right) & (N \geq 2) \end{cases}$$

4. 若 $\lim \lambda_k = \lambda^*$,$\operatorname{Re}\lambda^* > 0$,则存在 $K_C = K_C(p)$,使对任何函数 $f(x) \in L_p[0,1]$ ($1 \leq p \leq +\infty$),有

$$E_p[f;[0,1],\Lambda] \leq K_c \omega_p\left(f; \dfrac{1}{n^{\frac{1}{2}}}\right)$$

这与实数情况相类似.

此外,对特殊形状的函数 x^q,还证明了 2,3 中的上界估计本质上是最好的.

1972 年 Bak 还考虑用形如

逼近论中的 Weierstrass 定理

$$R_A : R(x) = \frac{\sum_{k=0}^{n} a_k x^{\lambda_k}}{\sum_{k=0}^{n} b_k x^{\lambda_k}} \quad (\lambda_1 = 0 < \lambda_2 < \cdots < \lambda_n)$$

的最佳逼近问题,有例子说明用 R_A 进行逼近比用 Λ 进行逼近时的结果要好.

1976 年诺伊曼还得到了 Müntz 多项式的微商的估计式:

考虑

$$P_n(t) = \sum_{i=0}^{n} C_i e^{-\lambda_i t} \quad (\lambda_0 = 0)$$

定义

$$\|P_n(t)\| = \max_{t \in [0,\infty]} |P_n(t)|, \left\|\frac{\mathrm{d}}{\mathrm{d}t}\right\|_{\Lambda_n} = \sup_{P_n} \frac{\|P_n'(t)\|}{\|P_n(t)\|}$$

则以前知道,若 $\lambda_i = i$,则 $\left\|\dfrac{\mathrm{d}}{\mathrm{d}t}\right\|_{\Lambda_n} \leqslant 2n^2$,这里可以证明

$$\frac{2}{3}\sum_{i=1}^{n} \lambda_i \leqslant \left\|\frac{\mathrm{d}}{\mathrm{d}t}\right\|_{\Lambda_n} \leqslant \left\|\sum_{i=1}^{n} \lambda_i\right\|$$

1975 年 M. V. Golitschek 还在 $C[a,1](0 < a < 1)$ 上研究最佳逼近问题.

机械工程中的函数逼近问题

近年来我们在接触生产实践过程中遇到了一些函数逼近问题,其中有些已被人们研究过,有些则还未见有. 本文的目的是介绍几个属于后一性质的问题. 为使篇幅不致太长,文中的结果都不予证明.

§1 有界限的一致逼近

一、实际背景

1. 坐标镗床主轴平衡凸轮的型线与阿基米德螺线十分相近. 因此镗床设计人员提出如何求得在极坐标下凸轮偏心半径函数 $\rho = \eta(\theta)(0 \leqslant \theta \leqslant \Theta, 0 < \Theta \leqslant 2\pi)$ 的最佳一致逼近阿基米德螺线 $\rho = \zeta(\theta)$ 的问题,其中 $\zeta(\theta) = \zeta_0 + k\theta$,一般地说,凸轮偏心半径有一下界 r_0(基圆半径). 因此函数

---

① 施咸亮. 杭州大学学报,1977 年 9 月,第 1 期.

逼近论中的 Weierstrass 定理

$\zeta(\theta)$ 和 $\eta(\theta)$ 均须满足 $\zeta(\theta)-r_0 \geq 0, \eta(\theta)-r_0 \geq 0$. 这样,问题便转化为求非负连续函数 $\eta(\theta)-r_0$ 的最佳一致逼近线性非负函数 $\zeta^*(\theta)=\zeta_0-r_0+k\theta$ 的问题.

2. 在柴油机中常用代数多项式 $p_n = \sum_{i=0}^{n} a_i \theta_i$ 逼近凸轮偏心半径函数 $\rho = \eta(\theta)$. 偏心半径有下界 r_0(基圆半径)和上界 r_1(r_0 加以升程). 因此所述之逼近问题可转化为用取值于 $[r_0, r_1]$ 中的代数多项式逼近取值于同区间内的连续函数的问题.

二、逼近问题与逼近定理

设 M 是实直线上闭区间 $[\alpha,\beta]$ 上定义且有界的函数 $f(x)$ 全体按范数 $\|f\| = \sup_{\alpha \leq x \leq \beta} |f(x)|$ 组成的赋范线性空间,M^* 表示 M 中一切没有第二类间断点且在间断点处满足

$$\min(f(x_0-0), f(x_0+0))$$
$$\leq f(x_0) \leq \max(f(x_0-0), f(x_0+0))$$

的函数 $f(x)$ 所成的子空间. 设 $g, h \in M^*$ 且 $g(x) < h(x)(\alpha \leq x \leq \beta)$. 以 Π_n 表示阶不超过 n 的代数多项式 $p_n(x) = \sum_{j=1}^{n} a_j x^j$ 全体,$\Pi_n[g,h]$ 表示 Π_n 中适合 $g(x) \leq p_n(x) \leq h(x)(\alpha \leq x \leq \beta)$ 的多项式所成的子集. 总假设 $\Pi_n[g,h]$ 是非空的. 根据上述的实际背景可抽象出这样的逼近问题:设 $f(x) \in M^*$ 且 $g(x) \leq f(x) \leq h(x)(x \in [\alpha,\beta])$. 要求确定多项式 $p_n^*(x)$ 使之满足 $p_n^*(x) \in \Pi_n[g,h]$ 和

$$\|p_n^* - f\| = \inf_{p_n \in \Pi_n[g,h]} \|p_n - f\| \tag{1.1}$$

附录2 机械工程中的函数逼近问题

上述逼近问题的解的存在性是显然的. 通常称此解为 $f(x)$ 用 $\Pi_n[g,h]$ 中元素的最佳逼近元或简称 $f(x)$ 在 $\Pi_n[g,h]$ 中的最佳逼近元. 为了研究最佳逼近元 $p^*(x)$ 的唯一性和特征的刻画我们引入一些概念.

定义 1.1 设 $f(x) \in M^*, p_n(x) \in \Pi_n[g,h]$. 设 x 是 $f(x)$ 的连续点,则当 $p_n(x) - f(x) = \|p_n - f\|$ (相应地, $-\|p_n - f\|$)时称 x 为 $p_n(x)$ 的 (t) 点(相应地, $-(t)$ 点).

设 x 是 $f(x)$ 的间断点. 假如 $p_n(x) - f(x-0) = \|p_n - f\|$ (相应地, $-\|p_n - f\|$),则称 x 为 $p_n(x)$ 的 左 (t) 点(相应地,左 $-(t)$ 点),类似地可以定义 $p_n(x)$ 的右 (t) 点和右 $-(t)$ 点.

设 x 是 $f(x)$ 的间断点,假如它既是 $p_n(x)$ 的左 (t) 点又是右 $-(t)$ 点(或既是右 (t) 点又是左 $-(t)$ 点),则称 x 为 $p_n(x)$ 的双重 (e) 点或简称 (de) 点.

设 x 是 $f(x)$ 的间断点,若它是 $p_n(x)$ 的左 (t) 点或右 (t) 点但不是 (de) 点,则称其为 $p_n(x)$ 的 (t) 点;同样可以定义 $p_n(x)$ 的 $-(t)$ 点.

统称 $p_n(x)$ 的 (t) 点和 $-(t)$ 点为单重 (e) 点,简称 (e) 点.

若 $p_n(x_0)$ 是当 $x \to x_0$ 时 $g(x)$ (相应地,$h(x)$) 的极限点,则称 x_0 为 $p_n(x)$ 的 (g) 点(相应地,(h) 点).

统称 $p_n(x)$ 的 (t) 点和 (h) 点为 (t^*) 点,称 $-(t)$ 点和 (g) 点为 $-(t^*)$ 点.

统称 $p_n(x)$ 的 (t^*) 点和 $-(t^*)$ 点为 (e^*) 点.

定义 1.2 设 $f(x) \in M^*, g(x) \leq f(x) \leq h(x)$

$(x \in [\alpha, \beta], p_n(x) \in \Pi_n[g, h]$. 假如存在 (e^*) 点组 $\alpha \leq x_1 < \cdots < x_k \leq \beta$, 使得它们交错地成为 $p_n(x)$ 的 (t^*) 点和 $-(t^*)$ 点(或 $-(t^*)$ 点和 (t) 点), 则称 $\{x_i\}_{i=1,\cdots,k}$ 为 $p_n(x)$ 的 $k-(T_i)$ 组.

假如 $p_n(x)$ 的 $k-(T^*)$ 组中不含有 $p_n(x)$ 的 (g) 点和 (h) 点, 那么该组就是通常的切比雪夫交错组, 简称 $k-(T)$ 组.

M^* 中函数 $f(x)$ 在 $\Pi_n[g, h]$ 中的最佳逼近元 $p_n^*(x)$ 的特征被下述定理完全地刻画.

定理 1.1 设 $f(x) \in M^*, g(x) \leq f(x) \leq h(x)$ $(x \in [\alpha, \beta])$. 那么, 为使 $p_n^*(x) \in \Pi_n[g, h]$ 适合式 (1.1) 的充要条件是下列两情形之一成立:

(i) $p_n^*(x)$ 在 $[\alpha, \beta]$ 上至少有一个 (de) 点;

(ii) $p_n^*(x)$ 在 $[\alpha, \beta]$ 上存在 $(n+2)-(T^*)$ 组.

关于最佳逼近元 $p_n^*(x)$ 的唯一性成立下述定理.

定理 1.2 设 $f(x) \in M^*, g(x) \leq f(x) \leq h(x)$ $(x \in [\alpha, \beta])$. 那么:

(i) 当定理 1.1 的 (i) 成立时适合式 (1.1) 的 $p_n^*(x)$ 可能有无穷多个 (连续统势);

(ii) 当定理 1.1 的 (ii) 成立时适合式 (1.1) 的 $p_n^*(x)$ 是唯一的.

三、几点注记

(1) 设 $f(x) \in C$ (它表示 M 中所有连续函数构成的子空间). 取 $g(x) \equiv -2\|f\|, h(x) \equiv 2\|f\|$. 这时 $f(x)$ 在 $\Pi_n[g, h]$ 中的最佳逼近元 $p_n^*(x)$ 不可能有 (de) 点、(g) 点和 (h) 点. 定理 1.1 和定理 1.2 的结论

附录2 机械工程中的函数逼近问题

就是经典的 Borel 定理和切比雪夫定理. 由此可见我们的定理拓广了这些经典结果.

(2) 设 $f(x) \in M^*$. 取 $g(x) \equiv 0, h(x) \equiv 2\|f\|$. 这时 $f(x)$ 在 $\Pi_n[g,h]$ 中的最佳逼近元不可能有(h)点. 所述之逼近问题化为用非负多项式逼近非负有界函数的问题.

(3) 设 $f(x) \in M^*$. 取 $g(x) \equiv f(x), h(x) \equiv 2\|f\|$;或是取 $g(x) \equiv -2\|f\|, h(x) \equiv f(x)$,那么所考虑的逼近问题化为单边逼近问题.

(4) 对于用三角多项式和用有理函数一致逼近可以建立与定理 1.1 和 1.2 平行的结果.

§2 用圆弧样条函数逼近连续函数

一、实际背景

1. 为了加工方便,钢球无级变速器调速槽型线需要用一段或两段相吻接圆弧代替. 由于调速槽两端的位置不能变更,因此产生了用定端点圆弧样条函数逼近连续函数的问题.

2. 外啮合纯星轮传动的星轮齿型参数方程为
$$\begin{cases} x = R_d(\sin\beta - \sin\alpha) - R_x\sin\alpha - r\sin\gamma \\ y = R_d(\cos\alpha - \cos\beta) - R_x(1 - \cos\alpha) - r\sin\gamma \end{cases}$$
式中 α,β,γ 为参数,它们分别由下列诸式确定

$$\alpha = \varphi\frac{z_d}{z_x}, \beta = \varphi\left(1 + \frac{z_d}{z_x}\right), \gamma = \varphi\left(0.5 + \frac{z_d}{z_x}\right)$$

其中 φ 是独立变量,其变化范围为 $\varphi_0 \leqslant \varphi \leqslant \varphi_e$. 要求确定通过始点 $(x(x_0),y(\varphi_0))$ 和终点 $(x(\varphi_e),y(\varphi_e))$ 的圆弧使其与原型线 $y=y(x)$ 有尽可能小的偏差,这也是定端点圆弧样条逼近问题.

3. 为了能在线切割机上加工汽轮机叶片型线的检验样板提出了用圆弧样条函数逼近叶片型线的问题. 由于叶片的型线中有若干段本来就是圆弧. 所以近似圆弧样条曲线在两端不仅有不可更动的位置而且有不可更动的切向,这就提出了用定端点、定切向圆弧样条函数逼近连续函数的问题.

二、用圆弧样条函数的逼近问题

设 $[\alpha,\beta]$ 是闭区间、点 $A=(\alpha,y_A)$ 和 $B=(\beta,y_B)$ 为 Oxy 平面上给定两点. 在带形区域 $D=\{(x,y)\mid \alpha<x<\beta,-\infty<y<+\infty\}$ 中给定一组点 $\lambda_n=\{C_1,C_2,\cdots,C_n\}$,其中 $C_i=(\alpha_i,\gamma_i)$,$\alpha<\alpha_1<\cdots<\alpha_n<\beta$. 通过点 A, C_1 和 C_2 可以唯一地确定圆弧 $s=\overparen{AC_1C_2}$. 此三点共线的话,s_1 是直线段. 视直线段为半径无限大的圆弧. 过点 C_2 和 C_3 可唯一地确定圆弧 $s_2=\overparen{C_2C_3}$ 使 $s_1\cup s_2$ 成为光滑曲线. 依此类推,可以决定以 $C_2,\cdots,C_n$ 为切点的 n 段圆弧 $s_1,\cdots,s_n$ 联成的光滑曲线

$$\tau_n = s_1\cup\cdots\cup s_n = \overparen{AC_1C_2\cdots C_nB}$$

若 τ_n 无重点,则称 τ_n 为 n 阶广义圆弧. 假如一切直线 $x=\bar{x}(\alpha\leqslant\bar{x}\leqslant\beta)$ 与 τ_n 只有一个交点,则称 τ_n 为 n 阶单值圆弧并以

$$y = q_n(\lambda_n,x) = q_n(x) \qquad (2.1)$$

附录2 机械工程中的函数逼近问题

表示其函数表达式,又称式(2.1)为 n 阶圆弧样条函数.

以 $T_n[A,B]$ 表示具有固定端点 A 和 B 的一切 n 阶单值圆弧全体所成之集. 以 $T_n[\overline{A},B]$(相应地,$T_n[A,\overline{B}]$ 和 $T_n[\overline{A},\overline{B}]$) 表示 $T_n[A,B]$ 中在端点 A 处(相应地,在端点 B 和 A,B 两端)有固定切向的 n 阶单值圆弧所成的子集. 记

$$T_n = \bigcup_{-\infty < y_A, y_B < +\infty} T_n[A,B]$$

以 $k_n[A,B]$(相应地,$k_n[\overline{A},B]$,$k_n[A,\overline{B}]$ 和 $k_n[\overline{A},\overline{B}]$) 表示一切 $q_n(x) \in T_n[A,B]$(相应地,$T_n[\overline{A},B]$,$T_n[A,\overline{B}]$ 和 $T_n[\overline{A},\overline{B}]$)的像 $(x,q_n(x))$ 所成之点集.

设 $f(x) \in C[\alpha,\beta]$(它表示 $[\alpha,\beta]$ 上连续函数全体). 我们考虑这样的逼近问题:要求确定 $q_n^*(x) \in T_n^*$(T_n^* 代表 T_n,$T_n[A,B]$,$T_n[\overline{A},B]$,$T_n[A,\overline{B}]$ 和 $T_n[\overline{A},\overline{B}]$ 中的一个)使得

$$\|q_n^* - f\| = \inf_{q_n \in T_n^*} \|q_n - f\|$$

这里 $A = (\alpha, f(\alpha))$,$B = (\beta, f(\beta))$.

关于 $T_n^* = T_n$ 和 $T_n[A,B]$ 两种情形. 我们曾作过粗浅的讨论. 并知道成立着下列定理:

定理 2.1 设 $f(x) \in C[\alpha,\beta]$,$A = (\alpha, f(\alpha))$,$B = (\beta, f(\beta))$,像 $(x, f(x)) \in k_1[A,B]$,那么:

(i) 当 $n = 1$ 时,$f(x)$ 在 $T_1[A,B]$ 中存在着唯一的最佳一致逼近元;

(ii) 当 $n > 1$ 时,$f(x)$ 在 $T_n[A,B]$ 中存在着最佳一

547

致逼近元,但最佳一致逼近元的集可能具有连续统势.

定理2.2 设 $n \geq m \geq 1, f(x) \in C[\alpha,\beta], A = (\alpha, f(\alpha)), B = (\beta, f(\beta))$,像 $(x, f(x)) \in k_n[A,B]$,$q_n(x) \in T_m[A,B]$.

(i) 若 $q_n(x)$ 有 $(n+m)-(T)$ 组,则 $q_m(x)$ 是 $f(x)$ 在 $T_n[A,B]$ 中的最佳一致逼近元;

(ii) 若 $q_n(x)$ 仅有 $k-(T)$ 组,$k \leq n+m-1$,则 $q_m(x)$ 未必是 $f(x)$ 在 $T_m[A,B]$ 中的最佳一致逼近元;

(iii) 当 $m > 1$ 时,(i) 中的条件不是必要的;

(iv) 当 $m = i$ 时,(i) 中的条件是必要的.

关于 $f(x)$ 在 T_n 中的最佳一致逼近也有类似结果. 这里我们对于 $f(x)$ 在 $T_n[\overline{A},B], T_n[A,\overline{B}]$ 和 $T_n[\overline{A},\overline{B}]$ 中的最佳一致逼近指出几个结果.

定理2.3 设 $f(x) \in C[\alpha,\beta], A = (\alpha, f(\alpha)), B = (\beta, f(\beta))$,像 $(x, f(x)) \in k_n[\overline{A},B]$(相应地,$k_n[A,\overline{B}]$),则当 $n \geq 2$ 时,$f(x)$ 在 $T_n[\overline{A},B]$(相应地,$T_n[A,\overline{B}]$)中存在着最佳逼近元 $q_n^*(x)$,但这样的 $q_n^*(x)$ 的集可能具有连续统势.

定理2.4 设 $n \geq m \geq 1, f(x) \in C[\alpha,\beta], A = (\alpha, f(\alpha)), B = (\beta, f(\beta))$,像 $(x, f(x)) \in k_n[\overline{A},B]$(相应地,$k_n[A,\overline{B}]$),$q_m(x) \in T_n[\overline{A},B]$(相应地,$T_n[A,\overline{B}]$).

(i) 若 $n+m \geq 3, q_m(x)$ 有 $(n+m-1)-(T)$ 组,则 $q_m(x)$ 是 $f(x)$ 在 $T_n[\overline{A},B]$(相应地,$T_n[A,\overline{B}]$)中的最佳一致逼近元;

附录2 机械工程中的函数逼近问题

(ii) 若 $n+m \geq 3$, $q_m(x)$ 仅有 $k-(T)$ 组, $k \leq n+m-2$, 则 $q_m(x)$ 未必是 $f(x)$ 在 $T_n[\overline{A},B])$(相应地, $T_n[A,\overline{B}]$)中的最佳一致逼近元;

(iii) 当 $n \geq m > 2$ 时,(i)中的条件不是必要的;

(iv) 当 $n = m = 1$ 时, $T_1[\overline{A},B]$(相应地, $T_1[A,\overline{B}]$)中只有一个元素 $q_1(x)$, 当然, 它是 $f(x)$ 在 $T_1[\overline{A},B]$(相应地, $T_1[A,\overline{B}]$)中的最佳一致逼近元;

(v) 当 $m=1,n>1$ 或 $m=2,n\geq 2$ 时,(i)中的条件是必要的.

定理 2.5 设 $f(x) \in C[\alpha,\beta]$, $A=(\alpha,f(\alpha))$, $B=(\beta,f(\beta))$,

(i) 若 $(x,f(x)) \in k_2[\overline{A},\overline{B}]$, 则 $f(x)$ 在 $T_2[\overline{A},\overline{B}]$ 中存在着唯一的最佳一致逼近元;

(ii) 若 $(x,f(x)) \in k_3[\overline{A},\overline{B}]$, 则当 $n \geq 3$ 时, $f(x)$ 在 $T_n[\overline{A},\overline{B}]$ 中存在着最佳一致逼近元 $q_n^*(x)$, 但这样的 $q_n^*(x)$ 全体的集可能具有连续统的势.

定理 2.6 设 $n \geq m \geq 1$, $f(x) \in C[\alpha,\beta]$, $A=(\alpha,f(\alpha))$, $B=(\beta,f(\beta))$, 像 $(x,f(x)) \in k_n[\overline{A},\overline{B}]$, $q_m(x) \in T_n[\overline{A},\overline{B}]$.

(i) 若 $n+m \geq 4$, $q_m(x)$ 有 $(n+m-2)-(T)$ 组, 则 $q_m(x)$ 是 $f(x)$ 在 $T_n[\overline{A},\overline{B}]$ 中的最佳一致逼近元;

(ii) 若 $n+m \geq 4$, $q_m(x)$ 仅有 $k-(T)$ 组, $k \leq n+m-3$, 则 $q_m(x)$ 未必是 $f(x)$ 在 $T_n[\overline{A},\overline{B}]$ 中的最佳一致

逼近元;

(iii)若 $m>2$,则(i)中的条件不是必要的;

(iv)若 $T_1[\overline{A},\overline{B}]$ 是空集,$m=2$,则(i)中的条件是必要的;

(v)若 $T_1[\overline{A},\overline{B}]$ 为非空集,则 $T_1[\overline{A},\overline{B}]=T_2[\overline{A},\overline{B}]$ 只含一个元素 $q_1(x)\equiv q_2(x)$,它当然是 $f(x)$ 在 $T_1[\overline{A},\overline{B}]=T_2[\overline{A},\overline{B}]$ 中的最佳一致逼近元;

(vi)若 $T_1[\overline{A},\overline{B}]$ 为非空集,$n>2$,则 $q_2(x)$ 是 $f(x)$ 在 $T_n[\overline{A},\overline{B}]$ 中的最佳一致逼近元的充要条件是存在 $(n-1)$-(T) 组.

定理 2.2,2.4 和 2.6 的证明是以下述命题为基础的.

定理 2.7(基本引理) 设 $\tau_n\in T_n$,$\sigma_m\in T_m$. 假如交集 $\tau_n\cap\sigma_n$ 为非空集且其中至少含有 k 个点
$$E_j=(\alpha_j,\gamma_j)$$
$$(j=1,\cdots,k,\alpha\leqslant\alpha_1<\cdots<\alpha_k\leqslant\beta)$$
那么当这些点中 τ_n 和 σ_m 的切点数 $l>m+n-k$ 时存在 $i(1\leqslant i<k)$,使得在 $[\alpha_i,\alpha_{i+1}]$ 上 τ_n 与 σ_m 重合.

§3 用奇次幂多项式的复合多项式逼近连续函数

一、实际背景

三角皮带无级变速器的构造和原理如图 1 所示.

附录2　机械工程中的函数逼近问题

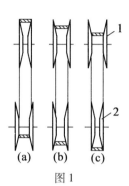

图1

图中1为输入锥盘,2为输出锥盘. 图1的(a)和(c)是输出转速最高及最低的情形,(b)是速比1:1时的情形. 通常,输入锥盘与输出锥盘的形状及大小完全相同. 记

$D_{\min}, D_{\max}$——锥盘的最小及最大工作直径；

D_0——速比1:1时的锥盘工作直径；

A——输入与输出锥盘轴的中心距.

假如按两极限工作情况(即输出转速最高或最低的情形)计算,则皮带长应为(工程中常用的近似公式)

$$L = 2A + \frac{\pi}{2}(D_{\max} + D_{\min}) + \frac{(D_{\max} - D_{\min})^2}{4A}$$

若按1:1工作点计算则皮带长为

$$L_0 = 2A + \pi D_0$$

假如锥盘母线是直线,那么

$$D_0 = \frac{1}{2}(D_{\max} + D_{\min})$$

因此

逼近论中的 Weierstrass 定理

$$L - L_0 = \frac{(D_{\max} - D_{\min})^2}{4A} \qquad (3.1)$$

这个差值在中心距 A 很大时是微不足道的. 但若 A 较小,则差值(3.1)不能光靠皮带本身的弹性变形来补偿.

另外,皮带在弯曲时工作面夹角要发生变化. 一般说来,摩擦轮工作直径越小,皮带截形角 φ 也越小. 假如锥盘母线是直线,那么锥盘截面所形成的轮槽角 θ 为一定值,但皮带截形角却是变值. 因此皮带只能在某一工作直径上与锥盘母线贴合,在其他工作点上只是部分地接触. 这样会使皮带的磨损加剧从而使寿命缩短,皮带越厚则此现象越严重. 因此皮带锥盘若制成普通的直线锥盘是不适宜的.

目前设计皮带无级变速器的锥盘常按苏制 BPI 变速器的方法制成圆弧锥盘,该圆弧使得在极限工作点上皮带与锥轮母线基本上贴合,但其他要求则不予考虑. 现在希望有一个合理的设计方案,使得既能保证皮带长度在任何工作点保持恒定又能使皮带的截形角与轮槽角基本上一致.

二、归结为数学问题

1. 皮带长度恒定的锥盘. 在锥盘的径向截面上建立 Oxy 坐标系如图 2,使 x 轴与锥盘中心线重合,y 轴通过 1:1 工作点 B. 设锥盘母线方程为 $R = f(x)$ ($-c \leqslant x \leqslant c$),其中 $2c$ 为锥盘厚度. 对于任意的 $x \in [-c, c]$,$R_1 = f(-x)$ 和 $R_2 = f(x)$ 为主动锥盘与从动锥盘上一对相应的工作半径. 为使在任何工作情况下皮带长度

附录 2　机械工程中的函数逼近问题

保持恒定，应使函数 $f(x)$ 满足函数方程

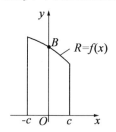

图 2

$$2A + \pi(f(-x) + f(x)) + \frac{(f(-x) - f(x))^3}{A} = L$$
$$(-c \leqslant x \leqslant c) \quad (3.2)$$

把式(3.2)写为

$$f(x) + f(-x) = \Phi(f(x) - f(-x)) \quad (3.3)$$

其中 $\Phi(u) = D_0 - \dfrac{1}{\pi A} u^3$，$D_0 = \dfrac{L - 2A}{\pi}$ 是速比 1:1 时锥盘盘工作直径，可以证明成立着下述的.

定理 3.1　设 $\Phi(u)$ 是任意定义在 $(-\infty, +\infty)$ 上的偶函数. 为了使得 $f(x)(-c \leqslant x \leqslant c)$ 是函数方程 (3.3) 的解的充要条件是 $f(x)$ 可表为

$$f(x) = g(x) + \frac{1}{2}\Phi(2g(x))$$

其中 $g(x)$ 是任意定义在 $-c, c$ 上的奇函数.

特别，可取 $g(x)$ 为奇次幂多项式

$$g_n(x) = \sum_{k=0}^{n} a_k x^{2k+1}$$

因此，为使皮带长度不变，可取锥盘母线函数为

逼近论中的 Weierstrass 定理

$$f(x) = \frac{1}{2}D_0 + \sum_{k=0}^{n} a_{2k+1} x^{2k+1} - \frac{2}{\pi A}\left(\sum_{k=0}^{n} a_{2k+1} x^{2k+1}\right)^2 \tag{3.4}$$

2. 皮带与锥盘完全贴合的锥盘 通常,近似地认为皮带截形角与其工作直径 D 的关系是线性的,也即

$$\varphi = kD + m \tag{3.5}$$

设 φ_1 和 φ_2 分别为当工作直径为 $D_{\max}$ 和 $D_{\min}$ 时的皮带截形角. 在 $D_{\max}, D_{\min}, \varphi_1$ 和 φ_2 为已知的情形下不难求得

$$k = \frac{\varphi_1 - \varphi_2}{D_{\max} - D_{\min}}, \quad m = \varphi_2 - kD_{\min}$$

假设使皮带与锥盘完全贴合的锥盘母线方程为 $\dfrac{D}{2} = R = f(x)$ $(-c \leqslant x \leqslant c)$(图2),那么 $f(x)$ 满足微分方程

$$\frac{\mathrm{d}f(x)}{\mathrm{d}x} = -\cot\frac{\varphi}{2} \tag{3.6}$$

把式(3.5)代入式(3.6)得

$$\frac{\mathrm{d}f(x)}{\mathrm{d}x} = -\cot\left(kf(x) + \frac{1}{2}m\right) \tag{3.7}$$

方程(3.7)的解为

$$f(x) = \frac{1}{k}\left(\arccos\left(\mathrm{e}^{k(x+\varphi)}\cos\frac{\varphi_1}{2}\right) - \frac{m}{2}\right) \quad (-c \leqslant x \leqslant c) \tag{3.8}$$

其中 $c = \dfrac{1}{2k}\ln\left(\dfrac{\cos\dfrac{\varphi_2}{2}}{\cos\dfrac{\varphi_1}{2}}\right)$,$\ln$ 为自然对数.

附录2　机械工程中的函数逼近问题

3. 逼近问题　为使锥盘设计得既能满足皮带长度恒定的要求又与皮带工作面尽可能好地贴合，应取锥盘母线函数为下述逼近问题的解：设 $\widetilde{\Pi}_{2n+1}$ 为阶不超过 $2n+1$ 的奇次幂多项式（3.4）所成之集. 要求确定 $g_n^*(x) \in \widetilde{\Pi}_{2n+1}$，使得函数 $f_n^*(x) = \frac{1}{2}D_0 + g_n^*(x) - \frac{2}{\pi A} \cdot (g_n^*(x))^2$ 满足下列条件：

(i) $f_n^*(-c) = f(-c) = \frac{1}{2}D_{\max}$；

(ii) $f_n^*(c) = f(c) = \frac{1}{2}D_{\min}$；

(iii)
$$\left\| \frac{\mathrm{d}}{\mathrm{d}x}(f_n^*(x) - f(x)) \right\|$$
$$= \inf_{\Pi_n \in \widetilde{\Pi}_{2n+1}} \left\| \frac{\mathrm{d}}{\mathrm{d}x}(f_n(x) - f(x)) \right\|$$

其中 $f(x)$ 为函数（3.8），且

$$f_n(x) = \frac{1}{2}D_0 + g_n(x) - \frac{2}{\pi A}(g_n(x))^2$$

关于该逼近问题将在以后的文章中讨论.

线性赋范空间内的最佳逼近

在所述的各科逼近理论可以赋予更一般、更抽象与更明显的形式.用这个可以达到下述目的：

(1) 可保证更好地深入所考虑问题的本质；

(2) 叙述上得以简单；

(3) 能产生一些新的推广,因为,除掉直接注意到的一些具体的("实现的")特例之外,在一般理论满足每一特例中的前提这个条件下,它也可以用到其他一些特例上去.

设 R 是某一个集合,若对于 R 的每一对元素 a 与 b 都赋予一个实数 $\delta(a,b)$,称之为 a 与 b 之间的距离；并且距离 $\delta(a,b)$ 具有下列性质：

$1°\ \delta(a,b) \geqslant 0$,在而且也只在 $a=b$ 时,即 a 与 b 重合时才有 $\delta(a,b)=0$;

$2°\ \delta(a,b)=\delta(b,a)$;

附录3 线性赋范空间内的最佳逼近

$3°$ 对在任意的 a,b,c 都有 $\delta(a,b) \leq \delta(a,c) + \delta(c,b)$ ("三角性质");

这时便称集合 R 构成了一个距离空间.

设 E 是空间 R 的某些元素的集合,若不论 a 是 R 的那一个元素,当 x 遍取集合 E 的元素时,数集 $\delta(a,x)$ 是有界的,则称集合 E 为有界的. 由三角性质可以推得,集合 E 有界的充要条件是:至少存在一个元素 a_0,使得数集 $\delta(a_0,x)$ (x 属于 E) 是有界的. 实际上,设 a_1 为集 E 中任一异于 a_0 的元素,则 $\delta(a_1,x) \leq \delta(a_1,a_0) + \delta(a_0,x)$,若不等式右端的第二项有界,则左端也有界. 由此知条件是充分的;条件的必要性是很明显的.

若

$$\lim_{n\to\infty}\delta(a,x_n)=0$$

则元素序列 $\{x_n\}$ 具有极限 a (记作: $x_n \to a$). 根据数列的性质以及不等式 $1°$—$3°$ 就可以推出,元素序列或者是没有极限或者是只有一个极限. 我们来证明后者. 假如不然,设 $x_n \to a$ 且 $x_n \to a'$,即 $\delta(x_n,a) \to 0$, $\delta(x_n,a') \to 0$. 这时 $\delta(a,a') \leq \delta(a,x_n) + \delta(x_n,a') \to 0$,由此显然可知 $\delta(a,a')=0$,即 $a=a'$.

由条件 $2°$ 与 $3°$ 知,距离 $\delta(x,y)$ 是元素偶 (x,y) 的连续函数. 我们先来证明 $\delta(x,y)$ 是第一个变量 x 的连续函数. 这可以由三角性质来推得

$$\delta(x',y) - \delta(x,y) \leq \delta(x',x)$$

同样

$$\delta(x,y) - \delta(x',y) \leq \delta(x',x)$$

逼近论中的 Weierstrass 定理

因而
$$|\delta(x',y) - \delta(x,y)| \leq \delta(x',x)$$
于是，若 $x' \to x$，则 $\delta(x',x) \to 0$，因而 $\delta(x',y) \to \delta(x,y)$. 仿此可以证明 $\delta(x,y)$ 是 y 连续函数. 最后，$\delta(x,y)$ 对于变数偶 (x,y) 是连续的论断也成立，因为
$$|\delta(x',y') - \delta(x,y)| \leq |\delta(x',y') - \delta(x',y)| + |\delta(x',y) - \delta(x,y)|$$
若右端每一项都小于 $\dfrac{\varepsilon}{2}$，则左端便要小于 ε.

若从 E 的每一个有界的无限子集中都能取出收敛的，即有极限的序列①，则称 E 为致密的. 若一个集合包含了所有由其元素组成的序列的极限，则称此集合为封闭的.

设 E 为空间 R 的某一个集合，a 是 R 的一个元素. 当 x 遍取集合 E 的元素时，距离 $\delta(a,x)$ 的下确界 L 便叫作元素 a 与集合 E 的距离
$$L \equiv L(a,E) = \inf_{x \in E} \delta(a,x)$$
设集合 E 的一个元素 x 具有这样的性质：它与 a 的距离等于集合 E 与 a 的距离
$$\delta(a,x_0) = L$$
则说元素 x_0 给出了元素 a 在集 E 上或使用集合 E 的最佳逼近. L 这个数便叫作最佳逼近值，或简称为最佳逼近.

现在便发生了下列问题：

---

① 我们指出，要求在每一个有界的无限子集中都存在收敛的序列，与致密集合的通常定义是不同的.

附录3 线性赋范空间内的最佳逼近

(1) 集合 E 中，逼近元素 a 的元素 x_0 是否存在呢？

(2) 如果元素 x_0 存在，那么它是否是唯一的？

我们先来讲第一个问题.

根据下确界的定义，可以取 E 的这样的元素序列 $\{x_n\}$，使得

$$\lim_{n \to \infty} \delta(a, x_n) = L$$

显然由序列 $\{x_n\}$ 的元素构成的集合是有界的. 若集合 E 是致密的，则由序列 $\{x_n\}$ 之中可以取出收敛的子序列 $\{x_{p_n}\}$；设 $x_{p_n} \to x_0$. 此外，设集合 E 是封闭的，则元素 x_0 也属于集合 E. 由距离的连续性，这时由 $x_{p_n} \to x_0$ 便知 $\delta(a, x_{p_n}) \to \delta(a, x_0)$，所以 $\delta(a, x_0) = L$. 因此，元素 x_0 便给出了最佳逼近.

这样一来，若距离空间 R 内的集合 E 是致密的和封闭的，则不论 a 是 R 的那一个元素 x_0，在集合 E 中总能求得给出元素 a 的最佳逼近的元素 x_0.

空间是线性的情形特别有意义. 所谓线性空间，在其中要定义有：

(1) 加法运算；

(2) 与数量（实数）的乘法运算；这些运算都满足代数上通常的运算律. 元素 a 与 b 的和用 $a+b$ 来表示；元素 a 用数量 λ 乘它所得的积用 λa 来表示；用 θ 来表示空间的零元素. 所提到的运算律是

$$a+b = b+a, \lambda(a+b) = \lambda a + \lambda b$$
$$a+(b+c) = (a+b)+c, (\lambda+\mu)a = \lambda a + \mu a$$

此外

逼近论中的 Weierstrass 定理

$$0a = \theta, \lambda\theta = \theta$$

同时,显然有

$$a - a = a + (-1)a = (1 + (-1))a = \theta, a + \theta = a$$

如此等等.

设 $a_1, a_2, \cdots, a_n$ 为线性空间内的有限个元素,若由等式

$$\sum_{i=1}^{n} \lambda_i a_i = \theta$$

即得 $\lambda_1 = \lambda_2 = \cdots = \lambda_n = 0$,则称元素系 $a_1, a_2, \cdots, a_n$ 是线性无关的. 若一个线性空间,其中存在任意多个元素的线性无关系,则称此线性空间为无穷维的;反之,则称之为有限维的,这时最大可能的线性无关元素最大可能的个数便叫作该空间的维数.

设所考虑的线性空间的维数为 p,且

$$e_1, e_2, \cdots, e_p$$

为属于它的一组线性无关的元素系;这时,$x, e_1, e_2, \cdots, e_p$(x 为该空间的任一元素)便不是线性无关的了,而这就是说,在所举出的诸元素之间存在着形式为

$$x = \xi_1 e_1 + \xi_2 e_2 + \cdots + \xi_p e_p \qquad (*)$$

的依赖关系,其中 $\xi_1, \xi_2, \cdots, \xi_p$ 为单值确定的数量. 实际上,根据假设,存在这样的常数 $\chi, \chi_1, \chi_2, \cdots, \chi_p$,它们不全等于 0,使得

$$\chi x + \chi_1 e_1 + \chi_2 e_2 + \cdots + \chi_p e_p = \theta$$

并且 $\chi \neq 0$(否则的话,$e_1, e_2, \cdots, e_p$ 便要线性相关了);所以可以写成

$$x = -\frac{\chi_1}{\chi} e_1 - \frac{\chi_2}{\chi} e_2 - \cdots - \frac{\chi_p}{\chi} e_p$$

附录3 线性赋范空间内的最佳逼近

令 $-\dfrac{x_1}{\chi} = \xi_i\,(i=1,2,\cdots,p)$，便得到所需的依赖关系($*$). ($*$)型的关系是唯一的，因为，若除了($*$)之外还有另外的关系

$$\chi = \xi'_1 e_1 + \xi'_2 e_2 + \cdots + \xi'_p e_p \qquad (**)$$

则由($*$)与($**$)便会得

$$(\xi_1 - \xi'_1)e_1 + (\xi_2 - \xi'_2)e_2 + \cdots + (\xi_p - \xi'_p)e_p = \theta$$

从而，注意到元素系 $e_1, e_2, \cdots, e_p$ 的线性无关性，我们便得到

$$\xi_i = \xi'_i \quad (i=1,2,\cdots,p)$$

因此 p 维线性空间的元素便由 p 个数量参数(坐标)的值所确定，并且与它们有线性的关系.

线性空间叫作是赋范的，如果借助于范而在其中引进尺度的话：

对每一个元素都赋予一个数 $\|a\|$（元素的范），它具有下列性质：

$1°$ $\|a\| \geq 0$；并且在也只在 $a = \theta$ 时才有 $\|a\| = 0$；

$2°$ $\|\lambda a\| = |\lambda| \cdot \|a\|$；

$3°$ $\|a+b\| \leq \|a\| + \|b\|$.

在线性赋范空间中，距离可以规定如下

$$\delta(a,b) = \|a-b\|$$

距离的所有性质，据范的性质可知都成立. 实际上：

$1°$ $\delta(a,b) \geq 0$，因为 $\|a-b\| \geq 0$；并且在也只在 $\|a-b\| = 0$，即 $a-b = \theta$ 或 $a = b$ 时才有 $\delta(a,b) = 0$.

$2°$ $\delta(a,b) = \delta(b,a)$，因为 $\|b-a\| = \|(-1)\cdot$

逼近论中的 Weierstrass 定理

$(a-b)\| = |-1|\|a-b\| = \|a-b\|$.

3° $\delta(a,b) \leq \delta(a,c) + \delta(c,b)$，因为 $\|(a-c)+(c-b)\| \leq \|a-c\| + \|c-b\|$，即 $\|a-b\| \leq \|a-c\| + \|c-b\|$.

若由关系

$$\|a+b\| = \|a\| + \|b\|$$

便得 $\lambda a = \mu b, \lambda, \mu$ 为非负的数量 $(\lambda^2 + \mu^2 > 0)$，则称空间 R 为强赋范的.

在有限维的线性赋范空间中，如我们所知，任一元素 x 都可以由有限个参数 ξ_i 来确定. 元素 x 的范便是这些参数的连续函数. 实际上，设 $\xi_i^{(n)} \to \xi_i (i=1,2,\cdots,p)$；这时，令 $x^{(n)} = \sum_{i=1}^{p} \xi_i^{(n)} e_i, x = \sum_{i=1}^{p} \xi_i e_i$，利用性质 3° 和 2° 我们便得

$$\|x^{(n)} - x\| = \|\sum_{i=1}^{p}(\xi_i^{(n)} - \xi_i)e_i\|$$

$$\leq \sum_{i=1}^{p} |\xi_i^{(n)} - \xi_i| \|e_i\| \to 0$$

因此

$\|x^{(n)}\| - \|x\| = \|(x^{(n)} - x) + x\| - \|x\|$
$\leq \|x^{(n)} - x\| + \|x\| - \|x\| = \|x^{(n)} - x\|$

同理得

$$\|x\| - \|x^{(n)}\| \leq \|x - x^{(n)}\|$$

于是

$$|\|x^{(n)}\| - \|x\|| \leq \|x^{(n)} - x\| \to 0$$
$$\|x^{(n)}\| \to \|x\|$$

从而可知有限维的线性赋范空间必然都是致密

附录3 线性赋范空间内的最佳逼近

的与封闭的.

为证明计,我们在参数 ξ_i 的 p 维空间中考虑使
$$\max\{|\xi_1|,|\xi_2|,\cdots,|\xi_p|\}=1$$
的点所成的闭集. 用 S 表示这个集合,参数 ξ_i 的连续函数 $\|x\|$ 在其上达到其最小值 δ. 这个值 δ 是正的,因为 $\|x\|$ 只在 $x=\theta$ 时才等于 0. 于是,若参数的最大绝对值等于 1 的话,则该元素的范大于或等于 δ. 现在设 $\{x^{(n)}\}$ 是有界的元素列;我们假定 $\|x^{(n)}\|<M(n=1,2,3,\cdots)$. 设 $x^{(n)}=\sum_1^p \xi_i^{(n)}e_i$;我们来考虑序列 $\{y^{(n)}\}$,在这里系令

$$y^{(n)}=\frac{x^{(n)}}{\sigma_n}, \sigma_n=\max\{|\xi_1^{(n)}|,|\xi_2^{(n)}|,\cdots,|\xi_p^{(n)}|\}$$

这时元素 $y^{(n)}$ 都属于集合 S,并且据所证,$\|y^{(n)}\|\geqslant \delta$,即 $\dfrac{\|x^{(n)}\|}{\sigma_n}\geqslant \delta$,从而得 $\sigma_n \leqslant \dfrac{\|x^{(n)}\|}{\delta}<\dfrac{M}{\delta}$.

而这就表示对 i 和 n 的所有值 $|\xi_i^{(n)}|<\dfrac{M}{\delta}$;因此可以取出这样的数标序列 $\{m_n\}$,使得 $\xi_i^{(m_n)}\to \xi_i(i=1,2,\cdots,p)$,而这时 $x^{(m_n)}\to x$,$x=\sum_1^p \xi_i e_i$. 这样便证明了空间的致密性. 封闭性的证明还要简单①. 实际上,设元素序列 $\{x^{(m)}\}$ 具有极限 x,它属于 p 维的线性空间 Λ. 兹假定 $e_i(i=1,2,\cdots,p)$ 是 Λ 中的线性无关组并且

---

① 只有所考虑的空间是线性空间 R 的真部时证明才有必要.

$x^{(n)} = \sum_{i=1}^{p} \xi_i^{(n)} e_i$. 我们这样来取数标序列 $\{m_n\}$ 使得 $\xi_i^{(m_n)} \to \xi_i (i=1,2,\cdots,p)$. 这时 $x^{(m_n)} \to \sum_1^p \xi_i e_i$, 而在另一方面, $x^{(m_n)} \to x$; 这就表示, $x = \sum_1^p \xi_i e_i$ (因为每一个收敛序列只有一个极限), 从而显然可知 x 属于 Λ.

把所得结果收集在一起, 便可以叙述成结论: 设线性赋范空间 R 内的某一个集合 Λ 也是线性的且有限维的, 则不论 a 是 R 的哪一个元素, 在集合 Λ 中都可以求得给出元素 a 的最佳逼近的元素 x_0.

我们转到第二个问题——最佳逼近的唯一性——上来, 于此我们指出使唯一性成立的充分条件: 这个充分条件便是空间 R 为强赋范的.

相反地, 我们假定在空间 Λ 中有两个不同的元素 x_0 与 x'_0 都给出了 a 的最佳逼近, 于是

$$\|x_0 - a\| = L, \quad \|x'_0 - a\| = L \quad (L > 0, x_0 \neq x'_0)$$

这时

$$\left\| \frac{x_0 + x'_0}{2} - a \right\| = \left\| \frac{x_0 - a}{2} + \frac{x'_0 - a}{2} \right\|$$

$$\leq \left\| \frac{x_0 - a}{2} \right\| + \left\| \frac{x'_0 - a}{2} \right\| = L$$

这时等式是不会成立的, 因为据强赋范性由此可推得

$$\lambda(x_0 - a) = \lambda'(x'_0 - a) \quad (\lambda, \lambda' > 0; \lambda^2 + \lambda'^2 \neq 0)$$

而等式 $\lambda = \lambda'$ 是不可能的, 因为 $x_0 \neq x'_0$; 若 $\lambda \neq \lambda'$, 则

$$a = \frac{\lambda x_0 - \lambda' x'_0}{\lambda - \lambda'}, \quad \left\| \frac{\lambda x_0 - \lambda' x'_0}{\lambda - \lambda'} - a \right\| = 0$$

附录3 线性赋范空间内的最佳逼近

但是末一关系与 $L>0$ 的假定是抵触的.

于是

$$\left\| \frac{x_0 + x_0'}{2} - a \right\| < L$$

而这仍然与 L 是 Λ 对元素 a 的最佳逼近不符. 所有前面的叙述可作一些说明.

设 Λ 为线性空间的元素的集合,如果元素 a,b 显然都属于 Λ 而不论 λ,μ 如何 $\lambda a + \mu b$ 都属于 Λ 时,集合 Λ 便也是线性空间.

设 M 是线性空间 Λ 的集合,若当 a,b 属于 M 并 $\lambda + \mu = 1$ 时 $\lambda a + \mu b$ 也属于 M,则约定称 M 为一线性集合.

显然,每一个线性空间都是线性集合. 若线性集合中有零元素,而且也只有在这种情形下逆命题才成立.

实际上,设 a 与 b 是包含零元素 θ 的线性集合的元素,则 $2\lambda a + (1 - 2\lambda)\theta = 2\lambda a$ 以及(同理)$2\mu b$ 也都是它的元素;而这时 $\frac{1}{2} 2\kappa a + \frac{1}{2} 2\mu b$ 即 $\lambda a + \mu b$ 亦然. 在另一方面,若一个线性集合同时也是线性空间,则它便包含零元素,因为每一个线性空间一定都有零元素.

若 Λ 为 R 内的一个线性空间,又 a 为 R 的任一元素,当 x 遍取 Λ 的元素时,则 $y = x + a$ 便遍取某一个线性集合 M 的元素. 例如,在条件 $\lambda + \mu = 1$ 之下,在 M 中取出两个元素 $y_1 = x_1 + a$ 与 $y_2 = x_2 + a$ 以后,可以证实 $\lambda y_1 + \mu y_2 = \lambda(x_1 + a) + \mu(x_2 + a) = (\lambda x_1 + \mu x_2) + a$

565

逼近论中的 Weierstrass 定理

也是 M 的元素,因为 $\lambda x_1 + \mu x_2$ 是 Λ 的元素. 反之,若 y 遍取某一个线性集合 M 的元素,而 a 是这个集合的元素之一,则 $x = y - a$ 便遍取某一个线性空间 Λ 的元素. 实际上,可以取 a 作为 y,由此显然可知线性集合 M 包含零元素;因此它是一个线性空间.

现在我们来考虑以下的问题:在所给的线性集合 M 中求给出零元素的最佳逼近的元素 y_0. 可以另外叙述成:在线性集合中求"与零偏差最小"(范最小)的元素 y_0.

前面的附注把这个问题转化成了已经考虑过的问题. 与逼近的存在性与唯一性有关的结果,自然而然相应地转移过来.

在讨论中如果引进所谓单位球(明考夫斯基的基本体),便可以对前述一切赋予"几何的解释".

线性赋范空间 R 的所有其范不超过 1 的元素的集合 K 叫作单位球. 我们指出单位球的下述一些性质,它们由范的性质直接就能推出来:

$1°$ 若元素 a 属于 K,则每一个元素 λa(其中 $|\lambda| \leqslant 1$)也属于 K;

$2°$ K 是一个凸体:若 a,b 属于 K,则当 $\lambda \geqslant 0, \mu \geqslant 0$, $\lambda + \mu = 1$ 时,元素 $\lambda a + \mu b$ 也都属于 K;

$3°$ 于特例,若 $\lambda, \mu > 0$,元素 a 与 b 不同且空间 R 是强赋范的,则性质 $2°$ 可以在下述意义下加强:元素 $\lambda a + \mu b$ 不仅是属于 K 而且还是 K 的内点,即距 $\lambda a + \mu b$ 充分近的所有元素也都属于 K.

兹证明最后的一个. 由不等式 $\|a\| \leqslant 1, \|b\| \leqslant 1$ 便得

附录3　线性赋范空间内的最佳逼近

$$\|\lambda a + \mu b\| \leq \lambda \|a\| + \mu \|b\| \leq \lambda + \mu = 1 \quad (*)$$

首先,假定 $\|\lambda a + \mu b\| < 1$;这时在条件 $\|c - (\lambda a + \mu b)\| < 1 - \|\lambda a + \mu b\|$ 下将有

$$\|c\| = \|(\lambda a + \mu b) + (c - (\lambda a + \mu b))\|$$
$$\leq \|\lambda a + \mu b\| + \|c - (\lambda a + \mu b)\| < 1$$

其次,设 $\|\lambda a + \mu b\| = 1$;而这只有假定 $\|a\| = 1$, $\|b\| = 1$,此外,b 与 a 线性相关,于是 $b = \sigma a$ 时才可能(由于式(*)).因此必须假定 $\|a\| = 1$ 及 $|\sigma| \cdot \|a\| = 1$.从而得:$\sigma = \pm 1$;但是,由于 a 与 b 不同,故 $\sigma = -1$,因此 $b = -a$.这时,令 $\lambda - \mu = \tau$,便有 $\lambda a + \mu b = \tau a$.因为 $\lambda, \mu > 0, \lambda + \mu = 1$,故 $0 < |\tau| < 1$.由此便知,当 $\|c - (\lambda a + \mu b)\| < 1 - |\tau|$ 时就有

$$\|c\| \leq \|\lambda a + \mu b\| + \|c - (\lambda a + \mu b)\|$$
$$< |\tau| + (1 - |\tau|) = 1$$

这就是需要证明的.

除单位球 $K \equiv K_1$ 以外,我们来考虑由不等式

$$\|x\| \leq \lambda \quad (0 < \lambda < \infty)$$

所确定的与其"相似的"球 K_λ.显然可知,球 K_λ 也具有性质 $1°$—$3°$.

若线性集合 M 的元素的范的极小值等于 λ,则称 M 为关于球 K_λ 的支持集.这就是说,第一,至少存在一个元素为 M 与 K_λ 所共有,第二,不论 $\varepsilon > 0$ 如何,集合 M 与球 $K_{\lambda - \varepsilon}$ 无共同的元素.

从几何的观点来说,我们的问题是:要求出这样的数 λ,使得所给的线性集合是关于球 K_λ 的基.可以证实,这个问题有解,并且,若空间 R 是强赋范的,则此解为唯一的:线性集合 M 与球 K_λ 只有一个共同的元素. 若空间 R 不是强赋范的,则是否有一个共同元素或者它们是否有无穷多个(自然一定是凸的),则需视线性集合 M 的选择而定.

我们转到前述一般概型的具体实现上来.

这种具体实现,要看构成线性赋范空间 R 的元素是什么样的性质以及所谓"和""与数量的乘积"与"范"的意义如何,而具有这种或那种外形.

当元素是 p 维(甚至是无限维)空间的点,即数组
$$x_1, x_2, \cdots, x_p$$
一点的"坐标",考虑最佳逼近的问题是完全合理的(比较初等的情形);这时"加法"是几何的或即向量的加法,即把具有相同标数的坐标加在一起;"与数量的乘法"是用常数来乘所有坐标;至于元素 x 的范指的是形式为
$$\sqrt[s]{x_1^s + x_2^s + \cdots + x_p^s} \quad (s > 0)$$
或
$$\sqrt[s]{p_1 x_1^s + p_2 x_2^s + \cdots + p_p x_p^s} \quad (p_i \geqslant 0)$$
的表达式,或者任何其他满足对范提出的要求 1°—3° 的表达式. 在 $s = 2, p_i = 1 (i = 1, 2, \cdots, p)$ 时便得到通常的欧几里得空间.

但是使我们最感兴趣的应用,是元素为定义在同一个域 D 上的一元或多元的实值或复值函数;元素的"加法"是通常意义下函数的相加;"元素与数量的乘法"是用常数乘函数;最后,关于"范",则可以用不同的方式来定义,视其定义如何我们便得到这种或那种"函数空间". 当

附录3 线性赋范空间内的最佳逼近

然,空间元素的集合与范的选择是有关的.

视元素的性质与范的选择如何,空间便有某种名称,下表中列出了在本书中遇到过的最重要的一些函数空间:为了更加确定起见,我们只限于一个独立变量 x 的情形,甚而假定以上所述的域 D 为固定的闭区间 $[-1,1]$.

用符号 C 表示的空间,我们称之为具"切比雪夫范"的空间或切比雪夫空间;用 L 表示的空间叫作具"乘幂"范的空间或乘幂空间(表1).

表1

函数空间		
记号	元素	范
$L^{(s)}(\psi)$ $(s \geq 1)$	使积分 $\int_{-1}^{1}|f(x)|^s \mathrm{d}\psi(x)$ 存在的函数 $f(x)$ $\psi(x)$ 是具有有限个驻点的不减函数(积分权)	$\left(\int_{-1}^{1}|f(x)|^s \mathrm{d}\psi(x)\right)^{\frac{1}{s}}$
$L^{(s)}$ $(s \geq 1)$	使积分 $\int_{-1}^{1}|f(x)|^s \mathrm{d}x$ 存在的函数 $f(x)$	$\left(\int_{-1}^{1}|f(x)|^s \mathrm{d}x\right)^{\frac{1}{s}}$
$C_{(p)}$	在闭区间 $(-1,1)$ 上连续的函数 $f(x)$ $p(x)$ 是正值函数(权)	$\max_{|x| \leq 1}\{p(x)|f(x)|\}$

续表1

记号	函数空间	
	元素	范
C	在闭区间$(-1,1)$上连续的函数	$\max\limits_{\|x\|\leqslant 1}\|f(x)\|$

在乘幂空间$L^{(s)}(\psi)$,$L^{(s)}$中只在零测度集合上不等的函数当作是同样的;因此,在这种情形中,严格说来,元素并不是函数而是函数类.于特例,只在零测度集合上不等于零的函数类便是零元素.乘幂的性质1°与2°是显而易见的;当$s\geqslant 1$时三角性质3°可以表示成闵可夫斯基不等式.

根据两种理由,$s=2$的情形特别重要:第一,因为相应空间的尺度直接推广了欧几里得空间的尺度;第二,因为在这种情形下极性条件是线性的.若$s<1$,则乘幂空间在下述意义下是有缺点的:这时三角性质已不再成立了.尽管如此,对于具体的线性集合来说,最佳逼近的存在性是仍然可以保证的.这就说明,当$s<1$时s次幂的范仍适合三角性质.

如我们所曾见,当$s>1$时乘幂空间是强赋范的,而这就保证了最佳逼近的唯一性.然而,这种论断对于$s>1$的乘幂空间以及对于切比雪夫空间都是不正确的.在这些情形中,如果注意到在点空间的情形当$1<s<\infty$时单位球是光滑的,支持平面变成切面,那就容易给出极其明显的答案;在另一方面,当$s=1$时,对于切比雪夫点空间单位球是凸多面形,所以支持平面可以与边界重合或者通过棱角.最后,当$s<1$时乘幂

附录3　线性赋范空间内的最佳逼近

空间便不再是凸的了.

我们对切比雪夫空间 C 特别感兴趣,它是某种意义下的极限,因为空间上 $L^{(s)}$ 的范当 $s\to\infty$ 时就变成空间 C 的范.元素 a 借助于有限维的线性空间 Λ 的逼近问题只有一个解,一般说来与元素 a 以及空间 Λ 有关.但是哈尔[①]曾经指出了空间 Λ 的特征性质,使得任意的元素 a 都保证有唯一的最佳逼近:这种性质是,Λ 的每一个异于零的元素都是在基本区间上零点个数较 Λ 的维数为小的函数.产生这种空间的函数系,伯恩斯坦称之为切比雪夫系.带任意权的给定次数的多项式空间便是最简单的例子.

关于用给定次数的多项式逼近的唯一性不能推广到多元函数的情形. 童纳利(Tonelli)对这种情形给出了第一个例.

哈尔条件对于逼近的唯一性是充分的(在通常多项式的情形它显然是成立的),这在以前已经证明了,在一般情形中它的必要性与充分性的证明在阿赫兹与.纳汤松的著作中都有.

---

① 　A. Haar. Die Minkowskische Geometrie und die Annaherung an stetige Funktionen (Math. Ann., 78,1918).

编辑手记

做为一个现代人究竟要读多少书？

亿万富豪埃伦·穆斯克是电动汽车制造商特斯拉公司(Tesla)，以及太空探索技术公司 SpaceX 的创始人，SpaceX 是使太空飞行器成功进入太空轨道的首家私营公司. 许多媒体会这样介绍穆斯克:世界上只有四个国家掌握了卫星发射和回收技术，美国、俄罗斯、中国和穆斯克. 据穆斯克的母亲梅伊回忆: 当他只有八九岁的时候，他就读完了整部大英百科全书，而且还记住了里面的内容！

尽管有人这样区别学习文科和学习理科的两类不同学生，前者要读万卷书，行万里路才能成大气候，后者似乎只需囿于自己的小圈子不断深挖才会最终有所收获，对于学习数学的大学生

编辑手记

来说多读书、多解题似乎是公认的正确途径,多读书意味着多掌握前人提出的定理,对自己遇到的问题多少会有所启迪.以一道第二届全国大学生数学夏令营竞赛试题为例.

例(第一试第五题) 设实系数多项式序列 $\{P_n(x)\}$ 在 **R** 上一致收敛于实值函数 $f(x)$,试证 $f(x)$ 也是多项式.

分析 关于多项式序列一致逼近连续函数,我们知道有著名的 Weierstrass 逼近定理:有限区间 $[a,b]$ 上的任一连续函数 $f(x)$ 可用多项式序列 $\{Q_n(x)\}$ 在此区间上一致逼近,即,收敛 $\lim\limits_{n\to+\infty} Q_n(x) = f(x)$ 在区间 $[a,b]$ 上是一致的.

此定理与我们这里的命题的不同之处仅在于所考虑的定义域:前者是有限的,后者是无限的.因此,证明这里的命题的关键必然在于定义区间的无界性以及多项式在无限区间上的特性.非常数的多项式在有限区间上与在无限区间上的一个显著的差别为:它在有限区间上是有界的,而在无限区间上是无界的.

多项式序列 $\{P_n(x)\}$ 在 **R** 上一致收敛于 $f(x)$,由 Cauchy 关于函数序列一致收敛的充要条件知,对任意 $\varepsilon > 0$,存在与 $x \in \mathbf{R}$ 无关的数 N,当 $m,n > N$ 时,不等式

$$|P_m(x) - P_n(x)| < \varepsilon$$

对任意 $x \in \mathbf{R}$ 都成立.记 $P_{m,n}(x) = P_m(x) - P_n(x)$,则 $P_{m,n}(x)$ 也是一多项式.若 $P_{m,n}(x)$ 不

逼近论中的 Weierstrass 定理

是常数,则有
$$\lim_{|x|\to+\infty}|P_{m,n}(x)|=+\infty$$
(这就是无限区间上的非常数多项式的一个特性). 至此,离结论已不远了.

证明 设多项式序列 $\{P_n(x)\}$ 在 **R** 上一致收敛于 $f(x)$. 因此,存在自然数 N_0,使得当 m, $n\geq N_0$ 时有
$$|P_m(x)-P_n(x)|<1,\forall x\in\mathbf{R}$$
记 $P_n(x)=\sum_{j=0}^{d_n}p_j^{(n)}x^j$,其中
$p_j^{(n)}\in\mathbf{R},j=0,1,2,\cdots,d_n,p_{d_n}^{(n)}\neq 0,n=1,2,\cdots$
$$P_{m,n}(x)=P_m(x)-P_n(x),m,n=1,2,\cdots$$
我们断言,当 $m,n\geq N_0$ 时,$P_{m,n}(x)$ 为常数,即当 $m,n\geq N_0$ 时,$d_m=d_n$,$p_j^{(m)}=p_j^{(n)}$,$j=1,2,\cdots,d_m$.

事实上,若存在 $m,n\geq N_0$,使得 $P_{m,n}(x)$ 不是常数,则由于 $P_{m,n}(x)$ 是一个多项式,因此
$$\lim_{|x|\to+\infty}|P_{m,n}(x)|=+\infty$$
这与 $|P_{m,n}(x)|=|P_m(x)-P_n(x)|<1(\forall x\in\mathbf{R})$ 矛盾. 因而对所有 $m,n\geq N_0$,$P_{m,n}(x)$ 为常数. 但
$$P_{m,n}(x)=P_m(x)-P_n(x)$$
$$=\sum_{j=0}^{d_m}p_j^{(m)}x^j-\sum_{j=0}^{d_n}p_j^{(n)}x^j$$
所以 $m,n\geq N_0$ 时,$d_m=d_n$,$p_j^{(m)}=p_j^{(n)}$,$j=1,2,\cdots,d_m$.

由于一个序列中的有限项不影响其极限,因

此不妨设存在 $d \in \mathbf{N}, p_j \in \mathbf{R}, j = 1, 2, \cdots, d$,使得 $d_n = d, p_j^{(n)} = p_j, j = 1, 2, \cdots, d; n = 1, 2, \cdots$,故

$$P_n(x) = p_0^{(n)} + \sum_{j=1}^{d} p_j x^j, n = 1, 2, \cdots$$

显然

序列 $\{P_n(x)\}$ 在 $\mathbf{R}$ 上一致收敛于函数 $f(x)$

$\Leftrightarrow$ 序列 $\{p_0^{(n)}\} = \left\{ P_n(x) - \sum_{j=1}^{d} p_j x^j \right\}$ 在 $\mathbf{R}$ 上

一致收敛于 $f(x) - \sum_{j=1}^{d} p_j x^j$

$\Leftrightarrow$ 序列 $\{p_0^{(n)}\}$ 收敛于某实数 $p_0 \in \mathbf{R}$

并且 $f(x) - \sum_{j=1}^{d} p_j x^j = p_0, \forall x \in \mathbf{R}$

因此 $f(x) = \sum_{j=0}^{d} p_j x^j$ 是一个多项式.

本书介绍的中心定理恰恰就是 Weierstrass 逼近定理.关于 Weierstrass 中文有好几个译法,最多见的是外尔斯特拉斯和魏尔斯特拉斯,这种情况在译名中很常见.比如:1902 年出版的《外国尚友录》,编者叫张元,我们对他几乎一无所知,除了在序中我们知道他当时是在一个新式学堂读书,这个学堂是哪个学堂,现在完全搞不清楚,这本书共 10 卷,共收录了 864 人.但由于当时的水平所限,有重复现象,如法国的孟德斯鸠,他有三个译名,一个叫蒙的斯鸠,一个叫蒙特斯邱,一个叫孟的斯鸠,三个译名收在不同的韵部里边;一个是在卷一的一东韵,就是"蒙的斯鸠"和"蒙特斯邱",

逼近论中的 Weierstrass 定理

前后相连,但是没有合在一起,因为他不知道这是一个人;后边这一条"孟的斯鸠",因为变成去声了,所以在二十四敬韵,到了第八卷,我们才可以找到这个条目.因为译名的纷繁,就使得刚刚接触西方读物的人很难把它们还原到一起.编这本书的都是学生,他们也不了解这三个名字是不是一个人,不敢轻易合并.

所以为了避免这种情况出现,我们就都统一用英文名 Weierstrass.

定理也统一为 Weierstrass 定理,即

设 $f(x)$ 为闭区间 $[a,b]$ 上的任一连续函数,则必存在多项式序列 $\{Q_n(x)\}$ 一致收敛于 $f(x)$.

值得一提的是这个用纯分析方法证得的结论,若充分利用概率思维,有时证明可以简化.

不妨假定 $[a,b]=[0,1]$,否则可取 $g(t)=f(a+(b-a)t), t\in[0,1]$. 记 $M=\sup\limits_{x\in[0,1]}|f(x)|$,则 M 必有限,令

$$Q_n(x)=\sum_{k=0}^{n}\binom{n}{k}x^k(1-x)^{n-k}f\left(\frac{k}{n}\right), n\geq 1$$

显然 $Q_n(0)=f(0), Q_n(1)=f(1)$. 以下证明:对 $\forall \varepsilon>0$,存在整数 N,当 $n>N$ 时

$$\sup_{x\in(0,1)}|f(x)-Q_n(x)|<\varepsilon \qquad (*)$$

由于 $f(x)$ 对于闭区间连续必为一致连续,因而必存在 $\delta>0$,使得对 $\forall x_1,x_2\in(0,1)$ 满足 $|x_1-x_2|<\delta$,则必有

$$|f(x_1)-f(x_2)|<\frac{\varepsilon}{2}$$

构造一个随机模型:在 n 次独立重复试验中,每次试验

成功的概率为 $x, x \in (0,1)$，记 Y_n 为 n 次试验中成功的次数，则由切比雪夫不等式得

$$P(|Y_n/n - x| \geq \delta) \geq \frac{1}{\delta^2} \text{Var}(Y_n/n)$$

$$= \frac{nx(1-x)}{n^2 \delta^2} \leq \frac{1}{4n\delta^2}$$

任取 $N > M/(\delta^2 \varepsilon)$，则当 $n > N$ 时，对 $\forall x \in (0,1)$，有

$$|f(x) - Q_n(x)|$$

$$= \left| \sum_{k=0}^{n} \binom{n}{k} x^k (1-x)^{n-k} \left(f(x) - f\left(\frac{k}{n}\right) \right) \right|$$

$$\leq E|f(x) - f(Y_n/n)|$$

$$= E(|f(x) - f(Y_n/n)| 1_{\{|x - Y_n/n| < \delta\}}) +$$

$$E(|f(x) - f(Y_n/n)| 1_{\{|x - Y_n/n| \geq \delta\}})$$

$$\leq \frac{\varepsilon}{2} + 2MP(|x - Y_n/n| \geq \delta)$$

$$\leq \frac{\varepsilon}{2} + 2M \cdot \frac{1}{4n\delta^2} < \varepsilon$$

即式(*)成立.

这个定理在逼近论甚至于整个分析学中都十分重要,在李特尔伍德(J. E. Littlewood,1885 – 1977)所著的《Littlewood 数学随笔集》中都提到了这个定理. 不过是二维时的情形,他是这样说的:①

有一个著名的 Weierstrass 定理是这样陈述的,在矩形域 R 中连续的函数 $f(x_1, x_2)$ 可以用一

---

① 摘自《Littlewood 数学随笔集》,J. E. 李特尔伍德著,B. 博罗巴斯编,李培廉译,高等教育出版社,2014.

逼近论中的 Weierstrass 定理

个 x_1, x_2 的多项式的序列来一致逼近. 这在 n 维空间中也成立, 初学者会像下面那样来讲, 但是要用 $x_1, x_2, \cdots, x_n; x'_1, x'_2, \cdots, x'_n$ 作自变量. 证明是几个概念的大胆结合, 它分成两部分; 第二部分还不至于被批得体无完肤, 我到末了再来讲. 下面是初学者证明的第一部分. 我要感谢 Flett 博士, 他指出了一两个巧妙的改错 (misimprovement), 而且为了更符合实际的情况, 还故意留有几处印刷错误未作更正.

函数 $f(x_1, x_2)$ 在 $(-a \leq x_1 \leq a, -b \leq x_2 \leq b)$ 中连续, 取 $c > 0$, 定义函数 $f(x_1, x_2)$ 如下①

$$f_1(x_1, x_2) = \begin{cases} f(-a, b) & (-a-c \leq x_1 \leq -a, b \leq x_2 \leq b+c) \\ f(x_1, b) & (-a \leq x_1 \leq a, b \leq x_2 \leq b+c) \\ f(a, b) & (-a \leq x_1 \leq a+c, b \leq x_2 \leq b+c) \\ f(-a, x_2) & (-a-c \leq x_1 \leq -a, -b \leq x_2 \leq b) \\ f(x_1, x_2) & (-a \leq x_1 \leq a, -b \leq x_2 \leq b) \\ f(a, x_2) & (a \leq x_1 \leq a+c, -b \leq x_2 \leq b) \\ f(a, -b) & (-a-c \leq x_1 \leq -a, -b-c \leq x_2 \leq -b) \\ f(x_1, -b) & (-a \leq x_1 \leq a, -b-c \leq x_2 \leq -b) \\ f(-a, -b) & (-a-c \leq x_1 \leq -a, -b-c \leq x_2 \leq -b) \end{cases}$$

容易证明 $f(x_1, x_2)$ 在下述域中连续

---

① 这里定义域的不等式是有一些错误的, 如其中第三行中的 $-a$ 应为 a, 第七行的第一个不等式应为: $a \leq x_1 \leq a+c$, 等等. 这是讲印刷错误的一篇, 刚刚作者讲过, 故意留下了一些印刷错误未作更正, 请读者注意! ——译者注

编辑手记

$$(-a-c \leqslant x_1 \leqslant a+c, -b-c \leqslant x_2 \leqslant b+c)$$

对位于区域 R 中的 (x_1, x_2)，我们定义

$$\phi_n(x_1, x_2) = \pi^{-1} n \int_{-a-c}^{a+c} \mathrm{d}x'_1 \int_{-b-c}^{b+c} f_1(x'_1, y'_1) \cdot$$
$$\exp(-n((x'_1 - x_1)^2 +$$
$$(y'_1 - y_1)^2))\mathrm{d}x'_2$$

我们来证明(这是上面讲的前半部分)

(1) 对 R 中的 (x_1, x_2) 在 $n \to \infty$ 时，$\phi_n(x_1, x_2)$ 一致收敛到 $f(x_1, x_2)$.

存在这样一个 $\delta(\varepsilon)$，使得当 (x'_1, x'_2) 和 (x''_1, x''_2) 属于 $(-a-c \leqslant x'_1 \leqslant a+c, -b-c \leqslant x'_2 \leqslant b+c)$，且满足 $|x''_1 - x'_1| < \delta(\varepsilon)$ 以及 $|x''_2 - x'_2| < \delta(\varepsilon)$ 时，有 $|f_1(x''_1, x''_2) - f_1(x'_1, x'_2)| < \varepsilon$. 令

$$n_0 = n_0 \varepsilon = \mathrm{Max}\{(c^3)+1, (\delta^{-3}(\varepsilon))+1\}^{①}$$

并令 $n > n_0$. 于是有 $-a-c < x_1 - n^{-\frac{1}{3}} < x_1 + n^{-\frac{1}{3}} < a+c$, $-b-c < x_2 - n^{-\frac{1}{3}} < x_2 + n^{-\frac{1}{3}} < b+c$，从而我们有 ②

$$\phi_n(x_1, x_2)$$
$$= \pi^{-1} n \Big(\int_{-a+c}^{a+c} \mathrm{d}x'_1 \int_{x_2+n^{-\frac{1}{3}}}^{b+c} \mathrm{d}x'_2 + \int_{-a-c}^{a+c} \mathrm{d}x'_1 \int_{x_2-n^{-\frac{1}{3}}}^{x_2+n^{-\frac{1}{3}}} \mathrm{d}x'_2 +$$
$$\int_{x_1-n^{-\frac{1}{3}}}^{x_1+n^{-\frac{1}{3}}} \mathrm{d}x'_1 \int_{x_2-n^{-\frac{1}{3}}}^{x_2+n^{-\frac{1}{3}}} \mathrm{d}x'_2 +$$

---

① 此式中第一个等号后应为 $n_0(\varepsilon)$，疑系故意留下的误印. ——译者注

② 下式第一行中第一个积分的下限似应为 $-a-c$，第三行中 exp 的指数因子的第一项似应为 $-n(x'_1 - x_1)^2$，均疑系作者留下的误印. ——译者注

逼近论中的 Weierstrass 定理

$$\int_{x_1+n^{-\frac{1}{3}}}^{a+c} dx'_1 \int_{x_2-n^{-\frac{1}{3}}}^{x_2+n^{-\frac{1}{3}}} dx'_2 + \int_{-a-c}^{a+c} dx'_1 \int_{-b-c}^{x_2-n^{-\frac{1}{3}}} dx'_2 \Big) \cdot$$
$$f_1(x'_1, x'_2) \exp(-n((x'_1 - x_1)^2 + (x'_2 - x_2))) \tag{2}$$

可以令它,比如说,等于
$$T_1 + T_2 + \cdots + T_5$$
在 T_1 中我们有 $|f_1(x'_1, x'_2)| < K, \exp[\ ] \leqslant \exp(-n \cdot n^{-\frac{2}{3}})$,从而得
$$|T_1| < \varepsilon \quad (n > n_1(\varepsilon)) \tag{3}$$
类似地有①
$$|T_2|, |T_4|, |T_5| < \varepsilon \quad (n > n_2(\varepsilon)) \tag{4}$$
在 T_3 中我们令 $x'_1 = x_1 + x''_1, x'_2 = x_2 + x''_2$. 因为在所涉及的区域内我们有 $|x''_1| \leqslant n^{-\frac{1}{3}}, |x''_2| \leqslant n^{-\frac{1}{3}}$,于是有
$$|f_1(x_1 + x''_1, x_2 + x''_2) - f_1(x_1, x_2)|$$
$$< \varepsilon \quad (n > \delta^{-3}(\varepsilon)) \tag{5}$$
现在在 T_3 中我们有 $f(x_1, x_2) = f_1(x_1, x_2)$,从而有
$$T_3 = T_{3,1} + T_{3,2} \tag{6}$$
其中
$$T_{3,1} = \pi^{-1} n f(x_1, x_2) \int_{-n^{-\frac{1}{3}}}^{n^{-\frac{1}{3}}} dx''_1 \int_{-n^{-\frac{1}{3}}}^{n^{-\frac{1}{3}}} dx''_2 \cdot$$

---

① 我在这里指出,在 $T_2 = \int_{-a-c}^{a+c}$ 中的积分"错"成 $\int_{-a-c}^{x_1-n^{-\frac{1}{3}}}$ 了,在这种书写方式中失误实际上难免,通常好像是鬼使神差一样.——译者注

$$\exp(-n(x''^2_1 + x''^2_2)) \qquad (7)$$

$$T_{3,2} = \pi^{-1} n \int_{-n^{-\frac{1}{3}}}^{n^{-\frac{1}{3}}} dx''_1 \int_{-n^{-\frac{1}{3}}}^{n^{-\frac{1}{3}}} dx''_2 \varepsilon (f_1(x_1 + x''_1, x_2 + x''_2) - f_1(x_1, x_2)) \cdot \exp(-n(x''^2_1 + x''^2_2)) \qquad (8)$$

对 $n > \mathrm{Max}(n_0, n_1, n_2)$,我们有

$$|T_{3,2}| \leq \pi^{-1} n \int_{-n^{-\frac{1}{3}}}^{n^{-\frac{1}{3}}} dx''_1 \int_{-n^{-\frac{1}{3}}}^{n^{-\frac{1}{3}}} dx''_2 \varepsilon \exp(-n(x''^2_1 + x''^2_2))$$

$$\leq \pi^{-1} \varepsilon n \int_{-\infty}^{+\infty} dx''_1 \int_{-\infty}^{+\infty} dx''_2 \exp(-n(x''^2_1 + x''^2_2)) = \varepsilon \qquad (9)$$

还有,式(7)中的二重积分为

$$\left(\int_{-n^{-\frac{1}{3}}}^{n^{-\frac{1}{3}}} e^{-nu^2} du \right)^2 \qquad (10)$$

现在

$$\left(\int_{-n^{-\frac{1}{3}}}^{n^{-\frac{1}{3}}} e^{-nu^2} du \right) = 2 \int_0^{n^{-\frac{1}{3}}} = 2 \int_0^{\infty} - 2 \int_{n^{-\frac{1}{3}}}^{\infty}$$

$$= n^{-\frac{1}{2}} \pi^{\frac{1}{2}} - 2 \int_0^{\infty} e^{-n(n^{-\frac{1}{3}} + t)^2} dt$$

$$= n^{-\frac{1}{2}} \pi^{\frac{1}{2}} + O\left(e^{-n^{\frac{1}{3}}} \int_0^{\infty} e^{-2n^{\frac{2}{3}} t} dt \right)$$

$$= n^{-\frac{1}{2}} \pi^{\frac{1}{2}} (1 + O(n^{-\frac{1}{6}} e^{-n^{\frac{1}{3}}}))$$

因此容易看出有

$$\left| \left(\iint_{-n^{-\frac{1}{3}}}^{n^{-\frac{1}{3}}} e^{-nu^2} du \right)^2 - n^{-1} \pi \right|$$

$$= | n^{-1} \pi (1 + O(n^{-\frac{1}{6}} e^{-n^{1/3}})) - n^{-1} \pi |$$

$$< \varepsilon \quad (n > n_3(\varepsilon))$$

因此由(10)和(7)得

$$|T_{3,1} - f(x_1, x_2)| < K\varepsilon$$
$$(n > \mathrm{Max}(n_0, n_1, n_2, n_3)) \qquad (11)$$

再由(2)至(11)就推得

逼近论中的 Weierstrass 定理

$$|\phi_n(x_1,x_2) - f(x_1,x_2)|$$
$$< K\varepsilon \quad (n > \text{Max}(n_0,n_1,n_2,n_3))$$

这样一来我们就证明了(1).

一个改进了的证明如下. 将 $f(x,y)$ 的定义域扩展到一个较大一些的矩形 R_+（见图1）；比如，令在 AB 上的值等于 $f(A)$，而在画斜线的正方形中等于 $f(C)$.

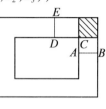

图1

这个 f 在 R_+ 内连续. 对 R 中的 (x,y) 定义

$$(\text{i}) \quad \phi_n(x,y) = \iint_{R_+} f(\xi,\eta) E\mathrm{d}\xi\mathrm{d}\eta \Big/ \int_{-\infty}^{+\infty}\int_{-\infty}^{+\infty} E\mathrm{d}\xi\mathrm{d}\eta$$

其中 $E = \exp(-n((\xi-x)^2 + (\eta-y)^2))$. 分母为常数 πn^{-1}（与 x,y 无关）；因此（i）相当于

$$(\text{ii}) \quad \phi_n(x,y) = \pi^{-1} n \iint_{R_+} f(\xi,\eta) E\mathrm{d}\xi\mathrm{d}\eta$$

记围绕点 (x,y)、边长为 $n^{-\frac{1}{3}}$ 的正方形为 $S = S(x,y)$，在这个正方形之外的 (ξ,η) 对（i）中的分子和分母的贡献按指数减小，既然分母本身为 πn^{-1}，我们有（小 o 的一致）

$$\phi_n(x,y) = \left(\iint_S f(\xi,\eta) E\mathrm{d}\xi\mathrm{d}\eta \Big/ \iint_S E\mathrm{d}\xi\mathrm{d}\eta\right) + o(1)$$

由于 S 很小，在这最后一个分子中的 $f(\xi,\eta)$ 可写为 $f(x,y) + o(1)$；所以由（ii）所确定的 M 最终就如所要求的满足 $\phi_n(x,y) = f(x,y) + o(1)$.

Weierstrass 定理的第二部分的证明如下. 对 R 中所有的 x,y 及 R_+ 中所有的 ξ,η，有一个适当的 $N = N(n)$，使得

$$|E - \sum| < n^{-2}$$

其中

编辑手记

$$\sum = \sum_{m=0}^{N} \frac{(-n((\xi-x)^2+(\eta-y)^2))^m}{m!}$$

于是有

$$\phi_n(x,y) = \prod + o(1)$$

其中 $\prod = \pi^{-1} n \iint_{R_+} \sum \mathrm{d}\xi \mathrm{d}\eta$,显然是 (x,y) 的一个多项式.

有学者曾引经据典的论证说:后现代发生的一切都注定是肤浅的、平庸的.虽然笔者对后现代没有研究,也不知道此结论是如何论证出来的,但本书的出版却是一种反抗.

最近一段时间媒体对约翰·列侬(John Lennon)们开始热炒,他们对物质现代性、发达工业文明和实用主义进行了反思、反抗和反叛——虽然他们走向文学、艺术、哲学和音乐,走向不同道路,虽然他们没有治愈时代的千疮百孔,也并不是成功的社会预言家,他们中的几位甚至是个人悲剧和自我毁灭的象征,然而,追寻理想的生命的夭折,通往理想的道路的曲折,并不意味着对理想本身的否定,并不意味着理想没落的必然.本套丛书似乎在提醒我们:偶尔应该重拾那微弱的追求理想的激情——这种激情多么轻易、多么轻易就被湮没在劳碌的生活、过分的欲望以及娱乐至死的潮流之中.

刘培杰
2018 年 1 月 3 日
于哈工大